普通高等教育经管类“十三五”规划教材

财务会计

主　编　王大鹏

副主编　袁向阳　何湘丽　向守超

西安电子科技大学出版社

内 容 简 介

本书分为 12 个项目，主要内容按照会计六要素(资产类、负债类、所有者权益类、收入类、费用类、利润类)顺序编排，还介绍了财务报告的编制。每个项目分为两个模块，模块一是会计工作任务设计，模块二是具体的会计工作任务。每一工作任务都有财务会计的相关工作流程(以案例或问题阐述)、知识导航和完成工作任务评价等内容，可使学生身临其境地认识每一工作项目和工作任务，既能激发学生的学习兴趣，又有助于学生加深对每一项目所讲理论知识的认识和理解。

本书可作为高等学校经济管理类专业本科财务会计课程的教材。

图书在版编目(CIP)数据

财务会计 / 王大鹏主编. —西安：西安电子科技大学出版社，2018.11
ISBN 978-7-5606-5093-7

Ⅰ. ① 财…　Ⅱ. ① 王…　Ⅲ. ① 财务会计　Ⅳ. ① 234.4

中国版本图书馆 CIP 数据核字(2018)第 222643 号

策划编辑　刘玉芳
责任编辑　明政珠　阎　彬
出版发行　西安电子科技大学出版社(西安市太白南路 2 号)
电　　话　(029)88242885　88201467　　邮　　编　710071
网　　址　www.xduph.com　　电子邮箱　xdupfxb001@163.com
经　　销　新华书店
印刷单位　陕西天意印务有限责任公司
版　　次　2018 年 11 月第 1 版　2018 年 11 月第 1 次印刷
开　　本　787 毫米×1092 毫米　1/16　印　张　20
字　　数　475 千字
印　　数　1～3000 册
定　　价　45.00 元
ISBN 978-7-5606-5093-7 / F

XDUP 5395001-1

前　言

财务会计是现代企业的一项重要的基础性工作，它通过一系列会计程序，为企业决策提供有用的信息，并积极参与企业经营管理决策，提高企业经济效益，有利于市场经济健康有序地发展。

本书保持了财务会计体系的逻辑一致性、完整性、严密性和科学性；以会计学原理中的会计核算方法为基础，主要阐明对企业出现的一般会计交易和事项进行确认、计量、记录及报告的财务会计基本理论与方法，其特点主要体现在以下几个方面：

(1) 与现行会计准则紧密结合。会计准则既是会计学自身发展规律的产物也是时代的产物。随着社会经济的发展，会计规范在不断地变化，呈现出鲜明的时代特征。本书即是按照财政部最新颁布和修订的《企业会计准则》编写的。

(2) 符合教改要求。本书最大的特色就是由多年从事会计教学和科研，并积极进行财务会计教学改革与创新的教师编写。注重系统培养，突出产教融合。遵循技术技能人才培养规律，每一工作任务都以案例导入，案例的选择以事实为依据，并有一定的情节，可以激发学生的学习兴趣；案例的设计可使学生明确学习目的，力求培养学生分析问题、认识问题及综合运用会计理论解决问题的能力。

(3) 编写体例有助于学生的学习，创新内容呈现形式，推进“任务驱动”、“项目化”、“理实一体化”等教学模式的实施。本书分为12个项目，内容包括财务会计概述、货币资金核算、往来核算、存货核算、金融工具及投资核算、固定资产核算、无形资产及其他资产核算、负债核算、所有者权益核算、收入核算、费用和利润核算、财务会计报告。每个项目分为两个模块。模块一是会计工作任务设计，模块二是具体的会计工作任务，每一工作任务都有财务会计的相关工作流程(以案例或问题阐述)、知识导航和完成工作任务评价等内容，使学生身临其境地去认识每一工作项目和工作任务。这既能激发学生学习兴趣，又有助于学生加深对每一项目所讲理论的认识和理解。

需要指出的是，在本书出版过程中以及以后使用的一段时间里，肯定会有新会计、税务法规出台，本书若有阐述不符之处，请以新颁布的法规、制度为准。

由于编者水平有限，书中可能还存在不足之处，敬请读者批评指正，以便修订时改进。

编　者

2018年7月

目　　录

项目一　财务会计概述

★ 知识目标

(1) 了解财务会计的概念、地位和特征。

(2) 明确财务会计的目标。

(3) 掌握财务会计的前提条件、会计基础认知、会计信息质量要求、会计要素及其确认和计量的相关概念与内容。

★ 技能目标

(1) 能准确进行会计要素的确认与计量。

(2) 掌握会计要素的计量属性和应用原则。

模块一　财务会计认知任务设计

如果有人问你：什么是财务会计？财务会计在会计中的地位如何？财务会计的目标是什么？对此，你应该怎样回答呢？通过本项目的学习，要完成对财务会计的基本内容进行认知的任务。

任务设计一　任 务 导 读

高志生是某大学会计专业的优秀毕业生，他被一家大型企业招聘做会计工作。为了普及会计知识，提高企业员工的业务水平，企业领导让他就财务会计的有关内容对员工进行培训。万事开头难，高志生对如何认知财务会计，要准备哪些材料，针对哪些内容进行培训感到困惑。

同学们，你能帮他解决这些问题吗？

任务设计二　任 务 提 出

财务会计是企业会计工作的核心，且贯穿整个会计工作的始终。无论你在什么类型的企业从事什么会计岗位，都先要认知财务会计。高志生在经过深思熟虑后，对财务会计认知提出了以下主要问题。

问题 1：会计的前提条件有哪些？会计基础是什么？

问题 2：会计信息质量要求有哪些？

问题 3：有哪些会计要素？它们是怎样确认和计量的？

问题 4：财务报告的内容有哪些？

任务设计三 任 务 分 析

财务会计是进行企业会计工作的核心内容，要学好财务会计首先就要认知财务会计，即了解财务会计的概念、地位和特征，明确财务会计的目标，掌握财务会计的前提条件、会计基础认知、会计信息质量要求、会计要素及其确认和计量的相关概念与内容，为后续会计的学习打下坚实的基础。

任务设计四 预 备 知 识

一、财务会计的概念与地位

会计是以货币为主要计量单位，反映和监督一个单位经济活动的一种经济管理工作。它是随着人类社会生产的发展和经济管理的需要而产生、发展并不断完善起来的。人类社会的经济活动是通过社会组织来完成的，根据社会结构理论，通常可以把社会组织分为营利性组织、政府及非营利性组织。

营利性组织是依法设立的，以营利为目的，从事生产经营活动的独立核算经济组织，一般称为企业。政府及非营利性组织是指政府机关以及不以营利为目的的单位和组织，如社会团体、慈善机构等。以企业经济活动为核算对象的会计，称为企业会计；以政府和非营利性组织经济活动为核算对象的会计，称为政府及非营利性组织会计。

从会计发展史来看，一般认为企业会计是现代会计的核心，而企业会计按其报告对象的不同又形成了两大分支，即财务会计和管理会计。

1. 财务会计

财务会计是按照会计准则和会计制度的要求，采用既定程序和方法对过去、现在所发生的经济活动进行确认、计量和报告，定期提供有关企业财务状况、经营成果和现金流量情况等经济信息的经济管理活动。财务会计信息主要是满足投资者、债权人、政府管理部门等企业外部使用者的需要，但也可以满足企业内部管理部门的需要。

2. 管理会计

管理会计是根据管理当局的需要，在传统会计的基础上，采用一系列专门方法对企业内部各级责任单位的现在和未来的经济活动进行规划、控制与评价，并编制内部报表，旨在向企业管理当局提供多种可供选择的、特定的管理信息，以便作出最佳决策。管理会计信息主要是满足企业管理当局开展决策活动等方面的内部信息需要。

二、财务会计的特征

财务会计与管理会计作为企业会计系统的两大分支，具有各自的主要信息使用者，对信息有不同的要求，这些形成了财务会计相对于管理会计的主要特征，具体表现在：

(1) 从服务对象看，财务会计主要为企业外部信息使用者提供会计信息，同时也为企业内部管理服务，其服务重心在于对外提供会计信息；而管理会计主要为企业内部管理当局制定决策、控制经济活动服务，其服务重心在于企业内部。

(2) 从约束信息提供的规范看，财务会计主要受会计准则或统一会计制度的约束，具有强制性；而管理会计主要受经营管理决策中的成本与效益关系的约束，是相对灵活的。

(3) 从会计核算的程序看，财务会计遵循的是“凭证—账簿—报表”这一传统的会计基本模式，严格按照企业会计准则和统一的会计制度要求，以货币为主要计量单位，定期提供有关企业过去和现在经济活动情况及其结果的会计信息；而管理会计的核算程序以及核算方法，往往可以根据提供决策所需信息的要求自由选择，没有统一的模式和时间规定，它主要是围绕企业管理当局的决策和控制，提供经济活动现在和未来的信息。

(4) 从信息的报告看，财务会计有规定的或公认的报告格式并且需要定期编制，如资产负债表、利润表、现金流量表、所有者权益变动表等；而管理会计主要为企业管理当局作出经营管理决策提供适时的经济信息，强调信息的有用性，并不注重信息报告的形式。

三、财务会计的目标

我国企业会计基本准则明确了财务报告的目标，同时也是财务会计的目标。其主要内容如下：

1．向财务报告使用者提供决策有用的信息

企业编制财务报告的主要目的是满足财务报告使用者的信息需求，有助于财务报告使用者作出经济决策。因此，向财务报告使用者提供决策有用的信息是财务报告的基本目的。如果企业在财务报告中提供的会计信息与使用者的决策无关，则其没有使用价值，那么财务报告就失去了其编制的意义。

根据投资者决策有用目标，财务报告所提供的信息应当如实反映企业所拥有或者控制的经济资源、对经济资源的要求权及其要求权的变化情况，如实反映企业的各项收入、费用、利得和损失的金额及其变动情况，如实反映企业各项经营活动、投资活动和筹资活动等所形成的现金流入和现金流出情况等，从而有助于现在的或者潜在的投资者正确、合理地评价企业的资产质量、偿债能力、盈利能力和营运效率等，有助于投资者根据相关会计信息作出理性的投资决策，有助于投资者评估与投资有关的未来现金流量的金额、时间和风险等。

2．反映企业管理层受托责任的履行情况

现代企业制度强调企业所有权和经营权相分离，企业管理层是受托人，受托经营管理企业及其各项资产，负有受托责任，即企业管理层所经营管理的企业各项资产基本上均为投资者投入的资本(或者留存收益作为再投资)或者向债权人借入的资金所形成的，企业管理层有责任妥善保管并合理、有效运用这些资产。企业投资者和债权人等需要及时或者经常性地了解企业管理层保管、使用资产的情况，以便于评价企业管理层的责任情况和业绩情况，并决定是否需要调整投资或者信贷政策，是否需要加强企业内部控制和其他制度建设，是否需要更换管理层等。因此，财务报告应当反映企业管理层受托责任的履行情况，有助于外部投资者和债权人等财务信息使用者评价企业经营管理责任和资源使用的有效性。

知识拓展

《企业会计准则——基本准则》

我国《企业会计准则——基本准则》对财务报告目标进行了明确定位，将保护投资者利益、满足投资者信息需求放在了突出位置，彰显了财务报告目标在企业会计准则体系中的重要作用。财务报告使用者主要包括投资者、债权人、政府及其有关部门和社会公众等财务信息使用者。满足投资者的信息需要是企业财务报告编制的首要出发点。

近年来，我国企业改革持续深入，产权日益多元化，资本市场快速发展，机构投资者及其他投资者队伍日益壮大，对会计信息的要求日益提高。在这种情况下，投资者更加关心其投资的风险和报酬，他们需要会计信息来帮助他们作出决策，例如决定是否应当买进、持有或者卖出企业的股票或者股权，他们还需要会计信息来帮助其评估企业支付股利的能力等。

因此，《企业会计准则——基本准则》将投资者作为企业财务报告的首要使用者，突显了投资者的地位，体现了保护投资者利益的要求，是市场经济发展的必然。

模块二　财务会计认知工作任务

工作任务一　明确财务会计的前提条件和会计基础认知

认识了财务会计的概念、特征及其目标，下面要认识财务会计的前提条件和会计基础，这对我们进行财务会计的后续学习有重要作用。

一、认知财务会计的前提条件和会计基础的流程

引导问题：

为了使学员更好地理解会计的前提条件和会计基础，我们提出了以下问题以供思考：

(1) 企业管理者的个人消费是否可以由企业报销。

(2) 企业的资产和负债为什么可以分为流动性的或非流动性的。

(3) 企业为什么必须在月末或年末结账。

(4) 会计在记账时为什么把各种财务数据统一用货币记账。

(5) 企业在预收销货款时是否可以认为是收入的实现。

上述问题是我们在进行会计核算之前就应该解决的，那么应该怎样解决呢？

认知财务会计的前提条件和会计基础的流程如下：

第一步：熟悉会计主体、持续经营、会计分期和货币计量等财务会计的前提条件的含义，并加以应用。

第二步：熟悉会计基础的含义。

第三步：区分权责发生制和收付实现制。

二、知识导航

(一) 认识财务会计的前提条件

会计核算主要包括确认、计量、记录和报告四个方面。财务会计的前提条件是企业会计确认、计量、报告的前提，是对会计核算所处的时间、空间环境所做的合理假设，也称会计基本假设。财务会计的核算前提条件包括会计主体、持续经营、会计分期和货币计量。

1. 会计主体

会计主体是指会计为之服务的特定单位。会计核算应当以一个特定的、独立的或相对独立的经营单位的经营活动为对象，对其本身发生的交易或者事项进行会计确认、计量和报告。会计主体典型的是企业，但也可以是企业内部相对独立的经营单位。会计主体不同于法律主体，会计主体可以是一个独立的法律主体，如企业法人；也可以不是一个独立的法律主体，如企业内部相对独立的核算单位、由多个企业法人组成的企业集团等。因此，一般法律主体必然是一个会计主体，但会计主体却不一定是法律主体。

会计主体规定了会计核算内容的空间范围，这一前提就是要明确会计所提供的信息，特别是财务报表，反映的是特定会计主体的财务状况与经营成果，既不能与其他会计主体相混淆，也不能将会计主体的会计事项遗漏或转嫁。

2. 持续经营

持续经营是指在可以预见的将来，企业将会按当前的规模和状态继续经营下去，不会停业，也不会大规模削减业务。在持续经营前提下，会计确认、计量和报告应当以企业持续、正常的生产经营活动为前提。

当然，任何企业都存在破产清算的风险，如果可以判断企业不会持续经营，就应当改变会计确认、计量和报告的原则与方法，并在财务报告中做相应披露，避免误导会计信息使用者的经济决策。

3. 会计分期

会计分期是指将一个企业持续经营的生产经营活动划分为一个个连续的、长短相同的期间。据以结算盈亏，按期编制财务报告，从而及时向财务报告使用者提供有关企业财务状况、经营成果和现金流量的信息。

会计期间通常分为年度和中期。我国会计年度采用历年制，即自公历每年的 1 月 1 日起至 12 月 31 日止作为一个会计年度。所谓会计中期，是指短于一个完整的会计年度的报告期间，通常指会计半年度、会计季度和会计月份。

明确会计分期对会计原则和会计政策的选择意义重大。由于会计分期，才产生了当期、以前期间、以后期间的差别，出现了权责发生制和收付实现制的区别，才使不同类型的会计主体有了记账的基准，进而出现了折旧、摊销等会计处理方法。

4. 货币计量

货币计量是指会计主体在会计确认、计量和报告时以货币计量，反映会计主体的生产经营活动。在我国，企业会计确认、计量和报告应以人民币为记账本位币。业务收支以人民币以外的货币为主的企业，可以选定其中一种货币作为记账本位币，但是编制的财务报告应当折算为人民币。在境外设立的中国企业向国内报送的财务报告应当折算为人民币。

(二) 会计基础

由于会计核算是分期进行的，在会计中，企业交易或者事项的发生时间与相关货币收支时间有时并不完全一致，一般有以下四种情况：

一是前期发出商品，后期收回货款。例如，在赊销业务中，商品已经发出，虽然没有取得款项，但取得了索取货款的权利。

二是前期收到货款，后期发出商品。例如，在预收货款业务中，货款虽然已经收到，但未到销售商品的时间，没有完成销售商品的责任。

三是前期预付费用，后期受益。例如，支付预定的报刊杂志费，虽然款项已经付出，取得了收取报刊杂志的权利，但尚未实际收到报刊杂志，尚未受益。

四是前期受益，后期付款。例如，按季末结算银行借款利息，虽然分月使用了银行借款，已然受益，但利息未付，承担了支付利息的责任。

针对上述情况，会计的确认、计量和报告基础可分为权责发生制和收付实现制两种。

(1) 权责发生制，是按照权利和责任是否发生来确认收入和费用的归属期。这种会计基础要求凡是当期已经实现的收入和已经发生或应当负担的费用，无论款项是否收付，都应当作为当期的收入和费用，计入利润表；凡是不属于当期的收入和费用，即使款项已在当期收付，也不应当作为当期的收入和费用。在权责发生制下，上述第一、二种情况收入的确认时间是在商品发出时，而不是在收到款项时；第三、四种情况费用的确认时间是在受益时，而不是在款项付出时。因此，为了更加真实、公允地反映特定会计期间的财务状况和经营成果，企业在会计确认、计量和报告中应当以权责发生制为基础。

(2) 收付实现制，是与权责发生制相对应的一种会计基础，它是以收到或支付的现金作为确认收入和费用等的依据。上述第一、二种情况收入的确认时间是在收到款项时，而不是在商品发出时；第三、四种情况费用的确认时间是在款项付出时，而不是在受益时。

目前，我国的行政单位会计采用收付实现制，事业单位会计除经营业务可以采用权责发生制外，其他业务采用收付实现制。

三、完成工作任务评价

1. 完成财务会计的前提条件和会计基础的认知任务

根据工作任务要求，按照工作任务操作流程，结合完成工作任务所需要的知识导航，帮助高志生解决工作中遇到的问题。

2. 完成工作任务结果评价

按照要求和规程完成了财务会计的前提条件和会计基础的认知任务后，参照老师给出的标准，任务的完成者与老师共同来评价工作任务的完成情况。

评价标准：

(1) 是否准确认知了财务会计的前提条件。

(2) 是否能根据不同的会计基础进行收入和费用的确认。

3. 完成工作任务后的收获

按照要求和规程完成了工作任务后，结合老师对完成工作任务结果的评价，你认为自己完成此项工作任务后有何收获？请将你的收获写出来，与老师和同学们一起交流、分享。

工作任务二　熟悉会计信息质量要求

认知了财务会计的前提条件和会计基础，还要认知会计信息质量要求，这是保证会计信息质量，满足信息使用者对信息需要的基本要求。

一、认知会计信息质量要求的流程

引导问题：

为了使学员更好地理解会计信息质量要求，我们提出了以下问题以供思考：

(1) 会计信息是否能反映即将发生的交易或事项。

(2) 会计信息的提供应该针对哪些方面进行。

(3) 会计信息提供的指标口径如何确定。

(4) 会计信息提供的详细程度如何确定。

上述问题是为保证会计信息质量而提出的，应该怎样解决？

认知会计信息质量要求的流程如下：

第一步：熟悉会计信息质量要求的含义。

第二步：会计信息质量要求在会计核算中的应用。

二、知识导航

会计信息质量要求是对企业财务会计报告中所提供会计信息质量的基本要求，是使财务报表中所提供会计信息对投资者等使用者决策有用应具备的基本特征。它包括可靠性、相关性、可理解性、可比性、实质重于形式、重要性、谨慎性和及时性等。

(一) 可靠性

可靠性要求企业应当以实际发生的交易或者事项为依据进行确认、计量和报告，如实反映符合确认和计量要求的各项会计要素及其他相关信息，保证会计信息真实可靠、内容完整。

可靠性是会计信息有用的基础。如果财务报告所提供的会计信息不可靠，不能客观、真实地反映交易或者事项的实际情况和结果，那么这种虚假和歪曲的会计信息，不仅不能满足信息使用者的需要，不能发挥会计信息应有的作用，而且会导致信息使用者决策失误，甚至导致投资者财产遭受损失。因此，企业所提供的会计信息就应做到内容真实、数字准确、资料可靠。

在会计工作中坚持可靠性原则，就应当在财务报告中真实客观地反映企业的财务状况、经营成果、现金流量和所有者权益变动的情况，保证会计信息的可靠性；还应当在符合重要性和成本效益原则的前提下，保证会计信息的完整性，不能随意遗漏或者减少应予披露的信息，与使用者决策相关的有用信息都应当充分披露。

（二）相关性

相关性要求企业提供的会计信息应当与投资者等财务报告使用者的经济决策需要相关，有助于投资者的财务报告使用者对企业过去、现在或者未来的情况作出评价或者预测。但是，相关性是以可靠性为基础的，两者之间并不矛盾，不应将两者对立起来。也就是说，会计信息在可靠性前提下，尽可能地做到相关性，以满足投资者等财务报告使用者的决策需要。

（三）可理解性

可理解性要求企业提供的会计信息应当清晰明了，便于投资者等财务报告使用者理解和使用。企业编制财务报告、提供会计信息的目的在于使用，而要使使用者有效使用会计信息，应当能让其了解会计信息的内涵，熟悉会计信息的内容，这就要求财务报告所提供的数据记录和文字说明必须清晰明了，易于理解，对复杂的经济业务应该用规范文字加以表述，便于有关信息使用者理解和利用。只有这样，才能提高会计信息的有用性，实现财务报告的目标，满足向投资者等财务报告使用者提供决策有用信息的要求。

（四）可比性

可比性要求企业提供的会计信息应当相互可比，主要包括以下两层含义：

(1) 同一企业不同时期可比，即同一企业不同时期发生的相同或者相似的交易或者事项，应当采用一致的会计政策，不得随意变更。这主要是为了比较企业在不同时期的财务报告信息，全面、客观地评价过去、预测未来，从而作出决策。但是，满足会计信息可比性要求并非表明企业无法改变会计政策，如果有必要变更应当将政策变更对财务状况和经营成果的影响，在财务报告附注中予以说明。

(2) 不同企业相同会计期间可比，即不同企业发生的相同或者相似的交易或者事项，应当采用规定的会计政策，确保会计信息口径一致、相互可比，以使不同企业按照一致的确认、计量和报告要求提供有关会计信息。这主要为了便于投资者等财务报告使用者评价不同企业的财务状况、经营成果和现金流量及其变动情况。

（五）实质重于形式

实质重于形式要求企业应当按照交易或者事项的经济实质进行会计确认、计量和报告，不仅仅以交易或者事项的法律形式为依据。在实际工作中，交易或者事项的外在形式或人为形式并不能完全真实地反映其实质内容。所以，会计信息要想反映的交易或者事项真实，就必须根据交易或者事项的法律形式和经济实质，而不能仅仅根据它们的法律形式进行核算和反映。例如，以融资租赁的方式租入的资产，虽然从法律形式来讲企业并不拥有其所有权，但是由于租赁合同中规定的租赁期相当长，接近于该资产的使用寿命，租赁期结束时承租企业有优先购买该资产的选择权，在租赁期内承租企业有权支配资产并从中受益。因此，从其经济实质来看，企业能够控制其创造的未来经济利益，会计核算上将以融资租赁方式租入的资产视为企业的资产。

因此，如果企业的会计核算仅仅按照交易或者事项的外在法律形式进行，而其法律形式又没有反映经济实质，那么，其最终结果将不仅不会有利于会计信息使用者的决策，反而会误导会计信息使用者的决策。遵循实质重于形式原则，体现了对经济实质的决策，能够保证会计核算信息与客观经济事实相符。

（六）重要性

重要性要求企业提供的会计信息应当反映与企业财务状况、经营成果和现金流量有关的所有重要交易或者事项。

如果财务报告中提供的会计信息的省略或者错报会影响投资者等使用者据此作出决策，那么该信息就具有重要性。具体来说，对资产、负债、损益等有较大影响，并进而影响财务报告使用者据以作出合理判断的重要会计事项，必然按照规定的会计方法和程序进行处理，并在财务报告中予以充分、准确的披露；对于次要的会计事项，在不应先回顾会计信息真实性和不至于误导财务会计报告使用者，作出正确判断的前提下，可适当简化处理。

在评价某些项目的重要性时，重要性的应用需要依赖职业判断，企业应当根据其所处环境和实际情况，从项目的性质和数量两个方面加以判断。从性质来说，当某一事项有可能对决策产生一定影响时，就属于重要项目；从数量方面来说，当某一项目的数量达到一定规模时，就可能对决策产生影响。

（七）谨慎性

谨慎性要求企业对交易或者事项进行会计确认、计量和报告时保持应有的谨慎，不应高估资产或者收益，不低估负债或者费用。

会计信息质量的谨慎性要求，需要企业在面临不确定性因素的情况下作出职业判断时，应当保持应有的谨慎，充分估计到各种风险和损失，既不高估资产或者收益，也不低估负债或者费用。例如，要求企业定期或者至少于每年年度终了，对可能发生的各项资产损失计提资产减值准备等，就充分体现了谨慎性原则。但是谨慎性要求并不意味着企业可以任意设置各种秘密准备，如果企业故意低估资产或者收入，或者故意高估负债或者费用，将不符合会计信息的可靠性和相关性要求，损害会计信息质量，扭曲企业实际的财务状况和经营成果，从而对使用者的决策产生误导。这是不符合会计准则要求的。

（八）及时性

及时性要求企业对于已经发生的交易或者事项，应当及时进行确认、计量和报告，不得提前或者延后。

会计信息的价值不仅在于真实可靠，而且还在于时效性，即将会计信息及时提供给其使用者使用。在市场经济条件下，市场情况瞬息万变，市场竞争日趋激烈，会计信息使用者对会计信息提供及时性的要求也越来越高。任何信息如不及时提供，则将丧失其实用价值或降低其有用性。因此，在会计确认、计量和报告过程中贯彻及时性，应当注意以下几个问题：一是要求及时收集会计信息，即在经济交易或者事项发生后，及时收集整理各种原始单据或者凭证；二是要求及时处理会计信息，即按照会计准则的规定，及时对经济交易或者事项进行确认或者计量，并编制财务报告；三是要求及时传递会计信息，即按照国家规定的有关时限，及时将编制的财务报告传递给财务报告使用者，便于其及时使用和决策。

知识拓展

可靠性、相关性、可理解性和可比性是会计信息的首要质量要求，是企业财务报告中所提供会计信息应具备的基本质量特征。实质重于形式、重要性、谨慎性和及时性是会计信息的次级质量要求，是对可靠性、相关性、可理解性和可比性等首要质量要求的补充和完善，尤其在对某些特殊交易或者事项进行处理时，需要根据这些质量要求来把握其会计处理原则。

另外，及时性还是会计信息相关性和可靠性的制约因素，企业需要在相关性和可靠性之间寻求一种平衡，以确定信息及时披露的时间。

三、完成工作任务评价

1. 完成会计信息质量要求的认知任务

根据工作任务要求，按照工作任务操作流程，结合完成工作任务所需的知识导航，回答引导案例中的问题。

2. 完成工作任务结果后的评价

按照要求和规定完成了会计信息质量要求的认知任务，参照老师给的标准，任务的完成者与老师共同来评价工作任务的完成情况。

评价标准：

(1) 是否熟悉会计信息质量要求的含义。

(2) 是否能按照会计信息质量要求在会计核算中进行应用。

3. 完成工作任务后的收获

按照要求和规程完成了工作任务之后，结合老师对完成工作任务后的结果评价，你认为自己完成此项工作任务后有何收获？请将你的收获写出来，与老师和同学们一起交流和分享。

工作任务三　会计要素及其确认和计量

认知了会计信息质量要求，还要认知会计要素及其确认和计量，这是进行各种交易或者事项的核算、编制财务报告的理论基础。

一、认知会计要素及其确认和计量的流程

引导问题：

为了使学员更好地理解会计要素及其确认和计量，我们提出了以下问题以供参考：

(1) 为了更好地反映会计信息，应如何对会计对象进行分类。

(2) 会计如何对这些分类进行确认和计量。

上述问题是对认知会计要素及其确认和计量而提出的，应该怎样解决？

认知会计要素及其确认和计量的流程如下：

第一步：熟悉会计要素的概念。

第二步：对会计要素准确确认。

第三步：明确会计要素计量属性及其计量原则。

二、知识导航

(一) 会计要素及其确认条件

会计要素是根据交易或者事项的经济特征所确定的财务会计对象的基本分类。合理划分会计要素，有利于清晰反映产权关系和其他经济关系。我国企业会计基本准则按其性质分为六大类，即资产、负债、所有者权益、收入、费用和利润。其中，资产、负债和所有者权益反映企业的财务状况，是组成资产负债表的会计要素，收入、费用和利润反映企业经营成果要素，也称利润表要素。

1. 资产的定义及其确认条件

1) 资产的定义

资产是指企业过去的交易或者事项形成的，由企业拥有或者控制的，预期会给企业带来经济利益的资源。根据资产的定义，资产具有以下几个方面的特征：

(1) 资产应为企业拥有或者控制的资源。由企业拥有或者控制，是指企业享有某项资源的所有权，或者虽然不享有某项资源的所有权，但该资源能被企业所控制。一般来说，一项资源要作为企业的资产予以确认，应该拥有此项资源的所有权，企业能够排他性地从资产中获取经济利益。有些情况下，资产虽然不为企业所拥有，即企业并不享有其所有权，但企业控制了这些资产，同样表明企业能够从资产中获取经济利益，符合会计上对资产的定义，也应当确认企业的资产，例如融资租入固定资产等。

(2) 资产预期会给企业带来经济利益，是指资产具有直接或者间接导致现金和现金等价物流入企业的潜力。这些潜力可以来自企业日常的生产经营活动，也可以来自非日常活动；带来的经济利益可以是现金和现金等价物，或者可以转化为现金或者现金等价物的形式，或者可以减少现金或者现金等价物流出的形式。

资产预期能否为企业带来经济利益是资产的重要特征。例如，企业可以通过销售商品、产品直接获得经济利益，也可以通过金融资产间接获得经济利益。如果某一项目预期不能给企业带来经济利益，那么就不能将其确认为企业的资产。

(3) 资产应当由企业过去的交易或者事项所形成的，是指过去的交易或者事项包括购买、生产、建造行为或者其他交易或者事项。只有过去的交易或者事项才能产生资产，企业预期在未来发生的交易或者事项不形成资产。例如，企业有购买材料的意愿或者计划，但是购买行为尚未发生，就不符合资产的定义，不能因此将该材料确认为资产。

2) 资产的确认条件

将一项资源确认为资产，需要符合资产的定义，还应同时满足以下两个条件：

(1) 与该资源有关的经济利益很可能流入企业。

(2) 该资源的成本或者价值能够可靠地计量。

符合资产定义和资产确认条件的项目，应当列入资产负债表；符合资产定义，但不符合资产确认条件的项目，不应当列入资产负债表。

2．负债的定义及其确认条件

1) 负债的定义

负债是指企业过去的交易或者事项形成的，预期会导致经济利益流出企业的现时义务。根据负债的定义，负债具有以下几个方面的特征：

(1) 负债是企业承担的现时义务。负债必须是企业承担的现时义务，这是负债的一个基本特征。其中，现时义务是指企业在现行条件下已承担的义务。也就是说，负债作为企业的一种义务，是由企业过去的交易或者事项形成的现在承担的义务。未来发生的交易或者事项形成的义务，不属于现时义务，不应当确认为负债。例如，银行借款是因为企业接受了银行贷款而形成的负债，如果企业只是计划接受银行贷款，则不会发生银行借款这项负债。

(2) 负债预期会导致经济利益流出企业。预期会导致经济利益流出企业也是负债的一个本质特征，只有企业在履行义务时才会导致经济利益流出企业的，才符合负债的定义，如果不会导致企业经济利益流出，就不符合负债的定义。清偿负债导致经济利益流出企业的形式多种多样，企业负债通常是在未来某一时日通过交付资产(包括现金和其他资产)或提供劳务来清偿，企业也可以举借新的负债来清偿原有的负债或者将债务转为资产。但无论以什么方式清偿负债，最终都会导致企业经济利益的流出。

(3) 负债是由企业过去的交易或者事项形成的。作为现时义务，负债是由企业过去已经发生的交易或者事项所产生的结果。只有过去发生的交易或者事项才会形成负债，企业将在未来发生的承诺、签订的合同等交易或者事项，不形成负债。例如，已经发生的商品赊购行为形成企业负债，但计划中的商品赊购行为则不会形成企业负债。

2) 负债的确认条件

将一项现时义务确认为负债，需要符合负债的定义，还应同时满足以下两个条件：

(1) 与该义务有关的经济利益很可能流出企业。

(2) 未来流出的经济利益的金额能够可靠地计量。

符合负债定义和负债确认条件的项目，应当列入资产负债表；符合负债定义，但不符合负债确认条件的项目不能列入资产负债表。

3．所有者权益的定义及其确认条件

1) 所有者权益的定义

所有者权益是指企业资产扣除负债后，由所有者享有的剩余权益。公司的所有者权益又称股东权益。所有者权益是所有者对企业资产的剩余索取权，它是企业资产中扣除债权人权益后应由所有者享有的部分，既可反映所有者投入资本的保值增值情况又体现了保护债权人权益的理念。

2) 所有者权益的来源构成

所有者权益的来源包括所有者投入企业的资本、直接计入所有者权益的利得和损失、留存收益等。通常由实收资本(或股本)、资本公积(含股本溢价或资本溢价、其他资本公积)、盈余公积和未分配利润构成。

所有者投入的资本是指所有者投入企业的资本部分，它既包括构成企业注册资本或股本部分的金额，也包括投入资本超过注册资本或者股本部分的金额，即资本溢价或股本溢价。

直接计入所有者权益的利得和损失，是指不应计入当期损益、会导致所有者权益发生增减变动的、与所有者投入资本或者向所有者分配利润无关的利得和损失。其中，利得是指由企业非日常活动形成的、会导致所有者权益增加的、与所有者投入资本无关的经济利益的流入。损失是指有企业非日常活动所发生的、会导致所有者权益减少的、与向所有者分配利润无关的经济利益流出。

留存收益是企业历年实现的净利润留存于企业的部分，包括累计计提的盈余公积和未分配利润。

3) 所有者权益的确认条件

所有者权益是企业所有者在企业中的剩余权益，因此，所有者权益的确认主要依赖于其他会计要素，尤其是资产和负债的确认；所有者权益金额的确定也主要取决于资产和负债的计量。例如，企业接受投资者投入的资产，在符合资产确认的条件时，就相应地符合了所有者权益的确认条件；当该资产的价值能够可靠计量时，就相应地符合了所有者权益的金额，也就可以确定。

符合所有者权益定义和所有者权益确认条件的项目，应当列入资产负债表；符合所有者权益定义，但不符合所有者权益确认条件的项目，不应当列入资产负债表。

资产、负债和所有者权益三要素之间的平衡关系为：

资产 = 负债 + 所有者权益

4．收入的定义及其确认条件

1) 收入的定义

收入是指企业在日常活动中形成的、会导致所有者权益增加、与所有者投入资本无关的经济利益的总流入。根据收入的定义，收入具有以下几个方面的特征：

(1) 收入是指企业在日常活动中形成的。日常活动是指企业为完成其经营目标所从事的经常性活动以及与之相关的活动。例如，工业企业生产并销售产品、商业企业销售商品等均属于企业的日常活动。明确界定的日常活动是为了将收入与利得相区分，因为企业非日常活动所形成的经济利益的流入不能确认为收入，而应当计入利得。

(2) 收入会导致所有者权益增加。与收入相关的经济利益的流入最终应会导致所有者权益的增加，不会导致所有者权益增加的经济利益的流入不符合收入的定义，不应确认为收入。例如，企业向银行借款，尽管也导致了企业经济利益的流入，但该流入并不导致所有者权益的增加，反而使企业承担了一项现时义务。因此，企业不应该将其确认为收入，而应当确认为一项负债。

(3) 收入是与所有者投入资本无关的经济利益的总收入。收入应当会导致经济利益的流入，从而导致资产的增加。例如，企业销售商品，应当收入现金或者在未来有权收到现金，才表明该交易符合收入的定义。但是在实务中，经济利益的流入有时是所有者投入资本的增加所导致的，所有者投入资本的增加不应当确认为收入，应当将其确认为所有者权益。

2) 收入的确认条件

企业收入的来源渠道多种多样，不同收入来源的特征有所不同，其收入确认的条件也往往存在差别，如销售商品、提供劳务、让渡资产使用权等。一般而言，收入只有在经济利益很可能流入从而导致企业资产增加或者负债减少，且经济利益的流入额能够可靠计量时才能予以确认。企业应当在履行了合同中的履约义务，即在客户取得相关商品控制权时确认收入。取得相关商品控制权是指能够主导该商品的使用并从中获得几乎全部的经济利益，合同开始日企业应当对合同进行评估，识别该合同所包含的各单项履约义务，并确定各单项履约义务是在某一时段内履行，还是在某一时点履行，然后在履行了各单项履约义务时分别确认收入，即收入的确认至少应当符合以下条件：

(1) 企业履行合同义务，丧失对相关合同标的物的控制权。

(2) 履行单项合同义务或全部合同义务相关的经济利益很可能流入企业。

(3) 经济利益流入的结果会导致企业资产的增加或者负债的减少。

(4) 经济利益的流入额能够可靠地计量。

符合收入定义和收入确认条件的项目，应当列入利润表；符合收入定义，但不符合收入确认条件的项目，不应当列入利润表。

5. 费用的定义及其确认条件

1) 费用的定义

费用是指企业在日常活动中发生的、会导致所有者权益减少的、与向所有者分配利润无关的经济利益的总流出。根据费用的定义，费用具有以下特征：

(1) 费用是指企业在日常活动中形成的。费用必须是企业在日常活动中形成的，这些日常活动的界定与收入定义中涉及的日常活动的界定相一致。因日常活动所产生的费用通常包括销售成本(营业成本)、职工薪酬、折旧费等。将费用界定为日常活动中形成的，目的是将其与损失相区分。企业非日常活动所形成的经济利益的流出不能确认为费用，而应当计入损失。

(2) 费用会导致所有者权益减少。与费用相关的经济利益的流出应当会导致所有者权益的减少，不会导致所有者权益减少的经济利益的流出不符合费用的定义，不应确认为费用。例如，企业以银行存款购买材料，虽然也使经济利益流出企业，但不会导致所有者权益减少，而是使企业增加了另一项资产，因而不能确认为费用。

(3) 费用是与向所有者分配利润无关的经济利益的总流出。费用的发生应当会导致经济利益的流出，从而最终导致资产的减少或负债的增加(最终也导致资产的减少)。其表现形式包括现金或者现金等价物的流出，存货、固定资产等的流出或者消耗等。但在实务中，企业向所有者分配利润也会导致经济利益的流出，但该经济利益的流出属于所有者权益的抵减项目，不应确认为费用，应当将其排除在费用的定义之外。

2) 费用的确认条件

费用的确认除了应当符合定义外，也应当满足严格的确认条件，即费用只有在经济利益很可能流出从而导致企业资产减少或者负债增加，且经济利益的流出额能够可靠计量时才能予以确认。因此，费用的确认至少应当符合以下条件：

(1) 与费用相关的经济利益应当很可能流出企业。

(2) 经济利益流出企业的结果会导致资产的减少或者负债的增加。

(3) 经济利益的流出额能够可靠地计量。

符合费用的定义和费用确认条件的项目，应当列入利润表；符合费用定义，但不符合费用确认条件的项目，不应当列入利润表。

6．利润的定义以及其确认条件

1) 利润的定义

利润是指企业在一定会计期间的经营成果。通常情况下，企业利润的实现，会相应地表现为资产的增加或负债的减少，从而导致所有者权益的增加，体现为业绩的提升；反之，如果企业发生亏损(即利润为负数)，体现为业绩的下滑。因此，利润往往是评价企业管理当局业绩的一项重要的指标，也是投资者等财务报告使用者进行决策时的重要参考。

2) 利润的来源构成

利润包括收入减去费用后的净额、直接计入当期利润的利得和损失等。其中，收入减去费用后的净额反映的是企业日常活动的业绩，直接计入当期利润的利得和损失反映的是企业非日常活动的业绩。

3) 利润的确认条件

利润反映的是收入减去费用、利得减去损失后净额的概念。因此，利润的确认主要依赖于收入和费用以及利得和损失的确认，其金额的确定也主要取决于收入、费用、利得和损失金额的计量。

收入、费用和利润三要素之间的平衡关系为：

$$收入 - 费用 = 利润$$

(二) 会计要素计量属性和应用原则

1．会计要素计量属性

会计计量是为了将符合确认条件的会计要素登记入账并列报于财务报表而确定其金额的过程。会计计量包括计量单位(计量尺度)和计量属性(计量基础)两个方面的内容。不同计量单位和不同计量属性的组合形成了不同的计量模式。

就计量单位而言，是指计量的某一要素的特性方面，如桌子的长度、矿石的重量、楼房的高度等。从会计角度，计量属性反映的是会计要素金额的确定基础，主要包括历史成本、重置成本、可变现净值、现值和公允价值等。

1) 历史成本

历史成本又称为实际成本，是指取得或制造某项财产物资时所实际支付的现金或者其他等价物。在历史成本计量下，资产按照其购置时支付的现金或者现金等价物的金额，或者按照购置资产时所付出的对价的公允价值计量。负债按照其因承担现时义务而实际支付的款项或者资产的金额，或者承担现时义务的合同金额，或者按照日常活动中为偿还负债预期需要支付的现金或者现金等价物的金额计量。

2) 重置成本

重置成本又称现行成本，是指按照当前市场条件，重新取得同样一项资产所需支付的现金或现金等价物金额。在重置成本计量下，资产按照现在购买相同或者相似资产所需支付的现金或者现金等价物的金额计量。负债按照现在偿付该项债务所需支付的现金或者现金等价物的金额计量。

3) 可变现净值

可变现净值是指在正常生产经营过程中，以预计售价减去进一步加工成本和销售所必需的预计税金、费用后的净值。在可变现净值计量下，资产按照其正常对外销售所能收到现金或者现金等价物的金额扣减该资产至完工时估计将要发生的成本、估计的销售费用以及相关税金后的金额计量。

4) 现值

现值是指对未来现金流量以恰当的折现率进行折现后的价值，是考虑货币时间价值因素等的一种计量属性。在现值计量下，资产按照预计从其持续使用和最终处置中所产生的未来净现金流入量的折现金额计量。负债按照预计期限内需要偿还的未来净现金流出量的折现金额计量。

5) 公允价值

公允价值是指市场参与者在计量日发生的有序交易中，出售一项资产所能收到或者转移一项负债所需支付的价格。

2. 计量属性的应用原则

企业在对会计要素进行计量时，一般应当采用历史成本。采用重置成本、可变现净值、现值、公允价值计量的应当保证所确定的会计要素金额能够取得并可靠计量。

三、完成工作任务评价

1. 完成会计要素及其确认和计量的认知任务

根据工作任务，按照工作任务操作流程，结合完成工作任务所需要的知识导航，回答引导案例中的问题。

2. 完成工作任务结果后的评价

按照要求和规程完成了认知会计要素及其确认和计量的任务后，参照老师给出的标准，任务的完成者与老师共同来评价工作任务的完成情况。

评价标准：

(1) 是否熟悉会计要素的概念。

(2) 是否能对会计要素准确地分类。

(3) 是否能准确地选择会计要素计量属性并加以运用。

3. 完成工作任务后的收获

按照要求和规程完成了工作任务之后，结合老师对完成工作任务后的结果评价，你认为自己完成此项目工作任务后有何收获？请将你的收获写出来，与老师和同学们一起交流和分享。

课后练习题

一、单项选择题

1. 销售商品的售后回购，如果没有满足收入确认的条件，企业在会计核算上不应将其确认为收入。这一做法所遵循的会计核算的一般原则是(　　)。

A．实质重于形式原则　　B．重要性原则

C．权责发生制原则　　D．及时性原则

2．企业计提固定资产折旧主要依据的是下列哪一会计核算的基本前提或一般原则(　　)。

A．实质重于形式　　B．一贯性

C．持续经营　　D．可比性

3．企业会计核算必须符合国家的统一规定，这是为了满足(　　)要求。

A．一贯性原则　　B．可比性原则

C．相关性原则　　D．重要性原则

4．强调不同企业会计信息横向可比的会计核算原则是(　　)。

A．相关性原则　　B．一贯性原则

C．可比性原则　　D．重要性原则

5．上市公司的下列行为中，违背会计核算一贯性原则的有(　　)。

A．上期提取甲种存货跌价损失准备 5 000 元，鉴于其可变现净值降低，本期再提取 8 000 元

B．根据国家统一的会计制度的要求，从本期开始对固定资产提取减值准备

C．鉴于本期经营状况不佳，将固定资产折旧方法由双倍余额递减法改为平均年限法

D．鉴于主营业务由赊销改为现销，将坏账核算由备抵法改为直接转销法

6．下列各项支出中，属于收益性支出的是(　　)。

A．购买专利权支出　　B．购买工程物资支出

C．无形资产的后续支出　　D．固定资产改扩建支出

7．企业采用的会计处理方法不能随意变更，是依据(　　)。

A．一贯性原则　　B．可比性原则　　C．客观性原则　　D．历史成本原则

8．下列项目中，能同时影响资产和负债发生变化的是(　　)。

A．接受投资者投入设备　　B．支付现金股利

C．宣告现金股利　　D．支付股票股利

9．我国企业会计准则规定，企业的会计核算应当以(　　)为基础。

A．权责发生制　　B．实地盘存制

C．永续盘存制　　D．收付实现制

10．企业将劳动资料划分为固定资产和低值易耗品，是基于(　　)原则。

A．重要性　　B．可比性　　C．谨慎性　　D．权责发生制

11．会计核算的一般原则中，要求合理核算可能发生的费用和损失的原则是(　　)。

A．重要性原则　　B．权责发生制原则

C．谨慎性原则　　D．相关性原则

12．在会计核算的基本前提中，属于企业会计处理方法和程序的前提条件，也是企业会计处理方法和程序保持稳定的前提条件是(　　)。

A．会计主体　　B．会计分期

C．持续经营　　D．货币计量

13．对期末存货采用成本与可变现净值孰低法计价，其所体现的会计核算一般原则是(　　)。

A．及时性原则　　B．历史成本原则

C．谨慎原则　　D．可比性原则

14．导致权责发生制的产生，以及预提、摊销等会计处理方法的运用的基本前提或原则是(　　)。

A．谨慎性原则　　B．历史成本原则

C．会计分期　　D．货币计量

15．下列各项中，能够引起资产总额和所有者权益总额同时变动的是(　　)。

A．接受投资者投资

B．用法定公益金为企业福利部门购置医疗设备一台

C．以低于债务账面价值的现金清偿债务

D．按规定将应付可转换公司债券转换成股份

二、多项选择题

1．资产具有以下几个方面的基本特征(　　)。

A．资产是由于过去的交易或事项所引起的

B．资产必须是投资者投入或向债权人借入的

C．资产是企业拥有或者控制的

D．资产预期能够给企业带来经济利益

E．资产必须是有形的

2．下列组织可以作为一个会计主体进行核算的有(　　)。

A．独资企业　　B．销售部门　　C．分公司

D．母公司及其子公司组成的企业集团　　E．子公司

3．下列各项中，符合谨慎性原则的有(　　)。

A．应收账款计提坏账准备

B．无形资产计提减值准备

C．存货期末计价采用成本与可变现净值孰低法

D．短期投资计提跌价准备

E．与关联方发生的应收款项全额计提坏账准备

4．在企业会计中，下列事项中能够引起资产总额增加的有(　　)。

A．分配车间管理人员工资

B．转让短期债券投资发生损失

C．计提未到期长期债券投资的利息

D．长期股权投资权益法下实际收到的股利

E．计提存货跌价准备

5．相关性原则要求所提供的会计信息(　　)。

A．满足企业内部加强经营管理的需要

B．满足国家宏观经济管理的需要

C．满足有关各方面了解企业财务状况和经营成果的需要
D．满足提高全民素质的需要
E．满足企业人事管理工作的需要

6．下列资产中，属于本企业资产范围的有(　　)。
A．融资租入设备　　B．经营方式租出设备
C．委托加工物资　　D．土地使用权
E．委托代销商品

7．下列事项中，可以引起所有者权益减少的是(　　)。
A．以低于成本价销售产品　　B．用盈余公积弥补亏损
C．宣告分配利润　　D．宣布发放股票股利
E．经批准用资本公积转增资本

8．下列各项支出中，属于资本性支出的是(　　)。
A．融资租入固定资产的安装费支出
B．购入固定资产所支付的运杂费
C．按销售数量的一定比例支付的技术转让费
D．技术研制过程中发生的人员工资支出
E．无形资产的后续支出

9．在我国会计中，会计信息的使用者包括(　　)。
A．政府财税部门　　B．企业内部报表使用者　　C．竞争者
D．银行　　E．投资者

10．客观性原则要求做到(　　)。
A．内容真实　　B．数字准确　　C．资料可靠
D．对应关系清楚　　E．借贷平衡

项目二　货币资金核算

★ **知识目标**

(1) 熟悉货币资金的含义及种类。
(2) 了解现金管理制度和银行存款管理制度。
(3) 掌握各种货币资金的业务处理方法。

★ **技能目标**

能够进行有关现金结算业务、银行转账业务及其他货币资金业务的核算。

模块一　货币资金核算任务设计

日常生活中，我们一直都在消费。消费时可以凭自己的意愿和消费习惯用现金付费、用银行卡付费，也可以用移动互联网支付。对于一个企业来讲，他们也会不断地发生各种各样的经济业务，也会涉及款项的结算问题，但他们的结算方式就不是这么随意了。通过本项目的学习，要熟悉企业结算的各种方式以及各种结算方式的适用范围、使用特点和基本业务的处理。

任务设计一　任 务 导 读

魏丽刚大学毕业到荣光股份有限公司去应聘现金会计，公司财务部章经理告诉她：现金会计就是出纳，出纳是会计工作的重要环节，涉及的是现金收付、银行结算等活动，而这些又直接关系到职工个人、单位乃至国际的经济利益，工作中一旦出了差错，就会造成不可挽回的损失。章经理告诉魏丽到公司后要熟悉《会计法》《会计基础工作规范》等财经法规，让她主要负责的业务包括：办理现金收付和结算业务；登记现金和银行存款日记账；保管库存现金和各种有价证券；保管有关印章、空白收据和空头支票。

章经理当场问了魏丽以下问题：

(1) 采购部经理要支取 10 万元现金去购买一批材料，符合相关规定吗？
(2) 销售部经理出差预借 5 000 元差旅费，能不能以现金支付？

如果你是魏丽，你怎样回答这两个问题？

任务设计二　任 务 提 出

每个企业发生经济业务都要面临款项结算的问题。结算方式的不同，会涉及资金回笼的时间长短，并影响到企业资金的周转和循环。出纳应该协同其他各部门，选择适宜的结算方式，使企业资金加速运转，提高其使用效率。通过本项目的学习，应明确下列问题。

问题 1：结算方式有哪些？

问题 2：在什么情况下可以用现金结算？

问题 3：在什么情况下要使用转账结算？

问题 4：各转账结算方式的使用范围、特点、程序是什么？怎样进行业务处理？

任务设计三　任 务 分 析

出纳应了解现金和银行存款管理制度，熟悉各结算方式的使用范围、特点和基本程序。结合企业实际情况和发生的具体经济业务，选择适宜的结算方式，合理有效地使用自由资金和外部资金，促进企业资金的良性循环。下面我们就开始预备知识的学习。

任务设计四　预 备 知 识

出纳为了很好地完成本职工作应熟悉结算和货币资金的含义，并了解它们的种类，以便进行科学准确地核算。

一、结算的含义及种类

1. 结算的含义

在社会经济活动中，各经济主体之间由于商品交易、劳务供求、资金调拨及其他款项往来而发生的货币资金的收付行为称为结算。

2. 结算的种类

结算分为现金结算和转账结算。现金结算是收付双方直接以现金进行的货币收付行为。转账结算是通过银行将款项从付款方账户划转到收款方账户的货币收付行为。根据中国人民银行颁布的《支付结算办法》的有关规定，企业目前可以选择使用的转账结算方式有支票、银行本票、银行汇票、汇兑、商业汇票、委托收款、托收承付和信用卡。此外，还有一种国际贸易间采用的结算方式——信用证结算方式。银行是支付结算和资金清算的中介机构。

二、货币资金的含义

货币资金是企业流动资产的重要组成部分，持有货币资金是企业开展生产经营活动的基本条件。它不仅是企业流动性最强的流动资产，而且是唯一能够直接转化为其他任何资产形态的流动资产，也是唯一能够代表企业现实购买力水平的资产。它作为支付手段，可用于支付各项费用、清偿各种债务及购买其他资产，因而具有普遍的可接受性。

三、货币资金的种类

货币资金按其存放地点或用途不同分为现金、银行存款和其他货币资金。

(1) 现金的概念有狭义和广义之分，狭义的现金是指企业的库存现金；广义的现金除了库存现金外，还包括银行存款和其他符合现金的票证。我国会计上所指的现金，如无特别说明仅指狭义的现金，即库存现金。库存现金是指存放于企业内部作为零星之用的货币，包括人民币现金和外币现金。

(2) 银行存款是指企业存放在银行或其他金融机构的货币资金。每个单位都应该按照中国人民银行的有关规定，向当地银行申请开立有关存款账户，办理单位存放在银行的货币资金的存取和收付业务。根据业务需要并经人民银行批准，企业可在当地多家银行或金融机构开立银行存款账户。

(3) 其他货币资金是指企业除库存现金、银行存款以外的各种货币资金，主要包括银行汇票存款、银行本票存款、信用卡存款、信用证保证金存款、存出投资款和外埠存款等。

知识拓展

出纳岗位职责

(1) 严格按照国家有关现金管理和银行结算制度的规定，根据审核无误、内容真实合法、金额准确、签章齐全的记账凭证，办理款项收付，手续不全不得付款，更不得先付款后补手续费。收付款后，要在记账凭证上签章，并加盖“收讫”、“付讫”戳记。

(2) 严格控制签发空白支票，如因特殊情况确需签发不填写金额的转账支票，必须经总经理批准，按照有关规定办理。不得将空白支票交给其他单位或个人签发。对于填写错误的支票，必须加盖“作废”戳记，与存根一并保存。支票遗失时，要立即向银行办理挂失手续。

(3) 随时掌握银行存款余额，不准签发空头支票，不准将银行账号出租、出借给任何单位或个人办理结算之用。

(4) 对收取的各类票据要认真审查，发现有问题的票据应及时查询，进行处理，并设置“应收票据备查簿”进行逐笔登记。

(5) 逐笔序时登记现金账和银行存款日记账，做到日清月结。现金的账面余额与实际库存现金核对相符，不得以白条抵充现金，更不得任意挪用现金。银行存款的账面余额要与银行对账单核对，月末编制“银行存款余额调节表”，对未达账款要及时查询处理。

(6) 对于现今和各种有价证券，要确保其安全和完整无缺，如有短缺要负责赔偿责任。要保守保险柜密码的秘密，保管好钥匙，不得任意交给他人。

(7) 所保管的印鉴章、空白支票和空白收据必须妥善保管，严格按照规定用途使用。空白收据应专设登记簿，认真办理领用注销手续。

(8) 完成领导交办的其他工作。

模块二　货币资金核算工作任务

工作任务一　库存现金核算

认识了货币资金的种类，下面要学习货币资金中流动性最大、变现能力最强，在使用中也最具安全隐患的现金核算。

一、库存现金核算流程

引导案例：

荣光股份有限公司 20×7 年 10 月发生如下业务：

(1) 5 日公司销售废品 200 元，收取现金入账。

(2) 8 日购买一批农产品，价值 1 000 元，以现金付讫。

(3) 12 日公司采购员出差预借差旅费 800 元，现金付讫。

(4) 10 月 31 日进行现金清查，发现短款 200 元，为此魏丽编制了现金盘点报告表，并据以填制了记账凭证。

请问：上述业务是否符合现金管理制定的规定？对上述业务应怎样进行账务处理？应登记哪些账簿？怎样登记？

库存现金结算业务的核算流程如下：

第一步：熟悉现金管理制度。

第二步：熟悉现金内部控制措施。

第三步：进行现金总分类核算。

第四步：进行现金序时核算。

第五步：进行库存现金清查的核算。

二、知识导航

(一) 认识现金管理制度

在企业的货币资金中，现金是最直接的交换、流通和财富持有的手段。由于其容易被挪用、侵占等特性，所以必须加强现金的管理。

现金的管理是指企业按照国家有关现金管理的财经法规和企业内部控制制度，对企业现金收入和现金支出进行的管理。国务院颁布的《现金管理暂行条例》规定，凡是在银行或其他金融机构开立账户的机关、团体、部队、企事业单位必须依照《现金管理暂行条例》的规定收支和使用现金，自觉接受开户银行的监督。

1．规定库存现金的使用范围

企业在经济往来中，凡是直接用库存现金进行结算的称为现金结算。通过银行划拨转账的称为转账结算。企业能在下列范围内支付库存现金：

(1) 职工的工资、津贴。

(2) 个人劳务报酬。

(3) 根据国家规定颁发给个人的科学技术、文化艺术、体育等各种奖金。

(4) 各种劳保、福利费用以及国家规定的对个人的其他支出。

(5) 向个人收购农副产品和其他物质的价款。

(6) 出差人员必须随身携带的差旅费。

(7) 结算起点(1 000 元人民币)以下的零星开支。

(8) 中国人民银行确定需要支付现金的其他支出。

除了上述范围内的支付可以使用现金外，其他款项结算必须通过开户银行办理转账结算。

2．控制库存现金的限额

现金的限额是指为了保证企业日常零星开支的需要，允许单位留存现金的最高数额。现金的限额是由企业开户银行根据企业的实际需要核定，一般不得超过本单位3～5天正常的零星开支的需要量，边远地区和交通不方便地区的企业可以按照多余5天但不超过15天的日常零星开支的需要量确定。企业应当严格遵守核定的现金限额，超过限额部分应于当日终了前送存银行。需要增加或减少现金限额的单位，应当向其开户银行提出申请，由开户银行核定。

3．日常现金收支的管理

企业在办理有关现金收支业务时，应遵守以下规定：

(1) 企业现金的收入应于当日送存银行，当日送存银行确有困难的，由开户银行确定送存时间。

(2) 企业使用现金支付时，可以从本单位库存现金中支付或者从开户银行提取，不得从本单位的库存现金收入中直接支付，即不得坐支现金。因特殊情况需要坐支现金的，应事先报经开户银行审查批准，由开户银行核定坐支范围和限额。坐支企业应定期向开户银行报送坐支金额和现金使用情况。

(3) 企业签发现金支票从开户银行提取现金，应当写明用途，由本单位财会部门负责人签字盖章，经开户银行审核后，予以支付现金。

此外，不准用不符合财务会计制度的凭证顶替库存现金，即不得“白条抵库”：不准谎报用途套取现金，不准用本单位的银行账户代其他单位和个人存入或支取现金，不准用单位收入的现金以个人名义存入银行账户，不准保留账外公款，即不得“公款私用”，不得设置“小金库”等。银行对于违反上述规定的单位，将按照违规金额的一定比例予以处罚。

(二) 库存现金的核算

企业应当设置现金总账和现金日记账，分别进行企业库存现金的总分类核算和明细分类核算。

1．总分类核算

为了总括地反映企业库存现金的收支及结存情况，企业应设置“库存现金”总分类账户。该账户属于资产类账户，借方登记库存现金的增加，贷方登记库存现金的减少，期末余额在借方，表示期末库存现金的结余额。企业内部各部门、各单位周转使用的备用金，应在“其他应收款”账户核算，或单独设置“备用金”账户核算，不在“库存现金”账户核算。

“库存现金”总分类账户可以根据记账凭证直接登记，如果企业日常现金收支业务量比较大，为了简化核算工作，企业可以根据实际情况，采用汇总记账凭证、科目汇总表等核算形式定期或在月份终了，根据汇总收、付款凭证或科目汇总表登记入账。

【例2-1】 3月1日，签发现金支票一张，从银行提取现金5 000元备用。根据现金支票存根编制如下会计分录：

借：库存现金　　5 000

　　贷：银行存款　　5 000

【例 2-2】 3 月 1 日，职工李某因公出差，预借差旅费 1 000 元，现金支付。根据借款单编制如下会计分录：

借：其他应收款——备用金(李某)　　1 000

　　贷：库存现金　　1 000

【例 2-3】 3 月 5 日，销售乙产品一批，货款 200 元，增值税销项税为 34 元，当即收到现金。根据有关发票编制如下会计分录：

借：库存现金　　234

　　贷：主营业务收入　　200

　　　　应交税费——应交增值税(销项税额)　　34

【例 2-4】 3 月 14 日，以库存现金支付职工薪酬 4 000 元。根据工资发放单编制如下会计分录：

借：应付职工薪酬　　4 000

　　贷：库存现金　　4 000

2．序时核算

企业除进行现金的总分类核算外，还要设置“现金日记账”进行序时核算。现金日记账为订本式账簿，由出纳人员根据审核无误的现金收款凭证、现金付款凭证及提现时填制的银行存款付款凭证按业务发生的顺序逐日逐笔登记。现金日记账必须做到日清月结，账款相符，严禁白条抵充库存现金。每日终了，应计算全天的现金收入合计数、现金支出合计数和现金结余数，并将结余数与实际库存数进行核对，做到账款相符。月份终了，现金日记账的余额应与现金总账的余额核对相符，做到账账相符。

(三) 库存现金的清查

库存现金清查是指库存现金的盘点和核对，包括出纳人员每日业务终了前进行的库存现金核对和清查小组进行的定期或不定期的库存现金盘点核对。

库存现金清查一般采用实地盘点法。清查小组清查时，出纳人员必须在场，清查的主要内容是是否有挪用库存现金、白条抵库、超限额留存库存现金情况，以及账款是否与账面相符等。

对于清查的结果应当编制现金盘点报告单。如果有挪用现金、白条抵库的情况，应及时予以纠正，对于超限额留存的现金应及时送存银行。如果账款不符，发现有待查明原因的现金短缺或溢余，应先通过“待处理财产损溢”科目核算。按管理权限经批准后，分为以下情况处理：

(1) 如为现金短缺，属于应由责任人赔偿或保险公司赔偿的部分，计入其他应收款；属于无法查明的其他原因，计入管理费用。

(2) 如为现金溢余，属于应支付给有关人员或单位的，计入其他应付款；属于无法查明原因的，计入营业外收入。

【例 2-5】 B 公司在 20×7 年 10 月 31 日的库存现金清查中，发现库存现金较账面余额多出 600 元，会计分录如下：

借：库存现金　　600

　贷：待处理财产损溢——待处理流动资产损溢　　600

【例 2-6】 经核查，上述库存现金长款属于应支付给甲企业的款项 450 元，其余长款 150 元无法查明原因，会计分录如下：

借：待处理财产损溢——待处理流动资产损溢　　600

　贷：其他应付款——甲企业　　450

　　营业外收入　　150

【例 2-7】 B 公司在 2017 年 10 月 31 日的库存现金清查中，发现库存现金较账面余额短缺 300 元，会计分录如下：

借：待处理财产损溢——待处理流动资产损溢　　300

　贷：库存现金　　300

【例 2-8】 经反复核查，上述库存现金短款属于出纳员张某责任的为 50 元，属于无法查明原因的为 140 元，属于保险公司赔偿的为 110 元，会计分录如下：

借：其他应收款——张某　　50

　　　　　——保险公司　　110

　管理费用　　140

　贷：待处理财产损溢——待处理流动资产损溢　　300

三、完成工作任务评价

1. 完成库存现金核算的工作任务

根据工作任务要求，按照工作任务操作流程，结合完成工作任务所需要的知识导航，回答引导案例中的问题。

2. 完成工作任务结果后的评价

按照要求和规程完成了库存现金核算的任务后，参照老师给出的标准，任务的完成者与老师共同来评价工作任务的完成情况。

评价标准：

(1) 所发生的业务是否适合用库存现金核算。

(2) 根据所发生的业务填制相关记账凭证时所用的会计科目是否正确。

(3) 谁负责登记现金日记账和现金总账。

3. 完成工作任务后的收获

按照要求和规程完成了工作任务之后，结合老师对完成工作任务的结果评价，你认为自己完成此项工作任务后有何收获？请将你的收获写出来，与老师和同学们一起交流和分享。

工作任务二　银行存款核算

企业发生了经济业务需要结算款项时，除按照《现金管理暂行条例》规定，可以使用现金结算外，大多数使用银行转账结算。

一、银行存款核算的工作流程

引导案例：

荣光股份公司开设有1个基本存款账户、5个一般存款账户、1个基建专用账户。

20×7年10月2日，魏丽开出一张386万元的支票到银行办理转账，给职工发放工资；20×7年10月4日，荣光股份公司购入一批材料，增值税专用发票上注明价款50 000元，增值税8 500元，魏丽给采购员开出一张转账支票；20×7年10月24日，公司购入一批材料，价值180 000元，增值税30 600元，魏丽同采购员到银行办理汇兑结算；20×7年10月28日，公司收到银行收款通知，公司于20×7年10月20日销售的价值80 000元的货款到账；20×7年10月31日收到银行的对账单，发现公司银行存款日记账余额与对账单余额不符，魏丽编制银行存款余额调节表查找未达账项。

请问：荣光股份公司开设上述账户是否符合规定？上述业务分别使用哪种账户？你认为上述业务是否符合银行管理制度？魏丽应怎样进行业务处理？应登记哪些账簿？

银行存款核算的工作流程如下：

第一步：熟悉银行管理制度。

第二步：进行银行存款总分类核算。

第三步：进行银行存款序时核算。

第四步：进行银行存款清算的核算。

二、知识导航

(一) 认识银行存款的管理制度

按照国家《支付结算办法》的规定，企业应在银行开立账户，办理存款、取款和转账等结算。企业在银行开立人民币存款账户，必须遵守中国人民银行《银行账户管理办法》的各项规定。

1. 银行存款有关管理规定

1) 严格执行银行账户管理办法的规定

根据规定，每个企业都要在银行的一个分支机构或其他金融机构开立账户，用以保存货币资金，并办理转账结算业务。开户时，企业要凭证明文件到银行的一个分支机构办理开户手续，并在银行预留有效印章样本。《人民银行结算账户管理办法》将单位银行结算账户分为基本存款账户、一般存款账户、临时存款账户和专用存款账户。

(1) 基本存款账户，是存款人因办理日常转账结算和现金收付需要开立的银行结算账户。存款人日常经营活动的资金收付及其工资、奖金等现金的支取，应通过基本存款账户办理。单位银行结算账户的存款人只能在银行开立一个基本存款账户。

(2) 一般存款账户，是存款人在基本存款账户以外的银行因借款转存，与基本存款账户的存款人不在同一地点的附属非独立核算单位开立的账户。存款人可以通过本账户办理转账结算和现金缴存，但不得办理现金支取结算。

(3) 临时存款账户，是存款人因临时经营活动需要并在规定期限内使用而开立的银行结算账户，如设立临时机构、异地临时经营活动、注册验资等。本账户办理转账结算和根据国家现金管理的规定办理现金支付，并根据有关开户证明文件确定的期限或存款人的需要确定其有效期限，最长不得超过2年。

(4) 专用存款账户，是存款人按照法律、行政法规和规章，对其特定用途资金进行专项管理和使用而开立的银行结算账户，如基本建设资金、社会保障基金、财政预算外资金、粮棉油收购资金、证券交易结算资金等。

2) 银行存款收、付业务必须使用银行统一规定的结算凭证

企业向银行存入款项时，要填制“送款单”或“进账单”将现金或转账支票送存银行，或由银行按支付结算办法规定划转存入企业存款账户，企业根据“送款单”或“进账单”回单联或银行收账通知单入账；企业从银行提取现金或支付款项时，应签发支票或其他结算凭证，或银行根据支付结算办法的规定，主动将款项从企业存款账户中划出，企业根据银行盖章的付款通知单入账。企业填写的各项收、付款结算凭证，必须如实填明款项来源或用途，不得弄虚作假套取银行信用。

3) 定期与银行核对账目

企业收入的一切款项，除国家另有规定外，都必须及时送存银行。一切支出，除规定可用现金支付的外，都应按照支付结算办法的有关规定，通过银行办理转账结算。因此，企业要定期与银行核对账目，发现不符的账项要及时与银行联系，查明原因，进行账项调整。

2．银行存款收支控制

为了加强对银行存款的控制，对于银行存款的存、取和转账业务，应执行严格的审批手续，认真审查银行存款收支的合法性和合理性，并建立一套严密的内部控制制度，即企业的出纳人员负责银行存款的收支业务，签发支票，登记银行存款日记账，会计人员负责银行存款收支业务的审核工作，并负责登记银行存款总账。

3．银行转账结算

企业在生产经营活动中发生的货币资金收支业务，除按《现金管理暂行条例》规定可以直接使用现金进行结算的业务除外，其他业务款项的结算都必须通过银行进行转账结算。常用的银行结算方式有8种，我们这里主要介绍以下4种结算。

1) 支票

支票是单位或个人签发的，委托办理支票存款业务的银行，在见票时无条件支付确定的金额给收款人或者持票人的票据。

支票结算方式是同城结算中应用比较广泛的一种结算方式。单位和个人在同一票据交换区的各种款项结算，均可以使用支票。支票由银行统一印制，支票上印有“现金”字样的为现金支票，现金支票只能用于支取现金。支票上印有“转账”字样的为转账支票，转账支票只能用于转账。未印有“现金”或“转账”字样的为普通支票，普通支票既可以用于支取现金，也可以用于转账。在普通支票左上角划两条平行线的为划线支票，划线支票只能用于转账，不得支取现金。

支票的提示付款期限为自出票日起10日，中国人民银行另有规定的除外。超过提示付

款期限的，持票人开户银行不予受理，付款人不予付款。转账支票可以根据需要在票据交换区域内背书转让。

存款人领购支票，必须填写“票据和结算凭证领用单”并加盖预留银行的印签。存款账户清算时，必须将全部剩余空白支票交回银行注销。

企业财会部门在签发支票之前，出纳人员应该认真查明银行存款的账面结余数额，防止签发超过存款余额的空头支票。签发空头支票，银行除退票外，还按票面金额处 5%但不低于 1 000 元的罚款。持票人有权要求出票人赔偿支票金额 2%的赔偿金。签发支票时，应使用蓝黑墨水或碳素墨水，将支票上的各要素填写齐全，并在支票上加盖其预留银行印签。出票人预留银行的印签是银行审核支票付款的依据。银行也可以与出票人约定使用支付密码，作为银行审核支付支票金额的条件。支票的日期、金额、收款人不得更改，更改的票据无效。支票上的其他记载事项需要更改的，必须由原记载人签章。但支票上的金额、收款人名称可以由出票人授权补记。未补记前的支票不得背书转让和提示付款。要素填写齐全的支票允许挂失支付。

2) 银行本票

银行本票是指银行签发的，承诺自己在见票时无条件支付确定的金额给收款人或持票人的票据。单位和个人在同一票据交换区域需要支付的各种款项，均可使用银行本票。银行本票可以用于转账，在票面划去“转账”字样，注明“现金”字样的银行本票，可用于支取现金。

银行本票分为不定额本票和定额本票两种。定额本票面额为 1 000 元、5 000 元、10 000 元和 50 000 元。申请人使用银行本票，应向银行填写“银行本票申请书”。申请人或收款人为单位的，不得申请签发现金本票。出票银行受理银行本票申请书，收妥款项后签发银行本票，在本票上签章后交给申请人。申请人应将银行本票交付给本票上记明的收款人。收款人可以将银行本票背书转让给被背书人。

银行本票的提示付款期限自出票日起最长不得超过 2 个月。在有效付款期内，银行见票付款。持票人超过付款期限提示付款的，银行不予受理。申请人因银行本票超过提示付款期限或其他原因要求退款时，应将银行本票提交到出票银行并出具单位证明。出票银行对于在本行开立存款账户的申请人，只能将款项转入原申请人账户；对于现金银行本票和未到本行开立存款账户的申请人，才能退付现金。

3) 银行汇票

银行汇票是出票银行签发的，由其在见票时按照实际结算金额无条件支付给收款人或者持票人的票据。银行汇票的出票银行是银行汇票的付款人。银行汇票具有使用灵活、票随人到、安全方便、兑现性强的特点。单位和个人的各种款项的结算均可使用银行汇票，适用于异地结算业务的办理。银行汇票用于转账，填明“现金”字样的银行汇票也可用于支取现金。

银行汇票的提示付款期限为自出票日起 1 个月内。超过付款期限提示付款的，代理付款银行不予受理。持票人超过期限向代理付款银行提示付款不获付款的，须在票据权利时效内向出票银行作出说明，并提供单位证明或本人身份证件，持银行汇票和解讫通知向出票银行请求付款。

收款企业在收到付款单位送来的银行汇票时，应在出票额以内，据实办理结算，并将实际结算金额和多余金额准确、清晰地填入银行汇票和解讫通知的有关栏内。银行汇票的实际结算金额低于出票金额的，其多余金额由出票银行退交申请人，如果实际金额高于出票金额该票据无效，银行不予受理。

4) 商业汇票

商业汇票是出票人签发的，委托付款人在制定日期无条件支付确定的金额给收款人或者出票人的票据。在银行开立存款账户的法人以及其他组织之间须具有真实的交易关系或债权债务关系，才能使用商业汇票。商业汇票的付款期限由交易双方商定，但最长不得超过 6 个月。商业汇票的提示付款期限自汇票到期日起 10 日内。

存款人领购商业汇票，必须填写“票据和结算凭证领用单”并加盖预留银行印签，存款账户结清时，必须将全部剩余空白商业汇票交回银行注销。

商业汇票可以由付款人签发承兑，也可以由收款人签发交由付款人承兑。商业汇票可以背书转让。符合条件的商业汇票的持票人可持未到期的商业汇票连同贴现凭证，向银行申请贴现。

商业汇票按承兑人的不同，分为商业承兑汇票和银行承兑汇票两种。

(1) 商业承兑汇票。商业承兑汇票是由银行以外的付款人承兑。商业承兑汇票是按交易双方约定，由销货企业或购货企业签发，由购货企业承兑。承兑时，购货企业应在汇票正面记载“承兑”字样和承兑日期并签章。汇票到期时，购货企业的开户银行凭票将票款划给销货企业或贴现银行。销货企业应在提示付款期限内通过开户银行委托收款或直接向付款人提示付款。对异地委托收款的，销货企业可匡算邮程，提前通过开户银行委托收款。汇票到期时，如果购货企业的存款不足支付票款，开户银行应将汇票退还销货企业，银行不负责付款，由购销双方自行处理。

购货企业收到开户银行的付款通知，应在当日通过银行付款。如企业在接到通知的次日起 3 日内未通过银行付款的，视同付款人承诺付款，银行将于第 4 日上午开始营业时，将票款划给销货企业或贴现银行。

(2) 银行承兑汇票。银行承兑汇票是由在承兑银行开立存款账户的存款人签发。承兑银行按票面金额向出票人收取万分之五的手续费。

购货企业应于汇票到期前将票款足额交存其开户银行，以备由承兑银行在汇票到期日或到期日后的见票当日支付票款。销货企业应在汇票到期时将汇票连同进账单送交开户银行以便转账收款。承兑银行凭汇票将承兑款项无条件转给销货企业，如果购货企业于汇票到期日未能足额交存票款的，承兑银行除凭票向持票人无条件付款外，对出票人尚未支付的汇票金额按每天万分之五计收利息。

采用商业汇票结算方式，可以使企业之间的债权债务关系表现为外在的票据，使商业信用票据化，加强约束力。对于购货企业来说，由于可以延期付款，在资金暂时不足的情况下就能及时购进材料物资，以此保证生产经营顺利进行。对于销货企业来说，可以疏通商品渠道，扩大销售，促进生产。商业汇票经过承兑，信用较高，可以按期收回货款，防止拖欠；在急需资金时，还可以向银行申请贴现，融通资金，比较灵活。

为了加强商业汇票的管理，购货和销货企业应指定专人负责管理商业汇票，对应收、应付票据都应在有关的明细账或登记簿中进行详细的记录。

(二) 银行存款的业务处理

企业应当设置银行存款总账和银行日记账，分别进行银行存款的总分类核算和明细分类核算。

1．总分类核算

为了总括核算银行存款的收入、支出和结存情况，应设置“银行存款”总分类账户。该账户属于资产类账户，用来核算企业存入银行或其他金融机构的各种款项。借方登记存入银行或其他金融机构的款项，贷方登记从银行提取或支付的款项，期末余额在借方，表示企业期末银行存款的实际结存数额。

银行存款收、付业务核算的方法举例说明如下：

【例 2-9】 A 公司销售产品一批，价款 50 000 元，增值税 8 500 元，款项已存入银行。做会计分录如下：

借：银行存款　　58 500
　　贷：主营业务收入　　50 000
　　　　应交税费——应交增值税(销项税额)　　8 500

【例 2-10】 A 公司购入材料一批，价款 20 000 元，增值税 3 400 元，合计 23 400 元，以银行存款支付。做会计分录如下：

借：材料采购　　20 000
　　应交税费——应交增值税(进项税额)　　3 400
　　贷：银行存款　　23 400

2．序时核算

为了全面、系统、连续、详细地反映有关银行存款收支的情况，企业应当按照开户银行和其他金融机构、存款种类等，分别设置“银行存款日记账”，由出纳人员根据审核无误的银行存款收付款凭证，按照业务发生的先后顺序逐日逐笔登记。每日终了应计算银行存款合计、银行存款支出合计及结余数，银行存款日记账应定期与银行转来的对账单核对相符，至少每月核对一次。银行存款日记账的格式与现金存款日记账的格式基本相同。

(三) 银行存款的清查

企业应定期或不定期地进行银行存款清查，即企业银行存款日记账的账面余额与其开户银行转来的对账单进行核对。若双方余额不一致，除记账错误外，双方还可能存在未达账项，未达账项是指由于企业未取得或支付凭证尚未入账的款项。未达账项具体有以下 4 种情况：

(1) 企业已收款入账，而银行尚未收款入账。

(2) 企业已付款入账，而银行尚未付款入账。

(3) 银行已收款入账，而企业尚未收款入账。

(4) 银行已付款入账，而企业尚未付款入账。

对上述未达账项应编制“银行存款余额调节表”检查核对，如果没有记账错误，调节后的双方余额应相符。银行存款余额调节表只是为了核对账目，并不能作为调整银行账面余额的记账依据。对于银行已经入账而企业尚未入账的未达账项，一定要等到结算凭证到达企业后，才能进行账务处理。

如果调节后的银行存余额仍不相等，则应进一步逐笔核对，发现错账、漏账等，应予以更改。调节后的存款余额即为企业可以动用的实际存款额。

【例 2-11】 20×7 年 12 月 31 日银行存款日记账 258 500 元，银行对账单 244 700 元，企业发现造成不符，有以下几项未达账项：

业务 1：企业收到转账支票 1 张金额 15 000 元，未到银行办理手续。

业务 2：企业开出现金支票 1 张金额 3 000 元，对方未到银行办手续。

业务 3：企业委托银行代收货款，银行已收到 5 000 元，企业未收到。

业务 4：企业委托银行代付电费，银行已付款 6 800 元，企业未付款。

表 2-1 银行存款余额调节表

项 目	金 额	项 目	金 额
银行存款日记账余额	258 500	银行对账单余额	244 700
加：银收企未收	5 000	加：企收银未收	15 000
减：银付企未付	6 800	减：企付银未付	3 000
调节后存款余额	256 700	调节后存款余额	256 700

三、完成工作任务评价

1. 完成银行存款核算的工作任务

根据工作任务的要求，按照工作任务操作流程，结合完成工作任务所需要的知识导航，回答引导案例中的问题。

2. 完成工作任务后的结果评价

按照要求和规程完成了银行存款核算的任务后，参照老师给出的标准，任务的完成者与老师共同来评价工作任务的完成情况。

评价标准：

(1) 所发生的业务是否适合用转账结算。

(2) 各转账结算的适用范围是否正确。

(3) 根据所发生的业务填制相关记账凭证时所用的会计科目是否正确。

(4) 谁负责登记银行存款日记账和银行存款总账。

3. 完成工作任务后的收获

按照要求和规程完成了工作任务之后，结合老师对完成工作任务结果的评价，你认为自己完成此项工作任务后有何收获？请将你的收获写出来，与老师和同学们一起交流和分享。

工作任务三 其他货币资金业务处理

货币资金中除了现金和银行存款外，还有其他货币资金。在上述的转账结算方式中有的要用到其他货币资金。

一、其他货币资金业务处理的工作流程

引导案例：

荣光股份有限公司20×7年10月6日通过银行汇往广州50万元办理临时采购专户；10月20日到银行办理银行汇票手续，购买一台价值100万元的机器设备；10月25日因销售商品，收到一张面额为234 000元的银行本票。

请问：上述业务应怎样处理？应登记哪些账簿？

其他货币资金业务处理的流程如下：

第一步：熟悉其他货币资金的种类。

第二步：进行其他货币资金业务的处理。

二、知识导航

(一) 认识其他货币资金

其他货币资金是指企业除库存现金、银行存款以外的各种货币资金，主要包括银行汇票存款、银行本票存款、信用卡存款、信用证保证金存款、存出投资款和外埠存款等。

(二) 其他货币资金的业务处理

为了反映和监督其他货币资金的收支和结存情况，企业应当设置"其他货币资金"科目。该账户属于资产类账户，借方登记其他货币资金的增加额，贷方登记其他货币资金的减少额，余额在借方，表示其他货币资金的结存额。该账户应设置"外埠存款"、"银行本票"、"银行汇票"、"信用卡"、"信用证保证金"和"存出投资款"等明细账户。

1. 外埠存款

外埠存款是指企业为了到外地进行临时或零星采购，而汇往采购地银行开立采购专户的款项。该账户的存款不计利息、只付不收、付完清户，除了采购人员可从中提取少量现金外，一律采用转账结算。外埠存款的核算程序可分为3个步骤：第一步是汇出资金并开户；第二步是采购付款；第三步是余额转回。外埠存款的核算举例如下：

【例2-12】 A公司10月11日委托当地的开户银行将300 000元采购资金汇往采购地某银行开设采购专户，收到银行盖章退回的第一联信汇凭证(回单)，编制如下会计分录：

借：其他货币资金——外埠存款　　300 000

　　贷：银行存款　　　300 000

【例2-13】 A公司10月13日收到采购员转来的供货单位的发票账单等原始凭证，内列采购材料货款200 000元，增值税款34 000元。根据供货单位的发票账单编制如下会计分录：

借：材料采购　　200 000

　　应交税费——应交增值税(进项税)　　34 000

　　贷：其他货币资金——外埠存款　　　234 000

【例 2-14】 A 公司 10 月 20 日收到银行转回的多余款 66 000 元。根据银行转来的收账通知编制如下会计分录：

借：银行存款　　66 000
　　贷：其他货币资金——外埠存款　　66 000

2．银行本票存款

银行本票存款是指企业为取得银行本票按规定存入银行的款项。企业向银行提交“银行本票申请书”并将款项交存银行，取得银行本票后，根据银行盖章退回的银行本票申请书(存根联)借记“其他货币资金——银行本票”账户，贷记“银行存款”账户。企业使用银行本票支付采购材料的货款，根据发票账单等有关原始凭证，借记“材料采购”、“应交税费——增值税(进项税额)”等账户，贷记“ 其他货币资金——银行本票”账户。银行本票存款的核算举例如下：

【例 2-15】 A 公司 6 月 7 日向银行提出开立 163 800 元银行本票的申请，用于购买原材料，银行审核“银行本票申请书”后同意受理，企业开出支票一张，将 163 800 元款项交存银行，同时收到银行盖章退回的银行本票申请书(存根联)及一张 163 800 元的银行本票。该公司于 6 月 9 日用该张本票购买原材料一批，发票上注明货款 140 000 元，增值税款 23 800 元，该材料尚未验收入库。

6 月 7 日根据银行盖章退回的银行本票申请书(存根联)作会计分录如下：

借：其他货币资金——银行本票　　163 800
　　贷：银行存款　　163 800

6 月 9 日根据购货发票等原始凭证作会计分录如下：

借：材料采购　　140 000
　　应交税费——应交增值税(进项税额)　　23 800
　　贷：其他货币资金——银行本票　　163 800

企业申请的银行本票因超过付款期等原因而未使用的，可要求银行退款，此时应填写一式两联的进账单，连同本票一并送交银行，然后根据银行收回本票时盖章退回的进账单第一联，借记“银行存款”账户，贷记“其他货币资金——银行本票”账户。

3．银行汇票存款

企业在填写“银行本票申请书”并将款项交存银行, 取得银行汇票后, 根据银行盖章退回的申请书存根联, 借记”其他货币资金——银行汇票”科目，贷记“银行存款”科目。企业使用银行汇票付款后，应根据发票、账单等有关凭证，借记“材料采购”、“原材料”等科目，贷记“其他货币资金——银行汇票”科目。如有余额或因汇票超过付款期限等原因而退回款项时，借记“银行存款”科目，贷记“其他货币资金——银行汇票”科目。企业收到银行汇票，填制进账单到开户银行办理款项入账手续时，根据进账单及销货发票等，借记“银行存款”科目，贷记“主营业务收入”、“应交税费——应交增值税(销项税额)”等科目。

【例 2-16】 某企业向银行提交“银行汇票申请书”，并将款项 200 000 元交存开户银行，要求银行办理银行汇票并已取得汇票。企业根据银行盖章退回的申请书存根联，编制会计分录如下：

借：其他货币资金——银行汇票　　200 000

　　贷：银行存款　　200 000

【例 2-17】 企业持银行汇票去异地采购材料，取得的增值税专用发票上注明材料价款 150 000 元，增值税 25 500 元。企业根据取得的增值税专用发票，编制会计分录如下：

借：材料采购　　150 000

　　应交税费——应交增值税(进项税额)　　25 500

　　贷：其他货币资金——银行汇票　　175 500

【例 2-18】 企业收到银行转来的银行汇票多余款收账通知，银行汇票多余款项 24 500 元已退回企业开户银行。企业根据收账通知，编制会计分录如下：

借：银行存款　　24 500

　　贷：其他货币资金——银行汇票　　24 500

4．信用卡存款

信用卡存款是指企业为取得信用卡而存入银行信用卡专户的款项。信用卡是银行卡的一种。信用卡按使用对象分为单位卡和个人卡；按信用等级分为金卡和普通卡；按是否向发卡银行交存备用金分为贷记卡和准贷记卡。企业填写信用卡申请表，连同支票和有关资料一并送存发卡银行，根据银行盖章退回的进账单第一联，借记“其他货币资金——信用卡”账户，贷记“银行存款”账户。企业使用信用卡时，借记“管理费用”等账户，贷记“其他货币资金——信用卡”账户。

5．信用证保证金存款

信用证保证金存款是指采用信用证结算方式的企业为开具信用证而存入银行信用证保证金专户的款项。企业向银行申请开立信用证，应按规定向银行提交开征申请书、信用证申请人承诺书和赊销合同。

企业填写信用证申请表，将信用证保证金交存银行时，根据银行覆盖章退回的信用证申请书回单，借记“其他货币资金——信用证保证金”账户，贷记“银行存款”账户。企业接到开证行通知，根据供货单位信用证结算凭证及所附发票账单，借记“材料采购”或“原材料”、“应交税费——应交增值税(进项税额)”等账户，贷记“其他货币资金——信用证保证金”账户。将未用完的信用证保证金余额转回开户银行时，借记“银行存款”账户，贷记“其他货币资金——信用证保证金”账户。

6．存出投资款

企业向证券公司划出资金时，应按实际划出的金额，借记“其他货币资金——存出投资款”科目，贷记“银行存款”科目。在证券交易市场上购买股票、债券等时，借记“交易性金融资产”等科目，贷记“其他货币资金——存出投资款”科目。

【例 2-19】 2017 年 3 月 18 日企业委托某证券公司从证券交易所购入上市公司股票 100 000 股，企业将其划分为交易性金融资产。该笔股票在购买日的公允价值为 2 000 000 元。企业编制会计分录如下：

借：交易性金融资产——成本　　2 000 000

　　贷：其他货币资金——存出投资款　　2 000 000

三、完成工作任务评价

1. 完成其他货币资金的工作任务

根据工作任务要求，按照工作任务操作流程，结合完成工作任务所需要的知识导航，回答引导案例中的问题。

2. 完成工作任务结果后的评价

按照要求和规程完成了其他货币资金核算的任务后，参照老师给出的标准，任务的完成者与老师共同评价工作任务的完成情况。

评价标准：

(1) 所发生的业务采用的是哪种结算方式。

(2) 有哪些结算方式用到“其他货币资金”账户。

(3) 根据所发生的业务填制相关记账凭证时所采用的会计科目是否正确。

3. 完成工作任务后的收获

按照要求和规程完成了工作任务之后，结合老师对完成工作任务后的结果评价，你认为自己完成此项工作任务后有何收获？请将你的收获写下来，与老师和同学们一起交流和分享。

课后练习题

一、单项选择题

1．企业将款项委托开户银行汇往采购地银行，开立采购专户时，应借记的科目是(　　)。

A．“银行存款”科目　　B．“材料采购”科目
C．“其他货币资金”科目　　D．“其他应收款”科目

2．下列各项中，不属于“其他货币资金”科目核算内容的是(　　)。

A．信用证存款　　B．存出投资款
C．备用金　　D．银行汇票存款

3．企业采用银行承兑汇票结算方法购进货物，签发的银行承兑汇票经开户银行承兑时，支付的承兑手续费应计入(　　)。

A．管理费用　　B．财务费用
C．营业外支出　　D．其他业务成本

4．企业在现金清查中发现多余现金，在未经批准处理之前，应借记“现金”科目，贷记(　　)科目。

A．“营业外收入”　　B．“待处理财产损溢”
C．“其他应付款”　　D．“其他业务收入”

5．企业的银行存款账户中，办理日常转账结算和现金收付业务的是(　　)。

A．基本存款账户　　B．一般存款账户

C．临时存款账户　　D．专用存款账户

6．经过“银行存款余额调节表”调整后的银行存款余额为(　　)。

A．企业账上的银行存款余额

B．银行账上的企业存款余额

C．企业可动用的银行存款数额

D．企业应当在会计报表中反映的银行存款余额

7．商业承兑汇票的承兑人通常为(　　)。

A．购货企业　　B．销货企业

C．购货企业的开户银行　　D．销货企业的开户银行

8．根据《支付结算办法》规定，银行汇票的提示付款期限为(　　)。

A．自出票日起 10 日　　B．自出票日起 1 个月

C．自出票日起 2 个月　　D．自出票日起 6 个月

9．根据《现金管理暂行条例》规定，下列经济业务中，不能用现金支付的是(　　)。

A．支付职工奖金 5 000 元　　B．支付零星办公用品购置费 800 元

C．支付物资采购货款 1 200 元　　D．支付职工差旅费 2 000 元

10．企业对现金清查中发现的确实无法查明原因的长款，应将其计入(　　)。

A．其他业务收入　　B．资本公积

C．盈余公积　　D．营业外收入

11．甲公司 5 月 1 日将本年 4 月 1 日签发、期限 3 个月、票面价值 60 000 元的不带息商业汇票向银行贴现，年贴现率为 6%。甲公司的贴现收入为(　　)元。

A．59 100　　B．59 400　　C．59 700　　D．60 300

12．下列各类款项，适用于托收承付结算方式的是(　　)。

A．代销商品的款项　　B．寄销商品的款项

C．赊销商品的款项　　D．因商品交易而产生的款项

13．现行银行结算办法规定，支票付款的有效期限应为(　　)。

A．3 天　　B．5 天　　C．10 天　　D．15 天

14．现行银行结算办法规定，下列结算方式中，只能用于商品交易款项结算的是(　　)。

A．银行汇票结算方式　　B．商业汇票结算方式

C．委托收款结算方式　　D．银行本票结算方式

15．企业采购人员持银行汇票到外地办理款项支付结算后，根据有关凭证账单报销时，应借记有关科目，贷记(　　)。

A．“银行存款”科目

B．“应付票据——商业承兑汇票”科目

C．“应付票据——银行承兑汇票”科目

D．“其他货币资金”科目

16．不单独设置“备用金”科目的企业，内部各部门、各单位周转使用的备用金，应通过(　　)科目核算。

A．现金　　B．其他应收款　　C．应收账款　　D．预付账款

17．商业汇票的提示付款期限为(　　) 天。

A. 5　　B. 10　　C. 20　　D. 30

18. 下列各项中，可以采用商业汇票进行结算的是(　　)。

A. 法人之间具有真实的交易　　B. 个人之间具有真实的交易

C. 法人之间只有商品交易才可采用　　D. 个人之间只有商品交易才可采用

19. 某企业持有一张 2017 年 2 月 28 日签发、期限为 3 个月的商业汇票。该商业汇票的到期日为(　　)。

A. 5 月 28 日　　B. 5 月 29 日　　C. 5 月 30 日　　D. 5 月 31 日

20. 某企业对基本生产车间所需备用金采用定额备用金制度。当基本生产车间报销日常管理支出而补足其备用金定额时，应借记的会计科目是(　　)。

A. 其他应收款　　B. 其他应付款　　C. 制造费用　　D. 生产成本

二、多项选择题

1. 按照《银行账户管理办法》规定，银行存款账户分为(　　)。

A. 基本存款账户　　B. 一般存款账户

C. 临时存款账户　　D. 专用存款账户

2. 商业汇票的签发人可以是(　　)。

A. 收款人　　B. 付款人　　C. 承兑申请人　　D. 承兑银行

3. 企业发生的下列支出中，可用现金支付的有(　　)。

A. 发放本月职工工资 185 000 元　　B. 购买原材料价款 68 000 元

C. 购买办公用品 580 元　　D. 报销退休职工张某医药费 6 300 元

4. 下列各项中，属于其他货币资金的有(　　)。

A. 银行本票存款　　B. 信用卡存款

C. 银行汇票存款　　D. 外埠存款

5. 下列各项中，符合《现金管理暂行条例》规定可以用现金结算的有(　　)。

A. 向个人收购农副产品支付的价款

B. 向企业购买大宗材料支付的价款

C. 支付给职工个人的劳务报酬

D. 出差人员随身携带的差旅费

6. 导致企业账银行存款的余额与银行账企业存款的余额在同一日期不一致的情况有(　　)。

A. 银行已记作企业的存款增加，而企业尚未接到收款通知，尚未记账的款项

B. 银行已记作企业的存款减少，而企业尚未接到付款通知，尚未记账的款项

C. 企业已记作银行存款增加，而银行尚未办妥入账手续的款项

D. 企业已记作银行存款减少，而银行尚未支付入账的款项

7. 下列各项中，不通过“其他货币资金”科目核算的有(　　)。

A. 银行汇票存款　　B. 银行承兑汇票

C. 备用金　　D. 存出投资款

三、判断题

1. 根据现行银行结算办法的有关规定，异地托收承付结算方式可适用于各种企业办理

商品交易，以及因商品交易而产生的劳务供应的款项。（　）

2．企业采用代销、寄销、赊销方式销售商品的款项，不得采用异地托收承付结算方式结算货款。（　）

3．我国的会计核算以人民币为记账本位币，因此，企业的现金是指库存的人民币现金，不包括外币。（　）

4．企业与银行核对银行存款账目时，对已发现的未达账项，应当编制银行存款余额调节表进行调节，并进行相应的账务处理。（　）

5．无论是商业承兑汇票还是银行承兑汇票，付款人都负有到期无条件支付票款的责任。（　）

6．企业用银行汇票支付购货款时，应通过“应付票据”账户核算。（　）

7．我国会计上所说的现金仅指企业库存的人民币。（　）

8．未达账款是指企业与银行之间由于凭证传递上的时间差，一方已登记入账而另一方尚未入账的账项。（　）

9．托收承付结算方式既适用于同城结算，也适用于异地结算。（　）

10．商业承兑汇票是由购货企业签发的，并由购货企业承兑。（　）

11．企业采用托收承付结算的款项，必须是商品交易，以及因商品交易而产生的劳务供应的款项。（　）

12．企业平时核对银行存款只需以银行对账单为准。（　）

13．单独设置“备用金”科目的企业，除了增加或减少拨入的备用金外，使用或报销有关备用金支出时不再通过“备用金”科目核算。（　）

项目三　往 来 核 算

★ 知识目标

(1) 熟悉往来核算岗位的工作职责。
(2) 了解往来核算岗位的工作流程。
(3) 了解往来核算的主要内容。
(4) 掌握各种往来核算业务的处理方法。

★ 技能目标

(1) 能够熟练地进行有关应收账款的核算。
(2) 能够熟练地进行有关预付账款业务的核算。
(3) 能够熟练地进行有关应收票据业务的核算。
(4) 能够熟练地进行有关其他应收业务的核算。

模块一　往来核算任务设计

在日常经营过程中，企业会不断地进行各种交易。在交易时可能收到或支付货币资金，也可能形成债权债务。由于现代社会商业信用应用非常发达，而更多地会形成债权债务。因此，往来业务核算对企业会计核算来说非常重要。通过本项目的学习，要熟悉往来核算岗位设置、工作流程，熟悉进行往来核算业务的账务处理。

任务设计一　任 务 导 读

张红是红星公司的财务会计。20×7 年 9 月 25 日，由于资金紧张，经理要求张红将红星公司当日开出的商业汇票到银行进行贴现。面值为 20 万元，贴现净值为 19.8 万元。经理很困惑，问张红怎么少了 2 000 元。20×7 年 10 月 31 日，经理向张红了解公司债权债务情况，本月赊销给长丰公司 120 万元，预收华丰公司 20 万元。长丰公司月末发生财务困难，预计可能有 5%不能收回。

假如你是张红，对以上业务应如何处理？

任务设计二　任 务 提 出

很多企业经常发生赊购、赊销业务。这样往来债务和债权会不断形成、不断结算了结。

当然在这个过程中还可能涉及利息、折扣等因素。也可能因为债务人财务困难而发生坏账等。销售会计应能正确及时地确认和计量往来债务、债权，及时回笼资金，按时偿还债务。通过本项目的学习，应完成下列任务：

任务 1：熟悉往来核算岗位职责。

任务 2：熟悉票据结算管理规定。

任务 3：熟悉往来核算业务的内容。

任务 4：熟悉各往来科目核算的内容范围并能进行账务处理。

任务 5：学会坏账准备的计提及账务处理。

任务设计三　任 务 分 析

财务人员应了解往来结算业务管理制度，熟悉各往来结算业务的使用范围、特点和基本程序。结合企业实际情况和发生的具体经济业务，选择适宜的核算方法，合理有效地管理好往来账务债权，充分利用往来债权，降低企业资金成本。合理安排往来业务，控制好企业财务风险。下面就开始预备知识的学习。

任务设计四　预 备 知 识

一、往来核算的岗位职责

(1) 建立往来款项结算手续制度。

(2) 办理往来款项的结算业务，负责往来款项结算的明细核算。

(3) 定期对往来款项进行清算、催收和与对方对账。

(4) 按照企业的信用政策和信用标准评判客户、减少坏账损失。

(5) 依据谨慎性要求计提坏账准备。

(6) 办理企业的票据贴现业务。

(7) 按规定支付应付款项。

(8) 及时清算，力求加速资金回笼。

二、应收账款和应付账款的含义

应收账款是指企业因销售商品或提供劳务等原因，应向客户收取的款项或代垫的运杂费及其他相关费用。

应付账款是指企业因购买商品或接受劳务等原因发生的应付未付款项。

三、应收票据和应付票据的含义

应收票据和应付票据是由于赊销双方采用商业汇票结算方式而形成的。

应收票据是由于销售方销售产品或提供劳务而收到的商业汇票形成的债权；应付票据是由于购买材料或接受劳务而签发并承兑商业汇票形成的债务。

四、预收账款和预付账款的含义

预收账款是指企业按照合同规定，向购货单位预先收取的款项。

预付账款是企业按照有关合同，预先支付给供货方(包括提供给劳务者)的款项。

知识拓展

商业承兑汇票的承兑

商业承兑汇票是向付款人提示承兑时汇票持有人持有的票据。

商业承兑汇票可以由付款人签发并承兑，也可以由收款人签发交由付款人承兑。

商业承兑汇票可以在出票时向付款人提示承兑后使用，也可以在出票后先使用再向付款人提示承兑。

持票人向付款人提示承兑时，必须向付款人出示汇票，否则付款人可予以拒绝，并且这种拒绝不具有拒绝承兑的效力，持票人不得以此为由，向其行使追索权。

见票即付的汇票无须提示承兑。

定期付款或者出票后定期付款的商业汇票，持票人应当在汇票到期日前向付款人提示承兑。

见票后定期付款的汇票，持票人应当自出票之日起 1 个月内向付款人提示承兑。

汇票未按照规定期限提示承兑的，持票人丧失对其行使追索权。

承兑是指汇票的付款人承诺在汇票到期日支付汇票金额的票据行为。承兑是汇票中持有的一种票据行为。

商业承兑汇票的付款人接到出票人或持票人向其提示承兑的汇票时，应当向出票人或持票人签发收到汇票的回单，记载汇票提示承兑日期并签章。付款人应当自收到提示承兑的汇票之日起 3 日内承兑或者拒绝承兑。付款人拒绝承兑的，必须出具拒绝承兑的证明。

模块二　往来核算工作任务

工作任务一　应收账款的核算

企业为了满足市场营销的需要，以及与客户保持良好的合作关系，在销售产品或提供劳务时往往会形成应收账款，而在购买材料和接受劳务时又往往由于资金的短缺而形成应付账款。应收账款和应付账款是企业常常发生的往来业务。

一、应收账款核算流程

引导案例：

红星公司 20×7 年 12 月发生如下业务。

(1) 3 日向中兴公司销售商品一批，价格 200 000 元，增值税 34 000 元，另外代垫运费

2 000 元。

(2) 5 日向兴盛公司赊购商品一批，价格 200 万元，增值税 34 万元。合同约定于 20×7 年 12 月 5 日支付 50%，其余部分于 20×8 年 2 月 5 日支付。

(3) 25 日以现金折扣方式销售商品一批，价格 30 万元，增值税 5.1 万元。折扣条件为 2/10、1/20、N/30。

(4) 26 日向天明公司购进材料一批，价格 50 万元，增值税 8.5 万元，对方代垫运费 1500 元。材料已验收入库，货款尚未支付。

请问：以上业务债权债务权是否应确认？应当怎样进行账务处理？应当登记哪些账户？怎么登记？

应收账款核算业务流程如下：

第一步：熟悉应收账款的核算内容。

第二步：对应收账款进行确认和计量。

第三步：进行应收账款的账务处理。

第四步：对应收账款进行期末减值的核算。

二、知识导航

应收账款是由于企业间商业信用的存在而产生的，它可以促进企业的销售，减少库存存货的积压。应收账款占用规模的大小和持有时间的长短对企业持续经营和发展具有重要的意义，企业应加强应收账款的认识和核算。

(一) 应收账款的核算

1. 应收账款的范围

应收账款是指企业因销售商品、提供劳务等经营活动，应向购货单位或接受劳务单位收取的款项，主要包括企业销售商品或提供劳务等应向有关债务人收取的价款及代购货单位垫付的包装费、运杂费等。

为了反映和监督应收账款的增减变动及其结存情况，企业应设置“应收账款”科目，不单独设置“预收账款”科目的企业，预收的账款也在“应收账款”科目核算。“应收账款”科目的借方登记应收账款的增加，贷方登记应收账款的收回及确认的坏账损失，期末余额一般在借方，反映企业尚未收回的应收账款；如果期末余额在贷方，则反映企业预收的账款。

2. 应收账款的入账时间及入账价值

1) 应收账款的入账时间

应收账款是由赊销业务而引起的，因为其入账时间与确认销售收入的时间一致。

2) 应收账款的入账价值

通常情况下，按历史成本计划原则，应收账款的入账价值根据买卖双方购买成交时的实际金额(包括发票金额和代购货单位垫付的运杂费等)确定，但存在商业折扣和现金折扣的特殊情况时应区别处理。

(1) 商业折扣。商业折扣也称数量折扣，是指企业为促进商品销售而在商品标价上给予的价格扣除，是卖方视买方购买数量多少而给予的价格优惠，通常以百分比来表示，如2%、5%等。

(2) 现金折扣。现金折扣是指债权人为鼓励债务人在规定的期限内付款而向债务人提供的债务扣除，通常表示为2/10、1/20、N/30等。

第一，总价法。销货发生时，按未扣减现金折扣前的实际售价入账，销售方给予客户的现金折扣属于一种理财费用，应计入当期“财务费用”、“财务费用”。

第二，净价法。将扣减现金折扣后的金额作为实际售价，客户超过折扣期而多收入的金额，视为提供信贷获得的理财收入，冲减当期“财务费用”。

企业会计准则规定商品销售的现金折扣采用总价法。

3. 应收账款的核算

(1) 企业在正常销售商品、提供劳务等经营活动中发生的应收账款，按应收金额，借记“应收账款”科目，按确认的营业收入，贷记“应交税费——应交增值税(销项税额)”科目。收回应收账款时，借记“银行存款”等科目，贷记“应收账款”科目。

【例3-1】 2017年12月1日，长发公司向明月公司赊销一批商品，按价目单上的价格所计算的货款总额为20 000元，适用的增值税率为17%，以现金代垫运杂费为300元(假设不作为计税基数)。12月25日收到明月公司支付的货款及运费交存银行。会计处理如下：

借：应收账款——明月公司　　23 700
　贷：主营业务收入　　20 000
　　应交税费——应交增值税(销项税额)　　3 400
　　库存现金　　300

(2) 有商业折扣时，应按折扣后的价格加上其他应收的款项借记“应收账款”，按折扣后的价格贷记“主营业务收入”科目，按照增值税专用发票上注明的增值税额贷记“应交税费——应交增值税(销项税额)”科目。

【例3-2】 鑫达公司向红星公司赊销一批商品，按价目单上价格所计算的货款总额为50 000元，给买方的商业折扣为10%，适用的增值税率为17%，以银行存款代垫运杂费为1 000元(假设不作为计税基数)。会计处理如下：

借：应收账款——红星公司　　53 650
　贷：主营业务收入　　45 000
　　应交税费——应交增值税(销项税额)　　7 650
　　银行存款　　1 000

(3) 有现金折扣时，应采用总价法，即按照折扣前的价格加上其他应收的款项，借记“应收账款”科目，按照折扣前的价格，贷记“主营业务收入”科目，按照专用发票上注明的增值税额，贷记“应交税费——应交增值税(销项税额)”科目。收款时如发生现金折扣，应按折扣的价格，借记“财务费用”。

【例3-3】 20×7年12月3日，长发公司向华润公司赊销一批商品，按价目单上价格所计算的货款总额1 000 000元，规定的付款条件为2/10、1/20、N/30，适用的增值税率为17%，以银行存款代垫的运杂费为2 000元(假设不作为计税基数)。12月12日收到华润公司支付的货款(提示：计算现金折扣时不考虑运杂费和增值税影响)。会计处理如下：

现金折扣 = 1 000 000 × 2% = 20 000 (10 天内付款)

20×7 年 12 月 3 日发出商品，办妥托收手续时确认收入，分录如下：

借：应收账款——华润公司 1 172 000

贷：主营业务收入 1 000 000

应交税费——应交增值税(销项税额) 170 000

银行存款 2 000

20×7 年 12 月 12 日收到货款时(10 天内收款)，分录如下：

借：银行存款 1 152 000

财务费用 20 000

贷：应收账款 1 172 000

(二) 应收款项减值

企业应当在资产负债表日对应收款项的账面价值进行检查，有客观证据表明该应收款项发生减值的，应当计提坏账准备。一般来说，应收账款符合下列条件之一的，就应将其确认为坏账：

(1) 债务人死亡，以其遗产清偿后仍然无法收回的账款。

(2) 债务人破产，以其破产财产清偿后仍然无法收回的账款。

(3) 债务人较长时期内未履行其偿债义务，并有足够的证据表明无法收回或收回可能性极小的账款。

企业应当设置“坏账准备”科目，核算应收款项的坏账准备计提、转销等情况。企业当期计提的坏账准备应当计入资产减值损失。“坏账准备”科目的贷方登记当期计提的坏账准备金额，借方登记实际发生的坏账损失金额和冲减的坏账准备金额，期末余额一般在贷方，反映企业已计提但尚未转销的坏账准备。

常用的坏账准备计提方法有三种：应收账款余额百分比法、账龄分析法和销货百分比法。坏账准备的计算公式为：

当期应计提的坏账准备=当期按应收款项计算应提坏账准备金±“坏账准备”科目的贷方(或借方)余额

企业计提坏账准备时，按应减记的金额，借记“资产减值损失——坏账准备”科目，贷记“坏账准备”科目。冲减多计提的坏账准备时，借记“坏账准备”科目，贷记“资产减值损失——坏账准备”科目。

【例 3-4】 20×7 年 12 月 31 日，红星公司应收账款余额为 1 000 000 元，坏账准备贷方余额为 1 500 元。红星公司对应收长丰公司的账款进行减值测试，根据长丰公司的资信情况确定按 5%计提坏账准备。

20×7 年年末计提坏账准备的会计分录如下：

借：资产减值损失——坏账准备 48 500

贷：坏账准备 48 500

企业确实无法收回的应收款项按管理权限报经批准后作为坏账转销时，应当冲减已计提的坏账准备。企业发生坏账损失时，借记“坏账准备”科目，贷记“应收账款”科目。

【例 3-5】 红星公司 20×7 年对华润公司的应收账款实际发生坏账损失 30 000 元。确认坏账损失时，红星公司应作如下会计处理：

借：坏账准备　　30 000

　　贷：应收账款　　30 000

已确认并转销的应收账款以后又收回的，应当按照实际收到的金额增加坏账准备的账面金额。已确认并转销的应收款项以后又收回时，借记“应收账款”、“其他应收款”等科目，贷记“坏账准备”科目；同时，借记“银行存款”科目，贷记“应收账款”科目、“其他应收款”等科目。也可以按照实际收回金额，借记“银行存款”科目，贷记“坏账准备”科目。

【例 3-6】 红星公司 20×7 年 4 月 20 日收到 20×8 年已转销的坏账 23 400 元，已存入银行。公司应作如下会计处理：

借：应收账款　　23 400

　　贷：坏账准备　　23 400

借：银行存款　　23 400

　　贷：应收账款　　23 400

三、完成工作任务评价

1. 完成应收账款的工作任务

根据工作任务要求，按照工作任务操作流程，结合完成工作任务所需要的知识导航，回答引导案例中的问题。

2. 完成工作任务后的结果评价

按照要求和规程完成了应收账款核算的任务之后，参照老师给出的标准，任务的完成者与老师共同评价工作任务的完成情况。

评价标准：

(1) 所发生的业务是否应确认债务、债权。

(2) 根据所发生的业务填制相关记账凭证时所用的会计科目是否正确。

(3) 登记往来明细账和总账。

3. 完成工作任务后的收获

按照要求和规程完成了工作任务之后，结合老师对完成工作任务后的结果评价，你认为自己完成此项工作任务后有何收获？请将你的收获写出来，与老师和同学一起交流和分享。

工作任务二　应收票据的核算

一、应收票据核算流程

引导案例：

红星公司 20×7 年 12 月 5 日收到兴盛公司的银行承兑汇票，票面金额 117 万元，付款期为 3 个月，利率为 4.8%。20×7 年 12 月 28 日，向天明公司开出商业承兑汇票一张，金额 58.65 万元。20×7 年年末公司对以上票据未作相关处理。20×8 年 2 月 5 日公司出现财务困难，将兴盛公司的银行承兑汇票贴现，贴现率为 6%。

请问：20×7 年年末公司处理是否符合制度规定？票据贴现净值和贴现息应是多少？以上业务应怎样进行账务处理？应登记哪些账户？

应收票据业务核算业务流程如下：

第一步：熟悉票据管理制度。

第二步：进行应收票据取得、到期兑现、贴现的核算。

第三步：登记应收票据的总账及明细账。

二、知识导航

商业汇票是企业间结算款项常用的结算方式。销售方延期收款，购货方提供资金的缓冲时间，还可以促进销售，另外如果签发带息商业汇票还可以获取利息收益。这种结算方式对购销双方都有利，在企业间比较常用。

1. 应收票据核算的范围

应收票据是企业因销售商品、提供劳务等收到的商业汇票。商业汇票是一种由出票人签发的，委托付款人在指定日期无条件支付确定金额给收款人或者持票人的票据。包括商业承兑汇票和银行承兑汇票。

2. 应收票据的计价

由于商业汇票的期限一般比较短，最长不超过 6 个月，利息金额相对来说不大，用现值计价过于繁琐。因此，应收票据一般按其面值计价，即企业无论收到带息票据还是不带息票据一律按面值入账。

3. 票据利息及票据到期日的计算

带息票据的利息，对收款人来说是一种收入，对付款人来说是一种费用。票据利息的计算公式为：

$$应收票据利息 = 应收票据票面金额 \times 票面利率 \times 期限$$

式中，期限指签发日至到期日的时间间隔。通常有两种表示方法：定日付款和定期付款。

(1) 票据定期付款时，应以到期月份中与出票日相同的那一天为到期日。例如，4 月 20 日签发的为期 60 天的商业汇票，其到期日应为 6 月 20 日。但月末签发的票据，不论月份大小，以到期月份的月末最后一天为到期日。例如，1 月 31 日签发的期限为一个月的票据，到期日应为 2 月 28 日(闰年 2 月 29 日)。

(2) 票据定日付款时，应从出票日起，按实际经历天数计算，通常出票日和到期日，只能计算其中的一天，即“算头不算尾”或“算尾不算头”。例如，4 月 20 日签发的为期 60 天的商业汇票，其到期日为 6 月 19 日［60 – 4 月份剩余天数 – 5 月份实有天数 = 60 – (30 – 20) – 31 – 19］。

4. 应收票据的账务处理

(1) 企业因销售商品、提供劳务等而收到开出、承兑的商业汇票，按商业汇票的票面金额，借记“应收票据”科目，按确认的营业收入，贷记“主营业务收入”等科目，涉及增值税销项税额的，还应按销项税额，贷记“应交税费——应交增值税(销项税额)”科目。

(2) 持未到期的商业汇票向银行贴现，符合金融工具确认和计量准则有关金融资产终止确认条件的，应按实际收到的金额(减去贴现息后的净额)，借记“银行存款”等科目，按贴现息部分，借记“财务费用”等科目，按商业汇票的票面金额，贷记“应收票据”科目。不符合金融工具确认和计量准则有关金融资产终止确认条件的，不应结转应收票据，应按实际收到的金额(减去贴现息后的净额)，借记“银行存款”等科目，按贴现息部分，借记“财务费用”等科目，按其差额，贷记“短期借款”等科目。

$$贴现息 = 票据到期值 \times 贴现期 \times 贴现率$$

$$贴现净值 = 票据到期值 - 贴现息$$

(3) 将持有的商业汇票背书转让以取得所需物资，按应计入取得物资成本的金额，借记“材料采购”或“原材料”、“库存商品”等科目，按商业汇票的票面金额，贷记“应收票据”科目，如有差额，借记或贷记“银行存款”等科目，涉及增值税进项税额的，还应按进项税额，借记“应交税费——应交增值税(进项税额)”等科目。

(4) 商业汇票到期，应按实际收到的金额，借记“银行存款”科目，按商业汇票的票据金额，贷记“应收票据”科目。

【例 3-7】 红星公司 2017 年 1 月份销售 A 商品给长丰公司，红星公司开具的增值税专用发票上注明的商品价款为 100 000 元，增值税销项税额为 17 000 元。当日收到长丰公司签发的不带息商业承兑汇票一张，该票据的期限为 3 个月。商品销售符合会计准则规定的收入确认条件。红星公司的相关账务处理如下：

(1) 商品销售实现时，相关账务处理如下：

借：应收票据　　117 000
　　贷：主营业务收入　　100 000
　　　　应交税费——应交增值税(销项税额)　　17 000

(2) 3 个月后，应收票据到期，红星公司收回款项 117 000 元，存入银行，相关账务处理如下：

借：银行存款　　117 000
　　贷：应收票据　　117 000

(3) 如果红星公司在该票据到期前向银行贴现，且银行拥有追索权，该票据贴现获得现金净额 115 830 元，则相关账务处理如下：

借：银行存款　　115 830
　　财务费用　　1 170
　　贷：短期借款　　117 000

(4) 如果红星公司在该票据到期前向银行贴现，且银行没有追索权，该票据贴现获得现金净额 115 830 元，则相关账务处理如下：

借：银行存款　　115 830
　　财务费用　　1 170
　　贷：应收票据　　117 000

需要注意的是，企业应当设置“应收票据备查簿”，逐笔登记商业汇票的种类、号数和出票日期、票面金额、交易合同号和付款人、承兑人、收回金额和退票情况等资料。商业汇票到期结清票款或退票后，在备查簿中应予注销。

三、完成工作任务评价

1. 完成应收票据核算的工作任务

根据工作任务要求，按照工作任务操作流程，结合完成工作任务所需要的知识导航，回答引导案例中的问题。

2. 完成工作任务结果后的评价

按照要求和规程完成了票据核算的任务后，参照老师给出的标准，任务的完成者与老师共同来评价工作任务的完成情况。

评价标准：

(1) 商业汇票出票是否符合票据法的规定。

(2) 票据贴现利息计算是否正确。

(3) 应收票据账务处理是否正确。

(4) 设置和登记的应收票据明细账、总账及备查账是否正确。

3. 完成工作任务后的收获

按照要求和规程完成了工作任务之后，结合老师对完成工作任务后的结果评价，你认为自己完成此项工作任务后有何收获？请将你的收获写出来，与老师和同学们一起交流和分享。

工作任务三　预付账款业务处理

往来核算业务中，除了应收和应付款项外，还存在预收和预付款项。预收和预付款项是在按照合同规定先进行货款结算，一定时间后再提供商品或劳务的业务中形成的债务、债权。

一、预付账款业务处理流程

引导案例：

红星公司 2010 年 2 月 1 日按合同规定预先收取清华公司货款 50 万元存入银行。2010 年 2 月 20 日，红星公司向清华公司发出商品价款 50 万元，增值税 8.5 万元。2010 年 2 月 25 日，红星公司收到清华公司发出商品价款 8.5 万元存入银行。

请问：以上业务双方应怎样进行账务处理？应当登记哪些账户？怎样登记？

预付款项核算业务流程如下：

第一步：熟悉预付账款核算的内容。

第二步：进行预付款项的账户设置。

第三步：进行预付款项账务处理。

第四步：登记预付账款的明细账及总账。

二、知识导航

在商品供不应求或购买特定商品和接受特定劳务时需要预付款项，对于销售方则形成预收账款。企业应准确反映预付账款、预收账款的形成、增减情况，以准确及时地反映企业资产、负债的信息。

1．预付账款核算的范围

预付账款是指企业在购买商品或接受劳务过程中按照合同规定预付的款项。企业应当设置“预付账款”科目，核算预付账款的增减变动及其结存情况。预付款项情况不多的企业，可以不设置“预付账款”科目，而直接通过“应付账款”科目核算。

2．预付账款的账务处理

企业根据购货合同的规定向供应单位预付款项时，借记“预付账款”科目，贷记“银行存款”科目。企业收到所购货物资时按应计入物资成本的金额，借记“原材料”、“库存商品”等科目，按照增值税专用发票上注明的增值税额，借记“应交税费——应交增值税(进项税额)”科目，按照总金额，贷记“预付账款”科目。尾款的处理。当预付货款小于采购货物所需支付的款项时，应将不足部分补付，借记“预付账款”科目，贷记“银行存款”科目。当预付货款大于采购货款所需支付的款项时，对收回的多余款项应借记“银行存款”科目，贷记“预付账款”科目。

【例 3-8】 红星公司向兴胜公司采购材料 5 000 吨，单价 10 元。合同规定 2017 年 2 月 5 日红星公司先预付 25 000 元，验收货物后补付其余款项。红星公司于当日支付 25 000 元。2017 年 2 月 25 日收到兴胜公司发来的材料，验收无误，增值税专用发票上注明价款 50 000 元，增值税额 8 500 元。红星公司开出转账支票补付余额 8 500 元。红星公司的账务处理如下：

(1) 预付货款时，分录如下：

借：预付账款——兴胜公司　　25 000

　　贷：银行存款　　25 000

(2) 收到兴胜公司发来的材料时，分录如下：

借：原材料　　50 000

　　应交税费——应交增值税(进项税额)　　8 500

　　贷：预付账款——兴胜公司　　25 000

　　　　银行存款　　33 500

三、完成工作任务评价

1. 完成预付账款核算的工作任务

根据工作任务要求，按照工作任务操作流程，结合完成工作任务所需要的知识导航，回答引导案例中的问题。

2. 完成工作任务结果后的评价

按照要求和规定完成了预收账款和预付账款核算的任务后，参照老师给出的标准，任务的完成者与老师共同评价工作任务的完成情况。

评价标准：

(1) 所发生的业务是否属于预付账款核算的范围。

(2) 根据所发生的业务填制相关记账凭证时所用的会计科目是否正确。

(3) 预付账款总账及明细账的登记是否正确及时。

3. 完成工作任务后的收获

按照要求和规程完成了工作任务之后，结合老师对完成工作任务后的结果评价，你认为自己完成这项工作任务后有何收获？请将你的收获写下来，与老师和同学们一起交流和分享。

工作任务四 其他应收款核算

一、其他应收款业务处理流程

引导案例：

红星公司 2010 年 1 月发生如下业务：

(1) 1 日财务科向供应科支付备用金 2 000 元开出现金支票。

(2) 5 日职工李强出差预支差旅费 3 000 元以现金支付。

(3) 6 日收到宏达公司支付的包装物押金 4 000 元存入银行。

(4) 10 日李强出差回公司报销，实际发生差旅费 2 500 元，交回现金 500 元。

(5) 30 日宏达公司未按合同规定退还包装物，公司没收其交付的押金 4 000 元。

请问：以上业务双方怎样进行业务处理？应登记哪些账簿？如何登记？

其他应收款核算业务流程如下：

第一步：熟悉其他应收款的核算内容。

第二步：进行其他应收款业务的账务处理。

第三步：登记其他应收款业务明细账及总账。

二、知识导航

在企业的经济活动中常常发生诸如应收租金、应收罚款、应收赔款、为企业职工代垫款项等业务，它们与应收账款、应收票据、预付账款等明显的有区别，因此也有着不同的核算方法。

1. 其他应收款核算的范围

其他应收账款是指企业除应收票据、应收账款、预付账款等以外的其他各种应收及暂付款项。其主要内容包括以下几种。

(1) 应收的各种赔款、罚款，如因企业财产等遭受意外损失而应向有关保险公司收取的赔款等。

(2) 应收的出租包装物租金。

(3) 向职工收取的各项垫付款项，如为职工垫付的水电费、应由职工负担的医药费、房租费等。

(4) 存出保证金，如租入包装物支付的租金。

(5) 其他各种应收、暂付款项。

2. 其他应收款的账务处理

为了反映和监督其他应收账款的增减变动及其结存情况，并按照其他应收款的项目和对方单位(或个人)设置明细科目进行明细核算。企业应当设置“其他应收款”科目，贷记“库存现金”、“其他业务收入”等科目。收回款项时，借记“库存现金”、“银行存款”等科目，贷记“其他应收款”科目。

【例 3-9】 公司在采购过程中发生材料毁损，按保险合同规定，应由保险公司赔偿损失 30 000 元，赔款尚未收到。该公司的账务处理如下：

借：其他应收款——保险公司　　30 000
　　贷：材料采购　　30 000

上述保险公司赔款如数收到。

借：银行存款　　30 000
　　贷：其他应收款——保险公司　　30 000

【例 3-10】 甲公司租入包装物一批，以银行存款向出租方支付押金 10 000 元。公司的账务处理如下：

借：其他应收款——存出保证金　　10 000
　　贷：银行存款　　10 000

租入包装物按期如数退回，甲公司收到出租方退还的押金 10 000 元，已存入银行。

借：银行存款　　10 000
　　贷：其他应收款——存出保证金　　10 000

三、完成工作任务评价

1. 完成其他应收款核算的工作任务

根据工作任务要求，按照工作任务操作流程，结合完成工作任务所需要的知识导航，回答引导案例中的问题。

2. 完成工作任务后的评价

按照要求和规程完成了其他应收款核算的任务后，参考老师给出的标准，任务的完成者与老师共同来评价工作任务的完成情况。

评价标准：

(1) 所发生的业务是否属于其他应收款核算的范围。

(2) 根据所发生的业务填制相关记账凭证时所有的会计科目是否正确。

(3) 其他应收款总账及明细账的登记是否正确及时。

3. 完成工作任务后的收获

按照要求和规程完成了工作任务之后，结合老师对完成工作任务后的结果评价，你认为自己完成此项工作任务后有何收获？请将你的收获写出来，与老师和同学们一起交流和分享。

工作任务五 应收利息、应收股息核算

一、应收利息、应收股息业务处理流程

引导案例：

2018 年 1 月 1 日，A 公司以 50 000 元购买 B 公司在当日发行的 5 年期到期一次还本付息的债券，债券面值 50 000 元，票面利率 10%，每年计息一次，在 2018 年 12 月 A 公司账务处理应该如何处理？

如果上题中 B 公司发行的债券是分期付息，并且每年支付利息一次，那么在 2018 年 12 月 A 公司账务处理应该如何处理？

应收利息、应收股息业务流程如下：

第一步：确认有息金融资产，确定实际利率和名义利率。

第二步：计息日确认利息并作账务处理。

第三步：收到利息时作账务处理。

第四步：最后一期调整名义利率与实际利率存在的利差。

第五步：登记相关账簿。

二、应收利息、应收股息的具体核算

(一) 应收利息

应收利息是指企业因债券投资而应收取的利息。包括购入债券的价款中已到付息期但尚未领取的债券利息和分期付息到期还本的债券在持有期间产生的利息。不包括企业购入到期一次还本付息的长期债券应收取的利息，应通过金融资产科目下设二级科目“应计利息”核算。

它主要包括如下情况：一是企业购入的是分期付息到期还本的债券，在会计结算日，企业按规定所计提的应收款收利息；二是企业购入债券时实际支付款项中所包含的已到期而尚未领取的债券利息。已到期而尚未领取的债券利息也是对分期付息债券而言的，不包括企业购入到期还本付息的长期债券应收的利息。

具体会计处理如下：

(1) 本科目核算企业发放贷款、持有至到期投资、可供出售金融资产、存放中央银行款项等应收取的利息。购入到期一次还本付息的持有至到期投资持有期间确认的利息收入，在“持有至到期投资”科目核算，不在本科目核算。买入返售金融资产确认的利息收入，在“买入返售金融资产”科目核算，不在本科日核算。

(2) 本科目应当按照借款人或被投资单位进行明细核算。

(3) 应收利息的主要账务处理。

① 企业购入分期付息、到期还本的持有至到期投资等，已到付息期按合同约定的名义利率计算确定的应收未收的利息，借记本科目，按实际利率计算确定的利息收入，贷记“投资收益”科目，按其差额，借记或贷记“持有至到期投资——溢折价”科目。

② 按期计提债券利息时，应按已到付息期按面值和票面利率计算确定的应收利息的金额，借记“应收利息”科目，贷记“可供出售金融资产——公允价值变动”科目；同时，借记“公允价值变动损益”、“其他综合收益”科目，贷记“投资收益”科目。

③ 未减值贷款计息日，应按贷款的合同本金和合同约定的名义利率计算确定的应收利息的金额，借记本科目，按贷款的摊余成本和实际利率计算确定的利息收入的金额，贷记“利息收入”科目，按本期应摊销交易费用的金额，借记或贷记“贷款——交易费用”科目，按其差额，借记或贷记“贷款——溢折价”科目。

④ 发生的其他应收利息，按合同约定的名义利率计算确定的应收取利息，借记本科目，贷记“利息收入”科目。

合同约定的名义利率与实际利率差异较大的，应采用实际利率计算确定利息收入。

⑤ 实际收到利息时，借记“银行存款”“存放中央银行款项” 等科目，贷记本科目。

(4) 本科目期末借方余额，反映企业尚未收回的利息。

【例 3-11】 2018 年 1 月 1 日，A 公司以 50 000 元购买 B 公司在当日发行的 5 年期到期一次还本付息的债券，债券面值 50 000 元，票面利率 10%，每年计息一次，在 2018 年 12 月 A 公司的账务处理为：

借：长期债权投资——债券投资(应计利息)　　5 000

　　贷：投资收益　　　　　　　　　　　　　　　　5 000

如果上题中 B 公司发行的债券是分期付息，并且每年支付利息一次，那么在 2018 年 12 月 A 公司账务处理为：

借：应收利息　　　　　　　　　　　　　　5 000

　　贷：投资收益　　　　　　　　　　　　　　　　5 000

如果上题中发行的债券是分期付息，但是每半年计提一次利息，每年年末支付利息，A 公司的账务处理如下：

2018 年 6 月 30 日：

借：长期债权投资——债券投资(应计利息)　　2 500

　　贷：投资收益　　　　　　　　　　　　　　　　2 500

2018 年 12 月 31 日：

借：应收利息　　　　　　　　　　　　　　2 500

　　贷：投资收益　　　　　　　　　　　　　　　　2 500

(二) 应收股息

应收股息是指企业应收取的现金股利和应收取其他单位分配的利润。为了反映和监督应收股利的增减变动及其结存情况，企业应设置“应收股利”科目。“应收股利”科目的借方登记应收股利的增加，贷方登记收到的现金股利或利润，期末余额一般在借方，反映企业尚未收到的现金股利或利润。

具体会计处理如下：

企业在持有以公允价值计量且其变动计入当期损益的金融资产(交易性金融资产)期间、被投资单位宣告发放现金股利，按应享有的份额，确认为当期投资收益，借记“应收股利”科目，贷记“投资收益”科目。企业在持有长期股权投资期间，被投资单位宣告发放现金股利或利润，按应享有的份额，借记“应收股利”科目，贷记科目应区分两种情况，对于采用成本法核算的长期股权投资，贷记“投资收益”科目；对于采用权益法核算的长期股权投资，贷记“长期股权投资——损益调整”科目。需要说明的是，企业取得以公允价值计量且其变动计入当期损益的金融资产(主要为交易性金融资产)，长期股权投资等资产，如果实际支付的价款中包含有已宣告但尚未分派的现金股利或利润，不单独作为应收股利处理，即不需要借记“应收股利”科目，而是直接计入相关资产的成本或初始确认金额。

【例 3-12】 2015 年 5 月 15 日，甲公司购入在上海证券交易所上市的 A 公司股票 10 万股，每股市价 10.2 元(其中包含已宣告未发放现金股利 0.2 元每股)的另支付交易费用 2 100 元，甲公司将其划分为交易性金融资产核算，2015 年 5 月 30 日，甲公司收到支付价款中包含的现金股利。请根据上述业务编制相关会计分录。

2015 年 5 月 15 日，购入 A 公司股票作为交易性金融资产核算：

借：交易性金融资产——成本　　1 000 000
　　应收股利　　20 000
　　投资收益　　2 100
　　贷：其他货币资金——存出投资款　　1 022 100

2015 年 5 月 30 日，收到支付价款中包含的现金股利：

借：其他货币资金——存储投资款　　20 000
　　贷：应收股利　　20 000

三、完成工作任务评价

1. 完成应收利息和应收股息的工作任务

根据工作任务要求，按照工作任务操作流程，结合完成工作任务所需要的知识导航，回答引导案例中的问题。

2. 完成工作任务后的评价

按照要求和规程完成了应收利息和应收股息核算的任务后，参考老师给出的标准，任务的完成者与老师共同来评价工作任务的完成情况。

评价标准：

(1) 所发生的业务是否属于应收利息和应收股息核算的范围。

(2) 根据所发生的业务填制相关记账凭证时所有的会计科目是否正确。

(3) 应收利息和应收股息总账及明细账的登记是否正确及时。

3. 完成工作任务后的收获

按照要求和规程完成了工作任务之后，结合老师对完成工作任务后的结果评价，你认为自己完成此项工作任务后有何收获？请将你的收获写出来，与老师和同学们一起交流和分享。

课后练习题

一、单项选择题

1．如果有确凿证据表明存在银行或其他金融机构的款项已经部分不能收回，或者全部不能收回的，应当作为当期损失，应将其计入(　　)账户。

A．营业外支出　　B．管理费用

C．财务费用　　D．其他业务支出

2．对于银行已经入账而企业尚未入账的未达账项，我国企业应当(　　)。

A．根据“银行对账单”记录的金额入账

B．根据“银行存款余额调节表”和“银行对账单”自制原始凭证入账

C．在编制“银行存款余额调节表”的同时入账

D．待有关结算凭证到达后入账

3．企业存放在银行的信用证存款，应通过(　　)科目进行核算。

A．其他货币资金　　B．其他应收款

C．在途货币资金　　D．应收票据

4．企业一般不得从本单位的现金收入中直接支付现金，因特殊情况需要支付现金的，应事先报经(　　)审查批准。

A．本企业单位负责人　　B．上级主管部门

C．开户银行　　D．财税部门

5．某企业 2017 年 11 月 1 日收到一张商业承兑汇票，票面金额为 100 000 元，年利息率为 6%，期限为 6 个月。年末资产负债表上列示的“应收票据”项目金额为(　　)元。

A．100 000　　B．101 000

C．103 000　　D．100 500

6．某企业 2017 年 5 月 10 日销售产品一批，销售收入为 40 000 元，规定的现金折扣条件为 2/10，1/20，N/30，适用的增值税率为 17%。企业 5 月 26 日收到该笔款项时，应给予客户的现金折扣为(　　)元(假定计算现金折扣时不考虑增值税)。

A．0　　B．400　　C．936　　D．468

7．甲公司 2015 年 10 月 25 日售给外地乙公司产品一批，价款总计 200 000 元(假设没有现金折扣事项)，增值税税额为 34 000 元，以银行存款代垫运杂费 6 000 元(假设不作为计税基数)。甲公司于 2015 年 11 月 1 日收到乙公司签发并承兑汇票一张，票面利率为 8%，期限为 3 个月。2016 年 2 月 1 日票据到期日，乙公司未能偿付票据本息，则甲公司应编制的会计分录(假定 2016 年 1 月份的应计利息未确认)为(　　)。

A．借：应收账款　　240 000

　　贷：应收票据　　240 000

B．借：应收账款　　244 800

　　贷：应收票据　　240 000

　　　　财务费用　　4 800

C．借：应收账款 244 800
　　贷：应收票据 243 200
　　　　财务费用 1 600

D．借：应收账款 243 200
　　贷：应收票据 243 200

8．某企业按销货百分比法计提坏账准备。2017 年赊销金额为 500 000 元，根据以往资料和经验，估计坏账损失率为 6%，企业在计提坏账准备前坏账准备账户有借方余额 1 000 元。该企业 2017 年应提的坏账准备金额为(　　)元。

A．30 000　　B．31 000　　C．0　　D．29 000

9．某企业赊销商品一批，商品标价 10 000 元，商业折扣 20%，增值税率为 17%，现金折扣条件为 2/10，N/20。企业销售商品时代垫运费 200 元，若企业应收账款按总价法核算，则应收账款的入账金额为(　　)元。

A．9 560　　B．9 360　　C．11 700　　D．11 900

10．2017 年 7 月 2 日，某企业将一张带息应收票据到银行贴现。该票据面值为 1 000 000 元，2017 年 6 月 30 日已计利息 1 000 元，尚未计提利息 1 200 元，银行贴现息为 900 元。该应收票据贴现时计入财务费用的金额为(　　)元。

A．−300　　B．−100　　C．−1 300　　D．900

11．预付货款不多的企业，可以将预付的货款直接记入(　　)的借方，而不单独设置“预付账款”账户。

A．“应收账款”账户　　B．“其他应收款”账户
C．“应付账款”账户　　D．“应收票据”账户

12．企业的存出投资款，应借记(　　)账户。

A．其他货币资金　　B．应收票据
C．其他应收款　　D．预付账款

13．企业已贴现的带息商业承兑汇票，由于承兑人的银行账户不足支付，银行将商业汇票退还给企业，并从贴现企业的银行账户中扣款，银行扣款的金额是(　　)。

A．票据票面金额　　B．票据到期值
C．票据贴现净额　　D．票据票面金额加上贴现息

14．一张 5 月 26 日签发的 30 天的票据，其到期日为(　　)。

A．6 月 25 日　　B．6 月 26 日　　C．6 月 27 日　　D．6 月 24 日

15．在以应收账款余额百分比法计提坏账准备的情况下，已确认的坏账又收回时，应借记 (　　)科目 ，贷记“坏账准备”科目。

A．应收账款　　B．银行存款　　C．管理费用　　D．营业外收入

16．下列各项中，不通过“其他货币资金”科目核算的是(　　)。

A．信用证存款　　B．备用金
C．信用卡存款　　D．银行本票存款

17．某企业坏账核算采用备抵法，并按应收账款年末余额百分比法计提坏账准备，各年计提比例均假设为应收账款年末余额百分比法计提坏账准备，各年计提比例均假设为应收账款余额的 5%。该企业计提坏账准备的第一年的年末应收账款余额为 1 200 000 元；第

二年客户甲单位所欠 15 000 元账款按规定确认为坏账，应收账款期末余额为 1 400 000 元；第三年客户乙单位破产，所欠 10 000 元中有 4 000 元无法收回，确认为坏账，期末应收账款余额为 1 300 000 元。第四年已冲销的甲单位所欠 15 000 元账款又收回 10 000 元，年末应收账款余额为 1 500 000 元。则该企业因对应收账款计提坏账准备在四年中累计计入管理费用的金额为(　　)元。

A．24 000　　B．74 000　　C．75 000　　D．84 000

18．甲公司坏账准备核算采用账龄分析法，对未到期、逾期半年内和逾期半年以上的应收款项分别按 1%、5%、10%估计坏账损失；该公司 2016 年 12 月 31 日有关应收款项账户的年末余额及账龄分别为：

账户	期末余额(元)	账龄
应收账款——A 公司	2 000 000(借方)	逾期 3 个月
应收账款——B 公司	500 000(贷方)	未到期
其他应收款——C 公司	300 000(借方)	逾期 8 个月
预付账款——E 公司	200 000(借方)	未到期
应收票据——F 公司	1 000 000(借方)	未到期

若甲公司“坏账准备”账户 2016 年年初贷方余额为 60 000 元，2016 年确认的坏账损失为 120 000 元，则甲公司 2016 年 12 月 31 日计提坏账准备计入“管理费用”账户的金额为(　　)元。

A．45 000　　B．70 000　　C．190 000　　D．130 000

二、多项选择题

1．下列各项中，通过“其他货币资金”账户核算的是(　　)。

A．外埠存款　　B．银行汇票存款　　C．备用金

D．银行本票存款　　E．存出保证金

2．其他应收款的范围包括(　　)。

A．预付给企业各内部单位的备用金　　B．应收的各种罚款

C．应收出租包装物的租金　　D．应向职工收取的各种垫付款项

E．存出投资款

3．下列可以用现金结算的有(　　)。

A．支付离退休人员工资　　B．企业职工出差预借差旅费 2 000 元

C．购买办公用品 280 元　　D．向农村合作社收购物资 20 000 元

E．向个人收购农副产品

4．在(　　)情况下，企业银行存款日记账余额会小于银行对账单余额。

A．企业开出支票，对方未到银行兑现

B．银行误将其他公司的存款记入本企业银行存款账户

C．银行代扣水电费，企业尚未接到通知

D．银行收到委托收款结算方式下结算款项，企业尚未收到通知

E．企业漏记了一笔银行存款收款

5．下列账款中属于未达账项的有(　　)。

A．企业已开出但银行尚未兑付的支票

B．在途存款

C．银行收到委托款项但尚未通知企业

D．银行划付电话费但未将其通知单送达企业

E．企业销售商品收到款项存入银行，银行已入账

6．下列各项中，应记入“坏账准备”账户借方的有(　　)。

A．提取坏账准备 20 000 元　　B．冲回多提坏账准备 20 000 元

C．收回以前确认并转销的坏账　　D．备抵法下实际发生坏账

E．对换入的应收账款计提坏账准备

7．按现行企业会计制度规定，下列说法中，正确的有(　　)。

A．企业的预付账款，如有确凿证据表明其不符合预付账款性质，或者因供货单位破产、撤销等原因已无望再收到所购货物的，应当将原计入预付账款的金额转入应收账款，并按规定计提坏账准备。

B．企业持有的未到期应收票据，如有确凿证据证明不能够收回或收回的可能性不大时，不应将其账面余额转入应收账款，但应计提相应的坏账准备。

C．企业应当在期末分析各项应收款项的可收回性，并预计可能产生的坏账损失。对预计可能发生的坏账损失，计提坏账准备

D．预付账款业务不多的企业，可以不设置“预付账款”科目，预付货款的业务在“应付账款”科目核算

E．企业的应收票据和预付账款不能计提坏账准备

8．按现行企业会计制度规定，下列各项应收款项中，不能全额计提坏账准备的有(　　)。

A．当年发生的应收款项

B．计划对应收款项进行重组

C．与关联方发生的应收款项

D．有确凿证据表明某项应收账款不能够收回

E．已逾期，但无确凿证据表明不能收回的应收款项

9．按现行制度规定，不能用“应收票据”及“应付票据”核算的票据包括(　　)。

A．银行本票存款　　B．银行承兑汇票　　C．外埠存款

D．商业承兑汇票　　E．银行汇票存款

10．按现行会计制度规定，采用备抵法核算坏账损失的企业，下列各项中，不计提坏账准备的项目有(　　)。

A．其他应收款　　B．应收票据　　C．预付账款

D．应收利息　　E．应收账款

11．企业将带息应收票据贴现时，影响贴现利息计算的因素有(　　)。

A．票据的面值　　B．票据期限　　C．票据的种类

D．贴现利率　　E．贴现日至到期日的时间

12．下列说法中，正确的是(　　)。

A．坏账损失核算的直接转销法不符合权责发生制原则和配比原则

B．坏账损失核算的备抵法能较好地贯彻权责发生制原则和配比原则
C．坏账损失核算的备抵法符合谨慎性原则
D．坏账损失核算的备抵法符合重要性原则
E．应收账款可采用个别计价法计提坏账准备

13．企业进行坏账核算时，估计坏账损失的方法有(　　)。
A．余额百分比法　　B．账龄分析法
C．销货百分比法　　D．个别认定法
E．定额比例法

14．按照现行会计制度的规定，下列各项中可以记入“应收账款”账户的有(　　)。
A．销售商品价款　　B．销售商品的增值税销项税额
C．代购货单位垫付的运杂费支出　　D．商业折扣
E．备抵法核算发生的坏账

15．下列各项中，属于《企业会计制度》规定的将应收款项确认为坏账的条件有(　　)。
A．债务人破产或者死亡，以其破产财产或者遗产清偿后仍无法收回
B．债务人逾期未履行其偿债义务，且具有明显特征表明无法收回或收回的可能性极小
C．债务人到期未履行其偿债义务，并要求债务重组
D．债务人认为无法偿还
E．计划对应收账款进行重组

三、计算及会计处理题

1．A 公司采用“应收账款余额百分比”法核算坏账损失，坏账准备的提取比率为 5%。有关资料如下：

(1) 2017 年 12 月 1 日应收账款期初余额为 125 万元，坏账准备贷方余额 5 万元；

(2) 12 月 5 日，向 B 公司销售产品 110 件，单价 1 万元，增值税率 17%，单位销售成本 0.8 万元，未收款；

(3) 12 月 25 日，因产品质量原因，B 公司要求退回本月 5 日购买的 10 件商品，A 公司同意 B 公司退货，并办理退货手续和开具红字增值税专用发票，A 公司收到 B 公司退回的商品；

(4) 12 月 26 日发生坏账损失 2 万元；

(5) 12 月 28 日收回前期已确认的坏账 1 万元，存入银行；

(6) 2017 年计提坏账准备。

要求：根据上述资料，编制有关业务的会计分录(金额单位用万元表示)。

项目四　存 货 核 算

★ 知识目标

(1) 熟悉存货的分类及其包括的内容。
(2) 熟悉存货的确认条件。
(3) 掌握存货计量的方法。
(4) 了解存货清查的含义及其管理制度。
(5) 掌握存货相关业务的处理方法。

★ 技能目标

(1) 准确确认存货并进行计量。
(2) 能够对原材料按实际成本和计划成本进行核算。
(3) 能够对其他存货进行核算。
(4) 能够对存货清查、存货减值进行核算。

模块一　存货核算任务设计

存货是企业资产的重要组成部分，适量的存货对维持企业的生产经营正常进行具有重要的意义。但是过多的存货会使企业占有资金，增加仓储保管费，而存货不足又往往造成企业开工不足或失去销售机会，因而会计人员必须及时、正确地提供存货收入、发出、结存等会计信息，以供企业及有关部门领导及时作出相关决策。通过本项目的学习，要熟悉企业存货的分类、各类存货的特点，以及存货收入、发出、结存等业务的账务处理。

任务设计一　任 务 导 读

时代公司招聘一员会计人员，小赵前去应聘，在面试现场，他被问到这样的问题：假设大洋公司是一家非金属收购公司。2017 年该公司年初存货是 20 000 吨，每吨成本为 600 元；本年度内，该公司以每吨 800 元的价格采购了 30 000 吨货物，以每吨 950 元的价格采购了 40 000 吨货物；本年度该公司以每吨 1 100 元的售价出售了 60 000 吨货物，销售费用为 500 000 元，所得税率为 25%。

本年度的货物购进和销售会对哪些项目会计报表的哪些项目产生影响？为什么？你能分别用先进先出法和加权平均法计算出该公司 2017 年已销货物的成本和本年度的净收益

吗？这两种方法中，你选择哪种方法？为什么？如果所有的交易均用现金结算，你怎么评价两种方法对公司现金流量的影响？

如果你是小赵，你怎样回答这些问题呢？

任务设计二 任 务 提 出

不同类别的存货，计量方法不同，账务处理也不一样。规模大小不同、存货收发频繁程度不同的企业，对存货的核算方法也会不同。会计人员应该协同采购、保管等部门，选择适宜的核算方法，提高存货的使用效率。通过本项目的学习，完成下列问题：

问题 1：存货的种类有哪些？

问题 2：存货如何进行计量？

问题 3：什么企业适合采用实际成本法？什么企业适合采用计划成本法？

问题 4：各类存货分别有什么特点？怎样进行会计处理？

问题 5：在什么情况下要进行存货清查？对存货清查的结果怎样进行会计处理？

问题 6：对存货减值怎样进行会计处理？

任务设计三 任 务 分 析

会计人员应了解存货管理制度，熟悉各类存货的特点和基本程序，结合企业实际情况和发生的具体存货业务，选择适宜的计量方法，准确及时地反映存货的会计信息，以加快存货的周转速度，充分发挥存货的作用，为企业创造更多的经济效益。

任务设计四 预 备 知 识

一、存货的概念及特点

企业的存货是企业生产经营活动中重要的流动资产，它的多少关系到企业资金的占用，会影响到生产能否顺利进行及企业的销售情况。它的种类繁多，入库、出库频繁，流动性大，如果管理不善，容易造成丢失、损坏，从而影响到企业的整个生产经营过程。企业会计人员应根据存货的特点采用不同的管理方法，保证企业资产的安全完整。

1. 存货的概念

存货是指企业日常活动中持有以备出售的产成品或商品、处于生产过程中的在产品、在生产过程或提供劳务过程中耗用的材料和物料等。具体来说存货包括各种原材料、燃料、包装物、低值易耗品、在产品、委托代销商品、自制半成品、库存商品以及发出商品等。

2. 存货的特点

存货作为企业的一类资产，除了具备资产的所有特征以外，还具备以下几方面的特征：

(1) 以一定的物质实体存在，是一项有形资产。这一特点使存货与非物质实体而存在的资产(如无形资产和应收账款等)相区分。

(2) 具有较大的流动性，通常能在 1 年内转换成现金或其他资产。这一特点使存货与虽有一定物资实体存在但流动性较小的资产(如固定资产、无形资产)相区分。

(3) 存货是日常活动中销售或为生产中耗费的流动资产。这一特点使存货与虽有一定物质实体存在且流动性较大的但属于非生产耗用的资产(如在建工程用材料等)相区分。

二、存货的分类

存货的种类繁多。无论从对存货的实物管理要求，还是对存货业务会计处理要求，都需要对存货进行合理的分类。存货的分类应遵循重要性原则。

1. 按存货的经济内容和特性分类

按存货的经济内容和特性不同，分为商品存货、制造业存货和其他存货。

(1) 商品存货。商品存货是指企业购进以转手销售为目的而库存的货物。这类存货未转售之前，其原有实物形态一般保持不变。

(2) 制造业存货。制造业存货是指制造业用于制造产品的各种存货，这类存货具体包括：

① 原材料存货。原材料存货是指直接用于制造产品并构成产品主要实体的各种原料、材料和外购半成品。原料是指来自采掘业的自然资源和农副业产品，如矿石、原棉等；材料是指来自加工业的产品，如钢材、棉纱等；外购半成品是指从其他企业购入的零部件或半成品，经过本企业的继续加工，构成本企业产品的主要实体。

② 在产品存货。在产品存货是指尚未加工完成的产品存货或对外销售前必须做进一步加工的存货。

③ 产成品存货。产成品存货是指企业已经完成全部生产过程并验收入库，可以按照合同规定的条件并交订货单位，或者可以作为商品对外销售的产品。企业接受外来原材料加工制造的代制品和为外单位加工修理的待修品，制造和修理完成验收入库后，应视同企业的产成品。

④ 辅助材料存货。辅助材料存货是指为制造产品而起辅助作用的各种物品。这些存货，有的有助于产品的形成，如化学反应中使用的催化剂、织物染色时用的染料等。有的为生产工具所消耗，如机器用的润滑油等。

(3) 其他存货。其他存货是指除了以上存货外，供企业一般耗用的用品和为生产经营服务的辅助性的物品，如各种包装容器、低值易耗品等。

2. 存货按其所在地点不同分类

存货按其存放地点可分为在途存货、库存存货和委托加工存货等三大类。

(1) 在途存货。在途存货是指企业从外地购进、货款已付，但尚在运输中，或虽已运到，但尚未验收入库的存货，以及已经发出但销售未实现的存货。

(2) 库存存货。库存存货是指企业存放在自有仓库或租赁仓库中，所有权属于本企业的存货。存放在企业自设的门市部、寄存在外单位、委托其他单位代销以及展览用的存货，均属此类存货。

(3) 委托加工存货。委托加工存货是指企业正在加工或委托外单位加工中的存货，如加工中的在产品、半成品，委托单位加工的材料、半成品等。

3. 存货按其来源分类

存货按其来源可分为外购存货、自制存货、委托外单位加工的存货、投资者投入存货、接受捐赠的存货和盘盈存货。

在会计工作中，存货除按以上分类外，为了加强存货的日常核算和管理，在每大类下，还可以按其物理属性、用途等做进一步的分类。以材料为例可进一步分为黑色金属、有色金属、橡塑制品、化工油脂等，而有色金属又可按其型号、规格等再分类。

三、存货的确认

存货是企业的重要资产，存货确认必须满足资产的定义和确认条件。存货同时满足下列条件的，才能予以确认。

(1) 与该存货有关的经济利益很可能流入企业。存货的所有权是存货所含经济利益流入企业的一个重要标志，企业判断存货所含经济利益能否流入企业，通常应结合考虑该项存货所有权的归属。一般情况下，根据销售合同已经售出(取得现金或收取现金的权利)、所有权已经转移的存货，即使该存货尚未远离企业，因其所含经济利益已不能流入本企业，也不能再作为本企业的存货进行核算。

(2) 该存货的成本能够可靠地计量。存货的成本能够可靠地计量，必须以取得的确凿、可靠的证据为依据，并且具有可验证性；否则，视为不能可靠计量。

四、存货的计量

1. 存货的初始计量

存货应当按照成本进行初始计量。企业存货按其取得的方式，可分为外购、自制和其他存货三类，所以存货成本包括采购成本、加工成本和其他成本。

1) 采购成本

存货的采购成本一般包括购买价款、相关税费、运输费、装卸费、保险费及其他可归属于存货采购成本的费用。其中，购买价款是指企业购入的材料或商品发票账单上列明的价款，但不包括按规定可以抵扣的增值税。其他税费是指企业购买、自制或委托加工存货发生的消费税、资源税和不能从销项税额中抵扣的增值税进项税额等。其他可归属于存货采购成本的费用是指采购成本中除上述各项以外的可直接归属于存货采购的费用，如在存货采购过程中发生的包装费、运输途中的合理损耗、入库前的整理挑选费用等。

商品流通企业在采购过程中发生的运输费、装卸费、保险费以及其他可归属于存货采购成本的费用，应当计入存货采购成本，也可以先进行归集，期末根据所购商品的存销情况进行分摊。对于已售商品的进货费用，计入当期损益；对于未售商品的进货费用，应当计入期末存货成本。企业采购商品的进货费用金额较小的，可以在发生时直接计入当期损益。

2) 加工成本

存货的加工成本是指在存货的加工过程中发生的追加费用，包括直接人工及按照一定方法分配的制造费用等。直接人工是指企业在生产产品和提供劳务工程中发生的直接从事产品生产和劳务提供人员的职工薪酬。制造费用是指企业为生产产品和提供劳务而发生的各种间接费用。

3) 其他成本

存货的其他成本是指除采购成本、加工成本以外的，使存货达到目前场所和状态所发生的其他支出。企业设计产品所发生的设计费用通常应当计入当期损益，但是为特定客户所发生的、可直接确定的设计费用应计入存货的成本。

存货的来源不同，其实际成本的构成和内容也不同。原材料、商品、低值易耗品等通过购买而取得的存货的成本由采购成本构成；产成品、在产品、半成品等自制或需委托外单位加工完成的存货的成本由采购成本、加工成本以及使存货达到目前场所和状态所发生的其他成本构成。具体按以下原则确定：

(1) 购入的存货，其成本包括买价、运杂费(包括运输费、装卸费、保险费、包装费、仓储费)、运输途中的合理损耗、入库前的挑选整理费用(包括挑选整理中所发生的工、费支出和挑选整理过程中所发生的数量损耗，并扣除回收的下脚料价值)，以及按规定应计入成本的税费和其他费用。

(2) 自制的存货，主要是指工业企业的自制原材料、自制包装物、自制低值易耗品、自制半成品及库存商品等，其按生产过程中发生的实际成本计价，包括耗用的原材料费用、人工费用和制造费用等。

(3) 委托外单位加工完成的存货，包括加工后的原材料、包装物、低值易耗品、半成品、产成品等，其实际成本包括实际耗用的原材料或者半成品加工费、装卸费、保险费、委托加工的往返运输费用和按规定应计入成本的税费。

下列费用应当在发生时确认为当期费用，不计入存货成本。

① 非正常消耗的直接材料、直接人工及制造费用，应计入当期损益，不得计入存货成本。例如，由于自然灾害所发生的直接材料、直接人工及制造费用，由于这些费用的发生无助于使该存货达到目前场所和状态，不应计入存货成本而应确认为当期费用。

② 仓储费用，是指企业在存货采购入库后发生的储存费用，应计入当期损益。但是，在存货生产过程中为达到下一个生产阶段所必需的仓储费用则应计入存货成本。例如，某种酒类产品生产企业为使生产的酒类达到规定的质量标准而必须发生的仓储费用，应计入该酒类的成本，而不应计入当期费用。

③ 不能归属于使存货达到目前场所和状态所发生的其他支出。

2. 存货发出和结存的计价

由于采购时间、采购地点等不同，企业购进同样存货，其单位成本往往也不同。因此，发出存货时的计价单位，就需要采用合理的计算方法予以确定。根据企业会计准则的规定，企业应当采用先进先出法、加权平均法或者个别计价法确定发出的存货的成本。计价方法一经确定后不得随意变更。

1) 个别计价法

个别计价法又称个别认定法、具体辨认法、分批实际法。采用个别计价法是假设存货的成本流转与实物流转相一致，按照各种存货，逐一辨认各批发出存货和期末存货所属的购进批别或生产批别，分别按其购入或生产所确定的单位成本作为计算各批发出存货和期末存货成本的方法。其计算公式为：

$$每批存货发出成本 = 该批存货发出数量 \times 该批存货收入时的实际单位成本$$

采用个别计价法，对每件或每批购进的存货应分别存放，并分别登记存货明细分类账。

对每次领用的存货，应在存货领用单上注明购进的件别或批次，便于按照该件或该批存货的实际单价计算其耗用金额。

【例 4-1】 丰华公司 2017 年 5 月某种存货的收入、发出和结存情况见表 4-1。

表 4-1　丰华公司 2017 年 5 月某种存货的收入、发出和结存情况

日期	项目	数量/千克	单位/元	金额/元
1 日	月初结余	300	1 000	300 000
10 日	购入	900	1 200	1 080 000
12 日	发出	800		
15 日	购入	600	1 400	840 000
20 日	发出	800		
24 日	购入	200	1 600	320 000
31 日	月末结余	400		

假设例 4-1 中丰华公司 5 月末存货为 400 千克，经确认以下各批存货有留存，该种存货的结存余额见表 4-2。

表 4-2　存货的结存余额

	数量/千克	单价/元	金额/元
期初存货	100	1 000	100 000
5 月 10 日购入的第一批存货	100	1 200	120 000
5 月 15 日购入的第二批存货	100	1 400	140 000
5 月 24 日购入的第三批存货	100	1 600	160 000
合计	400	—	520 000

本期发出存货成本 = (期初存货数量 − 期初存货结存数量) × 期初结存单价
+ (第一批购进数量 − 第一批结存数量) × 第一批单价
+ (第二批购进数量 − 第二批结存数量) × 第二批单价
+ (第三批购进数量 − 第三批结存数量) × 第三批单价
$= 200 \times 1\,000 + 800 \times 1\,200 + 500 \times 1\,400 + 100 \times 1\,600$
$= 200\,000 + 960\,000 + 700\,000 + 160\,000$
$= 2\,020\,000$(元)

期末结存存货成本 = 期初结存存货成本 + 购入存货成本 − 本期发出存货成本
$= 300\,000 + 1\,080\,000 + 840\,000 + 320\,000 - 2\,020\,000$
$= 520\,000$(元)

采用个别计价法计算出存货和期末存货的成本比较合理、准确，但应用的前提是必须能够对发生和结存存货的批次进行具体辨认，以确认其所属的收入批次，这往往需要做大量的具体工作，所以操作的工作量繁重，困难较大。所以，个别计价法一般适用于容易识别、存货品种数量少、单位成本较高、同类产品却存在较大差异的存货计价，如房产、船舶、飞机、重型设备、珠宝、名画等贵重物品。

2) 先进先出法

先进先出法是假定先购进的存货先发出(销售或耗用)，并根据这种假定的成本流转顺序，对发出存货和期末存货进行计价的方法。具体做法是：收入存货时，逐笔登记收入存货的数量、单价和金额；发出存货时，按照先进先出的原则逐笔登记存货的发出成本和结存金额，即先按第一批入库存货的单价计算发出存货的成本，领发完毕后，再按第二批入库存货的单价计算，以此类推，若领发的存货属于前后两批入库的，单价又相同，就分别需要用两个单价计算。

【例 4-2】 黄河公司 2016 年 6 月 1 日结存甲种原材料 300 千克，每千克实际成本为 10 元；6 月 5 日和 6 月 20 日分别购入该原材料 900 千克和 600 千克，每千克实际成本分别为 11 元和 12 元；6 月 10 日和 6 月 25 日分别发出该原材料 1 050 千克和 600 千克。按先进先出法计价核算时，发出和结存原材料的成本见表 4-3。

表 4-3　甲材料发出和结存的成本

2016 年		编号	摘要	收入			发出			结存		
月	日			数量/千克	单价/元	金额/元	数量/千克	单价/元	金额/元	数量/千克	单价/元	金额/元
6	1	略	月初							300	10	3 000
	5		购入	900	11	9 900				300 900	10 11	3 000 9 900
	10		发出				300 750	10 11	3 000 8 250	150	11	1 650
	20		购入	600	12	7 200				150 600	11 12	1 650 7 200
	25		发出				150 450	11 12	1 650 5 400	150	12	1 800
	31			1 500		17 100	1 650		18 300	150	12	1 800

先进先出法可以随时结转存货的发出成本，且这种计价方法使存货的账面结存成本接近于近期市场价格，但每次发出存货要根据先入库的单价计算较繁琐。如果存货收发业务较多，单价不稳定，则工作量较大。在物价持续上涨时，使期末存货成本接近于市价，而发出存货成本较低，导致利润和库存存货偏高；反之，会低估存货价值和当期利润。

3) 加权平均法

加权平均法也称月末一次加权平均法或综合平均法，是根据本月收入全部存货的数量加月初存货数量作为权数，除本月收入存货全部成本和月初存货成本之和，计算出存货的加权平均单位成本，从而确定已销存货成本和期末存货成本的一种计价方法。其计算公式为：

$$加权平均单位成本=\frac{期初结存存货的实际成本+本期收入存货的实际成本}{期初结存存货的实际数量+本期收入存货的实际数量}$$

$$本期发出存货成本=本期发出存货数量\times加权平均单位成本$$

$$期末结存存货成本=期末结存存货数量\times加权平均单位成本$$

或

$$期末结存存货成本=期初结存存货成本+本期收入存货成本-本期发出存货成本$$

【例 4-3】 根据例 4-2 的资料，采用加权平均法计算甲原材料的成本如下：

$$加权平均单位成本=\frac{3\ 000+17\ 100}{300+1\ 500}=11.17\ (元)$$

$$本月发出甲原材料的成本 = 1\ 650 \times 11.17 = 18\ 430.50(元)$$

$$月末库存甲材料的成本 = 3\ 000 + 17\ 100 - 18\ 430.50 = 1\ 669.50(元)$$

采用加权平均法只在月末一次计算加权平均单价，比较简单，有利于简化成本计算工作，但由于平时无法从账上提供发出和结存存货的单价及金额，因此不利于存货成本的日常管理和控制。

4) *移动加权平均法*

移动加权平均法是指以本次进货入库前结存存货实际成本加本次收入存货实际成本除以本次进货入库前数量，据以计算移动加权平均单位成本作为下次进货前计算发出存货成本和结存存货成本依据的一种方法。其计算公式为：

$$移动加权平均单位成本=\frac{上次结存存货实际成本+本次收入存货实际成本}{上次结存存货实际数量+本次收入存货实际数量}$$

$$本次发出存货成本 = 本次发出存货数量 \times 本次发货前存货的单位成本$$

$$本月月末库存存货成本 = 月末库存存货数量 \times 本月月末存货单位成本$$

【例 4-4】 根据例 4-2 的资料，采用移动加权平均法计算甲种原材料的成本如下：

$$第一次进货后的平均单位成本=\frac{3\ 000+9\ 900}{300+900}=10.75\ (元)$$

$$第一次发货后的存货成本 = 1\ 050 \times 10.75 = 11\ 287.50\ (元)$$

$$第一次发货后结存的存货成本 = 150 \times 10.75 = 1\ 612.50\ (元)$$

$$第二次进货后的平均单位成本=\frac{1\ 612.50+7\ 200}{150+600}=11.75\ (元)$$

$$第二次发货的存货成本 = 600 \times 11.75 = 7\ 050\ (元)$$

$$第二次发货后(月末)结存的存货成本 = 150 \times 11.75 = 1\ 762.50\ (元)$$

因此，采用移动加权平均法计算甲原材料月末结存 150 千克，月末库存存货成本为 1 762.50 元，本月发出存货成本合计为 18 337.50(11 287.50 + 7 050)元，见表 4-4。

表 4-4 甲材料收入、发出和结存情况表

2006 年		凭证号	摘要	收入			发出			结存		
月	日		月初结存	数量/千克	单价/元	金额/元	数量/千克	单价/元	金额/元	数量/千克	单价/元	金额/元
6	1	略								300	10	3 000
6	5		购入	900	11	9 900				1 200	10.75	12 900
6	10		发出				1 050	10.75	11 287.5	150	10.75	1 612.5
6	20		购入	60	12	7 200				750	11.75	8 812.5
6	25		发出				600	11.75	7 050	150	11.75	1 762.5
6	31			1 500		17 100	1 650		18 337.5	150	11.75	1 762.5

采用移动加权平均法能够使管理当局及时了解存货的结存情况，计算的平均单位成本以及发出和结存的存货成本比较客观。但由于每次收货都要计算一次单位成本，计算工作量较大，对收发货较频繁的企业不适用。

知识拓展

存货计价方法不得随意改变

某市地税稽查局在2003年税收财务大检查中，发现某五金厂2002年上半年和下半年对存货成本采用了不同的计价方法。上半年产成品的存货成本采用移动加权平均法，销售实现后，按账面存货成本结转产品销售成本。但是从2002年7月开始，在未经税务机关批准的情况下，擅自改变存货计价方法而采用了后进先出法，致使2002年产品销售成本上升了近400万元，企业该年度的应纳税所得额也相应减少了400万元，少缴企业所得税132万元。该五金厂的做法违反了哪些规定呢?

根据《中华人民共和国会计法》第十八条“各单位采用的会计处理方法，前后各期应当一致，不得随意变更；确有必要变更的，应当按照国家统一的会计制度的规定变更，并将变更的原因、情况及影响在财务会计报告中说明”，第二十六条“公司、企业进行会计核算不得有下列行为：随意改变费用、成本的确认标准或者计量方法，虚列、多列、不列或者少列费用、成本”的规定，企业关于存货的计价方法一经确定后，即应当按照该方法对存货的收、发、余等事项进行核算，而且不得随意变更。若确实需要变更的，应当依照法定程序处理。

而根据《中华人民共和国税收征管法实施细则》第二十四条“从事生产、经营的纳税人应当自领取税务登记证件之日起15日内，将其财务、会计处理办法报送主管税务机关备案”，以及《企业所得税税前扣除办法》(国税发[2000]84号)第十二条“纳税人的成本计算方法、间接成本分配方法、存货计价方法一经确定，不得随意改变，如确需改变的，应在下一纳税年度开始前报主管税务机关批准。否则，对应纳税所得额造成影响的，税务机关有权调整”的规定，纳税人的存货计价方法不得任意改变，即使纳税人确实因客观情况的变化，需要改变存货计价办法的，也应当在下一纳税年度开始之前报税务机关批准，然后在下一纳税年度再按税务机关的决定加以改变，在本纳税年度内则不得改变。

模块二　存货核算工作任务

工作任务一　原材料业务处理

原材料是企业生产经营中种类繁多、领用频繁的存货，它一般构成产品的实体，在产品构成中占着重要地位。

一、原材料业务处理流程

引导案例：

恒兴股份有限公司为增值税一般纳税企业，2010年2月12日购入一批C材料，增值税专用发票上记载的货款为 85 000 元，另外对方垫包装费 1 000 元，全部款项已用转账支票付讫。材料已验收入库。

请问：该公司对上述原材料业务采用哪一种会计核算方法？应设置哪些账户？又怎样进行账务处理？

原材料业务处理的流程如下：

第一步：熟悉原材料的内容和收发的凭证。

第二步：根据企业的实际选用一种核算方法(实际成本或计划成本)。

第三步：对原材料业务进行核算。

二、知识导航

原材料指企业在生产过程中经加工改变其形态或性质并构成产品主要实体的各种原料、主要原材料和外购半成品，以及不构成产品实体但有助于产品形成的辅助材料。原材料具体包括原料及主要材料、辅助材料、外购半成品(外购件)、修理用备件(备品备件)、包装材料和燃料等。

原材料的收发要填制收发凭证。材料的来源渠道不同，反映材料收入的凭证和手续也不相同。外购材料的收入凭证主要有收料单，自制材料的凭证主要有材料交库单，盘盈材料的凭证是材料盘点报告单。材料的发出主要是企业各部门的生产领用、对外销售以及委托外单位加工等。仓库发出材料，不论什么原因，都必须填制有关发料凭证，并经有关人员批准，仓库管理人员才能据以发料。通常材料发出的凭证主要有领料单、限额领料单和委托加工物资发料单等。

原材料的日常收发及结存，可以采用实际成本核算，也可以采用计划成本核算。

(一) 采用实际成本核算

原材料采用实际成本核算时，材料的收发及结存，无论总分类核算还是明细分类核算，均按实际成本计价。这种核算方法一般适用于规模较小、原材料品种简单、采购业务不多的企业。

1．科目设置

原材料采用实际成本核算时，应设置“原材料”和“在途物质”等账户。

“原材料”账户属于资产类账户，用来核算企业库存的各种原材料的实际成本。该账户借方登记验收入库原材料的实际成本；贷方登记发出原材料的实际成本；期末余额在借方，表示库存原材料的实际成本。本账户应按供应单位和物质品种进行明细核算。

“在途物质”账户用于核算企业采用实际成本(进价)进行材料、商品等物质的日常核算、货款已付但尚未验收入库的各种物质(在途物质)的采购成本，本账户应按供应单位和物质品种进行明细核算。该账户借方登记企业购入的在途物质的实际成本，贷方登记验收入库在途物质的实际成本，期末余额在借方，反映企业物质的采购成本。

2．账务处理

1) 购入材料

企业从外部购入的材料，由于结算方式不同，收料与支付贷款的时间不同，其账户处理也是不同的。材料入库和贷款的支付在时间上的不同，形成以下四种基本情况。

(1) 贷款已经支付或已开出、承兑商业汇票，同时原材料已验收入库。这是材料采购业务中最简单的一种情况。企业在支付货款、材料验收入库后，应根据发票账单等结算凭证确定的材料成本，借记“原材料”账户，根据取得的增值税发票上注明的税额(不计入材料采购成本)，借记“应交税费——应交增值税(进项税额)”(一般纳税人，下同)账户，按照实际支付的款项，贷记“银行存款”、“其他货币资金”、“应付票据”等账户。

【例 4-5】 新通公司从北方钢厂购入一批 A 原材料，专用发票(指增值税专用发票，下同)上记载的货款为 30 000 元，增值税 5 100 元。另外，北方钢厂支付运杂费 400 元。全部款项已用转账支票付讫，原材料已验收入库。

新通公司应编制如下会计分录：

借：原材料——A 材料　　30 400
　　应交税费——应交增值税(进项税额)　　5 100
　　贷：银行存款　　35 500

【例 4-6】 新通公司持银行汇票 1 000 000 元从大浦化工厂购入 B 原材料一批，专用发票上记载的货款为 800 000 元，增值税为 136 000 元，另支付运杂费 1 000 元，原材料已验收入库，剩余票款退回并存入银行。

新通公司应编制如下会计分录：

借：原材料——B 材料　　801 000
　　应交税费——应交增值税(进项税额)　　136 000
　　银行存款　　63 000
　　贷：其他货币资金——银行汇票　　1 000 000

(2) 贷款已经支付或已开出、承兑商业汇票，原材料尚未到达或尚未验收入库。发生此类业务时，应根据有关结算凭证、增值税专用发票中记载的材料的价款及增值税额，借记“在途物质”、“应交税额——应交增值税(进项税额)”账户，贷记“银行存款”、“其他货币资金”、“应付票据”账户。待材料验收入库后，再借记“原材料”账户，贷记“在途物质”账户。

【例 4-7】 新通公司采用汇兑结算方式向佳美化工厂购入一批 D 原材料，发票及账单已收到，货款 10 000 元，增值税 1 700 元，支付运杂费 300 元，原材料尚未到达，款项已用银行存款支付。

借：在途物资——D 材料　　10 300
　　应交税费——应交值税(进项税额)　　1 700
　　贷：银行存款　　12 000

【例 4-8】 承上例，上述购入的 D 原材料已收到，并验收入库。

借：原材料——D 材料　　10 300
　　贷：在途物资——D 材料　　10 300

(3) 贷款尚未支付，原材料已经验收入库。在这种情况下，如果发票账单已收到，则按发票账单所记载的有关金额，借记“原材料”、“应交税费——应交增值税(进项税额)”账户，贷记“应付账款”账户。

【例 4-9】 兴科公司从时代化工厂购入一批 E 原材料，货款 400 000 元，增值税 68 000 元，对方垫付运杂费 5 000 元，发票及账单已收到。款项尚未支付，原材料已验收入库。

借：原材料——E 材料　　405 000
　　应交税费——应交增值税(进项税额)　　68 000
　　贷：应付账款——时代化工厂　　473 000

如果发票账单未收到也无法确定实际成本，为简化核算手续，在月份内收到的材料验收入库时，暂不进行总分类核算，只将收到的材料数量登记明细分类账，待有关发票账单到达、支付货款后，再按正常程序进行财务处理。如果月末发票账单仍未到达，应按照暂估价值入账，但在下月初作相反的会计分录予以冲回，收到发票账单后再按照实际金额记账，即对于原材料已到达并已验收入库，但发票账单等结算凭证仍未到，货款尚未支付的采购业务，应于月末按照材料的暂估价值(合同价格或计划价格)，借记“原材料”账户，贷记“应付账款”账户。下月初用红字做同样的记账凭证予以冲回，待结算凭证到达后，借记“原材料”、“应交税费——应交增值税(进项税额)”账户，贷记“银行存款”、“其他货币资金”等账户。

【例 4-10】 兴科公司从方方化工厂购入一批 F 原材料，原材料已验收入库，月末发票账单尚未收到，无法确定其实际成本，暂估价值为 80 000 元。

暂估入账时：

借：原材料——F 材料　　80 000
　　贷：应付账款——暂估应付账款　　80 000

下月初用红字冲回时：

借：原材料——F 材料　　[80 000]
　　贷：应付账款——暂估应付账款　　[80 000]

【例 4-11】 承上例，上述购入的 F 原材料于次月收到发票账单，货款 90 000 元，增值税 15 300 元，对方垫付运杂费 2 000 元。已用银行存款付讫。

借：原材料——F 材料　　92 000
　　应交税费——应交增值税(进项税额)　　15 300
　　贷：银行存款　　107 300

(4) 货款已经支付，原材料尚未验收入库。采用预付货款方式采购原材料，应在按合同规定预付原材料部分价款时，借记“预付账款”账户，贷记“银行存款”账户。已经预付价款的原材料验收入库时，根据发票账单等所列价款及税额，借记“原材料”、“应交税费——应交增值税(进项税额)”账户，贷记“预付账款”账户。预付材料价款不足补付的价款，借记“预付账款”账户，贷记“银行存款”账户。预付材料价款多余退回的价款，借记“银行存款”账户，贷记“预付账款”账户。

【例 4-12】 根据长城钢铁厂的购销合同规定，兴科公司为购买甲原材料向长城钢铁厂预付 400 000 元货款的 80%，计 320 000 元，已通过汇兑方式汇出。

借：预付账款——长城钢铁厂　　320 000
　　贷：银行存款　　320 000

【例 4-13】 承上例，兴科公司收到长城钢铁厂发运来的甲原材料，已验收入库。有关发票账单记载，该批货物的货款是 400 000 元，增值税 68 000 元，对方垫付运杂费 2 000 元，所欠款项以银行存款付讫。

原材料入库时：

借：原材料——甲材料　　402 000

　应交税费——应交增值税(进项税额)　　68 000

　贷：预付账款——长城钢铁厂　　320 000

　　银行存款　　150 000

如果在材料验收过程中出现短缺或毁损，就要查明原因，分清责任，分别进行如下的会计处理：

① 如果属于运输途中的合理消耗，可按材料实收数量入账，但相应提高实收材料的单价，而在分类账中不必再作记录。

② 如果是供货单位责任事故造成的短缺，应视款项是否已经支付而作出相应的账务处理：尚未支付货款，应按短缺的数量和发票金额填写拒付理由书，向银行办理拒付手续；货款已经支付，并已计入“在途物质”账户的情况下，在材料运达企业验收入库，发现短缺或毁损时，应根据有关的索赔凭证，借记“应付账款”、“应交税费——应交增值税(进项税额)”(红字)账户，贷记“在途物质”账户。

③ 如果是运输部门责任事故造成的短缺或毁损，应根据有关的索赔凭证，借记“其他应收款”、“应交税费——应交增值税(进项税额)”(红字)账户，贷记“在途物质”账户。

④ 如果是运输途中发生的非常损失和尚待查明原因的途中消耗，则在查明原因前，借记“待处理财产损溢——待处理流动资产损溢”账户，贷记“原材料”、“应交税费——应交增值税(进项税额转出)”账户。待查明原因经批准后再进行账务处理。查明原因经批准后，如果是供应单位、运输部门、保险部门和其他过失人负责赔偿的损失，则借记“应付账款”、“其他应收款”等账户，贷记“待处理财产损溢——待处理流动资产损溢”账户；如果是因自然灾害等非正常原因造成的损失，应将扣除残料价值和过失人、保险公司赔偿后的净损失，借记“营业外支出——非常损失”账户，贷记“待处理财产损溢——待处理流动资产损溢”账户；如果是其他无法收回的损失，则经批准后，借记“管理费用”账户，贷记“待处理财产损溢——待处理流动资产损溢”账户。

2) 发出材料

由于企业材料的日常领发业务频繁，为了简化日常核算工作，平时一般只记材料明细分类账，反映各种材料的收发和结存余额，月末根据“领料单”、“限额领料单”中有关领料的单位、部门等加以归类，编制“发料凭证汇总表”，据以编制记账凭证、登记入账。

企业发出的材料，根据不同的用途，借记“生产成本”、“制造费用”、“管理费用”等账户，贷记“原材料”账户。

【例 4-14】 青山公司 5 月份根据“发料凭证汇总表”的记录，基本生产车间领用甲原材料 500 000 元，辅助生产车间领用甲原材料 40 000 元。车间管理部门领用乙原材料 5 000 元，企业行政部门领用乙原材料 4 000 元，共计 549 000 元。青山公司的账务处理如下：

借：生产成本——基本生产成本　　500 000

　　　　　——辅助生产成本　　40 000

　制造费用　　5 000

　管理费用　　4 000

贷：原材料——甲材料　　540 000
——乙材料　　9 000

(二) 采用计划成本核算

原材料按照计划成本进行计价的核算，是指原材料的日常收发及结存，无论总分类核算还是明细分类核算，均按照计划成本计价的方法。材料计划成本的构成内容应当与实际成本的构成内容相同。这种方法的优点是既可以简化存货的日常核算手续，又有利于考核采购部门的工作业绩。

采用计划成本核算的特点是，收发凭证按原材料的计划成本计价，原材料总分类账和明细分类账均按计划成本登记，原材料的实际成本与计划成本的差异，通过“材料成本差异”科目核算。月份终了，通过分配材料成本差异，将发出原材料的计划成本调整为实际成本。计划单位成本除有特殊情况应当调整外，在年度内一般不作变动。

计划成本法一般适用于存货品种繁多、收发频繁的企业。

1. 科目设置

原材料按计划成本计价核算时，应设置“原材料”、“材料采购”、“材料成本差异”等账户。

“原材料”账户属资产类账户，在计划成本法下，该账户用来核算企业库存的各种原材料的计划成本。该账户借方登记验收入库原材料的计划成本；贷方登记发出原材料的计划成本；期末余额在借方，表示库存原材料的计划成本。

“材料采购”账户核算企业采用计划成本进行材料日常核算时购入材料的实际采购成本。该账户借方登记购入材料的实际成本和实际成本小于计划成本的节约差异，贷方登记验收入库材料的计划成本和实际成本大于计划成本的超支差异，期末为借方余额，反映企业在途材料的采购成本。

“材料成本差异”账户是资产类账户，是“原材料”账户的调整账户，反映企业已入库各种原材料的实际成本与计划成本的差异。借方登记入库材料超支差异和发出材料负担的节约差异，贷方登记入库材料节约差异和发出材料负担的超支差异。期末如为借方余额，反映企业库存各类材料的超支差异额；如为贷方余额，反映企业库存各类材料的节约差异额。

2. 账务处理

1) 购入材料

企业采购材料，发生采购材料的实际成本时，财会部门根据银行结算凭证、发票账单等凭证，借记“材料采购”、“应交税费——应交增值税(进项税额)”账户，贷记“银行存款”、“其他货币资金”、“应付票据”、“应付账款”等账户。材料验收入库时根据“收料单”，按入库材料的计划成本，借记“原材料”账户，贷记“材料采购”账户。按实际成本大于计划成本的差异(超支差异)，借记“材料成本差异”账户，贷记“材料采购”账户；按实际成本小于计划成本的差异(节约差异)，借记“材料采购”账户，贷记“材料成本差异”账户。

(1) 货款已经支付，同时原材料验收入库。

【例 4-15】 绿源公司购入一批乙原材料，货款 300 000 元，增值税 51 000 元，发票账单已收到，计划成本为 320 000 元，原材料已验收入库，全部款项以银行存款支付。

借：材料采购　　　　300 000

　　应交税费——应交增值税(进项税额)　　51 000

　　贷：银行存款　　　　351 000

(2) 货款已经支付，原材料尚未验收入库。

【例 4-16】 绿源公司采用汇兑结算方式购入一批丙原材料，货款 20 000 元，增值税 3 400 元，发票账单已收到，计划成本 18 000 元，原材料尚未入库。

借：材料采购　　　　20 000

　　应交税费——应交增值税(进项税额)　　3 400

　　贷：银行存款　　　　23 400

(3) 货款尚未支付，原材料已经验收入库。

【例 4-17】 绿源公司采用商业承兑汇票支付方式购入一批丙原材料，货款 50 000 元，增值税 8 500 元，发票账单已收到，计划成本 52 000 元，原材料已验收入库。

借：材料采购　　　　50 000

　　应交税费——应交增值税(进项税额)　　8 500

　　贷：应付票据　　　　58 500

【例 4-18】 绿源公司采用托收承付结算方式购入一批乙原材料，原材料已验收入库，发票账单未到，月末按照计划成本 60 000 元暂估入账。

借：原材料——乙材料　　　　60 000

　　贷：应付账款　　　　60 000

下月初用红字冲回。

借：原材料——乙材料　　　　60 000

　　贷：应付账款　　　　60 000

【例 4-19】 承例 4-15 和例 4-17，月末汇总本月已付款或已开出并承兑商业汇票入库原材料的计划成本 372 000(320 000 + 52 000)元。

借：原材料——乙材料　　　　320 000

　　　　　——丙材料　　　　52 000

　　贷：材料采购　　　　372 000

上述入库原材料的实际成本 350 000(300 000 + 50 000)元，入库原材料的成本差异为节约 22 000(350 000 – 372 000)元。

借：材料采购　　　　22 000

　　贷：材料成本差异——乙材料　　　　20 000

　　　　　　　　　　——丙材料　　　　2 000

2) 发出材料

在计划成本计价下，发出材料的总分类核算与按实际成本计价的账务处理程序基本相同。原材料的总分类核算要按计划成本结转发出材料的成本，借记“生产成本”、“制造费用”、“销售费用”、“管理费用”等账户，贷记“原材料”账户；同时结转发出材料应负担的成本差异，如为超支差异，借记“生产成本”等账户，贷记“材料成本差异”账户，又节约差异，作相反方向的会计分录，从而将发出材料的计划成本调整为实际成本。

发出材料应负担的成本差异，应当按期(月)分摊，不得在季末或年末一次计算。

$$\text{实际成本} = \text{计划成本} \pm \text{材料成本差异}$$

$$\text{材料成本差异率}=\frac{\text{期初结存材料成本差异}+\text{本期验收入库材料的成本差异}}{\text{期初结存材料的计划成本}+\text{本期验收入库材料的计划成本}}\times 100\%$$

【例 4-20】 绿源公司根据“发料凭证汇总表”的记录，甲材料的消耗(计划成本)为：基本生产车间领用 200 000 元，辅助生产车间领用 60 000 元，车间管理部门领用 10 000 元，企业行政管理部门领用 5 000 元。

借：生产成本——基本生产成本	200 000	
——辅助生产成本	60 000	
制造费用	10 000	
管理费用	5 000	
贷：原材料——甲材料		275 000

【例 4-21】 绿源公司月初结存甲材料的计划成本为 100 000 元。成本差异为超支 3 074 元；本月入库甲材料的计划成本为 320 000 元，成本差异为节约 20 000 元，则：

$$\text{甲材料的成本差异}=\frac{3\,074-20\,000}{100\,000+320\,000}\times 100\% = -4.03\%$$

结转发出甲材料的成本差异的分录如下(节约差异)：

借：材料成本差异——甲材料	11 082.5	
贷：生产成本——基本生产成本		8 060
——辅助生产成本		2 418
制造费用		403
管理费用		201.5

三、完成工作任务评价

1. 完成原材料核算的工作任务

根据工作任务的要求，按照工作任务操作流程，结合完成工作任务所需的知识导航，回答引导案例中的问题。

2. 完成工作任务结果后的评价

按照要求和规程完成了原材料核算的任务后，参照老师给出的标准，任务的完成者与老师共同来评价工作任务的完成情况。

评价标准：

(1) 选用的核算方法是否适合企业的实际情况。

(2) 根据所发生的业务填制相关记账凭证时所用的会计科目是否正确。

(3) 编制的会计分录是否正确。

(4) 谁负责登记原材料明细账和原材料总账，其格式如何。

3. 完成工作任务后的收获

按照要求和规程完成了工作任务之后，结合老师对完成工作任务后的结果评价，你认为自己完成此项工作后有何收获？请将你的收获写出来，与老师和同学们一起交流和分享。

工作任务二　其他存货业务处理

一、其他存货业务处理流程

其他存货业务处理流程如下：

第一步：熟悉其他存货的内容和范围。

第二步：对包装物、低值易耗品、委托加工物资、库存商品进行业务核算。

第三步：登记相关明细账和总账。

二、知识导航

包装物是企业生产、储备或销售过程中必不可少的存货，它主要起包装、保护或修饰产品的作用。

（一）包装物

1. 包装物概述

包装物是指用于包装本企业产品而储备的各种包装容器，如桶、箱、坛、袋、瓶等，包括：

(1) 生产中用于包装产品并作产品组成部分包装物。

(2) 随同商品出售而不单独计价的包装物。

(3) 随同商品出售单独计价的包装物。

(4) 出租或出借给购买单位使用的包装物。

下列各项不属于包装物核算的范围：

(1) 各种包装材料，如纸、绳、铁丝、铁皮等，这些属于一次性使用的包装材料，应在“原材料”账户核算。

(2) 用于储备和保管产品、材料而不对外出售的包装物，这类包装物应按其价值的大小使用年限的长短，分别作为“固定资产”或“低值易耗品”管理和核算。

(3) 计划单独列作企业商品、产品的自制包装物，应作为“库存商品”进行管理和核算。

2. 包装物核算

为了核算和监督包装物的增减变动及其价值损耗、结存等情况，企业应当设置“周转材料——包装物”账户核算。

企业包装物可按实际成本计价，也可按计划成本计价。企业购入、自制、委托外单位加工完成验收入库的包装物的核算，与原材料收入的核算完全相同，可以比照原材料的核算方法进行核算。发出包装物的核算，应按其用途的不同分别进行处理。

1) 生产领用包装物

生产领用的包装物多数属于内包装，成为产品不可分割的组成部分，这种包装物一般不单独计价，直接计入产品成本。按照领用包装物的实际成本，借记“生产成本”账户，按照领用包装物的计划成本，贷记“周转材料——包装物”账户，按照其差额，记或贷记“材料成本差异”账户。

【例 4-22】 大江公司的加工车间为生产甲产品，领用包装纸箱一批，其实际成本为 2 000 元。有关账务处理如下：

借：生产成本——基本生产成本　　2 000

　　贷：周转材料——包装物　　2 000

2) 随同商品出售不单独计价的包装物

随同产品出售不单独计价的包装物，在产品销售时领用，领用时作为销售费用处理。按其成本，借记“销售费用”账户，按其计划成本，贷记“周转材料——包装物”账户，按其差额，借记或贷记“材料成本差异”账户。

【例 4-23】 长江公司为销售甲产品，领用包装木箱一批，实际成本为 800 元，木箱随同甲产品一起出售，不单独计价。有关账务处理如下：

借：销售费用　　800

　　贷：周转材料——包装物　　800

3) 随同产品出售单独计价的包装物

随同产品出售而单独计价的包装物在产品销售时，应于产品发出时，视同材料销售处理，按所售产品的增值税率计算增值税销项税额，其销售收入记入“其他业务收入”账户，包装物成本记入“其他业务成本”账户。如按计划成本核算，还应同时结转材料成本差异，借记或贷记“材料成本差异”账户。

【例 4-24】 大江公司在销售乙产品时，随同产品出售单独计价的包装物一批，其售价为 600 元，增值税为 102 元，已通过银行收讫，该批包装物实际成本为 550 元。大江公司的账务处理如下：

(1) 销售时领用包装物，结转包装物成本时。

借：其他业务成本　　550

　　贷：周转材料——包装物　　550

(2) 收到包装物价款时。

借：银行存款　　702

　　贷：其他业务收入　　600

　　　　应交税费——应交增值税(销项税额)　　102

4) 出租、出借包装物

出租包装物是企业为了促进销售向客户提供的一种有偿服务，取得的租金收入作为企业的其他业务收入，出租包装物的摊销价值作为企业的其他业务成本。销售过程中出租包装物的租金收入按税法规定，应随产品销售计征增值税等。收到租金时，借记“库存现金”或“银行存款”账户，贷记“其他业务收入”、“应交税费——应交增值税(销项税额)”账户。出租包装物摊销时，借记“其他业务成本”账户，贷记“周转材料——包装物”账户，如按计划成本核算，还应同时结转材料成本差异，借记或贷记“材料成本差异”账户。

出借包装物购货单位免费使用，由于没有收入，应将出借包装物的成本视为企业在销售过程中的耗费，计入“销售用户”账户。借记“销售费用”账户，贷记“周转材料——包装物”账户，如按计划成本核算，还应同时结转材料成本差异，借记或贷记“材料成本差异”账户。

已使用的出租、出借包装物，不能继续周转使用而报废时，对其残料价值，应借记“原材料”、“库存现金”等账户，贷记“其他业务成本”(出租包装物)账户或“销售费用”(出借包装物)账户。

【例 4-25】 大江公司 12 月 8 日随产品销售出租新包装箱 10 个，每个成本 50 元，押金按每个 60 元收取，存入银行。当月 25 日收回包装箱，租金 234 元(其中增值税 34 元)，从押金中扣除，其余以现金退回。包装物成本于领用时一次摊销。大江公司的账务处理如下：

12 月 8 日领用包装物时。

借：其他业务成本　　500

　　贷：周转材料——包装物　　500

12 月 8 日收取押金时。

借：银行存款　　600

　　贷：其他应付款——存入保证金　　600

12 月 25 日，扣除租金并退还押金时。

借：其他应付款——存入保证金　　600

　　贷：其他业务收入　　200

　　　　应交税费——应交增值税(销项税额)　　34

　　　　库存现金(差额)　　366

【例 4-26】 大江公司 12 月 5 日随产品销售出借包装铁桶 20 只，每只成本 20 元，押金按每只 25 元收取存入银行。12 月 20 日，铁桶收回，押金通过银行汇出。大江公司的账务处理如下：

12 月 5 日领用出借铁桶时。

借：销售费用　　400

　　贷：周转材料——包装物　　400

出租、出借包装物频繁且数量多、金额大的企业，出租、出借包装物的成本，也可采用五五摊销法进行核算。在这种情况下，“周转材料——包装物”账户应设置“在库中装物”、“在用包装物”、“出租包装物”、“包装物摊销”等明细账户。

(二) 低值易耗品

1. 低值易耗品概述

低值易耗品是指不能作为固定资产核算的各种用具物品，如工具、管理用具、玻璃器皿以及在经营过程中周转使用的包装容器等。

低值易耗品，从性质上看属于劳动资料，可以多次参加周转，并且不改变原有的实物形态。但是，由于其价值较低，或易于损坏，为了核算与管理工作，会计上把它归入流动资产，视同存货进行核算与管理。

低值易耗品按其用途可以分为以下几类：

(1) 一般工具：指生产上通用的道具、量具、夹具等生产工具和各种辅助工具。

(2) 专用工具：指专用于制造某一特定产品，或在某一特定工序上使用的工具，如专用模具等。

(3) 管理工具：指在管理工作中使用的各种家具和办公用具，如桌椅、柜、计算器等。

(4) 替换设备：指容易磨损或成为制造不同产品需要替换使用的各种设备，如轧钢用的钢棍等。

(5) 劳动保护用品：指为了安全生产而发给工人作为劳动保护用的工作服、工作鞋和各种保护用品等。

(6) 其他低值易耗品：指不属于上述各类的低值易耗品。

2. 低值易耗品的核算

为了核算低值易耗品的收入、发出、结存情况，企业应设置“周转材料——低值易耗品”账户。该账户属于资产类账户，借方登记低值易耗品的增加，贷方登记低值易耗品的减少，期末余额在借方，通常反映企业期末结存低值易耗品的金额。

企业购入、自制、委托外单位加工完成验收入库的低值易耗品的核算，与原材料基本相同，可以采用实际成本核算，也可以采用计划成本核算，可比照原材料的核算方法进行相应的账户处理。

低值易耗品从发出到报废之前，可以多次参与生产经营过程而不改变其实物形态，其损耗的价值需要采用一定的方法转移到成本、费用中。若低值易耗品按计划成本核算，在结转低值易耗品的成本时，要同时结转其应负担的成本差异。低值易耗品的摊销方法有一次摊销法和五五摊销法。

1) 一次摊销法

一次摊销法是指低值易耗品在领用时，将其价值一次摊入有关成本、费用的方法。这种方法核算手续简便，但领用低值易耗品的成本从账上一次转出，不利于财产的保管，并且各期负担得不够均衡。因此采用该方法适用于价值较低或极易损坏的低值易耗品。

【例 4-27】光明公司生产车间本月领用易于破碎的玻璃器皿一批，实际成本 1 000 元，一次摊入成本。作如下会计分录：

借：制造费用　　　　1 000

　　贷：周转材料——低值易耗品　　　　1 000

2) 五五摊销法

五五摊销法是指低值易耗品在领用时先摊销其账面价值的 50%，报废时再摊销其账面价值的 50%，即低值易耗品分两次各按一半进行摊销。五五摊销法既使用于价值较低、使用期限较短的低值易耗品，也使用于每期领用数量和报废数量大体相等的低值易耗品。

在采用五五摊销法的情况下，应设“周转材料——低值易耗品——在库”、“周转材料——低值易耗品——在用”、“周转材料——低值易耗品——摊销”。

在领用低值易耗品时，按其账面价值，借记“周转材料——低值易耗品——在用”

账户，贷记“周转材料——低值易耗品——在库”账户；在领用当月摊销时，按领用时低值易耗品账面价值的 50%，借记“管理费用”、“制造费用”等账户，贷记“周转材料——低值易耗品——摊销”账户；在报废时，按低值易耗品账面价值余下的 50%，借记“管理费用”、“制造费用”等账户，贷记“周转材料——低值易耗品——摊销”账户；同时注销在用低值易耗品的成本及其已摊销价值，借记“周转材料——低值易耗品——摊销”账户，贷记“周转材料——低值易耗品——在用”账户；低值易耗品报废时如有残料，应按收回的残料价值，借记“原材料”账户，贷记“管理费用”、“制造费用”等账户。

【例 4-28】 光明公司生产车间本月领用工具一批，账面价值计 6 000 元。使用一段时间后报废，残料作价 100 元入库。采用五五摊销法进行摊销，应作如下会计处理：

领用工具时。

借：周转材料——低值易耗品——在用	6 000	
贷：周转材料——低值易耗品——在库		6 000

摊销其价值的 50%。

借：制造费用	3 000	
贷：周转材料——低值易耗品——摊销		3 000

工具报废，摊销其价值余下的 50%。

借：制造费用	3 000	
贷：周转材料——低值易耗品——摊销		3 000

同时，注销报废工具的价值。

借：周转材料——低值易耗品——摊销	6 000	
贷：周转材料——低值易耗品——在用		6 000

回收残料时。

借：原材料	100	
贷：制造费用		100

(三) 委托加工物资

1. 委托加工物资内容

委托加工物资指企业由于本身生产条件的限制或其他原因，委托外单位加工的各种原材料、商品物资。

企业委托加工物资的实际成本包括：加工中耗用物资的实际成本；支付委托加工物资的往返运杂费及委托加工物资应负担的消费税(指属于消费税应税范围的加工物资)。

需要交纳消费税的委托加工物资，加工物资收回后直接用于销售的，由委托方代收代缴的消费税计入委托加工物资成本，记入“委托加工物资”账户借方；如果收回的委托加工物资用于继续加工的，则记入“应交税费——应交消费税”账户的借方。

2. 委托加工物资的账务处理

为反映和监督委托加工物资增减变动及其结存情况，企业应当设置“委托加工物资”账户，借方登记委托加工物资的实际成本，贷方登记加工完成验收入库的物资的实际成本和剩余物资的实际成本，期末余额在借方，反映企业尚未完工的委托加工物资的实际成本等。委托加工物资也可以采用计划成本或售价进行核算，其方法与库存商品相似。

1) 发出物资

企业发出委托外单位加工的物资时，应按发出物资的实际成本，借记“委托加工物资”账户，贷记“原材料”账户；采用计划成本核算的企业，应按计划成本，借记“委托加工物资”账户，贷记“原材料”账户，同时结转材料成本差异，借记“委托加工物资”账户，贷记“材料成本差异”账户(如为节约差异，用红字登记)。

2) 支付的加工费、增值税和运杂费等

企业支付的加工费、应负担的运杂费和企业支付的不准予抵扣的增值税，应计入委托加工物资的成本，借记“委托加工物资”账户企业支付的准予抵扣的增值税，作为进项税额处理，借记“应交税费——应交增值税(进项税额)”账户，贷记或借记“银行存款”账户。

3) 加工完成收回加工物资

委托加工物资加工完毕收回后，应按加工收回物资的实际成本和剩余物资的实际成本，借记“原材料”、“库存商品”等账户，贷记“委托加工物资”账户。采用计划成本核算的企业，还应同时结转材料成本差异，借记或贷记“委托加工物资”账户，贷记或借记“材料成本差异”账户。

【例 4-29】 光明公司委托 B 企业加工材料一批，原材料成本为 200 000 元，支付的加工费用为 34 000 元，消费税税率为 10%，材料加工完毕验收入库，加工费用等均已用银行存款支付。双方使用的增值税税率均为 17%。光明公司的账务处理如下：

(1) 发出委托加工材料时，会计分录为：

借：委托加工物资　　200 000
　贷：原材料　　200 000

支付加工费、增值税、消费税时，若光明公司收回加工后的材料用于继续生产应税消费品，则会计分录如下：

借：委托加工物资　　34 000
　应交税费——应交增值税(进项税额)　　5 780
　　　——应交消费税　　20 000
　贷：银行存款　　59 780

(2) 加工完成收回加工物资时，会计分录为：

借：原材料　　234 000
　贷：委托加工物资　　234 000

支付加工费、增值税、消费税时，若光明公司收回加工后的材料直接用于销售，则

借：委托加工物资　　54 000
　应交税费——应交增值税(进项税额)　　5 780
　贷：银行存款　　59 780

(3) 加工完成收回加工物资时，会计分录为：

借：原材料　　254 000
　贷：委托加工物资　　254 000

【例 4-30】 大江公司发出材料，计划成本 30 000 元，委托甲企业加工。委托加工物

资发出时应负担的材料成本差异额为节约额400元；本公司通过银行支付来往运杂费500元、委托加工单位加工费4 000元和增值税680元；加工返回验收入库，计划成本35 000元。月末结转委托加工物资的实际成本与计划成本的差异。大江公司的会计分录如下：

按计划成本发出材料时。

借：委托加工物资	29 600	
材料成本差异	400	
贷：原材料		30 000

以银行存款支付委托加工物资的运杂费。

借：委托加工物资	500	
贷：银行存款		500

以银行存款支付甲企业的加工费用和增值税。

借：委托加工物资	4 000	
应交税费——应交增值税(进项税额)	680	
贷：银行存款		4 680

将完工的委托加工物资，按计划成本验收入库。

借：原材料	35 000	
贷：委托加工物资		34 100
材料成本差异		900

(四) 库存商品

1. 库存商品的内容

库存商品是指企业已完成全部生产过程并已验收入库、合乎标准规格和技术条件，可以按照合同规定的条件送交订货单位，或可以作为商品对外销售的产品，以及外购或委托加工完成验收入库用于销售的各种商品。库存商品具体包括库存产成品、外购商品、存放在门市部准备出手的商品、发出展览的商品、寄存在外的商品、接受来料加工制造的代制品和为外单位加工修理的代修品等。已完成销售手续，但购买单位在月末未提取的成品，不应作为企业的库存商品，而应作为代管商品处理，单独设置代管商品备查簿进行登记。库存商品可以采用实际成本核算，也可以采用计划成本核算，其方法与原材料相似。

工业企业的库存商品主要指产成品。商品流通企业的库存商品主要指外购或委托加工完成验收入库用于销售的各种商品。

为了反映和监督各种库存商品的增减变化及其结存情况，企业应设置“库存商品”账户，借方登记验收入库的库存商品的成本，贷方登记发出库存商品成本，期末余额在借方，反映库存各种商品的实际成本或计划成本。

2. 库存商品的账务处理

1) 商品验收入库

对于库存商品采用实际成本核算的企业，当库存商品生产完成并验收入库时，应按实际成本，借记“库存商品”账户，贷记“生产成本——基本生产成本”账户。

【例 4-31】 大江公司“商品入库汇总表”记载，本月已验收入库甲产品 100 台。实际单位成本 5 000 元，计 500 000 元；乙产品 200 台，实际单位成本 1 000 元，计 200 000 元。应作如下会计分录。

借：库存商品——甲产品 500 000
　　　　　　——乙产品 200 000
　贷：生产成本——基本生产成本(甲产品) 500 000
　　　　　　——基本生产成本(乙产品) 200 000

2) 销售商品

企业销售商品、确认收入时，应结转其销售成本，借记“主营业务成本”等账户，贷记“库存商品”账户。

【例 4-32】 大江公司月末汇总的发出商品中，当月已实现销售的甲产品有 50 台，乙产品有 150 台。该月甲产品实际单位成本 5 000 元，乙产品实际单位成本 1 000 元。在结转其销售成本时，应作如下会计分录：

借：主营业务成本 400 000
　贷：库存商品——甲产品 250 000
　　　　　　——乙产品 150 000

企业购入的商品可以采用进价或售价核算。采用售价核算的，商品售价和进价的差额，可通过“商品进售差价”账户核算。月末，应分摊已销商品进售差价，将已销商品的销售成本调整为实际成本，借记“商品进售差价”账户，贷记“主营业务成本”账户。

商品流通企业的库存商品还可以采用毛利率法和售价金额核算法进行日常核算。

(1) 毛利率法。毛利率法是指根据本期销售净额乘以上期实际(或本期计划)毛利率匡算本期销售毛利，并据以计算发出存货和期末结存存货成本的一种方法。计算公式如下：

$$毛利率 = \frac{销售毛利}{销售金额} \times 100\%$$

销售净额 = 商品销售收入 − 销售退回与折让

销售毛利 = 销售净额 × 毛利率

销售成本 = 销售净额 − 销售毛利

期末存货成本 = 期初存货成本 + 本期购货成本 − 本期销售成本

毛利率法是商品流通企业，尤其商品批发企业常用的计算本期商品销售成本和期末库存商品成本。商品流通企业由于经营商品的品种繁多，如果分品种计算商品成本，工作量将大大增加。一般来说，商品流通企业同类商品的毛利率大致相同，采用这种存货计价方法既能减轻工作量，也能满足对存货管理的需要。采用毛利率法应以各月毛利率相对稳定为前提，且使用时可以不必对存货进行实地盘点。

【例 4-33】 红光商场 2006 年 6 月的期初存货成本为 2 000 元，本月购进商品 18 900 元，本月的销售收入 32 300 元，发生的销售折让为 7 500 元，该类商品 5 月的毛利率为 25%。计算本月已销商品成本和库存商品成本。

本月销售净额 = 32 300 − 7 500 = 24 800(元)

本月销售毛利 = 24 800 × 25% = 6 200 (元)

本月销售成本 = 24 800 − 6200 = 18 600 (元)

库存商品成本 = 2 000 + 18 900 − 18 600 = 2 300 (元)

(2) 售价金额核算法。售价金额核算法是指平时商品的购进、加工收回储存、销售均按售价记账，售价与进价的差额通过“商品进销差价”账户核算，期末计算进销差价率和本期已销商品应分摊的进销差价，并据以调整本期销售成本的一种方法。有关计算公式如下：

$$商品进售差价率=\frac{期初库存商品进销差价+本期购入商品进销差价}{期初库存商品售价+本期收入商品售价}\times 100\%$$

本期销售商品应分摊的商品进售差价 = 本期销售收入 × 商品进销差价率

本期销售商品的成本 = 本期销售收入 − 本期销售商品应分摊的商品进销差价

期末结存商品的成本 = 期初库存商品的进价成本 + 本期购进商品的进价成本 − 本期销售商品的成本

企业的商品进销差价率各期之间是比较均衡的，因此，也可以乘以上期商品进销差价率分摊本期的商品进销差价。年度终了，应对商品进销差价进行核实调整。

【例 4-34】 利民商场采用售价金额核算法进行核算，2017 年 5 月期初库存商品的进价成本为 100 万元，售价总额为 110 万元，本月购进该商品的进价成本为 75 万元，售价总额为 90 万元，本月收入为 120 万元。有关计算如下：

$$商品进销差价率=\frac{10+15}{110+90}\times 100\% = 12.5\%$$

本期销售商品应分摊的商品进销差价 = 120 × 12.5% = 15(万)

本期销售商品的成本 = 120 − 15 = 105(万元)

期末结存商品的成本 = 100 + 75 − 105 = 70(万元)

售价金额核算法广泛运用商业零售企业，因为商业零售企业除对商品进行标价外，同时还按成本和零售价登记购货记录，这就为售价金额核算法提供了可能。对于从事商业零售业务的企业(如百货公司、超市)，由于经营的商品种类、品种、规格等繁多，而且要求按商品零售价格标价，采用其他成本计算结转方法均较困难，因此广泛采用售价金额核算法。

三、完成工作任务评价

1. 完成其他存货核算的工作任务

根据工作任务要求，按照工作任务操作流程，结合完成工作任务所需要的知识导航，回答引导案例中的问题。

2. 完成工作任务结果后的评价

按照要求和规程完成了其他存货核算的任务后，参照老师给出的标准，任务的完成者与老师共同来评价工作任务的完成情况。

评价标准：

(1) 选用的包装物、低值易耗品摊销方法是否适当正确。

(2) 根据所发生的业务填制相关记账凭证时所用的会计科目是否适当正确。

(3) 编制的会计分录是否适当正确。

(4) 谁负责登记其他存货的明细账和总账。

3. 完成工作任务后的收获

按照要求和规程完成了工作任务之后，结合老师对完成工作任务后的结果评价，你认为自己完成此项工作任务后有何收获？请将你的收获写出来，与老师和同学们一起交流和分享。

工作任务三　存货的清查

一、存货清查流程

引导案例：

恒兴股份有限公司的仓库于 2010 年 4 月 20 日发生火灾，毁损原材料一批，计划成本为 20 000 元，本月材料成本差异率 10%，增值税税率为 17%，收回残料价值为 300 元，保险赔款 16 000 元，假设收回材料的进项税额不能抵扣。

请问：该公司火灾净损失额为多少元？应设置哪些账户？又怎样进行账务处理？

存货清查业务处理的流程如下：

第一步：了解存货清查的有关规定。

第二步：进行存货清查核算。

二、知识导航

(一) 存货清查概述

在存货的日常管理中，由于存货种类繁多、收发频繁，可能发生计量误差、管理不善、计算错误、自然损耗，还可能发生损坏变质、贪污、盗窃，对存货进行清查盘点，能如实反映企业存货的实有数额，保证存货核算的真实性，监督存货的安全完整。

存货的清查是通过对存货的实物进行盘点，确定存货的实存数量，并与账面结存数量核对是否相符的一种方法。通过存货清查，一是如实反映存货的数量和实际成本，保证存货的安全完整，做到账实相符；二是可以弄清企业有无属于呆滞积压物资的存货，以便及时处理，挖掘潜力，加速资金的周转。

企业在年终编制会计报表以前，必须进行一次全面清查，以确保年度决算报表的真实性。年度内进行定期或不定期清查、全面或局部清查。年度清查应由有关的领导干部、会计人员和供应保管部门的有关职工组成清查小组负责进行。平时清查，可由会计人员会同仓库管理人员进行。存货清查中发现的盘盈、盘亏和毁损情况，应编制存货盘点报告表，并及时查明原因，分清责任。在按规定程序报请有关部门批准之前，应根据存货盘点报告表所列盈亏数，对存货的账存数进行调整。批准之后，应根据盘盈、盘亏和毁损的原因及批准意见，作相应的账务处理。

为了反映企业在财产清查中查明的各种存货的盘盈、盘亏和毁损情况，企业应当设置“待处理财产损益——待处理流动资产损益”账户，借方登记盘亏、毁损及盘盈的转销数额，贷方登记存货的盘盈数额及盘亏的转销金额。企业清查的各种存货损益，应在期末结账前处理完毕，期末处理后，本账户应无余额。

(二) 存货清查的核算

1. 存货盘盈的核算

存货盘盈是指盘点后存货的账面结存数小于实际结存数的情况。通常是由于企业在日常收发计量或计算误差所致。发生存货盘盈时，应根据存货盘点报告表中所列的数据，及时办理存货入账手续，调整账面记录，借记“原材料”、“周转材料”、“库存商品”等有关存货账户，贷记“待处理财产损益——待处理流动资产损益”账户；经有关部门批准后，可冲减管理费用，借记“待处理财产损益——待处理流动资产损益”账户，贷记“管理费用”账户。

【例 4-35】 某企业在存货清查中，发现甲材料盘盈 200 千克，单价为 10 元。经查明是计量错误造成的。该企业的财务处理如下：

批准前，调整账面的结存数，会计分录如下：

借：原材料——甲材料　　2 000

　　贷：待处理财产损益——待处理流动资产损益　　2 000

批准后，冲减管理费用，会计分录如下：

借：待处理财产损益——待处理流动资产损益　　2 000

　　贷：管理费用　　2 000

2. 存货盘亏的核算

存货盘亏是指盘点后存货的账面结存数大于实际结存数的情况。发生盘亏或毁损的存货，在报经批准前，应根据存货盘点报告表，按盘亏存货的成本调整存货账面的结存数，借记“待处理财产损益——待处理流动资产损益”账户，贷记“原材料”、“周转材料”、“库存商品”等有关存货账户；同时，对购进的货物、在产品、产成品发生非正常损失引起盘亏存货应负担的增值税，应一并转入“待处理财产损益——待处理流动资产损益”账户，借记“待处理资产损益——待处理流动资产损益”账户，贷记“应交税费——应交增值税(进项税额转出)”账户。

转销时，根据形成盘亏和毁损的不同原因，分别按以下情况进行账务处理。

(1) 属于自然损耗产生的定额内合理损耗，经批准后转作管理费用，借记“管理费用”账户，贷记“待处理财产损益——待处理流动资产损益”账户。

(2) 属于超定额短缺及存货毁损的，能确定过失人的应由过失人负责赔偿；属于保险责任范围的，应向保险公司索赔；扣除残料价值、保险公司或过失人的赔偿后，将其净损失计入管理费用，借记“管理费用”账户，贷记“待处理财产损益——待处理流动资产损益”账户。

(3) 属于自然灾害等不可抗拒的原因而造成的存货毁损，应先扣除残料价值和可收回的保险赔偿，然后将净损失计入营业外支出。借记“营业外支出”，贷记“待处理财产损益——待处理流动资产损益”账户。

【例 4-36】 某公司期末发生火灾，造成乙材料盘亏 200 千克，账面实际成本 5 000 元，增值税进项税额 850 元，经核查，保险公司赔偿 3 000 元。残料价值 500 元入原材料仓库。

该公司的账务处理如下：

在报经批准前，作出调整，会计分录如下：

借：待处理财产损益——待处理流动资产损益　　5 850

　　贷：原材料——乙材料　　5 000

　　　　应交税费——应交增值税(进项税额转出)　　850

报经批准后，会计分录如下：

借：原材料　　500

　　其他应收款——保险公司　　3 000

　　营业外支出　　2 350

　　贷：待处理财产损益——待处理流动资产损益　　5 850

三、完成工作任务评价

1. 完成存货清查业务的工作任务

根据工作任务要求，按照工作任务操作流程，结合完成工作任务所需要的知识导航，回答引导案例中的问题。

2. 完成工作任务结果后的评价

按照要求和规程完成了存货清查业务核算的任务后，参照老师给出的标准，任务的完成者与老师共同来评价工作任务的完成情况。

评价标准：

(1) 根据所发生的业务填制相关记账凭证时所用的会计科目是否正确。

(2) 编制的会计分录是否正确。

3. 完成工作任务后的收获

按照要求和规程完成了工作任务之后，结合老师对完成工作任务后的结果评价，你认为自己完成此项工作任务后有何收获？请将你的收获写出来，与老师和同学们一起交流和分享。

工作任务四　存 货 减 值

一、存货减值流程

引导案例：

恒兴股份有限公司的 A 库存商品 2017 年 12 月 31 日的账面成本为 100 万元，可变现净值为 78 万元。

请问：该公司对 A 库存商品是否应计提跌价准备？应设置哪些账户？又怎样进行账务处理？

存货减值业务处理的流程如下：

第一步：熟悉存货期末计量原则。

第二步：选用一种计提存货跌价准备的方法。

第三步：进行存货跌价准备的会计处理。

二、知识导航

为了在资产负债表中更合理地反映期末存货的价值，企业应当选择适当的计价方法对期末存货进行再计量。我国企业会计准则规定，资产负债表日，存货应当按照成本与可变现净值孰低计量。

（一）存货期末计量原则

成本与可变现净值孰低法是指按照存货的成本与可变现净值两者中的较低者对期末存货进行计量的一种方法。采用这种方法，当期末存货的成本低于可变现净值时，存货仍按成本计量；当期末存货的可变现净值低于成本时，存货则按可变现净值计量。

所谓成本，是指期末存货的实际成本，即采用先进先出法、加权平均法等存货计价方法计算的期末存货的实际成本。如企业在存货成本日常核算中采用的计划成本法、售价金额核算法等简化核算方法，则成本为调整后的实际成本。

所谓可变现净值，是指在日常活动中，存货的估计售价减去至完工时估计将要发生的成本、估计的销量费用以及相关税额后的金额。可变现净值的特征表现为存货的预计未来净现金流量，而不是存货的售价或合同价。

采用成本与可变现净值孰低法对期末存货进行计量，当某项存货的可变现净值跌至成本以下时，表明该项存货为企业带来的未来经济利益将低于账面成本，企业应按可变现净值低于成本的差额计提存货跌价准备，计入当期损益，并将其从存货价值中扣除，否则，就会虚增当期利润和存货价值；而当可变现净值高于成本时，企业则不能按可变现净值高于成本的金额确认这种尚未实现的存货增值收益，否则，也会虚增当期利润和存货价值。以前减记存货价值的影响因素已经消失的，减记的金额应当予以恢复，并在原已计提的存货跌价准备金额内转回，转回的金额计入当期损益。

资产负债表日，当存在下列情况之一时，应当计提存货跌价准备。

(1) 该存货的市场价格持续下跌，并且在可预见的未来无回升的希望。

(2) 企业使用该项原材料生产的产品的成本高于产品的销售价格。

(3) 企业因产品更新换代，原有库存原材料已不适应新产品的需要，而该原材料的市场价格又低于其账面成本。

(4) 因企业所提供的商品或劳务过时或消费者偏好改变而使市场的需求发生变化，导致市场价格逐渐下跌。

(5) 其他足以证明该项存货实质上已经发生减值的情形。

（二）存货跌价准备的核算

1. 计提存货跌价准备的方法

企业通常应当按照单个存货项目计提存货跌价准备，即应当将每一存货项目的成本与可变现净值分别进行比较，按较低者计量存货，并且按每一存货项目可变现净值低于成本的差额作为计提各项存货项目跌价准备的依据。

对于数量繁多、单位价值较低的存货，也可以按存货类别计提存货跌价准备，按照存货类别的成本总额与可变现净值的总额进行比较，每个存货类别均取较低者确定存货期末成本。

2. 存货跌价准备的会计处理

企业应当设置“存货跌价准备”账户，核算计提的存货跌价准备，贷方登记计提的存货跌价准备金额；借方登记实际发生的存货跌价损失金额和冲减的存货跌价准备金额，期末余额一般在贷方，反映企业已计提但尚未转销的存货跌价准备。当存货成本高于其可变现净值时，企业应当按照存货可变现净值低于成本的差额，借记“资产减值损失——计提的存货跌价准备”账户，贷记“存货跌价准备”账户。

转回已计提的存货跌价准备金额时，按恢复增加的金额，借记“存货跌价准备”账户，贷记“资产减值损失——计提的存货跌价准备”账户。

企业结转存货销售成本时，对于已计提存货跌价准备的，借记“存货跌价准备”账户，贷记“主营业务成本”、“其他业务成本”账户。

【例 4-37】 2007 年 12 月 31 日，光明公司甲材料的账面金额为 100 000 元，由于市场价格下跌，预计可变现净值为 95 000 元，由此计提的存货跌价准备为 5 000 元，应作如下会计处理：

借：资产减值损失——计提的存货跌价准备　　5 000

　　贷：存货跌价准备　　5 000

假设 2008 年 6 月 30 日，甲材料的账面金额为 100 000 元，由于市场价格有所上升，使得甲材料的预计可变现净值为 97 000 元，应当转回的存货跌价准备为 2 000 元，应作如下会计处理：

借：存货跌价准备　　2 000

　　贷：资产减值损失——计提的存货跌价准备　　2 000

三、完成工作任务评价

1. 完成存货减值业务的工作任务

根据工作任务要求，按照工作任务操作流程，结合完成工作任务所需要的知识导航，回答引导案例中的问题。

2. 完成工作任务结果后的评价

按照要求和规程完成了存货减值核算的任务后，参照老师给出的标准，任务的完成者与老师共同来评价工作任务的完成情况。

评价标准：

(1) 选用的存货跌价准备的方法是否适合本企业的实际情况。

(2) 根据所发生的业务填制相关记账凭证时所用的会计科目是否正确。

(3) 编制的会计分录是否正确。

3. 完成工作任务后的收获

按照要求和规程完成了工作任务之后，结合老师对完成工作任务后的结果评价，你认为自己完成此项工作任务后有何收获？请将你的收获写出来，与老师和同学们一起交流和分享。

课后练习题

一、单项选择题

1. 2016 年 10 月 5 日，北方公司与西方公司签订了一份销售合同，双方约定，2017 年 1 月 10 日，北方公司应按每台 3 万元的价格向西方公司提供 A 商品 15 台。2016 年 12 月 31 日，北方公司 A 商品的单位成本为 2.4 万元，数量为 10 台，其账面价值(成本)为 24 万元。2016 年 12 月 31 日，A 商品的市场销售价格为 2.8 万元，若销售 A 商品时每台的销售费用为 0.5 万元，则在上述情况下，2016 年 12 月 31 日结存的 10 台 A 商品的账面价值为(　　)万元。

A．24　　B．23　　C．3　　D．25

2. 某零售企业采用零售价法计算期末存货成本。该企业本月月初存货成本为 3 500 万元，售价总额为 5 000 万元；本月购货成本为 7 300 万元，售价总额为 10 000 万元：本月销售总额为 12 000 万元。该企业月末存货成本为(　　)万元。

A．2 100　　B．2 145　　C. 2 160　　D．2 190

3. 企业发生的原材料盘亏或毁损损失中，不应作为管理费用列支的是(　　)。

A．自然灾害造成的毁损净损失　　B．保管中发生的定额内自然损耗

C．收发计量造成的盘亏损失　　D．管理不善造成的盘亏损失

4. 某工业企业为增值税一般纳税人。购入乙种原材料 5 000 吨，收到的增值税专用发票上注明的售价为每吨 1 200 元，增值税额为 1 020 000 元。另发生运输费用 60 000 元，装卸费用 20 000 元，途中保险费用 18 000 元。原材料运抵企业后，验收入库原材料为 4 996 吨，运输途中发生合理损耗 4 吨。该原材料的入账价值为(　　)元。

A. 6 078 000　　B. 6 098 000　　C. 6 093 800　　D. 6 089 000

5. 某工业企业为增值税小规模纳税人，原材料采用计划成本核算，A 材料计划成本每吨为 20 元。本期购进 A 材料 6 000 吨，收到的增值税专用发票上注明的价款总额为 102 000 元，增值税额为 17 340 元。另发生运杂费用 1 400 元，途中保险费用 359 元。原材料运抵企业后验收入库原材料 5 995 吨，运输途中合理损耗 5 吨。购进 A 材料发生的成本差异(超支)为(　　)元。

A. 1 099　　B. 1 199　　C. 16 141　　D. 16 241

6. 对于存货清查中发生的盘盈和盘亏，应先记入“待处理财产损溢”账户，查明原因之后，期末正确的处理方法是(　　)。

A．无论是否经有关机构批准，均应在期末结账前处理完毕，其中未经批准的，应在会计报表附注中作出说明

B．有关机构批准后再作处理；未经批准的，期末不作处理

C．有关机构尚未批准的，期末可以暂不处理，但应在会计报表附注中作出说明

D．有关机构尚未批准的，期末可以估价处理，下期期初应红字冲回

7. 某企业 3 月 1 日存货结存数量为 200 件，单价为 4 元；3 月 2 日发出存货 150 件；3 月 5 日购进存货 200 件，单价 4.4 元；3 月 7 日发出存货 100 件。在对存货发出采用移动

加权平均法的情况下，3 月 7 日结存存货的实际成本为(　　)元。

A．648　　B．432　　C．1 080　　D．1 032

8．某工业企业月初库存原材料计划成本为 18 500 元，材料成本差异贷方余额为 1 000 元，本月 10 日购入原材料的实际成本为 42 000 元，计划成本为 41 500 元。本月发出材料计划成本为 30 000 元。本月月末库存材料的实际成本为(　　)元。

A．30 000　　B．30 250　　C．29 750　　D．29 500

9．某商场 2016 年 4 月 1 日甲类商品库存 15 000 元，本月购进 8 000 元，本月销售收入 13 000 元，发生的销售折让为 650 元，上月该类商品的毛利率为 20%。若采用毛利率法计算期末存货，则本月库存商品成本为(　　)元。

A．2 470　　B．13 120　　C．9 880　　D．12 350

10．某企业 2015 年 12 月 31 日存货的账面余额为 20 000 元，预计可变现净值为 19 000 元。2016 年 12 月 31 日存货的账面余额仍为 20 000 元，预计可变现净值为 21 000 元。则 2016 年末应冲减的存货跌价准备为(　　)元。

A．1 000　　B．2 000　　C．9 000　　D．3 000

11．某企业因火灾原因盘亏一批材料 20 000 元，该批材料的进项税为 3 400 元。收到各种赔款 1 500 元，残料入库 500 元。报经批准后，应记入营业外支出账户的金额为(　　)元。

A．18 000　　B．21 400　　C．23 400　　D．22 900

12．存货采用后进先出法计价，在存货物价上涨的情况下，将会使企业的(　　)。

A．期末存货升高，当期利润减少　　B．期末存货升高，当期利润增加

C．期末存货降低，当期利润增加　　D．期末存货降低，当期利润减少

13．在编制资产负债表时，“存货跌价准备”科目的贷方余额应列为(　　)。

A．存货的抵减项目并单独列示　　B．在流动负债类下设项目反映

C．存货　　D．计入“预提费用”项目

14．商品流通企业对于存货的附带成本一般应计入(　　)

A．存货成本　　B．期间费用

C．销售成本　　D．营业外支出

15．期末对存货采用成本与可变现净值孰低法计价时，其可变现净值的含义为(　　)。

A．预计售价

B．预计售价减去进一步加工成本和销售所必需的预计税金、费用。

C．现时重置成本

D．现时重置成本加正常利润

16．在物价不断上涨时期，一个公司可以选用的存货计价方法中，若要使会计报表中的净收益最高，可以采用(　　)的计价方法。

A．加权平均　　B．先进先出

C．后进先出　　D．可能是 B 或 C

17．下列各项支出中，一般纳税企业不计入存货成本的是(　　)。

A．购入存货时发生的增值税进项税额　　B．入库前的挑选整理费

C．购买存货而发生的运输费用　　D．购买存货而支付的进口关税

18．某企业采购 A 材料 1 000 千克，买价 10 000 元，增值税 1 700 元，途中合理损耗

10 千克，A 材料的计划成本为每千克 11 元，该企业采用计划成本法核算材料，则此次采购产生的材料成本差异为(　　)。

A. 借差 1 000 元　　B. 贷差 1 000 元

C. 借差 890 元　　D. 贷差 890 元

19. 在物价下降期间，企业将存货的计价方法由原来的加权平均法改为先进先出法后，对企业毛利、资产负债表上的存货、在产品数额产生的影响是(　　)。

A. 增加毛利，增加存货和在产品　　B. 增加毛利，减少存货和在产品

C. 减少毛利，增加存货和在产品　　D. 减少毛利，减少存货和在产品

20. 原材料已验收入库，月末结算凭证未到，可按材料合同价格估价入账，其会计分录为(　　)。

A. 借：物资采购
　　贷：应付账款

B. 借：原材料
　　贷：应付账款

C. 借：原材料
　　应交税金——应交增值税(进项税额)
　　贷：应付账款

D. 借：原材料
　　贷：物资采购

21. A 企业月初甲材料的计划成本为 10 000 元，“材料成本差异”账户借方余额为 500 元，本月购进甲材料一批，其实际成本为 16 180 元，计划成本为 19 000 元。本月生产车间领用甲材料的计划成本为 8 000 元，管理部门领用甲材料的计划成本为 4 000 元。该企业期末甲材料的实际成本是(　　)元。

A. 14 680　　B. 15 640　　C. 15 680　　D. 16 640

22. 企业某种存货的期初实际成本为 200 万元，期初“存货跌价准备”账户贷方余额 2.5 万元，本期购入该种存货实际成本 45 万元，领用 150 万元，期末估计库存该种存货的可变现净值为 91 万元，则本期应计提存货跌价准备额为(　　)万元。

A. 1.5　　B. 2.5　　C. 4　　D. 9

二、多项选择题

1. 企业期末编制资产负债表时，下列各项应包括在“存货”项目的是(　　)。

A. 生产成本　　B. 分期收款发出商品

C. 为在建工程购入的工程物资　　D. 未来约定购入的商品

E. 材料成本差异

2. 下列项目中，应计入材料采购成本的有(　　)。

A. 制造费用　　B. 进口关税

C. 运输途中的合理损耗　　D. 一般纳税人购入材料支付的增值税

E. 小规模纳税企业购入材料支付的增值税

3. 计算存货可变现净值时，应从预计售价中扣除的项目是(　　)。

A. 出售前发生的行政管理人员的工资　　B. 存货的账面成本

C. 销售过程中发生的销售费用　　D. 出售前进一步加工的加工费用

E. 预计售价中包含的相关税金

4. 甲企业生产汽车轮胎，属一般纳税企业，适用增值税率为 17%。3 月 5 日委托乙单

位(一般纳税企业)加工汽车外胎 20 个，发出材料的实际成本为 4 000 元，加工费为 936 元(含增值税)，乙单位同类外胎的单位销售价格为 400 元，外胎的消费税率为 10%。3 月 20 日该厂将外胎提回后当即投入整胎生产(加工费及乙单位代收代交的消费税均未结算)，此时，甲企业所作的会计分录有(　　)。

A．借：原材料　　5 600
　　贷：委托加工物资　　5 600
B．借：应交税金——应交消费税　　800
　　贷：应付账款　　800
C．借：委托加工物资　　800
　　应交税金——应交增值税　　136
　　贷：应付账款　　936
D．借：主营业务税金及附加　　800
　　贷：应交税金——应交消费税　　800
E．借：原材料　　4 800
　　贷：委托加工物资　　4 800

5．某企业(为增值税一般纳税人)购入材料在运输途中发生超定额损耗价款 50 000 元(不含增值税)，经查明，该损耗系意外灾害造成，保险公司同意赔偿 30 000 元，款项尚未收到，其余损失由企业负担。此项业务该企业编制的会计分录为(　　)。

A．借：待处理财产损溢　　50 000
　　贷：在途物资　　50 000
B．借：待处理财产损溢　　58 500
　　贷：在途物资　　50 000
　　　　应交税金——应交增值税(进项税额转出)　　8 500
C．借：其他应收款　　30 000
　　营业外支出　　20 000
　　贷：待处理财产损溢　　50 000
D．借：其他应收款　　30 000
　　营业外支出　　28 500
　　贷：待处理财产损溢　　58 500
E．借：营业外支出　　20 000
　　贷：待处理财产损溢　　20 000

6．下列项目中，应计入材料成本的税金有(　　)。

A．材料委托加工后用于连续生产应税消费品已缴的消费税
B．一般纳税企业购入材料的增值税
C．收购未税矿产品代扣代缴的资源税
D．小规模纳税企业购入原材料已缴的增值税
E．进口关税

7．“材料成本差异”账户贷方可以用来登记(　　)。

A．购进材料实际成本小于计划成本的差额

B．发出材料应负担的超支差异

C．发出材料应负担的节约差异

D．调整库存材料计划成本时，调整增加的计划成本

E．调整库存材料计划成本时，调整减少的计划成本

8. 一般纳税企业委托其他单位加工材料收回后用于连续生产的，其发生的下列支出中，应计入委托加工物资成本的有(　　)。

A．加工费　　B．增值税　　C．发出材料的实际成本

D．受托方代收代交的消费税　　E．由委托方负担的运杂费

9．实际工作中，影响存货入账价值的主要因素有(　　)

A．购货价格　　B．购货费用　　C．进口关税

D．期间费用　　E．为特定客户设计产品所发生的设计费

10．期末存货计价过高，可能会引起(　　)。

A．当期利润增加　　B．当期利润减少　　C．所有者权益增加

D．销售成本增加　　E．销售成本减少

11．“材料成本差异”借方核算的内容有(　　)。

A．入库材料成本超支差异

B．入库材料成本节约差异

C．调减原材料的计划成本

D．发生材料结转应负担的成本节约差异

E．调增的原材料计划成本

12．下列情形中，表明存货发生减值的有(　　)。

A．原材料市价持续下跌，并且在可预见的未来无回升的希望

B．企业原材料的成本小于其可变现净值，但使用该项原材料生产的产品的成本大于产品的销售价格

C．企业因产品更新换代。原有库存原材料已不适应新产品的需要，而该原材料的市场价格又高于其账面成本

D．因企业所提供的商品或劳务过时，导致其市场价格逐渐下跌

E．企业使用该项原材料生产的产品的成本小于产品的公允价值

三、计算及会计处理题

1．某工业企业为增值税一般纳税企业，材料按计划成本计价核算。甲材料计划单位成本为每千克 10 元。该企业 2014 年 4 月份有关资料如下：

(1) “原材料”账户月初余额 40 000 元，“材料成本差异”账户月初贷方余额 500 元，“物资采购”账户月初借方余额 10 600 元(上述账户核算的均为甲材料)。

(2) 4 月 5 日，企业上月已付款的甲材料 1 000 千克如数收到，已验收入库。

(3) 4 月 15 日，从外地 A 公司购入甲材料 6 000 千克，增值税专用发票注明的材料价款为 59 000 元，增值税额 10 030 元，企业已用银行存款支付上述款项，材料尚未到达。

(4) 4 月 20 日，从 A 公司购入的甲材料到达，验收入库时发现短缺 40 千克，经查明为途中定额内自然损耗。按实收数量验收入库。

(5) 4月30日，汇总本月发料凭证，本月共发出甲材料7 000千克，全部用于产品生产。

要求：根据上述业务编制相关的会计分录，并计算本月材料成本差异率、本月发出材料应负担的成本差异及月末库存材料的实际成本。

2. 甲公司为增值税一般纳税企业，适用的增值税税率为17%，材料采用实际成本进行日常核算。该公司2014年4月30日“应交税金——应交增值税”科目借方余额为4万元，该借方余额均可用下月的销项税额抵扣。5月份发生如下涉及增值税的经济业务。

(1) 购买一批原材料，增值税专用发票上注明价款为60万元，增值税额为10.2万元，公司已开出承兑的商业汇票。该原材料已验收入库。

(2) 用原材料金融资产，双方协议按成本作价。该批原材料的成本和计税价格均为41万元，应交纳的增值税额为6.97万元。

(3) 销售一批产品，销售价格为20万元(不含增值税额)，实际成本为16万元，提货单和增值税专用发票已交购货方，货款尚未收到。该销售符合收入确认条件。

(4) 在建工程领用一批原材料，该批原材料实际成本为30万元，应由该批原材料负担的增值税额为5.1万元。

(5) 月末盘亏一批原材料，该批原材料的实际成本为10万元，增值税额为1.7万元。

(6) 用银行存款交纳本月增值税2.5万元。

(7) 月末将本月应交未交增值税转入未交增值税明细科目。

要求：

① 编制上述经济业务相关的会计分录(“应交税金”科目要求写出明细科目及专栏名称)。

② 计算甲公司5月份发生的销项税额、应交增值税额和应交未交的增值税额。

(答案中的金额单位用万元表示)

项目五 金融工具及投资核算

★ 知识目标

(1) 熟悉金融工具的种类及其包括的内容。

(2) 了解交易性金融资产、可供出售金融资产以及持有至到期投资和长期股权投资的损益确认的异同。

(3) 掌握各种投资的核算方法。

★ 技能目标

(1) 能够合理有效地使用资金进行各种投资，并获取收益。

(2) 能够分清各种不同投资，并对其进行相关的账务处理。

模块一 金融工具及投资核算任务设计

李嘉诚有句名言，30 岁以前要靠体力赚钱，30 岁以后要靠“钱”赚钱。这句话说着容易，做起来难。现在有很多居民个人买债券、买保险、买股票、买基金、买黄金或者把钱存在银行里等，这些都是在靠“钱”赚钱。当然，做一个成功的投资者并非轻而易举，必须随时关注投资的动向，及时作出相应的决策。对企业来说，在发达的市场经济条件下，金融资产的机会很多，金融资产对于降低企业的经营风险、提高企业的收益具有重要的意义，关系到企业的生存和发展，会计人员必须正确及时地核算金融资产，提供相关会计信息。通过本项目的学习，要熟悉企业金融资产的各种类别及其特点，以及金融资产业务的账务处理。

任务设计一 任 务 导 读

中国证券网曾发表一篇文章《投资收益激增 50 倍 雅戈尔净利增 220%》，其主要内容是，雅戈尔公司是中国男装第一品牌，行业优势突出。不过，雅戈尔投资收益的光芒显然远远盖过了其服装主业，雅戈尔开始摘取股权投资的硕果。2007 年雅戈尔公司通过抛售手中的部分中信证券股权，获得了巨额投资收益。该公司年报显示，2007 年净利润同比大增 220%，其中投资收益占利润总额的比例达到 75%(投资收益 27.54 亿元，利润总额 36.91 亿元)。包括中信证券在内，雅戈尔 2007 年年末共持有 9 家上市公司的股权。对所持 7 万多股百联股份和 6 万多股上海九百，雅戈尔将其划分为交易性金融资产。由于持股数量不多，这部分交易性金融资产的公允价值变动对雅戈尔的利润影响不大。对所持 17 900 万股宁波银行和 3 264.62 万股广博股份，雅戈尔将其作为长期股权投资以成本法核算，对所持 1 730.56 万股宜科科技，雅戈尔则作为对联营企业投资以权益法核算，对于仍处于限售期的金马股份、海通证券和交通银行，雅戈尔将其划分为可供出售的金融资产。

同学们，假设你是该公司的会计人员，你依据什么将金融资产分为不同的类别呢？对于金融资产业务又怎样进行会计核算呢？

任务设计二　任 务 提 出

每个企业发生金融资产业务都要面临金融资产分类的问题。金融资产类别不同，其计量模式和核算方法都会不同。会计人员应该根据会计准则的规定，依据企业管理层的意图，正确划分金融资产的类别，在各类金融资产业务的各个环节及时进行会计处理。通过本项目的学习，明确下列问题：

问题 1：金融资产的类别有哪些？

问题 2：交易性金融资产、可供出售金融资产、持有至到期投资和长期股权投资怎样划分？

问题 3：交易性金融资产、可供出售金融资产和持有至到期投资业务怎样处理？

问题 4：成本法或权益法的适用范围是什么？两者有何区别？

任务设计三　任 务 分 析

会计人员应了解会计准则的规定，熟悉各金融资产类别的特点和基本程序。结合企业实际情况和发生的具体金融资产业务，依据企业管理层的意图，正确划分金融资产的类别，按规定的程序进行会计核算，准确反映发生的投资损益，及时提供金融资产的会计信息，有助于企业管理层做出正确的决策。下面就开始预备知识的学习。

任务设计四　预 备 知 识

投资是指企业将财力投放于一定的对象，以期在未来获取收益的行为。投资包括对内投资和金融资产。本项目中的投资仅包括金融资产。金融资产是指企业通过分配来增加财富，或为谋求其他利益，而将资产让渡给其他单位所获得的另一资产，即企业为了特定的投资目的而将资金投放于企业外部主体的投资。

金融资产包括以下两个方面：

(1) 将企业的部分资产转让给其他单位使用，通过其他单位使用投资者投入的资产创造效益后进行分配，或者通过投资改善贸易关系等达到获取利益的目的。

(2) 将企业的现金投资于一项金融资产，通过金融资产的买卖使资本增值。

这两个方面的投资目的和增加财富的方式是不一样的。

金融资产的特点是：金融资产是以让渡其他资产而换取的另一项资产；金融资产为企业带来的经济利益与其他资产相比在方式上有所不同。

按照金融资产的目的和企业风险管理要求，可将金融资产分为交易性金融资产、持有至到期投资、可供出售金融资产和长期股权资产。

知识拓展

金融工具概述

金融是现代经济的核心，金融市场(包括资本市场)的健康、可持续发展离不开金融工具的广泛运用和不断创新。近年来，我国的金融工具交易，尤其是衍生工具交易有了较快的发展。《企业会计准则第22号——金融工具确认和计量》(以下简称金融工具确认和计量准则)规范了包括金融企业在内的各类企业的金融工具交易的会计处理，要求企业将几乎所有金融工具尤其衍生工具纳入表内核算，将有助于如实反映企业的金融工具交易，便于投资者更好地了解企业的财务状况和经营成果。

金融工具是指形成一个企业的金融资产，并形成其他单位的金融负债或权益工具的合同。金融工具包括金融资产、金融负债和权益工具。其中，金融资产通常指企业的下列资产：现金、银行存款、应收账款、应收票据、贷款、股权投资、债券投资等。金融负债通常指企业的下列负债：应付账款、应付票据 、应付债券等。从发行方来看，权益工具通常指企业发行的普通股、在资本公积项下核算的认股权等。

金融工具可以分为基础金融工具和衍生工具。

1. 基础金融工具

基础金融工具包括企业持有的现金、存放于金融机构的款项、普通股，以及代表在未来期间收取或支付经融资产的合同权利或义务等，如应收账款、应付账款、其他应收款、其他应付款、存出保证金、存入保证金、客户贷款、债券投资、应付债券等。

2. 衍生工具

衍生工具是指金融工具确认和计量准则涉及的、具有下列特征的金融工具或其他合同。

(1) 其价值随着特定利率、金融价格、商品价格、汇率、价格指数、费率指数、信用等级、信用指数或其他类似变量的变动而变动，变量为非金融变量的，该变量与合同的任一方不存在特定关系。

(2) 不要求初始净资产，或与对市场情况变动有类似反应的其他类型合同相比，要求很少的初始投资。

(3) 在未来某一日期结算。

衍生工具包括远期合同、期货合同、互换和期权，以及具有与远期合同、期货合同、互换和期权中一种或一种以上特征的工具。

企业应当结合自身业务特点和风险管理要求，将取得的金融资产在初始确认时分为以下几类：

(1) 以公允价值计量且其变动计入当期损益的金融资产，此类金融资产可以进一步分为交易性金融资产和直接指定为以公允价值计量且其变动计入当期损益的金融资产；

(2) 持有到期投资；

(3) 贷款和应收款项；

(4) 可供出售金融资产。

上述分类一经确定，不得随意更改。

模块二　金融工具及投资核算工作任务

工作任务一　明确交易性金融资产

企业如果有闲置资金，而且预计近期使用，为了获得比存入银行更高的收益，可以购买股票、债券等有价债券，将它作为交易性金融资产核算。

一、交易性金融资产业务处理流程

引导案例：

利丰股份有限公司有关投资资料如下：

(1) 2008 年 1 月 1 日，购入面值为 100 万元，年利率为 4%的 A 债券。取得时，支付价款 104 万元(含已宣告发放的利息 4 万元)，另支付交易费用 0.5 万元。利丰股份有限公司将该项投资划分为交易性金融资产。

(2) 2008 年 1 月 5 日，收到购买时支付价款中所含的利息 4 万元。

(3) 2008 年 12 月 31 日，A 债券的公允价值为 106 万元。

(4) 2017 年 1 月 5 日，收到 A 债券 2008 年度的利息 4 万元。

(5) 2017 年 4 月 20 日，出售 A 债券，售价为 108 万元。

请问：上述业务涉及的金融资产投资是否属于交易性金融资产？怎样进行账务处理？

交易性经融资产业务处理的流程如下：

第一步：确认交易性金融资产。

第二步：对交易性金融资产进行初始计量并作账务处理。

第三步：对交易性金融资产进行后续计量并作账务处理。

第四步：交易性金融资产的处置核算。

第五步：登记相关账簿。

二、知识导航

(一) 认识交易性金融资产

交易性金融资产主要是指企业为了能在近期内出售而持有的金融资产。例如，企业以赚取差价为目的从二级市场购入的股票、债券、基金等，就属于交易性金融资产。衍生工具不作为有效套期工具的，也应当划分为交易性金融资产或金融负债。

(二) 交易性金融资产的核算

为了核算交易性金融资产的取得、收取现金股利或利息、处置等业务，企业应当设置“交易性金融资产”、“公允价值变动损益”、“投资收益”等科目。

“交易性金融资产”科目核算企业以交易为目的所持有的债券投资、股票投资、基金投资等交易性金融资产的公允价值。企业持有的直接指定为以公允价值计量且其变动计入当期损益的金融资产也在“交易性金融资产”科目核算。“交易性金融资产”科目借方登记交易性金融资产的取得成本、资产负债表日其公允价值高于账面余额的差额等；贷方登记资产负债表日其公允价值低于账面余额的差额，以及企业出售交易性金融资产时转结的成本和公允价值变动损益。期末余额为企业持有的交易性金融资产的公允价值。该科目应当按照交易性金融资产类别或品种分别设置“成本”、“公允价值变动”等明细科目，进行明细分类核算。

“公允价值变动损益”科目核算企业交易性金融资产等公允价值变动而形成的应当计入当期损益的利得或损失。借方登记资产负债表日企业持有的交易性金融资产等的公允价值低于账面余额的差额；贷方登记资产负债表日企业持有的交易性金融资产等的公允价值高于账面余额的差额。

“投资收益”科目核算企业持有交易性金融资产期间取得的投资收益，以及处置交易性金融资产等实现的利得或损失。借方登记企业出售交易性金融资产等发生的投资损失，贷方登记出售交易性金融资产等实现的投资收益。

1. 交易性金融资产

企业取得交易性金融资产时，应当按照该金融资产取得时的公允价值作为其初始确认金额，计入“交易性金融资产——成本”科目。取得交易性金融资产所支付价款中包含了已宣告但尚未发放的现金股利，或已到付息日期但尚未领取的债券利息的，应当单独确认为应收项目，计入“应收股利”或“应收利息”科目。

取得交易性金融资产所发生的相关交易费用应当在发生时计入投资收益。交易费用是指可直接归属于购买、发行或处置金融工具新增加的外部费用，包括支付给代理机构、咨询公司的费用以及债券等手续费和佣金及其他必要支出。

【例 5-1】 2010 年 5 月 8 日，新利公司委托某证券公司从上海证券交易所购入中石化普通股 10 000 股，不准备长期持有，每股成交价 11 元(其中 1 元为已宣告但尚未领取的现金股利)。另支付的交易费用为 11 000 元。新利公司应作如下分录：

(1) 购入中石化普通股股票时，分录如下：

	借方	贷方
借：交易性经融资产——成本	100 000	
应收股利	10 000	
贷：其他货币资金——存出投资款		110 000

(2) 支付相关交易费用时，分录如下：

	借方	贷方
借：投资收益	11 000	
贷：其他货币资金——存出投资款		11 000

(3) 新利公司 2010 年 6 月 6 日收到中石化已宣告的现金股利时，分录如下：

	借方	贷方
借：银行存款	10 000	
贷：应收股利		10 000

2. 交易性金融资产的现金股利和利息

企业持有交易性金融资产期间对于被投资单位宣告发放的现金股利或企业的资产负债

表日按分期付息、一次还本债券的票面利率计算的利息收入，应当确认为应收项目，计入“应收股利”或“应收利息”科目，并计入投资收益。

【例 5-2】 2017 年 1 月 8 日，甲公司购入丙公司发行的公司债券，该笔债券于 2008 年 7 月 1 日发行，面值为 2 500 万元，票面利率为 4%。上年债券利息于下年初支付。甲公司将其划分为交易性金融资产，支付价款为 2 600 万元(其中包含已宣告发放的债券利息 50 万元)，另支付交易费用 3 万元。2017 年 2 月 5 日，甲公司收到该笔债券利息 50 万元。2018 年年初，甲公司收到债券利息 100 万元。甲公司应作如下会计处理：

2017 年 1 月 8 日，甲公司购入丙公司发行的公司债券时，分录如下：

借：交易性金融资产——成本　　25 500 000
　　投资收益　　30 000
　　应收利息　　500 000
　贷：银行存款　　26 030 000

2017 年 2 月 5 日，甲公司收到购买价款中包含的已宣告发放的债券利息时，分录如下：

借：银行存款　　500 000
　贷：应收利息　　500 000

2018 年 12 月 31 日，确认丙公司的公司债券利息收入时，分录如下：

借：应收利息　　1 000 000
　贷：投资收益　　1 000 000

2018 年年初，收到持有丙公司的公司债券利息时，分录如下：

借：银行存款　　1 000 000
　贷：应收利息　　1 000 000

3．交易性金融资产的期末计量

【例 5-3】 承接例 5-2，假定 2017 年 6 月 30 日，甲公司购买的该笔债券的市价为 2 580 万元；2017 年 12 月 31 日，甲公司购买的该笔债券的市场价为 2 560 万元。甲公司应作如下会计处理：

2017 年 6 月 30 日，确认该笔债券的公允价值变动损益时，分录如下：

借：交易性金融资产——公允价值变动　　300 000
　贷：公允价值变动损益　　300 000

2017 年 12 月 31 日，确认该笔债券的公允价值变动损益时，分录如下：

借：公允价值变动损益　　200 000
　贷：交易性金融资产——公允价值变动　　200 000

4．交易性金融资产的处置

出售交易性金融资产时，应当将该金融资产出售时的公允价值与其初始入账金额之间的差额确认为投资收益，同时调整公允价值变动损益。企业应按实际收到的金额，借记“银行存款”等科目，同时，将原始计入该金融资产的公允价值变动转出，借记或贷记“公允价值变动损益”科目，贷记或借记“投资收益”科目。

【例 5-4】 承接例 5-3，假定 2018 年 1 月 15 日，甲公司出售了所持有的丙公司债券，售价为 2 565 万元。甲公司应作如下会计处理：

借：银行存款　　25 650 000
　　贷：交易性金融资产——成本　　25 500 000
　　　　　　　　　　　——公允价值变动　　100 000
　　　　投资收益　　50 000

同时，

借：公允价值变动损益　　100 000
　　贷：投资收益　　100 000

三、完成工作任务评价

1. 完成交易性金融资产业务的工作任务

根据工作任务要求，按照工作任务操作流程，结合完成工作任务所需要的知识导航，回答引导案例中的问题。

2. 完成工作任务后的结果评价

按照要求和规程完成了交易性金融资产业务核算的任务后，参照老师给出的标准，任务的完成者与老师共同评价工作任务的完成情况。

评价标准：

所发生的业务是否合理划分为交易性金融资产。

根据所发生的业务填制相关记账凭证时所用的会计科目是否正确。

3. 完成工作任务后的收获

按照要求和规程完成了工作任务后，结合老师对完成工作任务后的结果评价，你认为自己完成此项工作任务后有何收获？请将你的收获写出来，与老师和同学们一起交流和分享。

工作任务二　认识可供出售金融资产

一、可供出售金融资产业务处理流程

引导案例：

利丰股份有限公司以 22 万元购入 B 公司的股票共 10 万股，占 B 公司股份的 1%。该股票目前的市场价为每股 2 元，B 公司曾在 5 天前宣告分派现金股利，并将于股利宣告日后第 7 天向在册股东分派每股 0.1 元的现金股利。此外，利丰股份有限公司购入 B 公司股票后作为可供出售金融资产管理。

请问：利丰股份有限公司应确定的可供出售金融资产的初始投资成本是多少？对上述业务进行会计核算应设置哪些会计科目？怎样进行账务处理？

可供出售金融资产业务的处理流程如下：

第一步：确认可供出售金融资产。

第二步：对可供出售金融资产进行初始计量并作账务处理。

第三步：对可供出售金融资产进行后续计量并作账务处理。

第四步：登记相关账簿。

二、知识导航

(一) 可供出售金融资产概述

可供出售金融资产是指初始确认时即被指定为可供出售的非衍生金融资产，以及除下列各类资产以外的金融资产：持有至到期投资、贷款和应收款项、以公允价值计量且其变动计入当期损益的金融资产。例如，企业购入的在活跃市场上有报价的债券、股票、基金等，没有划分为以公允价值计量且其变动计入当期损益的金融资产或持有至到期投资等金融资产，可以划分为可供出售金融资产。

(二) 可供出售金融资产的会计处理

可供出售金融资产的会计处理，与以公允价值计量且其变动计入当期损益的金额资产的会计处理有些类似。例如，均要求按公允价值进行后续计量。但是，也有一些不同，如可供出售金融资产取得时发生的交易费用应当计入初始入账金额、可供出售金融资产后续计量公允价值变动计入所有者权益、可供出售外币股权投资因资产负债表日汇率变动形成的汇总损益计入所有者权益等。

1) 取得可供出售金融资产

(1) 股票投资。

企业取得可供出售金融资产为股票投资的，应按其公允价值与交易费用之和，借记“可供出售金融资产——成本”科目，按支付的价款中包含的已宣告但尚未发放的现金股利，借记“应收股利”科目，按实际支付的金额，贷记“银行存款”等科目。

【例 5-5】 甲公司于 2009 年 7 月 3 日从二级市场购入股票 1 000 000 股，每股市价为 15 元。手续费为 30 000 元；初始确认时，该股票划分为可供出售金融资产。

2017 年 7 月 3 日，购入股票时会计处理如下：

借：可供出售金融资产——成本　　15 030 000

　　贷：银行存款　　15 030 000

(2) 债券投资。

企业取得可供出售金融资产为债券投资的，应按债券的面值，借记“可供出售金融资产——成本”科目，按支付的价款中包含的已到付息期但尚未领取的利息，借记“应收利息”科目，按实际支付的金额，贷记“银行存款”等科目，按其差额，借记或贷记“可供出售金融资产——利息调整”科目。

【例 5-6】 2017 年 4 月 1 日，甲公司从二级市场购入乙公司公开发行的债券 10 000 张，每张面值 100 元，票面利率 3%，实际支付价款 1 010 000 元(其中交易费用为 5 000 元)，划分为可供出售金融资产。

2017 年 4 月 1 日购入债券时，甲公司的会计处理如下：

借：可供出售金融资产——成本　　1 000 000

　　　　　　　　　——利息调整　　10 000

　　贷：银行存款　　1 010 000

2) 资产负债表日计算利息

资产负债表日，可供出售债券为分期付息、一次还本债券投资的，应按票面利率计算确定的应收未收利息，借记“应收利息”科目，按可供出售债券的摊余成本和实际利率计算确定的利息收入，贷记“投资收益”科目，按其差额，借记或贷记“可供出售金融资产——利息调整”科目。

可供出售债券为一次还本付息债券投资的，应于资产负债表日按票面利率计算确定的应收未收利息，借记“可供出售金融资产——应计利息”科目，按可供出售债券的摊余成本和实际利率计算确定利息收入，贷记“投资收益”科目，按其差额，借记或贷记“可供出售金融资产——利息调整”科目。

【例 5-7】甲企业 2008 年 1 月 1 日购入乙公司同日发行的两年期债券，该债券面值为 100 万元，票面利率为 4%，实际利率为 5%，实际支付价款 981 406 元，每年付息一次，划分为可供出售金融资产。

购入时，甲公司的会计处理如下：

借：可供出售金融资产——成本　　1 000 000

　贷：银行存款　　981 406

　　可供出售金融资产——利息调整　　18 594

2008 年 12 月 31 日：

$$实际利息收入 = 期初摊余成本 \times 实际利率 = 981\ 406 \times 5\% = 49\ 070\ (元)$$

$$应收利息 = 债券面值 \times 票面利率 = 1\ 000\ 000 \times 4\% = 40\ 000\ (元)$$

$$利息调整 = 49\ 070 - 40\ 000 = 9\ 070\ (元)$$

借：应收利息　　40 000

　可供出售金融资——利息调整　　9 070

　贷：投资收益　　49 070

收到利息时会计分录如下：

借：银行存款　　40 000

　贷：应收利息　　40 000

3) 资产负债表日公允价值变动

(1) 公允价值上升。资产负债表日，可供出售金融资产的公允价值高于其账面余额的差额，借记“可供出售金融资产——公允价值变动”科目，贷记“其他综合收益”科目。

(2) 公允价值下降。资产负债表日，可供出售金融资产的公允价值低于其账面余额的差额，借记“其他综合收益”科目，贷记“可供出售金融资产——公允价值变动”科目。

(3) 资产负债表日减值。如果可供出售金融资产的公允价值发生较大幅度或持续下降，可以认定该金融资产发生了减值，应当确认资产减值损失。在确定可供出售金融资产发生减值准备时，应按减记的金额，借记“资产减值损失”科目，应按从所有者权益中转出原计入资本公积的累计损失金额，贷记“其他综合收益”科目，按其差额，贷记“可供出售金融资产——公允价值变动”科目。

(4) 减值损失转回。对于已确认减值损失的可供出售金融资产，在随后会计期间内公允价值已上升且客观上与原减值损失事项有关的，应按原确认的减值损失，借记“可供出售金融资产——公允价值变动”科目，贷记“资产减值损失”科目；但可供出售金融资产为股票等权益工具投资的(不含活跃市场上没有报价、公允价值不能可靠计量的权益工具投资)，借记“可供出售金融资产——公允价值变动”科目，贷记“其他综合收益”科目。

4) 持有至到期投资重分类为可供出售金融资产

将持有至到期投资重分类为可供出售金融资产的，应在重分类日按其公允价值，借记“可供出售金融资产”科目，按其账面余额，贷记“持有至到期投资”科目，按其差额，贷记或借记“其他综合收益”科目。

5) 出售可供出售金融资产

出售可供出售金融资产，应按实际收到的金额，借记“银行存款”、“存放中央银行款项”等科目，按其账面余额，贷记“可供出售金融资产——成本、公允价值变动、利息调整、应计利息”科目，按应从所有者权益中转出的公允价值累计变动额，借记或贷记“资本公积——其他资本公积”科目，按其差额，贷记或借记“投资收益”科目。

【例 5-8】 2017 年 5 月 6 日，甲公司支付价款 1 016 万元(含交易费用 1 万元和已宣告发放现金股利 15 万元)，购入乙公司发行的股票 200 万股，占乙公司有表决权股份的 0.5%。甲公司将其划分为可供出售金融资产。

2017 年 5 月 10 日，甲公司收到乙公司发放的现金股利 15 万元。

2017 年 6 月 30 日，该股票市价为 5.2 元。

2017 年 12 月 31 日，甲公司仍持有该股票；当日，该股票市价为每股 5 元。

2018 年 5 月 9 日，乙公司宣告发放股利 4 000 万元。

2018 年 5 月 13 日，甲公司收到乙公司发放的现金股利。

2018 年 5 月 20 日，甲公司以每股 4.9 元的价格将股票全部转让。

假定不考虑其他因素，甲公司的账务处理如下：

(1) 2017 年 5 月 6 日，购入股票时，会计分录如下：

借：可供出售金融资产——成本　　10 010 000
　　应收股利　　150 000
　　贷：银行存款　　10 160 000

(2) 2017 年 5 月 10 日，收到现金股利，会计分录如下：

借：银行存款　　150 000
　　贷：应收股利　　150 000

(3) 2017 年 6 月 30 日，确认股票的价格变动，会计分录如下：

借：可供出售金融资产——公允价值变动　　390 000
　　贷：其他综合收益　　390 000

(4) 2017 年 12 月 31 日，确认股票的价格变动，会计分录如下：

借：其他综合收益　　400 000
　　贷：可供出售金融资产——公允价值变动　　400 000

(5) 2018 年 5 月 9 日，确认应收现金股利，会计分录如下：

借：应收股利　　200 000
　　贷：投资收益　　200 000

(6) 2018 年 5 月 13 日，收到现金股利，会计分录如下：

借：银行存款　　200 000

　　贷：应收股利　　200 000

(7) 2018 年 5 月 20 日，出售股票，会计分录如下：

借：银行存款　　9 800 000

　　投资收益　　210 000

　　可供出售金融资产——公允价值　　10 000

　　贷：可供出售金融资产——成本　　10 010 000

　　　　其他综合收益　　10 000

三、完成工作任务评价

1. 完成可供出售金融资产业务的工作任务

根据工作任务要求，按照工作任务操作流程，结合完成工作任务所需要的知识导航，回答引导案例中提出的问题。

2. 完成工作任务结果后的评价

按照要求和规程完成了可供出售金融资产业务核算的任务之后，参照老师给出的标准，任务的完成者与老师共同来评价工作任务的完成情况。

评价标准：

(1) 所发生的业务是否合理划分为可供出售金融资产。

(2) 根据所发生的业务填制相关记账凭证时所用的会计科目是否正确。

3. 完成工作任务后的收获

按照要求和规程完成了工作任务之后，结合老师对完成工作任务后的结果评价，你认为自己完成工作任务后有何收获？请将你的收获写出来，与老师和同学们一起交流和分享。

工作任务三　持有至到期投资的处理

一、持有至到期投资业务处理流程

引导案例：

利丰股份有限公司 2010 年 7 月 1 日将其于 2008 年 1 月 1 日购入的债券予以转让，转让价款为 2 100 万元，该债券系 2008 年 1 月 1 日发行的，面值为 2 000 万元，票面年利率为 3%，到期日一次还本付息，期限为 3 年。利丰股份有限公司将其划分为持有至到期投资。转让时，利息调整明细科目的贷方余额为 12 万元。2010 年 7 月 1 日，该债券投资的减值准备金额为 25 万元。

请问：利丰股份有限公司 2008 年 1 月 1 日和 2010 年 7 月 1 日分别应怎样进行账务处理？

持有至到期投资业务处理的流程如下：

第一步：确定持有至到期投资。

第二步：对持有至到期投资的核算进行初始计量作出恰当合理的账务处理。

第三步：每一资产负债表日计算利息，确认收益。

第四步：登记相关账簿。

二、知识导航

（一）持有至到期投资概述

如果企业有资金长期闲置，可以购买债券到期收回，这就是持有至到期投资。它收益稳定，风险小，是企业常用的一种投资方式。

1．持有至到期投资的概念

持有至到期投资是指到期日固定、收回金额固定或可确定，且企业有明确意图和能力持有至到期的非衍生金融资产。

通常情况下，企业持有的在活跃市场上有公开报价的国债、企业债券、金融债券等可以划分为持有至到期投资。

2．持有至到期投资的划分条件

根据持有至到期投资的定义，划分为持有至到期投资的资产必须是同时满足下列 3 个条件的非衍生金融资产：到期日固定；回收金额固定或可确定；企业有明确意图和能力持有至到期。

（二）持有至到期投资的会计处理

为了核算持有至到期投资的摊余成本，企业应当设置“持有至到期投资”科目。该科目可按照持有至到期投资的类别和品种，分别设置“成本”、“利息调整”、“应计利息”等明细科目进行明细核算。

1．取得持有至到期投资

企业取得持有至到期投资时，应按该投资的面值，借记“持有至到期投资——成本”科目，按支付的价款中包含的已到付息期但尚未领取的利息，借记“应收利息”科目，按实际支付的金额，贷记“银行存款”等科目，按其差额，借记或贷记“持有至到期投资——利息调整”科目。

2．持有期间计提利息

资产负债表日，持有至到期投资为一次分期付息、一次还本债券投资的，应按票面利率计算的应收未收利息，借记“应收利息”科目，按持有至到期投资摊余成本和实际利率计算正确的利息收入，贷记“投资收益”科目，按其差额，借记或贷记“持有至到期投资——利息调整”科目。

资产负债表日，持有至到期投资为一次还本付息债券投资的，应按票面利率计算的应收未收利息，借记“持有至到期投资——应计利息”科目，按持有至到期投资摊余成本和实际利率计算正确的利息收入，贷记“投资收益”科目，按其差额，借记或贷记“持有至到期投资——利息调整”科目。相关公式为：

应收利息(应计利息) = 债券面值 × 票面利率

实际利息收入(投资收益) = 持有至到期投资期初摊余 × 成本实际利率

利息调整 = 应收(计)利息 − 实际利息收入(投资收益)

3．持有至到期投资的减值

资产负债表日，将持有至到期投资进行减值准备。持有至到期投资以摊余成本进行后续计量，如果持有至到期投资的预计未来现金流量现值小于其账面价值，则表明该项持有至到期投资发生了减值。按应当减记的金额，借记“资产减值损失”科目，贷记“持有至到期投资减值准备”科目。已计提减值准备的持有至到期投资的价值若在以后又得以恢复，应在原已计提的减值准备金额内，按恢复增加的金额借记“持有至到期投资减值准备”科目，贷记“资产减值损失”科目。

4．持有至到期投资重分类可供出售金额资产

参见本项目工作任务二

5．出售持有至到期投资

应按实际收到的金额，借记“银行存款”科目，按其账面余额，贷记“持有至到期投资——成本、利息调整、应计利息”科目，按其差额，贷记或借记“投资收益”科目。已计提减值准备的，还应同时结转减值准备。

【例 5-9】 乙股份有限公司(以下简称乙公司)为上市公司，乙公司发生的有关债权投资业务如下(计算结果保留整数，四舍五入)：

2008 年 1 月 1 日，以 516 万元的价格购入 D 公司于同日发放的 4 年期分期付息、一次还本债券，债券面值总额为 500 万元，每年 1 月 1 日付息一次，票面年利率为 6%，乙公司将其划分为持有至到期投资，购买时支付相关费用 1.73 万元。经计算实际年利率为 5%。

债券投资每年末的摊余成本及各年应确认的投资收益见表 5-1。乙公司具体账务处理如下：

表 5-1　债券投资每年末的摊余成本及各年应确认的投资收益

年份	年初摊余成本	实际利息	应收利息	本期摊销额	年末摊余成本
	(1)	(2) = (1) × 5%	(3) = 500 万 × 6%	(4) = (3)−(2)	(5) = (1) − (4)
2008	5 177 300	258 865	300 000	41 135	5 136 165
2009	5 136 165	256 808	300 000	43 192	5 092 973
2010	5 092 973	254 649	300 000	45 351	5 047 622
2011	5 047 622	252 378	300 000	47 622	5 000 000

购入 D 公司债券时，会计分录如下：

借：持有至到期投资——成本　　5 000 000
　　持有至到期投资——利息调整　　177 300
　　贷：银行存款　　5 177 300

2008 年年末计提利息时，会计分录如下：

投资收益 = (5 000 000 + 177 300) × 5% = 258 865

利息调整 = 300 000 − 258 865 = 41 135

借：应收利息　　300 000

　　贷：持有至到期投资——利息调整　　41 135

　　　　投资收益　　258 865

2009 年年初收到 2008 年度的债券利息，会计分录如下：

借：银行存款　　300 000

　　贷：应收利息　　300 000

2009 年年末计提利息时，会计分录如下：

投资收益 = (5 000 000 + 177 300 − 411 135) × 5% = 256 808

利息调整 = 300 000 − 256 808 = 43 192

借：应收利息　　300 000

　　贷：持有至到期投资——利息调整　　43 192

　　　　投资收益　　256 808

2010 年年初收到 2009 年度的债券利息，会计分录如下：

借：银行存款　　300 000

　　贷：应收利息　　300 000

2010 年年末计提利息时，会计分录如下：

投资收益 = (5 000 000 + 177300 − 411 135 − 43 192) × 5% = 254 649

利息调整 = 300 000 − 254 469 = 45 351

借：应收利息　　300 000

　　贷：持有至到期投资——利息调整　　45 351

　　　　投资收益　　254 649

2011 年年初收到 2010 年度的债券利息，会计分录如下：

借：银行存款　　300 000

　　贷：应收利息　　300 000

2011 年年末计提利息时，会计分录如下：

投资收益 = (5 000 000 + 177 300 − 411 135 − 43 192 − 45 351) × 5% = 252 378

利息调整 = 300 000 − 252 378 = 47 622

借：应收利息　　300 000

　　贷：持有至到期投资——利息调整　　47 622

　　　　投资收益　　252 378

2012 年到期兑付并收回 2011 年度利息时，会计分录如下：

借：银行存款　　5 300 000

　　贷：持有至到期投资——成本　　5 000 000

　　　　应收利息　　300 000

三、完成工作任务评价

1. 完成持有至到期投资业务的工作任务

根据工作任务要求，按照工作任务操作流程，结合工作任务所需要的知识导航，回答引导案例中的问题。

2. 完成工作任务结果后的评价

按照要求和规程完成了持有至到期投资业务核算的任务后，参照老师给出的标准，任务的完成者与老师共同来评价工作任务的完成情况。

评价标准：

(1) 所发生的业务是否合理划分为持有至到期投资。

(2) 根据所发生的业务填制相关记账凭证时所用的会计科目是否正确。

3. 完成工作任务后的收获

按照要求和规程完成了工作任务之后，结合老师对完成工作任务后的结果评价，你认为自己完成工作任务后有何收获？请将你的收获写出来，与老师和同学们一起交流和分享。

工作任务四　长期股权投资业务处理

一、长期股权投资业务处理流程

引导案例：

利丰股份有限公司于 2007 年 7 月 1 日，以 900 万元购入 B 公司 20%的普通股份，对 B 公司有重大影响，2007 年 7 月 1 日，B 公司净资产的公允价值为 4 000 万元。

2007 年 B 公司实现净利润 600 万元，股东大会批准利润分配方案，提取盈余公积 90 万元，分派现金股利 100 万元。

2008 年 B 公司实现净利润 800 万元，股东大会批准利润分配方案，提取盈余公积 120 万元，分派现金股利 300 万元。

2008 年 12 月 31 日，B 公司因持有的可供出售金融资产公允价值变动调整增加资本公积 150 万元。

2017 年 9 月 5 日，利丰股份有限公司转让对 B 公司的全部投资，实得价款 1 200 万元。

请问：利丰股份有限公司对上述业务应该采用成本法还是权益法进行会计核算？应设置哪些会计科目？怎样进行账务处理？

长期股权投资业务的流程如下：

第一步：确认长期股权投资。

第二步：对长期股权投资进行初始计量并作恰当合理的账务处理。

第三步：根据会计准则规定，结合本企业实际选用成本法或权益法进行后续计量并作恰当合理的账务处理。

第四步：登记相关账簿。

二、知识导航

(一) 长期股权投资概述

对某一企业进行股权投资，并长期持有，可以参与被投资企业的经营管理，分享企业的利润，并能保持与其长期合作的关系，使双方互惠互赢。而投资者权利的大小、获利的多少决定它投资数额和持股比例的多少。

1．长期股权投资的概念

所谓股权投资，是指公司支付对价获取被投资单位一定的股权或资本份额的金融资产行为。长期股权包括企业持有的对其子公司、合营企业及联营企业的权益性投资，以及企业持有的对被投资单位不具有共同控制或重大影响、在活跃市场中没有报价、公允价值不能可靠计量的权益性投资。

企业能够对被投资单位实施控制的，被投资单位为本企业的子公司。控制，是指有权决定一个企业的财务和经营政策，并能据以从该企业的经营活动中获取利益。

企业与其他方对被投资单位实施共同控制的，被投资单位为本企业的合营企业。共同控制是指按照合同约定对某项经济活动所共有的控制，仅在与该项经济活动相关的重要财务和经营决策需要分享控制权的投资方一致同意时存在。

企业能够对被投资单位施加重大影响的，被投资单位为本企业的联营企业。重大影响，是指对一个企业的财务和经营政策有参与决策的权利，但不能够控制或者与其他方一起共同控制这些政策的制订。在通常情况下，当投资企业拥有被投资企业 20%或以上表决权资本，但尚未形成控制或共同控制时，可以认为对被投资企业具有重大影响。但在有些情况下，虽然投资企业只拥有被投资企业 20%以下表决权资本，但如果存在对被投资企业权利机构或经营管理机构派有人员、参与被投资企业经营决策的制定、技术资料为被投资企业所依赖等情况，也可以认为对被投资企业具有重大影响。

长期股权投资的目的主要有以下几方面：第一，为将来特定的用途积累资金，获得收益；第二，影响或控制其他企业的经营决策，以配合本身的经营；第三，扩大企业生产经营规模或发展多元化经营。

2．长期股权投资的核算方法

长期股权投资的核算方法有两种：成本法和权益法。

(1) 成本法下核算长期股权投资的范围。一是投资企业能够对被投资单位实施控制的长期股权投资，即企业对子公司的长期股权投资应当采用成本法核算，编制、合并财务报表时按照权益法进行调整。二是投资企业对被投资单位不具有控制、共同控制或重大影响，并且在活跃市场中没有报价、公允价值不能可靠计量的长期股权投资。

(2) 权益法下核算长期股权投资的范围。企业对被投资单位具有共同控制或重大影响，长期股权投资应当采用权益法核算。企业对被投资单位具有共同控制的长期股权投资，即企业对合营企业的长期股权投资。企业对被投资单位具有重大影响的长期股权投资，即企业对联营企业的长期股权投资。为了核算企业的长期股权投资，企业应当设置“长期股权投资”、“投资收益”等科目。

“长期股权投资”科目核算企业持有的采用成本法和权益法核算的长期股权投资，借方登记长期股权投资取得时的成本，以及采用权益法核算时被投资企业实现的净利润等计算的应得到的份额；贷方登记收回长期股权投资的价值，或采用权益法核算时被投资单位宣告分派现金股利或利润时企业按持股比例计算应享有的份额，以及按被投资单位发生的净亏损等计算的应分担的份额，期末借方余额，反应企业持有的长期股权投资的价值。该科目应当按照被投资单位分别进行明细核算。

（二）采用成本法核算长期股权投资的账务处理

成本法是指投资按成本计价的方法，在成本法下，长期股权投资以取得股权时的初始投资成本计价入账后，除了投资企业追加或收回投资外，长期股权投资的账面价值一般应保持不变。

1．长期股权投资初始投资成本的确定

除企业合并形成的长期股权投资以外，以支付现金取得的长期股权投资，应当按照实际支付的购买价款作为初始投资成本。企业所发生的与取得长期股权投资直接相关的费用税金及其他必要支出应计入长期股权投资的初始投资成本。

此外，企业取得长期股权投资，实际支付的价款或对价中包含的已宣告但尚未发放的现金股利或利润，作为应收项目处理，不构成长期股权投资的成本。

2．取得长期股权投资

取得长期股权投资时，应按照初始投资成本计价。除企业合并形成的长期股权投资以外，以支付现金、非现金资产等其他方式取得的长期股权投资，应按照上述规定的长期股权投资初始投资成本，借记“长期股权投资”科目，贷记“银行存款”等科目。如果实际支付的价款中包含已宣告但尚未发放的现金股利或利润，借记“应收股利”科目，贷记“长期股权投资”等科目。

【例 5-10】美的公司 2017 年 2 月 5 日购买长信股份有限公司发行的股票 60 000 股准备长期持有，从而拥有长信股份有限公司的 5%的股份。每股买入价为 5 元，另外，企业购买该股票时发生有关税费 5 000 元，款项已由银行存款支付。美的公司应作如下会计处理：

计算初始投资成本为 305 000 (300 000 + 5 000)元。

编制购入股票的会计分录如下：

借：长期股权投资　　　　305 000

　　贷：银行存款　　　　　　305 000

3．长期股权持有期间被投资单位宣告发放现金股利或利润

长期股权投资持有期间被投资单位宣告发放现金股利或利润时，对采用成本法核算的，企业应按得到的部分确认投资收益，借记“应收股利”科目，贷记“投资收益”科目。

【例 5-11】美的公司 2017 年 5 月 15 日以银行存款购买诚远股份有限公司的股票 100 000 股作为长期投资，每股买入价为 10 元，每股价格中包含 0.2 元的已宣告分派的现金股利，另支付相关税费 7 000 元。美的公司应作如下会计处理：

计算初始投资成本为 987 000 (1 000 000 − 20 000 + 7 000)元。

编制购入股票的会计分录如下：

借：长期股权投资　　　　987 000

　　应收股利　　　　　　20 000

　　贷：银行存款　　　　　　1 007 000

假定美的公司 2017 年 6 月 20 日收到诚远股份有限公司分派的股利 20 000 元。此时，应作如下会计处理：

借：银行存款　　20 000
　　贷：应收股利　　20 000

【例 5-12】 承例 5-11，如果美的公司于 2010 年 6 月 20 日收到诚远股份有限公司宣告发放 2017 年度现金股利的通知，应分得现金股利 4 000 元。美的公司应作如下会计处理：

借：应收股利　　4 000
　　贷：投资收益　　4 000

收到时应计：

借：银行存款(现金)　　4 000
　　贷：应收股利　　4 000

4．长期股权投资的处置

处置长期股权投资时，按实际取得的价款与长期股权投资账面价值的差额确认为投资损益，并应同时结转已计提的长期股权投资减值准备。其会计处理是，企业处置长期股权投资时，按实际收到的金额，借记“银行存款”等科目，按原已计提的减值准备，借记“长期股权投资减值准备”等科目，按未领取的现金股利或利润，贷记“应收股利”科目，按其差额，贷记或借记“投资收益”科目。

【例 5-13】 美的公司将其作为长期投资持有的远海股份有限公司 15 000 股股票，以每股 10 元的价格卖出，支付相关税费 1 000 元，取得价款 149 000 元，款项已由银行收妥。该长期股权投资账面价值为 140 000 元，假定没有计提减值准备。美的公司应作如下会计处理：

计算投资收益为 9 000 (149 000 – 140 000)元。

编制出售股票时的会计分录如下：

借：银行存款　　149 000
　　贷：长期股权投资　　140 000
　　　　投资收益　　9 000

(三) 采用权益法核算长期股权投资的账务处理

权益法是指投资以初始投资成本计量后，在投资持有期间根据投资企业享有被投资单位所有者权益份额的变动对投资的账面价值进行调整的方法。

在权益法下，长期股权投资的账面价值随着被投资单位所有者权益的变动而变动，包括被投资单位实现净利润或发生净亏损以及其他所有者权益项目的变动。

1．取得长期股权投资

取得长期股权投资，长期股权投资的初始投资成本大于投资时应享有被投资单位可辨认净资产公允价值份额的，不调整已确认的初始投资成本，借记“长期股权投资 – 成本”科目贷记“银行存款”等科目。长期股权投资的初始投资成本小于投资时，应享有被投资单位可辨认净资产公允价值份额的，借记“长期股权投资 – 成本”科目，贷记“银行存款”等科目，按其差额，贷记“营业外收入”科目。

【例 5-14】 美的公司 2017 年 2 月 5 日购买东方股份有限公司发行的股票 5 000 000 股准备长期持有，占东方股份有限公司的 30%，每股购入价为 6 元。另外，购买该股票时发生有关税费 500 000 元，款项已由银行存款支付。2008 年 12 月 31 日，东方股份有限公司的所有者权益的账面价值(与其公允价值不存在差异)100 000 000 元。美的公司应作如下会计处理：

计算初始投资成本为 30 500 000 (30 000 000 + 5 000 000)元。

编制购入股票的会计分录如下：

借：长期股权投资——成本　　30 500 000

　　贷：银行存款　　30 500 000

在本例中，长期股权投资的初始投资成本 30 500 000 元大于投资时应享有被投资单位可辨认净资产公允价值份额 30 000 000(100 000 000 × 30%)元，其差额 500 000 元不调整已确认的初始投资成本。

假定上例中取得投资时点上的被投资单位可辨认净资产公允价值为 200 000 000 元，美的公司按持股比例 30%计算确定应享有 60 000 000 元，则初始投资成本与应享有被投资单位可辨认净资产公允价值份额之间的差额 29 500 000 应计入取得投资当期的损益。

借：长期股权投资——成本　　60 000 000

　　贷：银行存款　　30 500 000

　　　　营业外收入　　29 500 000

2. 持有长期股权投资期间被投资单位实现净利润或发生净亏损

根据被投资单位实现的净利润，借记“长期股权投资——损益调整”科目，贷记“投资收益”科目。被投资单位发生净亏损作相反的记录，但以本科目的账面价值减记至零为限，借记“投资收益”科目，贷记“长期股权投资——损益调整”科目。上述以本科目的账面价值减记至零为限是指“长期股权投资——对 XX 单位投资”科目，该科目由“成本”、“损益调整”、“其他权益变动”3 个明细科目组成，账面价值减至零，即意味着“长期股权投资——XX 单位投资”的这 3 个明细科目合计为零。

被投资单位以后宣告分派现金股利或利润时，企业计算应分得的部分，借记“应收股利”科目，贷记“长期股权投资——损益调整”科目。收到被投资单位宣告发放的股票股利，不进行账务处理，但应在备查账簿中登记。

【例 5-15】 承例 5-14，2017 年东方股份有限公司实现净利润 20 000 000 元。美的公司按照持股比例确认投资收益 6 000 000 元。2010 年 5 月 15 日，东方股份有限公司已宣告发放现金股利，每 10 股派 3 元，美的公司可分派到 1 500 000 元。2010 年 6 月 10 日，美的公司收到东方股份有限公司分派的现金股利。美的公司应作如下会计处理：

确认东方股份有限公司实现投资收益时，会计分录如下：

借：长期股权投资——损益调整　　6 000 000

　　贷：投资收益　　6 000 000

东方股份有限公司宣告发放现金股利时，会计分录如下：

借：应收股利　　1 500 000

　　贷：长期股权投资——损益调整　　1 500 000

收到东方股份有限公司宣告发放的现金股利时，会计分录如下：

借：银行存款　　1 500 000

贷：应收股利　　　　　　　　　　　　　　　　1 500 000

3. 持有长期股权投资期间被投资单位除净损益以外的所有者权益的其他变动

在持股比例不变的情况下，被投资单位除净损益以外的所有者权益的其他变动，企业按照持股比例计算应享有的份额，借记或贷记“长期股权投资——其他权益变动”科目，贷记或借记“资本公积——其他资本公积”科目。

【例 5-16】 承例 5-15，2017 年东方股份有限公司可供出售金融资产的公允价值增加了 4 000 000 元。美的公司按照持股比例确认相应的资本公积为 1 200 000 元。美的公司应作如下会计处理：

借：长期股权投资——其他权益变动　　　　1 200 000
　　贷：资本公积——其他资本公积　　　　　　1 200 000

4. 长期股权投资的处置

处置长期股权投资时，实际取得的价款与长期股权投资账面价值的差额确认为投资损益，并应同时结转已计提的长期股权投资减值准备。其会计处理是，处置长期股权投资时，应按实际收到的金额，借记“银行存款”等科目，按原已计提的减值准备，借记“长期股权投资减值准备”科目，按该项长期股权投资的账面余额，贷记“长期股权投资”科目，按尚未领取的现金股利或利润，贷记“应收股利”科目，按其差额，贷记或借记“投资收益”科目。同时，还应结转原计入资本公积的相关金额，借记或贷记“资本公积——其他资本公积”科目，贷记或借记“投资收益”科目。

【例 5-17】 承例 5-14、5-15、5-16，2010 年 1 月 20 日，美的公司出售所持东方股份有限公司的股票 000 000 股，每股售价为 10 元，款项已收回。美的公司应作如下会计处理：

借：银行存款　　　　　　　　　　　　50 000 000
　　贷：长期股权投资——成本　　　　　　　　30 500 000
　　　　　　　　　——损益调整　　　　　　　4 500 000
　　　　　　　　　——其他权益变动　　　　　1 200 000
　　　　投资收益　　　　　　　　　　　　　13 800 000

同时，

借：资本公积——其他资本公积　　　　1 200 000
　　贷：投资收益　　　　　　　　　　　　　1 200 000

(四) 长期股权投资减值

1. 长期股权投资减值金额的确定

(1) 企业对子公司、合营企业及联营企业的长期股权投资。企业对子公司、合营企业及联营企业的长期股权投资，在资产负债表日存在可能发生减值的迹象时，其可收回金额低于账面价值的，应当将长期股权投资的账面价值减记至可收回金额，减记的金额确认为减值损失，计入当期损益，同时计提相应的资产减值准备。

(2) 企业对被投资单位不具有控制、共同控制或重大影响、且在活跃市场中没有报价、公允价值不能可靠计量的长期股权投资。应当将该长期股权投资在资产负债表日的账面价值，与按照类似金融资产当时市场收益率对未来现金流量折现确定的现值之间的差额，确认为资产减值损失，计入当期损益。

2. 长期股权投资减值的账务处理

企业计提长期股权投资减值准备，应当设置“长期股权投资减值准备”科目。企业按照减记的金额，借记“资产减值损失”科目，贷记“长期股权投资减值准备”科目。长期股权投资减值损失一经确认，在以后会计期间不得转回。

【例 5-18】 甲公司对乙公司进行长期股权投资，采用成本核算法。假如 2017 年乙公司发生巨额亏损，2017 年年末甲公司对乙公司的投资按当时的市场收益率对未来现金流量折现确定的现值为 750 万元，长期股权投资的账面价值为 800 万元。

借：资产减值损失　　500 000

　　贷：长期股权投资减值准备　　500 000

三、完成工作任务评价

1. 完成长期股权投资业务的工作任务

根据工作任务要求，按照工作任务操作流程，结合完成工作任务所需要的知识导航，回答引导案例中的问题。

2. 完成工作任务结果后的评价

按照要求和规程完成了长期股权投资业务核算的任务后，参照老师给出的标准，任务的完成者与老师共同评价工作任务的完成情况。

评价标准：

(1) 所发生的业务是否合理划分长期股权投资。

(2) 根据所发生的业务填制相关记账凭证时所用的会计科目是否正确。

(3) 选用的长期股权投资核算方法是否适合企业实际。

(4) 编制的会计分录是否正确。

3. 完成工作任务后的收获

按照要求和规程完成了工作任务之后，结合老师对完成工作任务后的结果评价，你认为自己完成此项工作后有何收获？请将你的收获写出来，与老师和同学们一起交流和分享。

课后练习题

一、单项选择题

1. 企业购入 A 公司债券作为金融资产，购入债券中所包含的已到付息期但尚未领取的债券利息，应记入(　　)账户。

A．短期投资　　B．应收利息　　C．其他应收款　　D．应收股利

2. A 公司 2015 年 5 月 1 日从证券市场上购入 B 公司于 2015 年 1 月 1 日发行的一批债券，面值 100 000 元，票面利率为 6%，三年期，每年 1 月 1 日和 7 月 1 日付息两次。A 公司实际支付价款 103 000 元。A 公司购入上述债券时应记入“应收利息”账户的金额为(　　)元。

A．0　　B．2 000　　C．103 000　　D．3 000

3．甲企业于 2015 年 4 月 1 日，以 680 万元的价格(不考虑税金及手续费等费用)购进面值为 600 万元公司债券作为长期投资。该公司债券系 2015 年 4 月 1 日发行，票面利率为 8%，期限为 5 年，一次还本付息。甲企业采用直线法摊销溢折价。至 2015 年 12 月 31 日，甲企业该长期债券投资累计确认的投资收益为(　　)万元。

A．42　　B．36　　C．30　　D．28

4．某股份有限公司在中期期末和年度终了时，按单项投资计提短期投资跌价准备，在出售时同时结转跌价准备。2015 年 6 月 10 日以每股 15 元的价格(其中包含已宣告但尚未发放的现金股利 0.4 元)购进某股票 20 万股进行短期投资；6 月 30 日该股票价格下跌到每股 12 元；7 月 20 日如数收到宣告发放的现金股利；8 月 20 日以每股 14 元的价格将该股票全部出售。2015 年该项股票投资发生的投资损失为(　　)万元。

A．12　　B．20　　C．32　　D．40

5．某股份有限公司 2015 年 7 月 1 日将其持有的债券投资转让，转让价款 1 560 万元已收存银行。该债券系 2015 年 7月 1 日购进，面值为 1 500 万元，票面年利率为 5%，到期一次还本付息，期限为 3 年。转让该项债券时，应收利息为 150 万元，尚未摊销的折价为 24 万元；该项债券已计提的减值准备余额为 30 万元。该公司转让该项债券投资实现的投资收益为(　　)万元。

A．−36　　B．−66　　C．−90　　D．114

6．A 公司 2015 年 9 月 1 日从证券市场上购入 B 公司于 2015 年 1 月 1 日发行的一批债券，面值 100 000 元，票面利率为 6%，三年期，每年 1 月 1 日和 7 月 1 日付息两次。实际支付价款 104 000 元(B 公司尚未支付 2015 年上半年利息)。A 公司购入上述债券时应记入“应收利息”账户的金额为(　　)元。

A．0　　B．4 500　　C．3 000　　D．103 000

7．甲企业 2015 年 1 月 1 日，以银行存款购入乙公司 10%的股份，并准备长期持有，采用成本法核算。乙公司于 2015 年 5 月 2 日宣告分派 2015 年度的现金股利 100 000 元。2015 年乙公司实现净利润 400 000 元，2015 年 5 月 1 日乙公司宣告分派 2015 年现金股利 200 000 元。甲公司 2015 年确认应收股利时应确认的投资收益为(　　)。

A．30 000　　B．20 000　　C．40 000　　D．0

8．甲公司与乙公司共同出资设立丙公司，经甲、乙双方协议，丙公司的总经理由甲公司委派，董事长由乙公司委派，各方的出资比例均为 50%，股东按出资比例行使表决权。在这种情况下，(　　)。

A．甲公司采用权益法核算该长期股权投资，乙公司采用成本法核算该长期股权投资

B．甲公司采用成本法核算该长期股权投资，乙公司采用权益法核算该长期股权投资

C．甲公司和乙公司均采用成本法核算该长期股权投资

D．甲公司和乙公司均采用权益法核算该长期股权投资

9．我国现行企业会计制度规定，公司的短期投资应采用的计价方法为(　　)。

A．成本法　　B．市价法

C．成本与市价孰低法　　D．可变现净值法

10．企业于 12 月 31 日购入 A 公司股票 40 000 股，每股面值 1 元，并准备随时变现。

A 公司已于 12 月 20 日宣告分派股利(至 12 月 31 日尚未支付)，每股 0.2 元，企业以银行存款支付股票价款 48 000 元，另付手续费 400 元，该股票的实际成本为(　　)元。

A．40 000　　B．48 400　　C．40 400　　D．48 000

11．某企业 2015 年 5 月 1 日购买 A 公司股票 1 000 股，每股价格 10 元；7 月 1 日又购入 A 公司股票 1 000 股，每股价格 12 元。该企业 7 月 10 日将其中的 500 股予以转让，则转让该股票的成本为(　　)元。

A．5 000　　B．6 000　　C．5 500　　D．4 500

12．某企业 2015 年年初购入 B 公司 60%的有表决权股份，实际支付价款 300 万元(与享有 B 公司的所有者权益的份额相等)。当年 B 公司经营获利 100 万元，发放股利 20 万元。2015 年年末企业的股票投资账面余额为(　　)万元。

A．300　　B．348　　C．360　　D．372

13．某企业购买面值为 400 万元的公司债券作为长期投资，共支付价款 475 万元，其中含手续费 2 万元、应收利息 20 万元。该项债券投资应记入“长期债权投资”科目的金额为(　　)万元。

A．473　　B．450　　C．455　　D．453

14．企业以非现金资产金融资产时，非现金资产的公允价值如果小于非现金资产的账面价值，其金额应计入(　　)。

A．资本公积　　B．营业外支出

C．在会计上不确认　　D．投资成本

15．投资企业于投资当年分得的利润或现金股利，是由投资前被投资单位实现的利润分配得来的，因此应作为(　　)。

A．投资收益　　B．冲减财务费用

C．投资成本的收回　　D．资本公积

16．A 公司于 2015 年 1 月 1 日购入 B 公司发行在外的股票 100 万股，每股购入价 10 元，另支付 5 万元相关费用，持有 B 公司 40%的股份，按权益法核算该项投资。B 公司 2015 年实现净利润 100 万元，B 公司董事会规定分别按税后利润的 5%提取储备基金、职工奖励及福利基金和企业发展基金(其中，职工奖励及福利基金作为流动负债处理)。在上述条件下，A 公司于 2015 年应确认的投资收益为(　　)万元。

A．34　　B．38　　C．40　　D．36

17．某企业购买面值为 200 万元、到期时一次还本付息的公司债券作为长期投资，共支付价款 225 万元，其中含手续费 2 万元(金额较大)和应计利息 23 万元。该项债券投资应记入“长期债权投资”科目的金额为(　　)万元。

A．200　　B．250　　C．223　　D．225

18．企业某项长期债券投资为溢价购入，若债券的溢价摊销采用实际利率法，则该项债券各期的溢价摊销额应是(　　)。

A．逐期增加　　B．逐期减少　　C．各期相等　　D．没有规律

19．某企业 2010 年 1 月 10 日购买股票进行短期投资，实际支付价款为 100 万元。3 月 30 日出售该股票的 80%，并以所得全部价款 94 万元购买另一种股票，实际支付价款 94 万元中包括支付的印花税、手续费等 1 万元，已宣告但尚未发放的现金股利 0.5 万元。

假定该企业只有此项短期投资，在采用成本法计价的情况下，该企业2010年3月31日资产负债表上短期投资项目的金额为(　　)万元。

A. 113.5　　B. 114　　C. 112.5　　D. 113

20. 某股份有限公司2015年4月1日，以982万元的价款购入面值为1 000万元的债券，进行长期投资。该债券系当年1月1日发行，票面年利率为6%，期限为3年，到期一次还本付息。为购买该债券，另发生相关税费共计16.5万元(假定达到重要性要求)。该债券折价和相关费用采用直线法摊销。该债券投资当年应确认的投资收益为(　　)万元。

A. 49.5　　B. 58.5　　C. 31.5　　D. 45

二、多项选择题

1. 下列项目中，不应作为投资企业当期投资收益确认的有(　　)。

A. 被投资企业宣告发放的股票股利

B. 采用成本与市价孰低法计价的本期购入的短期投资期末成本高于市价的差额

C. 收到短期投资购买价款中包含的现金股利

D. 收到采用权益法核算下的股票投资的现金股利

E. 收到短期投资购买价款中包含的已到付息期但尚未领取的债券利息

2. 对于有市价的长期投资，下列哪些情况应对长期投资计提减值准备(　　)。

A. 市价持续2年低于账面价值　　B. 被投资单位当年发生严重亏损

C. 投资单位当年发生严重亏损　　D. 被投资单位持续2年发生亏损

E. 该项投资暂停交易1年

3. 在企业对长期股权投资采用权益法核算的情况下，和“投资收益”账户有关的因素包括(　　)

A. 被投资单位实现净利润

B. 被投资单位发生亏损

C. 被投资单位将无法归还的应付款项转入资本公积

D. 被投资单位宣告现金股利

E. 收到被投资企业分配的股票股利

4. 我国投资准则规定，短期投资取得时的投资成本应包括(　　)。

A. 实际支付的买价　　B. 实际支付的税金

C. 实际支付的价款中包含的已宣告但尚未领取的现金股利

D. 实际支付的手续费

E. 实际支付的价款中包含的已到付息期但尚未领取的债券利息

5. 采用权益法核算的，能引起长期股权投资账面价值发生增减变动的事项有(　　)。

A. 转让长期股权投资　　B. 被投资企业宣告分派现金股利

C. 计提长期股权投资减值准备　　D. 被投资单位提取盈余公积

E. 被投资单位分派股票股利

6. 确定债券购入价格需考虑的主要因素有(　　)。

A. 债券面值　　B. 票面利率

C. 债券购入时的实际利率　　D. 债券从购入日至到期日的期限

E. 债券付息的方式

7. 下列各项中，引起投资企业资本公积增减变动的有(　　)。

A. 权益法核算下，被投资企业产生的外币资本折算差额

B. 权益法核算下，被投资单位接受非现金资产捐赠而增加的资本公积

C. 权益法核算下，被投资单位将无法归还的应付账款转入资本公积

D. 权益法核算下，被投资单位实现净利润

E. 权益法核算下，被投资企业处置接受捐赠的资产而结转接受捐赠资产准备

8. 长期债券投资的取得成本应包括(　　)。

A. 债券面值　　B. 债券溢价

C. 债券折价　　D. 分期付息债券的已到付息期但尚未领取的债券利息

E. 到期一次付息的应计利息

9. 采用权益法核算时，可能记入"长期股权投资——XX(损益调整)"科目贷方发生额的是(　　)。

A. 被投资企业宣告分派现金股利　　B. 投资企业收回长期股权投资

C. 被投资企业发生亏损　　D. 被投资企业实现净利润

E. 被投资单位分派股票股利

10. 下列说法中正确的有(　　)。

A. 以现金购入的短期投资，按实际支付的全部价款，包括税金、手续费等相关费用作为短期投资成本。实际支付的价款中包含的已宣告但尚未领取的现金股利或已到付息期但尚未领取的债券利息，应单独核算，不构成短期投资成本

B. 购入短期股票支付的价款中所包含的已宣告但尚未领取的现金股利作为应收股利处理

C. 短期投资可以转让

D. 短期投资持有期间，在实际收到股利时应确认投资收益

E. 短期投资持有期间，在实际收到利息时应确认投资收益

11. 在权益法下，被投资企业的(　　)业务可能引起投资企业"长期股权投资"账户的增加。

A. 支付现金股利　　B. 发放股票股利

C. 接受捐赠　　D. 实现净利

E. 债务转增资本时，股票的公允价值高于实际价值

12. 投资企业与被投资企业存在(　　)关系时，投资方应采用权益法核算该长期股权投资。

A. 控制　　B. 重大影响　　C. 无重大影响

D. 共同控制　　E. 无共同控制

13. 在下列哪些情况下，应对长期股权投资核算由权益法核算改为成本法核算(　　)。

A. 投资企业由于减少投资而对被投资单位不再有重大影响，但仍部分或全部保留对被投资单位的投资

B. 被投资单位依法律程序进行清理整顿

C. 被投资单位在严格的长期性限制条件下经营，其向投资企业转移资金的能力

受到限制

D. 投资单位持有被投资单位 15%的股份，但投资单位对被投资单位仍具有重大影响

E. 投资单位持有被投资单位 25%的股份，但投资单位对被投资单位不再具有重大影响

14. 下列哪些条件可确认投资企业对被投资单位具有重大影响。(　　)

A. 在被投资单位的董事会或类似的权力机构中派有代表

B. 参与被投资单位的政策制定过程

C. 向被投资单位派出管理人员

D. 直接持有被投资单位 20%或以上至 50%的表决权资本

E. 依赖投资企业的技术资料

15. 下列哪些项目属于长期股权投资取得时的应确认的投资成本的入账价值(　　)。

A. 取得长期股权投资时支付的价款

B. 支付的税金、手续费等相关费用

C. 为取得长期股权投资所发生的评估、审计、咨询等费用

D. 实际支付的价款中包含的已宣告但尚未领取的现金股利

E. 金融资产非现金资产评估增值

三、计算及会计处理题

1. 甲公司对下列短期股票投资期末按成本与市价孰低法计价(按单项投资计提)，其 2015 年 12 月 31 日短期投资成本与市价金额等资料如下：

表 5-2　2015 年 12 月 31 日短期投资成本与市价金额等资料表　　单位：元

项目	2015 年 12 月 31 日			
	成本	市价	已提跌价准备	应补提(冲销)
A	200 000	195 000	20 000	
B	102 000	100 000	0	
C	80 000	81 000	0	
D	60 000	59 000	1000	
E	292 000	262 000	20 000	
合计	734 000	697 000	41 000	

甲公司于 2015 年 2 月 10 日将持有的 A 公司的部分股票(成本价为 80 000 元)转让，所得净收入 78 000 元(扣除相关税费)。该公司转让短期投资时，计提的跌价准备同时结转。

要求：

① 确定各项短期投资应补提(冲销)金额，将数字填入表内。

② 编制甲公司期末计提跌价准备和转让短期投资的会计分录。

2. A 公司对短期投资期末采用成本与市价孰低法计价。2015 年 12 月 5 日从证券市场上用银行存款购入 B 公司股票 20 万股作为短期投资，每股价款 5 元，另支付相关费用 6 000 元。2015 年 12 月 31 日 B 公司股票每股市价 4.5 元。2015 年 4 月 20 日 B 公司

宣告每股分派 0.1 元的现金股利，每 10 股分派 2 股股票股利，于 5 月 20 日按 5 月 10 日在册股东支付。A 公司于 2015 年 6 月 10 日将上述股票转让 6 万股，实得价款 23.5 万元(处置短期投资时，计提的跌价准备按比例同时结转)。

要求：完成 A 公司有关会计分录。

3. A 公司于 2015 年 4 月 1 日以 1 035 万元(含支付的相关费用 1 万元)购入 B 公司股票 400 万股，每股面值 1 元，占 B 公司实际发行在外股数的 30%，A 公司采用权益法核算此项投资。2013 年 12 月 31 日 B 公司所有者权益总额为 3 000 万元。2015 年 B 公司实现净利润 200 万元(假定利润均衡发生)，提取盈余公积 40 万元。2015 年 B 公司发生亏损 4 000 万元，2015 年 10 月 1 日 B 公司将无法归还的应付账款 100 万元转入资本公积。2015 年 A 公司实现净利润 200 万元。股权投资差额按 10 年摊销。

要求：完成 A 公司上述有关投资业务的会计分录(金额单位以万元表示)。

4. A 企业于 2015 年 4 月 1 日以 410 万元(含已宣告但尚未领取的现金股利 10 万元，支付的相关费用 0.6 万元)购入 B 公司股票 100 万股，每股面值 1 元，占 B 公司实际发行在外股数的 10%，A 企业采用成本法核算此项投资。2015 年 5 月 1 日收到现金股利 10 万元。2015 年 12 月 31 日 B 公司净资产为 4 000 万元，B 公司 2015 年 5 月 1 日将无法支付的应付账款 100 万元转入资本公积，B 公司 2015 年实现净利润 200 万元(假定利润均衡发生)，除上述事项外，B 公司 2015 年的所有者权益总额未发生其他增减变动。2015 年 1 月 1 日 A 企业从证券市场上购入 B 公司股票 200 万股，实际支付价款 850 万元(含支付的相关费用 1 万元)。此次购买完成后，持股比例达到 30%，改用权益法核算此项投资。2015 年 B 公司实现净利润 200 万元(假定利润均衡发生)，提取盈余公积 30 万元。2015 年 B 公司接受现金捐赠确认资本公积 10 万元。2015 年 B 公司发生亏损 5 000 万元。股权投资差额按 10 年摊销，A 企业对 B 公司无额外责任。

要求：编制 A 公司有关业务的会计分录(金额单位用万元表示)。

5. 黄山股份有限公司(以下简称黄山公司)对泰山贸易有限责任公司(以下简称泰山公司)投资的有关资料如下：

(1) 2015 年度。

① 2015 年 3 月 12 日，黄山公司与甲、乙、丙三家股份有限公司合资创办泰山公司。泰山公司的股本总额为 2 000 万元，黄山公司拥有泰山公司 40%的股份，甲、乙、丙三家公司分别拥有其 20%、20%、20%的股份。黄山公司以银行存款 800 万元支付其出资，其他各投资者均以银行存款如数缴纳出资。出资到位时，泰山公司股东权益总额为 2 100 万元，其中股本为 2 000 万元，资本公积为 100 万元。资本公积 100 万元全部系接受乙、丙企业以外币投资所产生的外币资本折算差额。

② 泰山公司 2015 年实现净利润为 300 万元(除本题所列情况外，无其他所有者权益变动事项，下同)。

(2) 2015 年度。

① 1 月 8 日，泰山公司董事会制订 2015 年度的利润分配方案为：按净利润的 10%计提法定盈余公积；按净利润的 10%计提法定公益金；不分配现金股利。

② 4 月 30 日，黄山公司与甲公司就转让泰山公司的股份达成协议，黄山公司以 560 万元收购甲公司原持有泰山公司的全部股份，收购价款在协议生效日后 40 日内以银行

存款支付。该股权转让协议自双方股东大会和股东会通过之日起生效。

③ 5 月 16 日，泰山公司股东会对其董事会制订的利润分配方案进行审议，审议通过的 2015 年度利润分配方案如下：按净利润的 10%计提法定盈余公积；按净利润的 10%计提法定公益金；分配现金股利 100 万元。

④ 5 月 30 日，泰山公司分派现金股利。

⑤ 6 月 25 日，黄山公司和甲公司的股东大会和股东会分别审议通过转让泰山公司股权协议。

⑥ 7 月 1 日，黄山公司以银行存款 560 万元支付给甲公司收购泰山公司股份的价款，并于当日办理了该股份转让相关的股权划转手续。

⑦ 泰山公司 2015 年全年实现净利润 400 万元，其中，1 至 4 月实现净利润 100 万元，5 至 6 月实现净利润 100 万元，7 月至 12 月实现净利润 200 万元。

(3) 2015 年度。

① 1 月 10 日，泰山公司董事会制订 2015 年度的利润分配方案为：按净利润的 10%计提法定盈余公积；按净利润的 10%计提法定公益金；分配现金股利 100 万元；分配股票股利 100 万元。

② 5 月 20 日，泰山公司股东会对其董事会制订的利润分配方案进行审议，审议通过的 2015 年度利润分配方案如下：按净利润的 10%计提法定盈余公积；按净利润的 10%计提法定公益金；分配现金股利 200 万元；分配股票股利 200 万元。

③ 5 月 30 日，泰山公司分派现金股利和股票股利。

④ 10 月 11 日，泰山公司接受外商捐赠的固定资产一台，该固定资产的入账价值为 40 万元。

⑤ 泰山公司 2015 年实现净利润 500 万元。

(4) 2015 年度。

① 1 月 10 日，泰山公司董事会制订 2015 年度的利润分配方案为：按净利润的 10%计提法定盈余公积；按净利润的 10%计提法定公益金；分配股票股利 100 万元，分配现金股利 220 万元。

② 5 月 16 日，泰山公司股东会对其董事会制订的利润分配方案进行审议，审议通过的 2015 年度利润分配方案如下：按净利润的 10%计提法定盈余公积；按净利润的 10%计提法定公益金；分配股票股利 200 万元；分配现金股利 220 万元。

(5) 其他资料。

① 黄山公司对泰山公司股权投资差额摊销期限为 5 年，采用直线法摊销。

② 泰山公司的各投资者按其持有股份享有表决权。

要求：编制黄山公司对泰山公司长期股权投资相关的会计分录。

6．A 公司 2015 年有关投资业务如下：

(1) 2015 年 4 月 1 日以 610 万元(含已宣告但尚未领取的 2015 年度的现金股利 10 万元，支付的相关费用 0.6 万元)购入 B 公司股票 100 万股，每股面值 1 元，占 B 公司实际发行在外股数的 10%，A 公司采用成本法核算此项投资。

(2) 2015 年 5 月 1 日收到现金股利 10 万元。

(3) 2015 年 B 公司实现净利润 200 万元(假定利润均衡发生)。

(4) 2015年8月1日B公司接受现金捐赠100万元。

(5) 2015年1月1日A公司又从证券市场上购入B公司20%的股份，实际支付价款1300万元。此次购买完成后，持股比例达到30%，改用权益法核算此项投资。2015年12月31日B公司净资产为6 100万元(未扣除2015年宣告的2015年度的现金股利100万元)。股权投资借方差额按10年摊销。

(6) B公司2015年9月1日向C公司投资，其初始投资成本小于投资时应享有C公司所有者权益的份额200万元。

(7) 2015年B公司发生亏损600万元。

(8) A公司2015年12月31日对B公司的长期股权投资的可收回金额为1 700万元。

(9) 2015年1月10日，A公司将持有B公司的股份对外转让15%，实得款项860万元，从而对B公司不再具有重大影响，长期股权投资的核算由权益法核算改为成本法核算。A公司所得税采用应付税款法核算。

要求：根据上述资料，编制A公司与投资业务有关的会计分录。

项目六 固定资产核算

★ 知识目标

(1) 了解固定资产的概念、分类和确认条件。
(2) 理解固定资产入账价值的构成和固定资产后续支出核算的原则。
(3) 掌握固定资产取得的核算方法、折旧的计算方法以及处置固定资产的核算方法。

★ 技能目标

(1) 能够准确地判定一项资产是否属于固定资产，并确定其入账价值。
(2) 能够计算每一会计期间固定资产的折旧额，并进行财务处理。
(3) 能够在期末正确地对固定资产进行评价，对处置和盘亏固定资产进行财务处理。

模块一 固定资产核算任务设计

固定资产是企业重要的生产力要素之一，是企业赖以生存的物质基础，是企业生产效益的源泉。固定资产的结构、状态、管理水平等直接影响着企业的竞争力，关系到企业的运营和发展。企业科学管理和核算固定资产，有利于促进企业正确评估固定资产的整体情况，提高资产使用效率，降低生产成本，保护固定资产完全完整，实现企业资产的保值增值，增强企业的综合竞争实力。

任务设计一 任 务 导 读

大江机械设备制造有限公司(以下简称大江公司)主要生产 SPA/SPB/SPC/SPZ 系列铸铁皮带轮和与之配套的锥面紧固衬套等产品。公司目前正处于快速上升时期，需要购进一批新设备，但这些设备需要较多的投资，公司资金不充裕，决定用融资租赁的方式解决资金紧张问题。生产部门、设备管理部门联合起草了一份设备购置申请，上报总经理。该设备的购置与安装报告主要内容如下：“公司拟购入生产用固定资产设备一台。租赁合同的全部租赁费 250 000 元，分两年支付，每年各付 50%。企业以银行存款支付运输费 1 500 元，保险费 3 500 元，安装调试费 15 000 元。”总经理看后，提出以下几个问题：

(1) 融资租入与直接购买需多付出多少资金？
(2) 在法律上，我们公司在租赁期并没有获得租赁固定资产的所有权，会计对其如何处理？

财务经理对上述问题逐一进行了答复。之后，财务经理又具体布置了固定资产租入后的一些会计问题。

首先，让主要负责固定资产核算的会计李亮测算固定资产采用不同的折旧方法时每年的折旧额是多少？(假定预计可使用折旧年限为 10 年，残值率为 4%)

其次，出于谨慎考虑，让李亮设计一套固定资产可能发生意外的经济业务，分析可能发生的损益。

根据上述资料完成下列工作：

(1) 以财务经理的身份回答总经理的问题。

(2) 完成财务经理交给李亮的任务。

任务设计二　任 务 提 出

固定资产是企业生产经营过程中的主要资产，是企业竞争实力的物化体现，主要包括房屋建筑物、机器设备、运输设备、工具器具等。固定资产单位价值高，所占资金比重大。固定资产在使用过程中，它们的价值应以折旧的形式逐渐转移到产品或服务成本中。作为会计人员应该协同其他各部门，合理确定固定资产的入账价值，确定折旧计提的方法，加强企业固定资产的管理，提高其使用效率。通过本项目的学习，应明确下列问题：

问题 1：固定资产确认的条件是什么？

问题 2：如何为企业的固定资产划分类别？

问题 3：固定资产增加业务的核算方法有哪些？

问题 4：固定资产折旧计算方法有哪几种？不同的折旧方法对企业资产和利润有何影响？

问题 5：固定资产的后续支出业务如何进行账务处理？

问题 6：固定资产的处置业务如何进行账务处理？

问题 7：固定资产的清查业务如何进行账务处理？

问题 8：固定资产的减值金额如何确定？其账务处理方法怎样？

任务设计三　任 务 分 析

作为会计人员，应了解固定资产的定义、分类和确认条件，理解固定资产入账价值的构成和固定资产后续支出核算的原则，掌握固定资产取得的核算、折旧的计算方法以及处置固定资产的核算方法，以提高固定资产的管理水平，增强企业的综合竞争力。我们现在开始预备知识的学习吧。

任务设计四　预 备 知 识

一、固定资产的概念和特征

固定资产，是指同时具有以下特征的有形资产：为生产商品、提供劳务、出租或经营管理而持有的，使用寿命超过一个会计年度。使用寿命，是指企业使用规定资产的预计期间，或者该固定资产所能生产产品或提供劳务的数量。

从这一定义可以看出，每一资产项目，要作为企业的固定资产，应具备以下两个特征：

(1) 企业持有固定资产的目的是为了生产商品、提供劳务、出租或经营管理的需要，而不像商品一样对外出售。这一特征是固定资产区别于商品等流动资产的重要标志。

(2) 企业使用固定资产的期限较长，使用寿命一般超过一个会计年度。这一特征表明企业固定资产的收益期超过一年，能在一年以上的时间里为企业创造经济利益。

二、固定资产的确认

1. 固定资产的确认条件

固定资产在同时满足以下条件时，才能予以确认。

1) 与该固定资产有关的经济利益很有可能流入企业

在工作中，确认固定资产时，先需要判断该固定资产所包含的经济利益是否很可能流入企业。如果该项固定资产包含的经济利益不是很可能流入企业，那么，即使其满足固定资产确认的其他条件，企业也不应将其确认为固定资产，如果该项固定资产包含的经济利益可能流入企业，并同时满足固定资产确认的其他条件，那么，企业应将其确认为固定资产。

在工作中，判断与固定资产有关的经济利益是否很有可能流入企业，主要依据与该固定资产所有权相关的风险和报酬是否转移给了企业。其中，与固定资产所有权相关的风险，是指由于经营情况变化造成的相关收益的变动，以及由于资产闲置，技术陈旧等原因造成的损失，与固定资产所有权相关的报酬，是指在固定资产使用寿命内直接使用资产而获得的收入，以及处置该资产所实现的利得等。

通常情况下，取得固定资产的所有权是判断与固定资产所有权相关风险和报酬转移给了企业的一个重要标志。有时，某项固定资产的所有权虽然不属于企业，但是，企业能够控制与该项固定资产所有相关的经济利益流入企业。在这种情况下，可以认为与固定资产所有权相关的风险和报酬实质上已转移到企业，也可以作为企业的固定资产予以确认。例如，融资租入固定资产，企业虽然不拥有固定资产的所有权，但与固定资产所有权相关的风险和报酬实质上已转移到了企业承担人，因此，符合固定资产确认的第一个条件。

2) 固定资产的成本能够可靠地计量

成本能够可靠地计量是资产确认的一个基本条件。固定资产作为企业资产的重要组成部分，要予以确认，其为取得该固定资产而发生的支出也必须可靠地计量。如果固定资产的成本能够可靠地计量，并同时满足其他确认条件，就可以加以确认，否则，企业不加以确认。

在工作中，对固定资产进行确认时，还需要注意以下两个问题。

一是固定资产的各组成部分具有不同使用寿命或者以不同方式为企业提供经济利益，适用不同折旧率或者不同折旧方法的，应当分别将各组成部分确认为单项固定资产。

二是与固定资产有关的后续支出，满足固定资产确认条件的，应当计入固定资产成本，不满足固定资产确认条件的，应当在发生时计入当期损益。

2. 固定资产确认条件的具体运用

在固定资产的确认过程中，有的资产使用不能直接为企业带来经济利益而是有助于企业从相关资产获得经济利益，或者将减少企业未来经济利益的流出。例如企业购置的环保设备和安全设备等。对于这类设备，企业也应将其确认为固定资产。企业拥有的备用备件和维修设备通常确认为存货，但某些备用备件和维修设备需要与相关固定资产组合发挥效用的应当确认为固定资产(例如，民用航空运输企业的高价周转件)。

对于构成固定资产的各个组成部分，如果各自具有不同的使用寿命或者以不同的方式为企业提供经济利益，从而适用于不同的折旧率或者折旧方法。此时，该各组成部分实际上是以独立的方式为企业提供经济利益。因此，企业应当将其各组成部分单独确认为固定资产。企业在确认固定资产成本时，有时需要根据所获得的最新资料，对固定资产的成本进行合理的估计。例如，企业对于已达到预定可使用状态的固定资产，在尚未办理竣工决算前，需要根据工程预算，工程造价或者成功实际发生的成本等资料，按估算价值确认定固定资产的成本，待办理竣工决算后，再按实际成本调整原来的暂估价值。

工业企业持有的工具、模具、管理用具、玻璃器皿等资产，施工企业持有的模板、挡板、架料等周转材料，以及地质勘探企业持有的管材等资产，企业应当根据实际情况进行核算和管理。如果这些资产项目符合固定资产的定义及确认条件，就应当确认为固定资产。如果这些资产项目不符合固定资产的定义或不满足固定资产的确认条件，就不应该确认为固定资产，而应当作为流动资产进行核算和管理。

三、固定资产的分类

企业的固定资产种类繁多，规格不一，为加强管理，便于组织会计核算，有必要对其进行科学、合理的分类。根据不同的管理需要和核算要求以及不同的分类标准，可以对固定资产进行不同的分类，主要有以下几种分类方法。

(1) 固定资产的经济用途分类，可以分为生产经营用固定资产和非生产经营用固定资产。生产经营用固定资产，是指直接服务于企业生产、经营过程的各种固定资产，如生产经营用的房屋、建筑物、机器、设备、器具、工具等。非生产经营用固定资产，是指不直接服务于生产，经营过程的各种固定资产，如职工宿舍等使用的房屋、设备和其他固定资产等。固定资产按照经济用途分类，可以归类反映和监督企业生产经营用固定资产和非生产经营用固定资产之间，以及生产经营用各类固定资产之间的组成和变化情况，借以考核和分析企业固定资产的利用情况，促使企业合理地配备固定资产，充分发挥其效用。

(2) 按固定资产的使用情况分类，可分为使用中的固定资产、未使用的固定资产和不需使用的固定资产。使用中的固定资产，是指正在使用中的经营性和非经营性固定资产。由于季节性经营或大修理等原因，暂时停止使用的固定资产也属于企业使用中固定资产。企业出租给其他单位使用的固定资产和内部交换使用的固定资产也属于使用中固定资产。未使用的固定资产，是指已经完工或已经构建的尚未交付使用的新增固定资产等。不需用的固定资产，是指本企业多余或不适用的，需要调配处理的固定资产。固定资产按照使用情况分类，有利于反映固定资产的使用情况及其比例关系，便于分析固定资产的利用效率，挖掘固定资产的使用潜力，促使企业合理地使用固定资产。

(3) 固定资产的经济用途和使用情况等综合分类，固定资产可划分为 7 大类。

① 生产经营用固定资产。

② 非生产经营用固定资产。

③ 租出固定资产(指在经营租赁方式下出租给外单位使用的固定资产)。

④ 不需用固定资产。

⑤ 未使用固定资产。

⑥ 土地，指过去已经评估单独入账的土地。因征地而支付的补偿费，应计入与土地有关的房屋、建筑物的价值内，不单独作为土地价值入账。企业取得的土地使用权，应作为无形资产管理，不作为固定资产管理。

⑦ 融资租赁固定资产，指企业以融资租赁方式租入的固定资产，在租赁期内，应是同自有固定资产进行管理。

总之，由于企业的经营性质不同，经营规模各异，对固定资产的分类不可能完全一致。但在实际工作中，为了便于核算与管理，企业大多采用综合分类的方法作为编制固定资产目录，进行固定资产核算的依据。企业应编制固定资产目录，对每一项固定资产进行编制，并标注在固定资产实物上。在编制固定资产会计凭证、登记账簿时，也应填列编号，以便查对。

四、固定资产核算的账户设置

为了核算固定资产，企业一般需要设置固定资产、累计折旧、在建工程、工程物资等科目，核算固定资产取得、计提折旧、处置等情况。

“固定资产”科目，用于核算企业固定资产原始价值的增减变动和结存情况。借方登记企业增加的固定资产原始价值，贷方登记企业减少的固定资产原始价值，期末余额在借方，反映企业期末固定资产的账面原价。企业应当设置“固定资产登记簿”和“固定资产卡片”，按固定资产类别，使用部门和每项固定资产进行明细核算。

“累计折旧”科目，用于核算企业固定资产折旧的增减变动和结存情况。贷方登记企业计提的固定资产折旧，借方登记处置固定资产转出的累计折旧，期末余额在贷方，反映企业固定资产的累计折旧额。“固定资产”账户的借方余额减去“累计折旧”账户的贷方余额的差额，即为固定资产的净值。

“在建工程”科目，用于核算企业基建，更新改造等在建工程发生的支出。借方登记企业各项在建工程的实际支出，贷方登记完工工程的转出成本，期末余额在借方，反映企业尚未达到可使用状态的在建工程的实际成本。

“工程物资”科目，用于核算企业为在建工程而准备的各种物资的实际成本。该科目借方登记企业购入工程物资的实际成本，贷方登记领用工程物资的实际成本，期末余额在借方，反映企业为在建工程准备的各种物资实际成本。

“固定资产清理”科目，它属于资产类科目，用于核算企业因出售、报废、毁损、投资转出等原因转出的固定资产价值，以及在清理过程中发生的费用、税金等。借方登记转出的固定资产的账面价值，清理过程中应支付的相关费用；贷方登记收回出售固定资产的价款、残料价值和变价收入；以及应由保险公司或过失人承担的损失等。期末若为借方余额，反映企业尚未清理完毕的固定资产清理净损失；期末若为贷方余额，反映企业尚未清理完毕的固定资产清理净收益。该科目按被清理的固定资产项目设置明细账，进行明细核算。

此外，企业固定资产、在建工程、工程物资发生减值的，还应当设置“固定资产减值准备”、“在建工程减值准备”、“工程物资减值准备”等科目进行核算。

知识拓展

《企业所得税法实施条例》中对于固定资产的相关规定

企业所得税中所指的固定资产，是企业为生产产品、提供劳务、出租或者经营管理而持有的，使用时间超过12个月的非货币性资产，包括房屋、建筑物、机器、机械、运输工具及其他与生产经营活动有关的设备、器具、工具等。

固定资产按照以下方法确定基本计税基础：外购的固定资产，以购买价款和支付的相关税费为计税基础；自行建造的固定资产，以竣工结算前发生的支出为计税基础；融资租入的固定资产，以租赁合同约定的付款总额和承租人在签订租赁合同过程中发生的相关费用为计税基础；租赁合同未约定付款总额的，以该资产的公允价值和承租人在签订租赁合同过程中发生的相关费用为计税基础；盘盈的固定资产，以同类固定资产的重置完全价值为计税基础；通过捐赠、投资、非货币性资产交换、债务重组等方式取得的固定资产，以该资产的公允价值和支付的相关税费为计税基础；改建的固定资产，除了以足额提取折旧的固定资产和租入固定资产以外，其他固定资产的改建支出，应照改建过程中发生的改建支出，包括材料费、人工费、相关税费等，增加固定资产的计税基础。

企业所得税法规定固定资产按照直线法计算的折旧，准允扣除。企业应当自固定资产投入使用月份的次月起计算折旧；停止使用的固定资产，应当自停止使用月份的次月起停止计算折旧。企业应当根据固定资产的性质和使用情况，合理确定固定资产的预计净残值。固定资产的预计净残值一经确定，不得变更。

除国务院财政，税务主管部门另有规定外，固定资产计算折旧的最低年限如下：房屋、建筑物，为20年；飞机、火车、轮船、机器和其他生产设备，为10年；与生产经营活动有关的器具、工具、家具等，为5年；飞机、火车、轮船以外的运输工具，为4年；电子设备，为3年。

模块二　固定资产核算工作任务

工作任务一　固定资产增加业务处理

企业在初创时要构建固定资产，在生产经营过程中，又会由于扩大再生产和技术革新等而增加固定资产。固定资产增加业务是企业必不可少的。

一、固定资产增加业务处理流程

引导案例：

大江公司发生如下关于固定资产增加的业务：

(1) 购入一台需安装设备，买价 300 000 元，增值税 51 000 元，另支付包装费、运杂费 20 000 元。在该设备的安装过程中，领用生产用原材料 50 000 元，应负担增值税 8 500 元。安装过程应负担工作费用 10 000 元。当期安装完毕即交付生产使用。

(2) 接受捐赠全新设备一台，发票列明价值 80 000 元，设备已交付使用。

(3) 接受某单位投资设备一台，原单位账面原价 150 000 元，已提计折旧 30 000 元。经评估，该设备的原价为 20 000 元，净值为 170 000 元。设备已交付使用。

(4) 以出包方式对综合办公楼进行改扩建，开工时预付工程价款 300 000 元，改扩建过程中取得变价净收入 50 000 元，工程完工后，补付工程价款 500 000 元，办公楼当日交付使用。

固定资产增加业务核算的流程如下：

第一步：判断固定资产增加的方式。

第二步：确定固定资产的入账值。

第三步：根据相关单据填制记账凭证。

二、知识导航

企业取得的固定资产主要包括外购、自行建造、融资租入、接受投资、接受捐赠、债务重组和非货币交易等。固定资产来源不同，其初始计量及账务处理方法也不同。

固定资产应当按照成本进行初始计量。固定资产的成本，是指企业构建某项固定资产达到预定可使用状态前所发生的一切合理、必要的支出。这些支出包括直接发生的价款、运杂费、包装费和安装成本等，也包括间接发生的，如应承担的借款利息、外币借款折算差额以及应分摊的其他间接费用。

对于特殊行业的特定固定资产，确定其初始入账成本时还应考虑弃置费用。

(一) 外购固定资产

企业外购固定资产的成本包括购买价款、相关税费(主要指支付的消费税、增值税等)，使固定资产达到预定可使用前所发生的可归属于该项资产的其他支出，如场地整理费、运输费、装卸费、安装费和专业人员服务费等。

2017 年 1 月 1 日增值税转型改革后，企业构建(包括购进、接受捐赠、实物投资、自制、改建和安装)生产使用固定资产发生的增值税进账税额可以从销项税额中抵扣。如无特殊说明，本章例题中的公司均为增值税一般纳税人，其发生在构建生产用固定资产上的增值税进项税额均符合规定，可以抵扣。

1. 购入不需要安装的固定资产

购入不需要安装的固定资产，应按实际支付的购买价款、相关税费以及使固定资产达到预定可使用状态前所发生的可归属于该项资产的其他的支出，作为固定资产成本，借记“固定资产”科目，贷记“银行存款”等科目。

【例 6-1】 2010 年 1 月 15 日，甲公司购入一台不需安装的生产用设备，取得的增值税专用发票上注明的价款为 400 000 元，增值税额为 68 000 元，另支付运输费 300 元，包装费 400 元，款项以银行存款支付。甲公司应作如下会计处理：

计算固定资产的成本为 400 700 (400 000 + 300 + 400)元。

编制购入固定资产的会计分录如下：

借：固定资产　　400 700

　　应交税费——应交增值税(进项税额)　　68 000

　　贷：银行存款　　468 700

2．购入需要安装的固定资产

购入需要安装的固定资产是指购入的固定资产需要经过安装以后才能达到预定的可使用状态。会计核算时，企业购入的固定资产以及发生的安装调试成本等均应通过“在建工程”账户核算，待达到预定可使用状态后再由“在建工程”账户转入“固定资产”账户。

【例 6-2】 甲公司购入一台需要安装的生产用设备，增值税专用发票上注明的设备买价为 200 000 元，增值税额为 34 000 元，以银行存款支付运输费 1 000 元。设备安装过程中，领用材料 20 000 元，安装完毕后，需支付安装工人工资 3 000 元。

购入设备时会计分录如下：

借：在建工程　　201 000

　　应缴税费——应缴增值税(进项税额)　　34 000

　　贷：银行存款　　235 000

安装过程中发生的费用，会计分录如下：

借：在建工程　　23 000

　　贷：原材料　　20 000

　　　　应付职工薪酬——工资　　3 000

设备安装完毕交付使用时，确定固定资产成本为 224 000 (201 000 + 23 000)元，会计分录如下：

借：固定资产　　224 000

　　贷：在建工程　　224 000

3．购入多项没有单独标价的固定资产

以一笔款项购入多项没有单独标价的固定资产，应当按照固定资产的公允价值比例对总成本进行分配，分别确定各项固定资产的成本。

【例 6-3】 甲公司向乙公司一次购进了 3 台不同型号且具有不同生产能力的设备 A、B、C，共支付 10 000 000 元，增值税 1 700 000 元，包装费 75 000 元，全部以银行存款转账支付。假定设备 A、B、C 均满足固定资产的定义及确认条件，公允价值分别为 4 500 000 元、3 850 000 元、1 650 000 元，不考虑其他相关税费。甲公司的账务处理如下：

(1) 确定应计入固定资产成本的金额，包括购买价款和包装费。

$$10\ 000\ 000 + 75\ 000 = 10\ 075\ 000(\text{元})$$

(2) 设备分配的额固定资产价值比例。

A 设备应分配的固定资产价值比例为：

$$\frac{4\ 500\ 000}{4\ 500\ 000 + 3\ 850\ 000 + 1\ 650\ 000} \times 100\% = 45\%$$

B 设备应分配的固定资产价值比例为：

$$\frac{3\ 850\ 000}{4\ 500\ 000+3\ 850\ 000+1\ 650\ 000}\times 100\%=38.5\%$$

C 设备应分配的固定资产价值比例为：

$$\frac{1\ 650\ 000}{4\ 500\ 000+3\ 850\ 000+1\ 650\ 000}\times 100\%=16.5\%$$

(3) 确定 A、B、C 设备各自的成本。

A 设备的成本为：

$$10\ 075\ 000\times 45\%=4\ 533\ 750(元)$$

B 设备的成本为：

$$10\ 075\ 000\times 38.5\%=3\ 878\ 875(元)$$

C 设备的成本为：

$$10\ 075\ 000\times 16.5\%=1\ 662\ 375(元)$$

(4) 甲公司应作如下会计处理。

借：固定资产——A 设备	4 533 750	
——B 设备	3 878 875	
——C 设备	1 662 375	
应交税费——应交增值税(进项税额)	1 700 000	
贷：银行存款		11 775 000

(二) 自行建造固定资产

企业自行建造固定资产，应按建造该项固定资产达到预定可使用状态前所发生的必要支出，作为固定资产的成本入账。其中，建造该项资产达到预定可使用状态前所发生的必要支出包括工程所用物资的成本、人工成本、缴纳的相关税费、应予以资本化的借款费用，以及应分摊的间接费用等。企业为在建工程准备的各项物资，应按实际支付的购买价款、增值税、运输费、保险费等相关税费作为实际成本，并按各项专项物资的种类进行明细核算。自建固定资产应先通过“在建工程”科目核算。

企业固定资产，主要自建固定资产，主要有自营和出包两种方式，由于采用的方式不同，其会计处理方式不同。企业的自营工程应当按照直接材料、直接人工、直接机械工费等计量；采用出包工程方式的企业，按照应支付的工程借款等计量；设备安装工程，按照所安装的设备价值、工程安装费、工程试运行等所发生的支出确定工程成本。

1. 自营工程

自营工程是指企业自行组织工程采购，自行组织施工人员施工的建筑工程和安装工程。工程项目较多且工程支出较大的企业，应当按照工程项目的性质分别核算各工程项目的成本。

企业为工程购入工程物资时，按实际支付的买价、运输费、保险费等相关税费作为实际成本，借记“工程物资”科目，贷记“银行存款”等科目。

领用工程物资时，借记“在建工程”科目，贷记“工程物资”科目。在建工程领用本企业原材料时，借记“在建工程”科目，贷记“原材料”等科目。在建工程领用本企业生产的商品时，借记“在建工程”科目，贷记“库存商品”、“应交税费——应交增值税(销项税额)”等科目。自营工程发生的其他费用(如分配工程人员工资等)，借记“在建工程”科目，贷记“银行存款”、“应付职工薪酬”等科目。

自营工程达到预定可使用状态时，以其实际成本作为固定资产的入账价值，借记“固定资产”科目，贷记“在建工程”科目。工程完工后剩余的工程物资，如果转作本企业库存材料，按其实际成本或计划成本转作企业的库存材料，借记“原材料”科目，贷记“工程物资”科目；如果材料存在可抵扣的增值税进项税额时，应借记“原材料”、“应交税费——应交增值税(进项税额)”科目，贷记“工程物资”科目。盘盈、盘亏、报废、毁损的工程物资，减去保险公司、过失人赔偿部分后的差额，应分别按以下两种情况处理：如果工程项目尚未完工的，计入或冲减所建工程项目的成本；如果工程项目已经完工的，计入当期营业外支出或营业外收入。

企业的在建工程在达到预定可使用状态前，因进行试运行而形成的、能够对外销售的产品，其发生的成本计入在建工程成本，销售或转为库存商品时，按其实际销售收入或预计收入冲减在建工程成本。所建造的固定资产以达到预定可使用状态，但尚未办理竣工决算的，应当自达到预定可使用状态之日起，根据工程预算、造价或者工程实际成本等，按暂估价值转入固定资产，并按其有关计提固定资产折旧的规定，计提固定资产折旧。待办理竣工决算手续后再调整原来的暂估价值，但不需要调整原已计提的折旧额。

【例 6-4】 A 企业自行建造简易厂房一座，购入建造厂房需要的钢筋、水泥、砖块等，用银行存款支付买价 200 000 元，增值税额 34 000 元。在厂房建造过程中领用工程物资 175 500 元，领用自产的产品一批，成本为 30 000 元，售价为 50 000 元，增值税额为 8 500 元，应负担的工人工资 30 000 元，应负担的职工福利费 2 000 元，应负担的供电车间的电费 8 000 元，用现金支付临时工费用 9 000 元，另外还领用了生产用的材料一批，实际成本 20 000 元，应转出的增值税为 3 400 元。工程完工后，尚未使用的工程物资转为生产使用。A 企业的账务处理如下：

(1) 购入工程物资时，会计分录如下：

	借方	贷方
借：工程物资	200 000	
应交税费——应交增值税额	34 000	
贷：银行存款		234 000

(2) 领用工程物资时，会计分录如下：

	借方	贷方
借：在建工程——厂房	175 500	
贷：工程物资		175 500

(3) 领用自产产品时，会计分录如下：

	借方	贷方
借：在建工程——厂房	38 500	
贷：库存商品		30 000
应交税费——应交增值税(销项税额)		8 500

(4) 分配工人工资和福利费时，会计分录如下：

	借方	贷方
借：在建工程——厂房	32 000	
贷：应付职工薪酬		32 000

(5) 分配供电车间的电费时，会计分录如下：

借：在建工程——厂房　8 000
　　贷：生产成本——供电车间　8 000

(6) 支付临时工费用时，会计分录如下：

借：在建工程——厂房　9 000
　　贷：库存现金　9 000

(7) 领用生产用的材料时，会计分录如下：

借：在建工程——厂房　20 000
　　贷：原材料　20 000

(8) 工程完工交付使用时，会计分录如下：

借：固定资产——厂房　283 000
　　贷：在建工程——厂房　283 000

(9) 未使用的工程物资转为生产使用时，会计分录如下：

借：原材料　24 500
　　贷：工程物资　24 500

2．出包工程

出包工程是指企业通过招标等方式将工程项目发包给建造承包商，由建造承包商组织施工的建筑工程和安装工程。企业采用出包方式进行的固定资产工程，其工程等的具体支出主要由建造承包商核算。在这种方式下，“在建工程”科目主要是企业与建造承包商办理工程价款的结算科目，企业支付给建造承包商的工程价款作为工程成本，通过“在建工程”科目核算。企业按合理估计的发包工程进度和合同规定向建造承包商结算的进度款，借记“在建工程”科目，贷记“银行存款”等科目；工程完成时按合同规定补付的工程款，借记“在建工程”科目，贷记“银行存款”科目；工程达到预定可使用状态时，按其成本，借记“固定资产”科目，贷记“在建工程”科目。

【例 6-5】 甲企业采用招标方式将行政办公楼的建造出包给乙建筑公司，按合同规定工程款 2 000 万元，分三次支付，工程开工时支付 1 000 万元，工程封顶时支付 600 万元，工程完工验收合格时支付 400 万元。甲企业工程款均用银行存款支付。甲企业的账务处理如下：

(1) 工程开工时支付 1 000 万元，会计分录如下：

借：在建工程——行政办公楼　10 000 000
　　贷：银行存款　10 000 000

(2) 工程封顶时支付 600 万元，会计分录如下：

借：在建工程——行政办公楼　6 000 000
　　贷：银行存款　6 000 000

(3) 工程完工验收合格时支付 400 万元，会计分录如下：

借：在建工程——行政办公楼　4 000 000
　　贷：银行存款　4 000 000

(4) 工程完工交付使用时，会计分录如下：

借：固定资产——行政办公楼　20 000 000
　　贷：在建工程——行政办公楼　20 000 000

(三) 融资租入固定资产

企业采用融资租赁方式租入固定资产，按照实质重于形式要求，企业应将融资租入固定资产作为企业固定资产入账，同时确认相应的负债，并采用与自有应折旧资产相一致的折旧方法计提折旧。

在融资租赁方式下，承租人应于租赁开始日，将租赁开始日租入固定资产公允价值与最低租赁付款额现值两者中较低者，加上在租赁过程中发生的、可直接归属于租赁项目的手续费、律师费、差旅费、印花税等直接费用，作为租入固定资产入账价值，借记“固定资产——融资租入固定资产”科目，按最低租赁付款额，贷记“长期应付款”科目，按发生的初始直接费用，贷记“银行存款”、“库存现金”等科目，按其差额，贷记“未确认融资费用”科目。

【例 6-6】 2008 年 12 月 18 日，A 公司与 B 公司签订了一项大型设备租赁合同。租赁合同规定：租赁期开始日为 2017 年 1 月 1 日，租赁期 3 年，每年年末支付租赁费 2 000 000 元。租赁期满后，该设备担保余值 600 000 元。该设备于 2008 年 12 月 28 日运到 A 公司，当日投入使用。

租赁开始日，该设备的公允价值为 6 200 000 元，租赁时的市场利率为 6%。A 公司的会计处理如下：

最低租赁付款额 = 2 000 000 × 3 + 600 000 = 6 600 000 (元)

租赁设备的公允价值 = 6 200 000 (元)

最低租赁付款额现值 = 2 000 000 × 2.673 + 600 000 × 0.839 6 = 5 849 760 (元)

固定资产入账价值 = 5 849 760 (元)

未确认融资费用 = 6 600 000 − 5 849 760 = 750 240 (元)

借：固定资产	5 849 760	
未确认融资费用	750 240	
贷：长期应付款		6 600 000

(四) 接受投资固定资产

企业接受投资的固定资产，按照投资合同或协议约定的价值，作为固定资产的入账价值(但投资合同或协议约定的价值不允许的除外)，借记“固定资产”科目，贷记“实收资本(或股本)”等科目。

【例 6-7】 某有限责任公司成立时收到投资人作为资本投入的不需要安装的生产用设备一台，合同约定该设备的价值为 702 000 元，假定合同约定的固定资产价值与公允价值相符，不考虑其他因素，会计分录如下：

借：固定资产	702 000	
贷：实收资本		702 000

(五) 接受捐赠固定资产

企业接受捐赠增加的固定资产，应按会计制度规定确定入账价值，借记“固定资产”或“在建工程”科目，贷记“营业外收入”科目，按接受捐赠过程中支付的相关税费，贷

记“银行存款”等科目。

【例 6-8】 A 公司收到 C 公司捐赠的生产用设备一台，发票上注明的售价 100 000 元，增值税额为 17 000 元，另外用现金支付运输费等 3 000 元。有关手续已全部办理完毕。其会计分录如下：

借：固定资产　　103 000

　　应交税费——应交增值税(进项税额)　　17 000

　　贷：营业外收入　　117 000

　　　　库存现金　　3 000

三、完成工作任务评价

1. 完成固定资产增加的工作任务

根据工作任务要求，按照工作任务操作流程，结合完成工作任务所需要的知识导航，解决引导案例所涉及的问题。

2. 完成工作任务后的结果评价

按照要求和规程完成了固定资产增加的核算任务后，参照老师给出的标准，任务的完成者与老师共同来评价工作任务的完成情况。

评价标准：

(1) 固定资产的确认是否正确。

(2) 固定资产初始计量成本计算是否正确。

(3) 根据所发生的业务填制相关记账凭证时所用的会计科目是否正确。

3. 完成工作任务后的收获

按照要求和规程完成了工作任务之后，结合老师对完成工作任务后的结果评价，你认为自己完成此项工作任务后有何收获？请将你的收获写出来，与老师和同学们一起交流和分享。

工作任务二　固定资产折旧计算

一、固定资产折旧计算流程

引导案例：

企业 2006 年 12 月 5 日购买固定资产汽车一辆，账面原值 123 万元，预计使用 10 年，残值 3 万元，如果按年限平均法提折旧(每月提取)，那么 2017 年 12 月 31 日账面价值是多少？(当月增加，当月不提折旧，从购买下月折旧)。

固定资产折旧计算提取的流程如下：

第一步：熟悉各种折旧计算的方法。

第二步：确定固定资产折旧的范围。

第三步：确定各项固定资产的折旧方法。

第四步：计提折旧并进行账务处理。

二、知识导航

(一) 固定资产折旧概述

固定资产折旧是指在固定资产的使用寿命内，按照确定的方法对应计折旧额进行的系统分摊，即固定资产由于损耗而减少的价值，包括有形损耗和无形损耗。其中，应计折旧额是指应当计提折旧的固定资产的原价和扣除其预计净残值后的金额。已计提减值准备的固定资产还应当扣除已计提的固定资产减值准备累计金额。固定资产的折旧按期转入成本和费用，并随着产品销售的实现，收回货款，弥补成本费用，从而使这部分价值损耗得到补偿。由此可见，正确计算和提取固定资产折旧，不仅影响成本、费用和企业盈亏的正确计算，而且也是保证固定资产再生产资金来源的重要手段。

企业应根据固定资产的性质和使用情况，合理确定固定资产的使用寿命和预计净残值。固定资产的使用寿命、预计净残值一经确定，不得随意变更。上述事项在报经股东大会或董事会、经理(厂长)会议或类似机构批准后，作为计提折旧的依据，并按照法律、行政法规等的规定报送有关各方备案。

企业固定资产折旧的核算主要涉及计提折旧的固定资产范围、预计固定资产使用寿命应考虑的因素、固定资产折旧方法的选择，以及对预计使用寿命和折旧方法的复核等问题。

(二) 影响固定资产折旧的因素

影响固定资产折旧的因素主要有以下几个方面：

(1) 固定资产原价，是指固定资产的初始成本。

(2) 预计净残值，是指假定固定资产预计使用寿命已满并处于使用寿命终了时的预期状态，企业目前从该项资产处置中获得的扣除预处置费用后的金额。

(3) 固定资产减值准备，是指固定资产已计提的固定资产减值准备累计金额。

(4) 固定资产的使用寿命，是指企业使用固定资产的预计期间，或该固定资产所能生产产品或提供劳务的数量。企业在确定固定资产使用寿命时，应当考虑下列因素：

① 该项资产预计生产能力或实物产量。

② 该项资产预计有形损耗，如设备使用中发生磨损、房屋建筑物受到自然侵蚀等。

③ 该项资产预计无形损耗，如因新技术的出现而使现有的资产技术水平相对陈旧、市场需求变化使产品过时等。

④ 法律或者类似规定对该项资产使用的限制。

企业应在考虑上述因素的基础上，结合不同固定资产的性质、消耗方式、所处环境等因素，对固定资产使用寿命作出合理判断。

(三) 固定资产的折旧范围

除以下情况外，企业应当对所有固定资产计提折旧：一是已提足折旧仍然继续使用的固定资产，二是单独计价入账的土地。

在确定计提折旧的范围时，还应注意以下几点：

(1) 固定资产应当按月计提折旧，当月增加的固定资产，当月不计提折旧，从下月起计提折旧；当月减少的固定资产，当月仍计提折旧，从下月起不计提折旧。

(2) 固定资产提足折旧后，不论能否继续使用，均不再计提折旧。提前报废的固定资产，也不再补提折旧。所谓提足折旧，是指已经提足该项固定资产的应计折旧额。

(3) 已达到预定或使用状态但未办理竣工决算的固定资产，应当按照估计价值确定其成本，并计提折旧；待办理竣工决算后，再按实际成本调整原来的暂估价值，但不需要调整原已计提的折旧额。

(4) 处于更新改造过程停止使用的固定资产，应将其账面价值转入在建工程，不再计提折旧。更新改造项目达到预计可使用状态转为固定资产后，再按照重新确定的折旧方法和该项固定资产尚可使用寿命计提折旧。

(5) 因进行大型修理而停用的固定资产，应当照提折旧，计提的折旧额应计入相关资产成本或当期损益。

(四) 固定资产折旧的计算方法

企业应当根据与固定资产有关的经济利益的预期实现方式，合理选择固定资产的折旧方法。固定资产折旧方法包括年限平均法、工作量法、双倍余额递减法和年数总和法等。

年限平均法和工作量法均属于直线法范畴，固定资产折旧会随着其使用年限的延长或工作量的增加而增加。而双倍余额递减法和年数总和法是常见的加速折旧法，其使用特点是固定资产使用前期提取的折旧多，使用后期提取的折旧逐年减少。为了保持固定资产折旧方法的相对稳定，固定资产折旧方法一经确定，不得随意变更。

1. 年限平均法

年限平均法是指更具固定资产的应计折旧总额和规定的折旧年限来平均计算折旧的方法。其特点是将固定资产的应计折旧额均衡地分摊到固定资产预计使用寿命内。采用这种方法计提的每期折旧额都是相等的。

固定资产折旧率包括个别折旧率、分类折旧率和综合折旧率。现行制度规定按分类折旧率计提折旧。分类折旧率是指把性质、结构类似，使用年限大致相同同的固定资产归为一类，分类计算的平均折旧率。年限计算法的计算公式为：

$$年折旧率=\frac{1-预计净残值率}{预计使用寿命(年)}\times 100\%$$

$$月折旧率=\frac{年折旧率}{12}$$

$$月折旧额=固定资产原价\times 月折旧率$$

【例 6-9】 甲公司有一幢厂房，原价为 3 000 000 元，预计可使用 20 年，预计净残值率为 4%。该厂房的年折旧率、月折旧率和月折旧额的计算如下：

$$年折旧率=\frac{1-4\%}{20}\times 100\%=4.8\%$$

$$月折旧率=\frac{4.8\%}{12}=0.4\%$$

$$月折旧额=3\,000\,000\times 0.4\%=12\,000\ (元)$$

采用年限平均法计算比较简单，但是当固定资产在各个使用期间的损耗程度不同时，将应计折旧总额平均分摊到各期就不合理。因此，这种方法适用于固定资产在各个使用期间的损耗较为均衡的情况。

2. 工作量法

工作量法是根据固定资产的应计折旧额和预计在使用寿命内的工作量(如行驶里程、工作小时等)来计算折旧的方法。工作量法的基本计算公式为：

$$每单位工作量折旧额=\frac{固定资产原价\times(1-预计净残值率)}{预计总工作量}$$

$$某项固定资产月折旧额=该项固定资产当月工作量\times单位工作量折旧额$$

【例 6-10】 A 公司某辆汽车的原值是 330 000 元，净残值率为 5%，预计行驶总里程为 300 000 千米。本月该汽车实际行驶了 2 000 千米。

$$单位里程折旧额=\frac{330\ 000\times(1-5\%)}{300\ 000}=1.045(元/千米)$$

$$本月折旧额=2\ 000\times1.045=2\ 090\ (元)$$

采用工作量法，固定资产的折旧额与其损耗程度相符，所以费用分摊较为合理。但是，这种方法只注重固定资产的使用程度，忽略了其自然侵蚀的影响。这种方法只适用于固定资产在各个使用期间的损耗程度不均衡的情况。

3. 双倍余额递减法

双倍余额递减法是一种加速折旧的方法，它是在不考虑固定资产净残值的条件下，根据每年年初固定资产的折余价值和双倍的直线法折旧率计算固定资产折旧额的一种方法。

双倍余额递减法有以下 4 个特点。

(1) 不考虑固定资产净残值。

(2) 采用的折旧率是直线法折旧率的双倍。

(3) 每年计算折旧的基数是每年年初固定资产的折余价值。

(4) 按我国制度规定，最后两年将固定资产账面净值扣除预计净残值后的余额平均摊销，即最后两年改用直线法计提折旧。

双倍余额递减法的计算公式为：

$$年折旧率=\frac{2}{预计使用寿命(年)}\times100\%$$

$$月折旧率=\frac{年折旧率}{12}$$

$$月折旧额=每月月初固定资产账面净值\times月折旧率$$

【例 6-11】 某企业一项固定资产的原价为 1 000 000 元，预计使用年限为 5 年，预计净残值为 40 000 元。按双倍余额递减法计提折旧，每年的折旧额计算如下：

$$年折旧率=\frac{2}{5}\times100\%=40\%$$

第 1 年计提的折旧额 = 1 000 000 × 40% = 400 000 (元)

第 2 年计提的折旧额 = (1 000 000 − 400 000) × 40% = 240 000 (元)

$$第3年计提的折旧额 = (600\ 000 - 240\ 000) \times 40\% = 144\ 000 (元)$$

从第 4 年起改用年限平均法(直线法)折旧，即

$$第4年、第5年应计提的折旧额 = \frac{(360\ 000 - 144\ 000) - 40\ 000}{2} = 88\ 000(元)$$

注意：各月折旧额根据年折旧额再除以 12 月来计算。

4．年数总和法

年数总和法，是指将固定资产的原价减去预计净残值后的余额，乘以一个逐年递减的分数来计算每年折旧的一种方法。这个分数的分子代表固定资产尚可使用寿命，分母代表预计使用寿命逐年数字总和。采用年数总和法时，折旧率是逐年递减的，而计提折旧的基数是固定不变的。其计算公式为：

$$年折旧率 = \frac{尚可使用年限}{预计使用寿命的年数总和} \times 100\%$$

$$月折旧率 = \frac{年折旧率}{12}$$

$$月折旧额 = (固定资产原价 - 预计净残值) \times 月折旧率$$

【例 6-12】 承例 6-11，假如采用年数总和法，计算各年折旧额见表 6-1。

表 6-1　年数总和法折旧计算表

年度	应计提折旧总额	折旧率	年折旧额	累计折旧
1	100 – 4	5/15	32.00	32.00
2	100 – 4	4/15	25.60	57.60
3	100 – 4	3/15	19.20	76.80
4	100 – 4	2/15	12.80	89.60
5	100 – 4	1/15	6.40	96.00

$$第1年折旧额 = \frac{(100-4)\times 5}{15} = 32(万元)，\quad 第2年折旧额 = \frac{(100-4)\times 4}{15} = 25.6(万元)$$

$$第3年折旧额 = \frac{(100-4)\times 3}{15} = 19.2(万元)，\quad 第4年折旧额 = \frac{(100-4)\times 2}{15} = 12.8(万元)$$

$$第5年折旧额 = \frac{(100-4)\times 1}{15} = 6.4(万元)$$

(五) 固定资产的使用寿命、预计净残值和折旧方法的复核

企业至少于每年年终了，对固定资产的使用、预计净残值和折旧方法进行复核。在固定资产使用过程中，由于经济环境、技术环境及其他环境等客观情况的改变，使原有的固定资产预计使用寿命、预计净残值和折旧方法已经不能恰当地反映其实际情况。使用寿命预计数与原先估计数有差异的，应当调整固定资产使用寿命；预计净残值预计数与原先估计数有差异的，应当调整预计净残值；与固定资产有关的经济利益预期实现方式有重大改变的，应当改变固定资产折旧方法。固定资产的使用寿命、预计净残值和折旧方法的改变

应当作为会计估计变更。通过对固定资产的使用寿命、预计净残值和折旧方法进行恰当地调整，使固定资产信息更加真实，也更加有助于会计信息使用者作出正确的经济决策。

(六) 固定资产折旧的核算

固定资产应当按月计提折旧，计提的折旧应当计入“累计折旧”科目，并根据用途计入相关资产的成本或当期损益。企业自行建造固定资产使用过程中的固定资产，其计提的折旧应计入“在建工程”成本；基本生产车间所使用的固定资产，其计提的折旧应计入“制造费用”；管理部门所使用的固定资产，其计提折旧应计入“管理费用”；销售部门所使用的固定资产，其计提折旧应计入“销售费用”；经营租出的固定资产，其应提的折旧额应计入“其他业务成本”；闲置不用的固定资产，其应提的折旧额应计入“管理费用”科目。企业计提固定资产折旧时，借记“制造费用”、“销售费用”、“管理费用”、“其他业务成本”等科目，贷记“累计折旧”科目。

在我国会计中，企业各月固定资产折旧的计算一般是通过编制“固定资产折旧计算表”来完成的。该表可由会计部门编制，也可由固定资产的各使用部门编制，再由会计部门统一汇总。其编制依据是，本月固定资产折旧额 = 上月固定资产应计提的折旧额 + 上月增加的固定资产应计提的折旧额 – 上月减少的固定资产应计提的折旧额。“固定资产折旧计算表”的格式见表 6-2。

表 6-2　固定资产折旧额计算表

使用部门	上月计提折旧额	上月增加的固定资产应计折旧额	上月减少的固定资产应计折旧额	本月应计提的折旧额	备注
基本生产车间					
第一车间					
第二车间					
辅助生产车间					
供电车间					
机修车间					
企业管理部门					
合计					

三、完成工作任务评价

1. 完成计提固定资产折旧的工作任务

根据工作任务要求，按照工作任务操作流程，结合完成工作任务所需要的知识导航，解答引导案例中的问题。

2. 完成工作任务结果后的评价

按照要求和规程完成了计提固定资产折旧的工作任务后，参照老师给出的标准，任务的完成者与老师共同来评价工作任务的完成情况。

评价标准：

(1) 固定资产的折旧方法选择是否得当。

(2) 固定资产折旧额的计算是否正确。

(3) 根据所发生的业务填制相关记账凭证时所用的会计科目是否正确。

3. 完成工作任务后的收获

按照要求和规程完成了工作任务之后，结合老师对完成工作任务后的结果评价，你认为自己完成此项工作任务后有何收获？请将你的收获写出来，与老师和同学们一起交流和分享。

工作任务三　固定资产的后续支出

一、固定资产后续支出核算流程

引导案例：

某公司将三层办公楼扩建为四层，办公楼原值为 500 万元，已提折旧额为 200 万元，改良过程中以银行存款支付改良支出 400 万元。请编制上述业务的会计分录，并判定该改良支出的类型。

固定资产后续支出核算流程如下：

第一步：确定待改造固定资产的原值、折旧额。

第二步：确认改造支出(包含可资本化的利息)，判断改造的类型，做账务处理。

第三步：登记相关账簿。

二、知识导航

固定资产的后续支出是指固定资产在使用过程中发生的更新改造支出、修理费用等。企业的固定资产投入使用后，为了适应新技术发展的需要，或者为了维护或提高固定资产的使用效能，往往需要对现有的固定资产进行维护、改建、扩建或者改良，这些支出就是固定资产的后续支出。固定资产的后续支出通常包括固定资产在使用过程中发生的日常修理费、大修理费、更新改造支出和房屋的装修费等。

后续支出的处理原则为：满足固定资产确认条件的，应当计入固定资产成本，即固定资产后续支出应予以资本化；如果有被替换的部分，应同时将被替换部分的账面价值从该固定资产原账面价值中扣除。不满足固定资产确认条件的后续支出，应当在发生时计入当期损益，即固定资产的后续支出应予以费用化。

(一) 资本化的后续支出

在对固定资产发生可资本化的后续支出后，企业应将该固定资产的原价、已计提的累计折旧和减值准备转销，将固定资产的账面价值转入“在建工程”，并停止计提折旧。固定资产发生的可资本化的后续支出，通过“在建工程”科目核算。在固定资产发生的后续支出完工并达到预定可使用状态时，应在后续支出资本化后的固定资产账面价值不超过其可收回金额的范围内，从“在建工程”科目转入“固定资产”科目，并按重新确定的使用寿命、预计净残值和折旧方法计提折旧。

【例 6-13】 某公司将三层办公楼扩建为四层，办公楼原值为 10 000 000 元，已提折旧额为 4 000 000 元，改良过程中以银行存款支付改良支出 1 200 000 元，拆除部分取得变价收入 200 000 元存入银行。作会计分录如下：

(1) 将原办公楼转入在建工程，会计分录如下：

借：在建工程　　6 000 000
　　累计折旧　　4 000 000
　　贷：固定资产　　10 000 000

(2) 支付改良支出，会计分录如下：

借：在建工程　　1 200 000
　　贷：银行存款　　1 200 000

(3) 取得变价收入，会计分录如下：

借：银行存款　　200 000
　　贷：在建工程　　200 000(冲减工程支出)

(4) 将办公楼交付使用，会计分录如下：

借：固定资产　　7 000 000
　　贷：在建工程　　7 000 000

(二) 费用化的后续支出

一般情况下，固定资产投入使用之后，由于固定资产磨损、各组成部分耐用程度不同，可能会导致固定资产的局部损坏，为了维护固定资产的正常运转和使用，充分发挥其使用效能，企业会对固定资产进行必要的维护。

固定资产的日常维护支出通常不满足固定资产的确认条件，应在发生时直接计入当期损益。企业生产车间和行政管理部门等发生的固定资产修理费用等后续支出计入管理费用；企业专设销售机构的，其发生的与专设销售机构相关的固定资产修理费用等后续支出，计入销售费用。固定资产更新改造支出不满足固定资产确认条件的，也应在发生时直接计入当期损益。

融资租入的固定资产发生的后续支出，比照上述原则处理。经营租入固定资产发生的改良支出，应通过“长期待摊费用”科目核算，并在剩余租赁期与租赁资产尚可使用年限两者中较短的期限内，采用合理的方法进行摊销。

【例 6-14】 2017 年 6 月 1 日，甲公司对厂部现有的一台设备进行日常修理，修理过程中发生的材料费 90 000 元，应支付的维修人员工资为 10 000 元。

甲公司应作如下会计处理：

借：管理费用　　100 000
　　贷：原材料　　90 000
　　　　应付职工薪酬——工资　　10 000

三、完成工作任务评价

1. 完成固定资产后续支出的工作任务

根据工作任务要求，按照工作任务操作流程，结合完成工作任务所需要的知识导航，

解答引导案例中的问题。

2. 完成工作任务结果后的评价

按照要求和规划完成了固定资产后续支出的任务后，参照老师给出的标准，任务的完成者与老师共同来评价工作任务的完成情况。

评价标准：

(1) 固定资产后续支出类型判断是否正确。

(2) 固定资产后续支出金额计算是否正确。

(3) 根据所发生的业务填制相关记账凭证时所用的会计科目是否正确。

3. 完成工作任务后的收获

按照要求和规划完成了工作任务之后，结合老师对完成工作任务后的结果评价，你认为自己完成此项工作任务后有何收获？

工作任务四　固定资产处置

一、固定资产处置核算流程

引导案例：

固定资产账面原值 100 万，已经使用 5 年，共提取折旧 50 万。现在发生毁损(出售)，企业对此业务该如何进行处理？会涉及哪些会计科目的登记？

固定资产处置核算流程如下：

第一步：判断拟处置固定资产的类型。

第二步：确定拟处置固定资产的净值，并转置相关科目作账务处理。

第三步：待处置完成后对相关科目进行账务处理。

第四步：登记相关账簿。

二、知识导航

企业在生产经营中，可能将不适用或不需要的固定资产对外出售转让，或因磨损、技术进步、自然灾害等原因使固定资产发生报废或毁损，或由于企业经营需要对资产置换或抵债等。在上述事项发生时，应按规定程序办理有关手续，办理固定资产清理，同时结转固定资产的账面价值，计算有关的清理损益等。

固定资产处置包括固定资产的出售、报废、毁损、金融资产、非货币性资产交换、债务重组等。固定资产满足下列条件之一的，应当允以终止确认：该固定资产处于处置状态；该固定资产预期通过使用或处置不能产生经济利益。

(一) 出售、报废和毁损固定资产的会计处理

处置固定资产应通过“固定资产清理”科目核算。具体包括以下几个环节。

(1) 固定资产转入清理。企业因出售、报废或毁损而转出的固定资产，按照固定资产的账面价值，借记“固定资产清理”科目，按已计提的累计折旧，借记“累计折旧”科目，按已计提的减值准备，借记“固定资产减值准备”科目，按其账面原价，贷记“固定资产”科目。

(2) 发生的清理费用。固定资产清理过程中应支付的相关税费及其他费用，借记“固定资产清理”科目，贷记“银行存款”、“应交税费——应交营业税”等科目。

(3) 收回出售固定资产的价款、残料价值和变价收入或保险赔偿。收回出售固定资产的价款、残料价值和变价收入或保险赔偿等，借记“银行存款”、“原材料”、“其他应收款”等科目，贷记“固定资产清理”科目。

(4) 清理净损益的处理。固定资产清理完成后，属于生产经营期间正常的处理损失，借记“营业外支出——处置非流动资产损失”科目，贷记“固定资产清理”科目；属于自然灾害等非正常原因造成的损失，借记“营业外支出——非常损失”科目，贷记“固定资产清理”科目。如为贷方余额，借记“固定资产清理”科目。贷记“营业外收入——处置非流动资产利得”科目。

【例 6-15】 甲公司出售一座仓库，出售收入为 150 000 元，出售过程中，支付清理费用 5 000 元，营业税 7 500 元。该仓库的账面原值为 300 000 万元，已提折旧 180 000 元，未计提减值准备，不考虑其他税费。

甲公司应作如下会计处理。

(1) 将固定资产转入清理，会计分录如下：

借：固定资产清理　　120 000
　　累计折旧　　180 000
　　贷：固定资产　　300 000

(2) 收取价款，会计分录如下：

借：银行存款　　150 000
　　贷：固定资产清理　　150 000

(3) 发生清理费用，会计分录如下：

借：固定资产清理　　5 000
　　贷：银行存款　　5 000

(4) 计算应纳的增值税，会计分录如下：

借：固定资产清理　　7 500
　　贷：应交税费——应交增值税(销项税额)　　7 500

(5) 结转出售固定资产清理净收益，会计分录如下：

借：固定资产清理　　17 500
　　贷：营业外收入　　17 500

【例 6-16】 甲公司一项固定资产毁损，原价为 600 000 元，预计净残值率为 5%，预计使用寿命为 10 年，已经使用 8 年 3 个月，以银行存款支付清理费用 3 000 元，残料价值 4 000 元，未计提减值准备，应收保险公司赔偿 2 500 元。假定固定资产采用年限平均法计提折旧，甲公司应作如下会计处理。

(1) 将固定资产转入清理时，会计分录如下：

$$\text{已计提折旧}=\frac{600\ 000\times(1-5\%)}{10\times12}\times(8\times12+3)=470\ 250$$

借：固定资产清理　　129 750

累计折旧　470 250

贷：固定资产　600 000

(2) 支付清理费，会计分录如下：

借：固定资产清理　3 000

贷：银行存款　3 000

(3) 收回残料入库，会计分录如下：

借：原材料　4 000

贷：固定资产清理　4 000

(4) 应收保险公司赔偿，会计分录如下：

借：其他应收款——保险公司　2 500

贷：固定资产清理　2 500

(5) 结转固定资产清理净损失，会计分录如下：

借：营业外支出——非常损失　126 250

贷：固定资产清理　126 250

【例 6-17】 A 公司现有一台设备由于性能等原因决定提前报废，原价为 600 000 元，已计提折旧 450 000 元，未计提减值准备。报废时的残值变价收入为 50 000 元，报废清理过程中发生清理费用 3 500 元。有关收入、支出均通过银行办理结算。

A 公司应作如下会计处理：

(1) 将报废固定资产转入清理，会计分录如下：

借：固定资产清理　150 000

累计折旧　450 000

贷：固定资产　600 000

(2) 收回残料变价收入，会计分录如下：

借：银行存款　50 000

贷：固定资产清理　50 000

(3) 支付清理费用，会计分录如下：

借：固定资产清理　3 500

贷：银行存款　3 500

(4) 结转报废固定资产发生的净损失，会计分录如下：

借：营业外支出——非流动资产处置损失　103 500

贷：固定资产清理　103 500

(二) 金融资产固定资产的会计处理

企业金融资产减少的固定资产，首先应按固定资产的账面价值，借记“固定资产清理”科目，按固定资产已提的折旧，借记“累计折旧”科目，按固定资产已提的减值准备，借记“固定资产减值准备”科目，按固定资产的原值，贷记“固定资产”科目；然后按固定资产账面价值和相关税费合计数，借记“长期股权投资”科目，按固定资产清理的余额，贷记“固定资产清理”科目，按应负担的相关税费，贷记“应交税费”、“银行存款”等科目。

【例 6-18】 A 公司以一项固定资产投资给 B 公司，该固定资产的账面原值为 1 000 000 元，

已提折旧 500 000 元，已提减值准备为 100 000 元。固定资产投资过程中以银行存款支付清理费用 20 000 元，应交营业税 30 000 元。A 公司取得的投资按成本法核算，其会计分录如下：

借：固定资产清理	400 000	
累计折旧	500 000	
固定资产减值准备	100 000	
贷：固定资产		1 000 000
借：长期股权投资——B 公司	450 000	
贷：固定资产清理		400 000
应交税费——应交增值税(销项税额)		3 000
银行存款		20 000

(三) 捐赠固定资产的会计处理

企业捐赠转出的固定资产，首先应按固定资产的账面价值，借记“固定资产清理”科目，按固定资产已提的折旧，借记“累计折旧”科目，按固定资产已提的减值准备，借记“固定资产清理”科目，按固定资产的原值，贷记“固定资产”科目；其次按固定资产捐赠过程中应负担的相关税费，借记“固定资产清理”科目，贷记“应交税费”、“银行存款”等科目；最后“固定资产清理”科目的余额，借记“营业外支出”科目，贷记“固定资产清理”科目。

【例 6-19】 A 公司将一台设备捐赠给 B 公司，该设备的原值为 200 000 元，已提折旧为 100 000 元，支付清理费用 10 000 元。其会计分录如下：

(1) 固定资产转入清理，会计分录如下：

借：固定资产清理	100 000	
累计折旧	100 000	
贷：固定资产		200 000

(2) 支付清理费用，会计分录如下：

借：固定资产清理	10 000	
贷：银行存款		10 000

(3) 结转余额，会计分录如下：

借：营业外支出	110 000	
贷：固定资产清理		110 000

(四) 其他方式减少的固定资产

其他方式减少的固定资产，如以固定资产清偿债务、非货币交易换出固定资产等，分别在其他的项目中介绍。

三、完成工作任务评价

1. 完成固定资产处置的工作任务

根据工作任务要求，按照工作任务操作流程，结合完成工作任务所需要的知识导航，

解决引导案例中的问题。

2. 完成工作任务结果后的评价

按照要求和规程完成了固定资产处置的任务后，参照老师给出的标准，任务的完成者与老师共同来评价工作任务的完成情况。

评价标准：

(1) 固定资产处置类型判断是否准确。

(2) 固定资产清理费用、处置收入及清理净损益计算是否正确。

(3) 根据所发生的业务填制相关记账凭证时所用的会计科目是否正确。

3. 完成工作任务后的收获

按照要求和规程完成了工作任务之后，结合老师对完成工作任务后的结果评价，你认为自己完成此项工作任务后有何收获？请将你的收获写出来，与老师和同学们一起交流和分享。

工作任务五　固定资产的清查核算

一、固定资产清查核算流程

引导案例：

大江公司 2017 年年底对固定资产进行了盘点，盘盈一台仪器，当前市场价格为 8 000 元，估计折旧 3 000 元；盘亏一台设备，原始价值为 5 000 元，已计提折旧 2 000 元。根据盘点结果，进行会计处理。

固定资产清查核算的流程如下：

第一步：编制固定资产盘点表。

第二步：根据盘点结果，确定盘亏及盘盈固定资产的价值。

第三步：针对盘点结果，进行账务处理。

二、知识导航

企业应定期或者至少每年年末对固定资产进行清查盘点，以保证固定资产核算的真实性，充分挖掘企业现有固定资产的潜力。在固定资产清查过程中，如果发现盘盈、盘亏的固定资产，应填制固定资产盘盈盘亏报告表。清理固定资产的损益，应及时查明原因，并按照规定程序报批处理。

(一) 固定资产盘盈

企业在财产清查中盘盈的固定资产，作为前期差错处理。发生固定资产盘盈时，在按管理权限报经批准处理前应先通过“以前年度损益调整”科目核算。盘盈的固定资产，应按以下规定确定其入账价值：如果同类或类似固定资产存在活跃市场的，按同类或类似固定资产的价格，减去按该项资产的新旧程度估计的价值损耗后的余额，作为入账价值；如果同类或类似固定资产不存在活跃市场的，按该项固定资产的预计未来现金流量的现值，作为入账价值。企业应按上述规定确定的入账价值，借记“固定资产”科目，贷记“以前年度损益调整”科目。

【例 6-20】 乙公司在财产清查过程中，发现一台未入账的设备，按同类或类似商品市场价值，减去按该项资产的新旧程度估计的价值损耗后的余额为 40 000 元(假定与其计税基础不存在差异)。根据《企业会计准则第 28 号——会计政策、会计估计变更和差错更正》规定，该盘盈固定资产作为前期差错进行处理。假定乙公司实用的所得税税率为 25%，按净利润的 10%计提法定盈余公积。本年净利润为 39 000 元。乙公司应作如下会计处理。

(1) 盘盈固定资产时，会计分录如下：

借：固定资产　40 000

　　贷：以前年度损益调整　40 000

(2) 确定应交纳的所得税时，会计分录如下：

借：以前年度损益调整　10 000

　　贷：应交税费——应交所得税　10 000

(3) 补提法定盈余公积时，会计分录如下：

借：以前年度损益调整　3 000

　　贷：盈余公积——法定盈余公积　3 000

(4) 结转以前年度损益调整时，会计分录如下：

借：以前年度损益调整　27 000

　　贷：利润分配——未分配利润　27 000

(二) 固定资产盘亏

企业在财产清查中盘亏的固定资产，按盘库固定资产的账面价值，借记“待处理财产损益”科目，按已计提的累计折旧，借记“累计折旧”科目，按已计提的减值准备，借记“固定资产减值准备”科目，按固定资产的原价，贷记“固定资产”科目。按管理权限报经批准后处理时，按可收回的保险赔偿或过失人赔偿，借记“其他应收款”科目，按应计入营业外支出的金额，借记“营业外支出——盘亏损失”科目，贷记“待处理财产损益”科目。

【例 6-21】 某公司在财产清查中发现盘亏设备一台，其原值为 25 000 元，已提折旧 10 000 元，报经有关部门审批后，将盘亏的固定资产转作营业外支出，应编制如下会计分录：

(1) 盘亏时会计分录如下：

借：待处理财产损益——待处理固定资产损益　15 000

　　累计折旧　10 000

　　贷：固定资产　25 000

(2) 批准转销时会计分录如下：

借：营业外支出——盘亏损失　15 000

　　贷：待处理财产损益——待处理固定资产损益　15 000

【例 6-22】 承例 6-21，经查，上述固定资产盘亏属于自然灾害造成的，应收保险公司赔偿 2 000 元，经批准后，企业应编制如下会计分录：

借：其他应收款——保险公司　2 000

营业外支出——盘亏损失　　13 000

贷：待处理财产损益——待处理固定资产损益　　15 000

三、完成工作任务评价

1. 完成固定资产清查核算的工作任务

根据工作任务要求，按照工作任务操作流程，结合完成工作任务所需要的知识导航，解答引导案例中的问题。

2. 完成工作任务结果后的评价

按照要求和规程完成了固定资产清查的任务后，参照老师给出的标准，任务的完成者与老师共同来评价工作任务的完成情况。

评价标准：

(1) 固定资产清查结果是否正确。

(2) 盘亏、盘盈固定资产的金额是否计算准确。

(3) 根据所发生的业务填制有关记账凭证时所用的会计科目是否正确。

3. 完成工作任务后的收获

按照要求和过程完成了工作任务之后，结合老师对完成工作任务后的结果评价，你认为自己完成此项工作任务后有何收获？请将你的收获写出来，与老师和同学们一起交流和分享。

工作任务六　固定资产的减值核算

一、固定资产减值核算的流程

引导案例：

大江公司 2017 年年底对固定资产进行减值测试，发现公司一条生产线存在可能发生减值的迹象，经计算，该生产线的可收回金额合计为 1 230 000 元，账面价值为 1 400 000 元，以前年度未对该生产线计提过减值准备。

请对该业务进行会计处理。

固定资产减值核算的流程如下：

第一步：进行固定资产减值测试。

第二步：确定固定资产减值的金额。

第三步：对固定资产减值业务进行账务处理。

二、知识导航

固定资产在资产负债表日存在可能发生减值的迹象时，其可收回金额低于账面价值的，企业应当将该固定资产的账面价值减记至可收回金额，减记的金额确认为减值损失，计入当期损益，同时计提相应的资产减值准备，借记“资产减值损失”科目，贷记“固定资产减值准备”科目。固定资产减值准备损失一经确认，在以后会计期间不得转回。

【例 6-23】 2017 年 12 月 31 日，甲公司的某生产线存在可能发生减值的迹象。经计算，该生产线的可收回金额合计为 2 230 000 元，账面价值为 2 400 000 元，以前年度未对该生产线计提过减值准备。

由于该生产线的可收回金额为 2 230 000 元，账面价值为 2 400 000 元，可收回金额低于账面价值，应按两者之间的差额 170 000(2 400 000 − 2 230 000)元计提固定资产减值准备。甲公司应作如下会计处理：

借：资产减值损失——计提的固定资产减值准备　　170 000

　　贷：固定资产减值准备　　　　　　　　　　　　　170 000

三、完成工作任务评价

1. 完成固定资产减值核算的工作任务

根据工作任务要求，按照工作任务操作流程，结合完成工作任务所需要的知识导航，解决具体任务。

2. 完成工作任务结果后的评价

按照要求和规程完成了固定资产减值核算的任务后，参照老师给出的标准，任务的完成者与老师共同来评价工作任务的完成情况。

评价标准：

(1) 固定资产是否存在减值迹象。

(2) 固定资产减值的金额计算是否正确。

(3) 根据所发生的业务填制相关记账凭证时所用的会计科目是否正确。

3. 完成工作任务后的收获

按照要求和过程完成了工作任务之后，结合老师对完成工作任务后的结果评价，你认为自己完成此项工作任务后有何收获？请将你的收获写出来，与老师和同学们一起交流和分享。

课后练习题

一、单项选择题

1. 某企业为延长甲设备的使用寿命，2017 年 6 月份对其进行改良并于当月完工，改良时发生相关支出共计 20 万元，估计能使甲设备延长使用寿命 2 年。根据 2017 年 6 月末的账面记录，甲设备的原账面原价为 120 万元，已提折旧为 57 万元，未计提减值准备。若确定甲设备改良完工后的可收回金额为 78 万元，则该企业 2017 年 6 月份可以予以资本化的甲设备后续支出为(　　)万元。

A. 0　　B. 15　　C. 18　　D. 20

2. 某设备的账面原价为 80 000 元，预计使用年限为 5 年，预计净残值为 5 000 元，按年数总和法计提折旧。该设备在第 3 年应计提的折旧额为(　　)元。

A. 15 000　　B. 30 000　　C. 10 000　　D. 5 000

3. 下列固定资产中，应计提折旧的是(　　)。

A. 未提足折旧提前报废的房屋　　B. 闲置的房屋

C. 已提足折旧继续使用的房屋　　D. 经营租赁租入的房屋

4. 某大型生产线达到预定可使用状态前进行联合试车发生的费用，应记入的会计科目是(　　)。

A. 长期待摊费用　　B. 营业外支出

C. 在建工程　　D. 管理费用

5. 某设备的账面原价为800万元，预计使用年限为5年，预计净残值为20万元，采用双倍余额递减法计提折旧，该设备在第2年应计提的折旧额为(　　)万元。

A. 195.2　　B. 192　　C. 187.2　　D. 124.3

6. 某项固定资产原值为15 500元，预计使用年限为5年，预计净残值为500元，按双倍余额递减法计提折旧，则第三年末该固定资产的账面价值为(　　)元。

A. 5 580　　B. 6 320　　C. 3 348　　D. 6 500

7. 某企业购入一台需要安装的设备，取得的增值税发票上注明的设备买价为50 000元，增值税额为8 500元，支付的运输费为2 500元，设备安装时领用工程用材料价值1 000元(不含税)，购进该批工程用材料的增值税为170元，设备安装时支付有关人员工资2 000元。该固定资产的成本为(　　)元。

A. 64 170　　B. 61 000　　C. 64 000　　D. 62 170

8. 某企业对账面原价为100万元，累计折旧为60万元的某一项固定资产进行清理。清理时发生清理费用5万元，清理收入80万元(按5%的营业税率交纳营业税，其他税费略)。该固定资产的清理净收入为(　　)万元。

A. 31　　B. 35　　C. 41　　D. 45

9. 某企业2016年6月28日自行建造的一条生产线投入使用，该生产线建造成本为370万元，预计使用年限为5年，预计净残值为10万元。在采用年数总和法计提折旧的情况下，2016年该设备应计提的折旧额为(　　)万元。

A. 120　　B. 70　　C. 60　　D. 74

10. 企业的固定资产在盘盈盘亏时应通过下列哪个账户核算(　　)。

A. 在建工程　　B. 固定资产清理

C. 待处理财产损溢　　D. 管理费用

11. 某项固定资产的账面原价为80 000元，预计使用年限为5年，预计净残值为5 000元，按年数总和法计提折旧。若该项固定资产在使用的第3年末，因技术陈旧等原因首次计提减值准备，金额为其账面价值的10%，则该项固定资产在第3年末的净额为(　)元。

A. 14 400　　B. 15 000　　C. 16 000　　D. 18 000

12. 购入需要安装的固定资产的增值税进项税额计入(　　)。

A. 固定资产　　B. 营业外支出　　C. 在建工程　　D. 应交税金

13. 某企业购入一台需要安装的设备，取得的增值税发票上注明的设备买价为50 000元，增值税额为8 500元，支付的运输费为1 500元，设备安装时领用工程用材料价值1 000元(不含税)，购进该批工程用材料的增值税为170元，设备安装时支付有关人员工资2 000元。该固定资产的成本为(　　)元。

A. 63 170　　B. 60 000　　C. 63 000　　D. 61 170

14. 固定资产改良过程中取得的变价收入应记入(　　)账户。

A.“营业外支出”　　B.“在建工程”

C.“营业外收入”　　D.“固定资产清理”

15. 某国有工业企业，2014 年 5 月份发生一场火灾，共计损失 120 万元，其中：流动资产损失 75 万元；固定资产损失 45 万元。经查明事故原因是由于雷击所造成的。企业收到保险公司赔款 30 万元，固定资产保险赔款 10 万元。企业由于这次火灾损失而应计入营业外支出的金额为(　　)万元。

A. 120　　B. 80　　C. 45　　D. 35

16. 对在建工程项目发生的净损失，如为非常损失造成的报废或毁损，应将其净损失计入当期(　　)。

A. 营业外支出　　B. 在建工程　　C. 管理费用　　D. 固定资产

17. 企业一次购入多项设有标价的固定资产，各项固定资产的原价应按(　　)。

A. 各项固定资产的重置完全价值确定

B. 各项固定资产市场价格的比例进行分配后确定

C. 各项同类固定资产的历史成本确定

D. 各项同类固定资产的净值确定

18. 和平均年限法相比，采用年数总和法对固定资产计提折旧将使(　　)。

A. 计提折旧的初期，企业利润减少，固定资产净值减少

B. 计提折旧的初期，企业利润减少，固定资产原值减少

C. 计提折旧的后期，企业利润减少，固定资产净值减少

D. 计提折旧的后期，企业利润减少，固定资产原值减少

二、多项选择题

1. 购入的固定资产，其入账价值包括(　　)。

A. 买价　　B. 运杂费　　C. 途中保险费　　D. 进口关税

E. 安装成本

2. 下列说法中正确的有(　　)。

A. 购置的不需要经过建造过程即可使用的固定资产，按实际支付的买价、包装费、运输费、安装成本、交纳的有关税金等，作为入账价值

B. 自行建造的固定资产，按建造该项资产达到预定可使用状态前所发生的必要支出，作为入账价值

C. 投资者投入的固定资产，按投资方原账面价值作为入账价值

D. 如果以一笔款项购入多项没有单独标价的固定资产，按各项固定资产公允价值的比例对总成本进行分配，分别确定各项固定资产的入账价值

E. 如果有迹象表明以前期间据以计提固定资产减值的各种因素发生变化，使得固定资产的可收回金额大于其账面价值，则以前期间已计提的减值损失应当转回，但转回的金额不应超过原已计提的固定资产减值准备

3. 下列固定资产中应计提折旧的有(　　)。

A．季节性停用的机器设备　　B．大修理停用的机器设备

C．未使用的机器设备　　D．按规定单独估价作为固定资产入账的土地

E．融资租入的固定资产

4. 下列与固定资产构建相关的支出项目中，构成一般纳税企业固定资产价值的有(　　)。

A．支付的增值税　　B．支付的耕地占用税

C．进口设备的关税

D．自营在建工程达到预定可使用状态前发生的借款利息(符合资本化条件)

E．自营在建工程达到预定可使用状态后发生的借款利息

5．下列哪些项目需记入“在建工程”科目(　　)。

A．不需安装的固定资产　　B．需要安装的固定资产

C．固定资产的改扩建　　D．应计入固定资产账面价值以外的后续支出

E．工程项目领用工程物资

6．下列固定资产中，不计提折旧的固定资产有(　　)。

A．土地　　B．当月增加的固定资产

C．未提足折旧提前报废的固定资产　　D．大修理停用的固定资产

E．当月减少的固定资产

7．下列项目中，应当对固定资产计提减值准备的有(　　)。

A．固定资产市价大幅度下跌，其跌幅大大高于因时间推移或正常使用而预计的下跌，并且预计在近期内不可能恢复

B．企业所处经营环境，如技术、市场、经济或法律环境，或者产品营销市场在当期发生或在近期发生重大变化，并对企业产生负面影响

C．固定资产陈旧过时或发生实体损坏等

D．固定资产预计使用方式发生重大不利变化，如企业计划终止或重组该资产所属的经营业务、提前处置资产等情形，从而对企业产生负面影响

E．固定资产的可收回金额大于固定资产的净值

8．对接受捐赠的固定资产的入账价值，下列说法中正确的有(　　)。

A．捐赠方提供了有关凭据的，按凭据上表明的金额加上应支付的相关税费，作为入账价值

B．捐赠方没有提供有关凭据的，同类或类似固定资产存在活跃市场的，按同类或类似固定资产的市场价格估计的金额，加上应支付的相关税费，作为入账价值

C．捐赠方没有提供有关凭据的，同类或类似固定资产不存在活跃市场的，按该接受捐赠的固定资产的预计未来现金流量的现值，作为入账价值

D．接受捐赠的如系旧的固定资产，应按其重置完全价值作为入账价值

E．接受捐赠的如系旧的固定资产，固定资产的入账价值应考虑该项资产的新旧程度

9．“固定资产清理”账户的贷方登记的项目有(　　)。

A．转入清理的固定资产的净值　　B．变价收入

C．结转的清理净收益　　D．结转的清理净损失

E．应交的营业税

10．下列不能在“固定资产”账户核算的有(　　)。

A．购入正在安装的设备

B．经营性租入的设备

C．融资租入的不需安装的设备

D．购入的不需安装的设备

E．固定资产的装修费用

三、计算及会计处理题

1．某企业于 2017 年初自行建造仓库一座，购入为工程准备的各种物资 257.4 万元(含增值税)，实际领用工程物资(含增值税) 234 万元，剩余物资转作企业生产用原材料；另外还领用了企业生产用的原材料一批，实际成本为 30 万元，应转出的增值税为 5.1 万元；分配工程人员工资 20 万元，企业辅助生产车间为工程提供有关劳务支出 10.9 万元，工程于 2017 年 3 月达到预定可使用状态并交付使用。该企业对该项固定资产采用年数总和法计提折旧，预计使用年限为 5 年，预计净残值率为 5%。

要求：

① 计算工程完工交付使用时固定资产的入账价值。

② 编制 2017 年与工程物资和固定资产构建有关的会计分录。

③ 计算 2017 年和 2004 年该项固定资产的折旧额。

(金额单位用万元表示。)

2．某企业于 2016 年 9 月 5 日对一生产线进行改扩建，改扩建前该生产线的原价为 1 200 万元，已提折旧 200 万元，已提减值准备 50 万元。在改扩建过程中领用工程物资 200 万元，领用生产用原材料 50 万元，原材料的进项税额为 8.5 万元。发生改扩建人员工资 80 万元，用银行存款支付其他费用 61.5 万元。该生产线于 2016 年 11 月 20 日达到预定可使用状态。该企业对改扩建后的固定资产采用双倍余额递减法计提折旧，预计尚可使用年限为 10 年，预计净残值为 50 万元。

要求：

① 编制上述与固定资产改扩建有关业务的会计分录。

② 计算改扩建后的固定资产 2017 年应计提的折旧额。

项目七　无形资产及其他资产核算

★ 知识目标

(1) 了解无形资产的分类、内容和其他资产的主要内容。
(2) 理解无形资产的概念、特征、确认以及无形资产入账价值的构成。
(3) 掌握无形资产取得、摊销、期末计价以及转让的核算方法。

★ 技能目标

(1) 能够对无形资产进行准确分类。
(2) 能够准确确定无形资产和其他资产的入账价值。
(3) 能够对无形资产取得、摊销、期末计价以及转让业务进行账务处理。

模块一　无形资产及其他资产核算任务设计

随着知识经济的到来，经济发展和社会进步将越来越多地依赖于知识、技术的积蓄和信息的有效利用。在目前激烈的市场竞争中，企业竞争的优势更多来自于企业的无形资产。资料显示，当前美国许多高新技术企业的无形资产价值已超过了总资产的60%，无形资产逐渐替代有形资产成为企业的首要生产要素。因此，在经济决策中，决策者对无形资产价值信息的需求越来越多，对无形资产价值的质量要求也越来越高。通过本项目的学习，要知道无形资产的确认条件及计量和基本业务的处理方法。

任务设计一　任 务 导 读

大华创新科技有限公司是一家以研发新型技术和产品为主的企业，该公司自成立以来，自主研发和引进了多项专利技术，无形资产在企业的资产中所占比重很大。因此，对于无形资产的日常管理和正确的核算尤为重要。吴月是该公司的一名会计，主要负责单位无形资产的核算工作。为了提高会计人员的业务水平，公司财务部定期举办会计知识培训班，并组织会计知识大赛。最近一次比赛内容是无形资产的管理和核算，吴月想，我平日就负责无形资产的核算工作，应该说不难，但是新准则对无形资产的规范变动较大，所以还是要精心准备。于是，吴月就事先设计出一些模拟业务，如什么样的资产属于无形资产？不同方式取得的无形资产入账价值如何确定？无形资产的使用寿命和摊销金额如何确定？转让无形资产的收益如何计量？期末无形资产如何计价？

假如你是吴月，该如何回答这些问题呢？

任务设计二　任 务 提 出

无形资产是企业生产经营发展过程中的重要资产，主要包括专利权、非专利权、商标权、著作权、特许经营权和土地使用权等。作为会计人员应该协同其他各部门，运用正确的方法对无形资产进行确认和计量，加强企业无形资产的管理，提高企业经济效益。通过本项目的学习，应明确下列问题。

问题 1：无形资产的内容是什么？

问题 2：无形资产的确认、初始计量标准是什么？

问题 3：无形资产取得、摊销、期末计价以及转让业务如何处理？

问题 4：其他资产的主要内容是什么？

问题 5：其他资产的业务处理方法是什么？

任务设计三　任 务 分 析

作为会计人员，应该了解无形资产的分类、内容和其他资产的主要内容，理解无形资产的概念、特征、确认以及无形资产入账价值的构成，掌握无形资产取得、摊销、期末计价以及转让的核算方法。

任务设计四　预 备 知 识

与前面所学的货币资金、存货、固定资产不同，有一种资产，它没有实物形态，为企业长期使用，企业从中获得超额的经济效益，这就是无形资产。

一、无形资产

1. 无形资产的概念及特征

无形资产是指企业拥有或者控制的、没有实物形态的可辨认非货币性资产。从无形资产的定义可以看出无形资产具有以下特征。

(1) 不具备实物的形态。无形资产是不具备实物形态的资产，这是区别于固定资产、存货等有形资产最为显著的标志。

(2) 给企业带来经济效益具有不确定性。无形资产有可能长期提供经济效益，但是这种长期性的经济效益是在一定的前提条件下才满足的，这个条件就是社会发展比较平稳、技术更新速度不是很快；否则，无形资产提供效益的长期性以及无形资产本身的价值将会发生很大的改变。例如，新的技术出现迅速替代企业现有的专利技术，此时企业所取得的无形资产就会失去原有的价值，那么它所提供的经济效益就很难估计了。

(3) 具有可辨认性。也就是说，无形资产能够从企业中分离或者划分出来，并能单独或者与相关合同、资产或负债一起，用于出售、转移、授权许可、租赁或者交换；或者源自合同性权利或者其他法定权利，无论这些权利是否可以从企业或者其他权利和义务中转移或者分离。无法与企业自身分离，不具有可辨认性，是不能作为无形资产的，如商誉。

2. 无形资产的内容与分类

1) 无形资产的内容

无形资产包括专利权、非专利技术、商标权、著作权、特许经营权和土地使用权等。

(1) 专利权：指发明人在法定期限内对某一发明创造价值所拥有的特殊权利。专利人所拥有的专利权受到国家法律的保护，在其合法持有期间允许独家使用和控制。但是不是所拥有的专利权都可以作为企业的无形资产入账，有些专利权不一定能为企业带来较大的经济效益，或者根本不能带来经济效益，这样的专利权就不能作为企业的无形资产入账。

(2) 非专利技术：也称专有技术，是指未经公开也未经申请专利权的先进技术、资料、技能和知识等。非专利技术由于未申请专利权，所以不受法律保护，因而非专利技术一旦泄密，被其他企业掌握，将失去它的超额价值。非专利技术具有机密性、经济型和动态性等特征。非专利技术从经济上具有专利的效用，可以自己使用，也可以转让金融资产。与专利权相比，非专利技术主要有两个方面的不同：一是不受法律保护；二是没有使用寿命的法律规定。企业如果保密工作出色，非专利技术可以永远为企业服务。

(3) 商标权：指企业专门在某种指定的商品上使用特定的名称、图案和标记的权利。企业的商标权在法律上受到保护，其他企业不得使用同样的商标。商标是一个企业的标志，是联系企业和消费者的纽带，一个好的商标的价值是非常大的，它的经济价值远远超过了该企业的有形资产，可以为企业带来巨大的超额利益。一个商标的实际价值是企业在长期的生产经营中创造的，因此它的价值是显而易见的。

(4) 著作权：指著作权对其著作依法享有的特殊权利。著作权包括发表权、署名权、修改权、保护作品完整权、使用权和获得报酬权等权利，著作权可以转让、出售或者赠予。著作权的创作成本包括创作支出和注册申请费用，著作权的购买成本是指全部购买支出。

(5) 特许经营权：简称专营权，是指企业享有的在特定地区经营或销售某种特定商品或从事某项服务的权利经营，或销售某种特定商品或从事某项服务的权利，或准许某企业使用特定专利、特定商标经营或销售某种特定商品或从事某项服务的权利。特许经营权，有的是政府机构授权的，如水、电、煤气、烟草专卖等；也有的是企业间授权的，如连锁分店等。

(6) 土地使用权：指国家准许某企业在一定期间对国家土地享有开发、利用、经营的权利。《中华人民共和国宪法》规定，土地属于国家和集体所有，任何社会组织或个人不能以任何理由侵占、买卖土地，但国有土地和集体土地的使用权可以依法转让。

目前，在我国企业中，有些国有企业的土地使用权是国家无偿划拨的，由于企业取得土地使用权未花费任何支出，所以不能将其作为无形资产核算，但如果向政府土地管理部门支付了土地出让金的，应将土地出让金计入“无形资产——土地使用权”账户，予以资本化。企业购买的土地使用权，应按购买支出作为无形资产成本。

2) 无形资产的分类

无形资产可以按有无法定使用期限分类，也可以按其取得方式分类。

(1) 无形资产按有无法定使用权限分为：有期限的无形资产和无期限的无形资产。有期限的无形资产包括专利权、商标权、著作权、特许经营权和土地使用权等；无期限的无形资产包括非专利技术等。无形资产按有无法定使用期限分类，既有利于加强对无形资产的保护，也有利于会计核算时确定无形资产的摊销期限。

(2) 无形资产按取得方式分为：外购的无形资产、自创的无形资产、按法律程序申请取得的无形资产、接受投资的无形资产和接受捐赠的无形资产。无形资产按取得方式分类，有利于合理确定无形资产的入账价值和摊销期限。

二、其他资产

其他资产是指除货币资金、交易性金融资产、应收及预付款项、存货、长期股权投资、固定资产、无形资产等以外的资产，如长期待摊费用、特种储备物资、银行冻结存款、冻结物资、涉及诉讼中的财产及临时设施等。

知识拓展

专利权及商标权的取得及期限

企业或个人向国务院专利行政部门申请专利和办理其他手续时，应当缴纳下列费用：

(1) 申请费、申请附加费、公布印刷费。

(2) 发明专利申请实质审查费、复审费。

(3) 专利登记费、公布印刷费、申请维持费、年费。

(4) 著录事项变更费、优先权要求费、恢复权利请求费、延长期限请求费、实用新型专利检索报告费。

(5) 无效宣告请求费、中止程序请求费、强制许可请求费的裁决请求费。

取得专利权后，专利权人在法定期限内享有独占权和专有权，发明专利权的期限为20年，实用新型专利权和外观设计专利权的期限为10年，均自申请日起计算。同时，专利权人应当自被授予专利权的当年开始缴纳年费，没有按照规定缴纳年费，专利权被终止。

自然人、法人或者其他组织在其生产、制作、加工、拣选或者经销的商品或者服务的项目上使用区别商品或者服务来源的标志(商标)，可以向国家商标局提出商标注册申请。

注册商标的有效期为10年，自核准注册之日起计算。注册商标有效期满，需要继续使用的，应当在期满前6个月内申请续展注册；在此期间未能提出申请的，可以给予6个月的宽限期。宽限期满仍未提出申请的，注销其注册商标。每次续展注册的有效期为10年。

商标注册人转让注册商标的，转让人和受让人应当签订转让协议，并共同向商标局提出申请。受让人应当保证使用该注册商标的商品质量。转让注册商标经核准后，予以公告。受让人自公告之日起享有商标专用权。商标注册人也可以通过签订商标使用许可合同，许可他人使用其注册商标。许可人应当监督被许可人使用其注册商标的商品质量。被许可人应当保证使用该注册商标的商品质量。经许可使用他人注册商标的，必须在使用该注册商标的商品上标明被许可人的名称和商品产地。商标使用权许可合同应当报商标局备案。

模块二　无形资产及其他资产核算工作任务

工作任务一　无形资产核算

有关无形资产的业务只要包括无形资产的取得、摊销、出租、出售及减值等，它们的核算准确与否会影响企业的成本或费用，进而影响企业的损益。企业应加以正确核算，准确地计算损益，从而为那些利益相关者提供真实的信息，以便其作出正确决策。

一、无形资产核算流程

引导案例：

大华公司2006—2017年与无形资产业务有关的资料如下：

(1) 2006年12月5日，大华公司以银行存款300万元向康乐公司购入专利权一项，该专利权尚可使用10年。

(2) 2007年12月31日，预计该无形资产的可收回金额为242万元。该无形资产发生减值后，原预定使用年限不变。

(3) 2008年12月31日，预计该无形资产的可收回金额为129.8万元，调整该无形资产减值准备后，原预计使用年限不变。

(4) 2017年1月10日，将该无形资产对外出售，取得价款130万元并存银行(不考虑相关税费)。

请对以上业务进行会计处理。

无形资产核算的流程如下：

第一步：熟悉无形资产的确认条件。

第二步：进行无形资产取得、摊销、转让、减值等业务的核算。

二、知识导航

(一) 无形资产核算的账户设置

为了核算无形资产的取得、摊销和处置等情况，企业应当设置“无形资产”、“累计摊销”等科目。

“无形资产”科目核算企业持有的无形资产成本，借方登记取得无形资产的成本，贷方登记出售无形资产转让的无形资产账面余额，期末借方余额，反映企业无形资产的成本。本科目应按无形资产项目设置明细账，进行明细核算。

“累计摊销”科目属于“无形资产”的调整科目，核算企业对使用寿命有限的无形资产计提的累计摊销，贷方登记企业计提的无形资产摊销，借方登记处置无形资产转让的累计摊销，期末贷方余额，反映企业无形资产的累计摊销额。

此外，企业无形资产发生减值的，还应当设置“无形资产减值准备”科目进行核算。

(二) 无形资产的确认

无形资产在满足以下两个条件时，企业才能加以确认。

(1) 与该无形资产有关的经济利益很可能流入企业。

如果某一无形资产产生的经济利益预期不能流入企业，就不能确认为企业的无形资产。如果某一无形资产产生的经济利益很可能流入企业，并同时满足无形资产确认的其他条件，则企业应将其确认为无形资产。例如，企业外购一项专利权从而拥有法定所有权，使得企业的相关权利受到法律的保护，此时，表明企业能够控制该项无形资产所产生的经济利益。

(2) 该无形资产的成本能够可靠地计量。

成本能够可靠地计量是资产确认的一项基本条件。对于无形资产来说，这个条件显得十分重要。例如，企业在自创商誉、品牌、报刊名等过程中发生的支出难以计量，因而不能将其作为企业的无形资产予以确认。

某个项目要确认为无形资产，必须符合无形资产的定义，还要符合以上两个条件。

(三) 无形资产的初始计量

无形资产应当按照成本进行初始计量。企业取得无形资产的主要方式有外购、自行研究开发和接受投资等，取得的方式不同，其会计处理也有所差别。

1. 外购的无形资产

外购无形资产的成本，包括购买价款、相关税费以及直接归属于使该项资产达到一定用途所发生的其他支出。按取得时实际支付的款项，借记“无形资产”科目，贷记“银行存款”等科目。

【例 7-1】 A 公司以银行存款 200 000 元引进一项专有技术，另支付相关的手续费 6 000 元，根据相关凭证，该企业会计处理如下：

借：无形资产——专有技术　　206 000

　贷：银行存款　　206 000

2. 自行开发的无形资产

企业内部要就开发项目所发生的支出，应区分研究阶段支出和开发阶段支出。研究阶段是探索性的，为进一步开发活动进行资料收集及相关方面的准备，已进行的研究活动将来是否转入开发、开发后是否会形成无形资产等均具有较大的不确定性。相对于研究阶段而言，开发阶段应当是已完成研究阶段的工作，在很大程度上具备了形成一项新产品或新技术的基本条件。

企业内部研究开发项目，研究阶段的支出应当于发生时计入当期损益，即管理费用。

企业内部研究开发项目开发阶段的支出，同时满足下列条件时才能确认为无形资产。

(1) 完成该无形资产以使其能够使用或出售在技术上具有可行性。

(2) 具有完成该无形资产并使用或出售的意图。

(3) 归属于该无形资产开发阶段的支出能够可靠地计量。

无法区分研究阶段和开发阶段的支出，应当在发生时作为管理费用全部计入当期损益。

企业应当设置“研发支出”科目，核算企业进行研究与开发无形资产过程中发生的各项支出，按照研究开发项目分别设置“费用化支出”与“资本化支出”进行明细核算。企业自行开发无形资产发生的研发支出不满足资本化条件的，借记“研发支出——费用化支出”科目；满足资本化条件的，借记“研发支出——资本化支出”科目，贷记“原材料”、“银行存款”、“应付职工薪酬”等科目。研究开发项目达到预定用途形成无形资产的，应按“研发支出——资本化支出”科目余额，借记“无形资产”科目，贷记“研发支出——资本化支出”科目。期末，应将“研发支出——费用化支出”科目归集的金额，转入“管理费用”科目，借记“管理费用”科目，贷记“研发支出——费用化支出”科目。

【例 7-2】 A 公司自行研发一项技术。截止到 2008 年 12 月 31 日，发生研发支出合计 122 000 元，其中领用原材料成本 20 000 元，发放科研人员工资 100 000 元，以银行存款支付其他费用 2 000 元。经测试，该项研发活动完成了研究阶段。从 2017 年 1 月 1 日开始进入开发阶段。2017 年 1 月至 6 月发生开发支出 358 000 元，假定符合《企业会计准则第 6 号——无形资产》规定的开发支出资本化的条件。2017 年 6 月 30 日，该研发活动结束，最终开发出一项非专利技术。A 公司应作如下会计处理：

(1) 2008 年发生研发支出，会计分录如下：

借：研发支出——费用化支出　　122 000
　贷：原材料　　20 000
　　应付职工薪酬　　100 000
　　银行存款　　2 000

(2) 2008 年 12 月 31 号，发生的研发支出全部属于研究阶段的支出，会计分录如下：

借：管理费用　　122 000
　贷：研发支出——费用化支出　　122 000

(3) 2017 年，发生开发支出并满足资本化确认条件，会计分录如下：

借：研发支出——资本化支出　　358 000
　贷：银行存款　　358 000

(4) 2017 年 6 月 30 日，该技术研发完成并形成无形资产，会计分录如下：

借：无形资产　　358 000
　贷：研发支出——资本化支出　　358 000

3. 投资者投入的无形资产

投资者投入无形资产的成本，应当按照投资合同或协议约定的价值确定，但是合同或协议约定价值不公允的除外。

【例 7-3】 A 公司接受某公司的一项专利技术投资，该专利技术的账面剩余价值是 200 000 元，投资双方经过确认以后价值是 180 000 万元，则 A 公司的会计处理如下：

借：无形资产——专利技术　　180 000
　贷：实收资本　　180 000

4. 取得土地使用权

企业取得土地使用权，通常应当按照取得时所支付的价款及相关税费确认为无形资产。土地使用权用于自行开发建造厂房等地上建筑物时，土地使用权的账面价值不与地上建筑物合并计算其成本，而仍作为无形资产进行核算，并按期摊销。但是，如果是房地产企业取得的土地使用权用于建造对外出售的商品房的，其相关的土地使用权的价值应当计入所建造的房屋、建筑物的成本。

【例 7-4】 A 公司 2017 年 1 月以 20 000 000 元的价格购入一块土地使用权，准备在当年 6 月建造生产厂房。A 公司的会计处理如下：

借：无形资产——土地使用权　　20 000 000

　　贷：银行存款　　20 000 000

（四）无形资产的摊销

企业应当于取得无形资产时分析判断其使用寿命。无形资产的使用寿命如为有限的，应当估计该使用寿命的年限，或者构成使用寿命的产量等类似计量单位数量；无法预见无形资产为企业带来经济利益期限的，应当视为使用寿命不确定的无形资产。

企业持有的无形资产通常来源于合同性权利或其他法定权利，其使用寿命不应超过合同或法定规定的使用年限。但如果企业使用资产的预期期限短于合同或法律明确的使用年限，应按照预期使用年限来确定其使用寿命。

合同或法律没有规定使用寿命的，企业应当综合各方面因素判断以确定。无形资产能为企业带来经济利益的期限，经过上述方法仍无法合理确定无形资产为企业带来经济利益的期限的，才能将其作为使用寿命不确定的无形资产。

使用寿命有限的无形资产应进行摊销，使用寿命不确定的无形资产不应摊销。

无形资产的摊销期自其达到预定用途时起至终止确认时止。在无形资产的使用寿命内系统地分摊其应摊销金额，常采用的方法包括直线法和生产总量法等。企业选择的无形资产摊销方法，应当能够反映与该项无形资产有关的经济利益的预期实现方式，并一致地运用于不同会计期间；无法可靠确定其预期实现方式的，应当采用直线法进行摊销。企业应当按月对无形资产进行摊销。

无形资产的摊销额一般应当计入当期损益，并进入“累计摊销”科目。企业自用的无形资产。其摊销金额计入管理费用，借记“管理费用”科目，贷记“累计摊销”科目。出租的无形资产，其摊销金额计入其他业务成本，借记“其他业务成本”科日，贷记“累计摊销“科目。某项无形资产包含的经济利益通过所生产的产品或其他资产实现的，其摊销金额应当计入相关资产成本，借记“制造费用”等科目，贷记“累计摊销”科目。企业至少应当于每年年度终了，对使用寿命有限的无形资产的使用寿命及摊销方法进行复核。无形资产的使用寿命及摊销方法与以前估计不同的，应当改变摊销期限和摊销方法。

【例 7-5】 甲公司于 2017 年 2 月购入一项商标权以银行存款支付价款 480 000 元，估计可使用 8 年，法定规定其使用年限是 10 年。假定该项商标权的净残值为零，采用直线法摊销。甲公司的会计处理如下：

(1) 取得无形资产时，会计分录如下：

借：无形资产——专利权　　480 000

　　贷：银行存款　　480 000

(2) 按月摊销时，会计分录如下：

借：管理费用　　5 000

贷：累计摊销　　5 000

【例 7-6】 2017 年 1 月 1 日，甲公司将其自行开发完成的非专利技术出租给丁公司，该非专利技术成本为 6 000 000 元，双方约定的租赁期限为 10 年，甲公司每月应摊销 50 000(6 000 000 ÷ 10 ÷ 12)元。每月摊销时，甲公司应作如下会计处理：

借：其他业务成本　　50 000

贷：累计摊销　　50 000

(五) 无形资产的出租

企业让渡无形资产使用权形成的租金收入和发生的相关费用，分别确认为其他业务收入、其他业务成本。

【例 7-7】 2017 年 7 月 1 日，A 公司将其自行开发完成的非专利技术出租给 D 公司，每月租金 6 000 元，该非专利技术成本为 480 000 元，双方约定的租赁期限为 10 年。A 公司的营业税率为 5%。A 公司的账务处理如下：

(1) 收到租金时，A 公司应作如下会计处理：

借：银行存款　　6 000

贷：其他业务收入　　6 000

(2) 应交增值税为 300(6 000 × 5%)元，A 公司应作如下账务处理：

借：其他业务成本　　300

贷：应交税费——应交增值税(销项税额)　　300

(3) A 公司每月应摊销 4 000(480 000 ÷ 10 ÷ 12)元。每月摊销时，A 公司应作如下会计处理：

借：其他业务成本　　4 000

贷：累计摊销　　4 000

(六) 无形资产的出售

企业处置无形资产，应当将取得的价款扣除该无形资产账面价值以及出售相关税费后的差额计入营业外收入或营业外支出。

【例 7-8】A 公司将其购买的一项专有技术转让给 B 公司，该专利权的成本为 260 000 元。已摊销 80 000 元，应交增值税为 10 000 元，实际取得的转让价款为 200 000 元。款项已存入银行。A 公司应作如下会计处理：

借：银行存款　　200 000

累计摊销　　80 000

贷：无形资产　　260 000

应交税费——应交增值税(销项税额)　　10 000

营业外收入——非流动资产处置利得　　10 000

(七) 无形资产的减值

无形资产在资产负债表日存在可能发生减值的迹象时，其可收回金额低于账面价值时，企业应当将该无形资产的账面价值减记至可收回金额，减记的金额确认减值损失，计入当期损益，同时计提相应的资产减值准备，按应减记的金额，借记“资产减值损失——计提的无形资产减值准备”科目，贷记“无形资产减值准备”科目。无形资产减值损失一经确认，在以后会计期间不得转回。

【例 7-9】 2017 年 12 月 31 日，市场上某项新技术生产的产品销售势头较好，已对 A 公司产品的销售产生重大不利影响。A 公司外购的类似专利技术的账面价值为 1 800 000 元，剩余摊销年限为 5 年，经减值测试，该专利技术的可收回金额为 1 500 000 元。

由于该专利技术权在资产负债表日的账面价值为 1 800 000 元，可收回金额为 1 500 000 元。可收回金额低于其账面价值，应按其差额 300 000(1 800 000 − 1 500 000)元计提减值准备。A 公司应作如下会计处理：

借：资产减值准备——计提的无形资产减值准备　　300 000
　　贷：无形资产减值准备　　300 000

(八) 无形资产报废

如果无形资产预期不能为企业带来经济利益(如该无形资产已被其他新技术所代替)，则应将其报废并予以转销，其账面价值转作当期损益。转销时，应按已计提的累计摊销，借记“累计摊销”科目；按其账面金额，贷记“无形资产”科目；按其差额，借记“营业外支出”科目；已计提减值准备的，还应同时结转减值准备。

【例 7-10】 2017 年 12 月 31 日，A 公司某项专利权的账面原值为 8 000 000 元，该专利权摊销年限为 10 年，采用直线法摊销，已摊销 6 年。该专利权的残值为零，已累计计提减值准备 1 000 000 元。假定该专利权生产的产品已没有市场，预期不能再为企业带来经济利益。假定不考虑其他相关因素，A 公司的账务处理如下：

借：累计摊销　　4 800 000
　　无形资产减值准备　　1 000 000
　　营业外支出——处置费流动资产损失　　2 200 000
　　贷：无形资产　　8 000 000

三、完成工作任务评价

1. 完成无形资产核算的工作任务

根据工作任务要求，按照工作任务操作流程，结合完成工作任务所需要的知识导航，解答引导案例中的问题。

2. 完成工作任务结果后的评价

按照要求和规定完成了无形资产核算的任务后，参照老师给出的标准，任务的完成者与老师共同来评价工作任务的完成情况。

评价标准：

(1) 无形资产是否符合确认条件。

(2) 无形资产的初始计量及后续计量金额是否正确。

(3) 根据所发生的业务填制相关记账凭证时所用的会计科目是否正确。

3. 完成工作任务后的收获

按照要求和规程完成了工作任务之后，结合老师对完成工作任务后的结果评价，你认为自己完成此项工作任务后有何收获？请将你的收获写出来，与老师和同学们一起交流和分享。

工作任务二　其他资产核算

一、其他资产核算流程

引导案例：

大江公司于 2017 年 10 月与某企业签订经营性租赁合同，租入大型生产机器设备一台，租赁期为 6 年。根据合同规定，大江公司对该设备进行改良，所有的费用由大江公司自理。

大江公司在改良的过程中消耗原材料 3 000 元，发生工人的工资费用 13 000 元，以现金支付其他的费用 2 000 元，改良完成后交付车间使用。

请对以上业务进行账务处理。

其他资产核算的流程如下：

第一步：判断资产的性质，确定核算的账户。

第二步：进行长期待摊费用等其他资产的会计核算。

二、知识导航

(一) 长期待摊费用

“长期待摊费用”账户用于核算企业已经支出，但摊销期限在 1 年以上(不含 1 年)的各项费用，包括固定资产修理支出、租入固定资产的改良支出以及摊销期限在 1 年以上的其他待摊费用。在“长期待摊费用”账户下，企业应按费用的种类设置明细账，进行明细核算，并在会计报表附注中按照费用项目披露其摊余价值、摊销期限、摊销方式等。

会计核算原则如下：

(1) 本科目核算企业已经发生但应由本期和以后各期负担的分摊期限在 1 年以上的各项费用，如以经营租赁方式租入的固定资产发生的改良支出等。

(2) 本科目应按费用项目进行明细核算。

(3) 企业发生的长期待摊费用，借记本科目，贷记有关科目，贷记“银行存款”、“原材料”等科目。摊销长期待摊费用，借记“管理费用”、“销售费用”等科目，贷记本科目。

(4) 本科目期末借方余额，反映企业尚未摊销完毕的长期待摊费用的摊余价值。

【例 7-11】 2017 年 9 月 1 日，E 公司对其以经营租赁方式租入的办公楼进行装修，发生以下有关支出：领用生产用材料 60 000 元，购入该批原材料时支付的增值税进项税额为 10 200 元；辅助生产车间为该装修工程提供的劳务支出为 40 000 元；有关人员工资等职工薪酬 20 000 元，2017 年 12 月 1 日，该办公楼装修完工，达到预定可使用状态并交付使用，并按租赁期 10 年开始进行摊销。假定不考虑其他因素，E 公司应作如下会计处理：

(1) 装修领用原材料时，会计分录如下：

借：长期待摊费用　　　　　　　　70 200

　　贷：原材料　　　　　　　　　　　　60 000

应交税费——应交增值税(进项税额转出)　　10 200

(2) 辅助生产车间为装修工程提供劳务时，会计分录如下：

借：长期待摊费用　　40 000

　　贷：生产成本——辅助生产成本　　40 000

(3) 确认工程人员职工薪酬时，会计分录如下：

借：长期待摊费用　　20 000

　　贷：应付职工薪酬　　20 000

(4) 2017 年摊销装修支出时，会计分录如下：

$(70\ 200 + 40\ 000 + 20\ 000) \div (10 \times 12) \times 4 = 4\ 340$

借：管理费用　　4 340

　　贷：长期待摊费用　　4 340

(二) 其他长期资产

其他长期资产是指不能归入前述各项资产的资产，主要包括国家批准储备的特种物资、银行冻结存款、涉及诉讼中的财产、被冻结的物资和临时设施等。

国家批准储备的特种物资，是指经国家批准储备的、具有专门用途、不参加生产经营周转的物资，如抗洪救灾物资等。企业可以自行设置“特种储备物资”科目，核算国家批准储备的特种物资。

银行冻结存款，是指被有关政府行政执法部门冻结，不能正常使用的银行账户款项。企业可以自行设置“银行冻结存款”科目核算。

涉及诉讼中的财产，是指由于产权纠纷，进入司法程序后被法院认定为涉及诉讼、尚未判定所有权归属的财产。企业可以自行设置“诉讼中财产”科目核算。

被冻结的物资，是指由于各种原因，被有关政府行政执法部门冻结的不能正常处理的物资。企业可以自行设置“冻结物资”科目核算。

临时设施，是指企业临时建造的、不准备长期使用的临时建筑物，如工棚等。企业可以自行设置“临时设施”科目核算。

【例 7-12】 A 公司由于合同纠纷，被当地人民法院宣布冻结一笔银行存款，款项金额为 200 000 元。其会计分录如下：

借：银行冻结存款　　200 000

　　贷：银行存款　　200 000

三、完成工作任务评价

1. 完成其他资产核算的工作任务

根据工作任务要求，按照工作任务操作流程，结合完成工作任务所需要的知识导航，解答大江公司租赁资产修理费的问题。

2. 完成工作任务结果后的评价

按照要求和规程完成了长期待摊费用等其他资产的核算任务后，参照老师给出的标准，任务的完成者与老师共同来评价工作任务的完成情况。

评价标准：

(1) 长期待摊费用等其他资产应怎样确认。

(2) 长期待摊费用等其他资产的入账金额是否正确。

(3) 根据所发生的业务填制相关记账凭证时所运用的会计科目是否正确。

3. 完成工作任务后的收获

按照要求和规程完成了工作任务之后，结合老师对完成工作任务后的结果评价，你认为自己完成此项工作任务后有何收获？请将你的收获写出来，与老师和同学们一起交流和分享。

课后练习题

一、单项选择题

1. 自创并经法律程序申请取得的无形资产，在研制过程中发生的人员工资应计入(　　)。

A．管理费用　　B．无形资产　　C．其他业务支出　　D．营业费用

2. 某企业出售一项3年前取得的专利权，该专利取得时的成本为20万元，按10年摊销，出售时取得收入20万元，营业税率为5%。不考虑城市维护建设税和教育费附加，则出售该项专利时影响当期的损益为(　　)万元。

A．5　　B．6　　C．15　　D．16

3. 企业原来没有入账的土地使用权，有偿转让时按规定补交的土地出让金应当(　　)。

A．作为固定资产核算　　B．作为长期待摊费用

C．作为无形资产入账　　D．作为当前费用

4. 企业出售无形资产发生的净损失，应当计入(　　)。

A．主营业务成本　　B．其他业务支出

C．管理费用　　D．营业外支出

5. 企业出租无形资产取得的收入，应当计入(　　)。

A．主营业务收入　　B．其他业务收入

C．投资收益　　D．营业外收入

6. 某企业研制一项新技术，开始并无成功把握，该企业在此项研究过程中花费材料费60 000元，支付人工费10 000元。研究成功后申请获得专利权，在申请专利的过程中发生的专利登记费30 000元，律师费8 000元。该项专利权的入账价值为(　　)元。

A．48 000　　B．120 000　　C．108 000　　D．38 000

7. 自创并经法律程序申请取得的无形资产，其申请登记费应计入(　　)。

A．管理费用　　B．无形资产　　C．其他业务支出　　D．营业费用

8. 接受投资者投入的无形资产，应按(　　)入账。

A．同类无形资产的价格

B．该无形资产可能带来的未来现金流量之和

C．投资各方确认的价值　　D．投资者无形资产账面价值

9．某企业在筹建期间，发生注册登记费 20 万元，办公及差旅费用 20 万元，垫付应由投资者个人负担的差旅费支出 10 万元，购买工程物资 20 万元，工程项目借款利息支出 20 万元。该企业应记入“长期待摊费用”科目的开办费为(　　)万元。

A．90　　B．40　　C．80　　D．60

10．作为无形资产的土地使用权是指(　　)。

A．通过行政划拨获得的土地使用权

B．按期交纳土地使用费

C．将通过行政划拨获得的土地使用权有偿转让，按规定补交的土地出让价款

D．国有土地依法确定给国有企业使用

11．某公司 2001 年成立，发生如下开办成本：登记注册费 6 000 元，有关人员工资支出 4 000 元，其他费用 2 000 元，则 2016 年初开始营业的该公司，当年应摊销(　　)元。

A．12 000　　B．0

C．2 400　　D．6 000

12．按照现行会计制度规定，下列各项中，股份有限公司应作为无形资产入账的是(　　)。

A．开办费

B．广告费

C．为获得土地使用权支付的土地出让金

D．开发新技术过程中发生的研究开发费

二、多项选择题

1．对接受捐赠的无形资产的入账价值，下列说法中正确的有(　　)。

A．捐赠方提供了有关凭据的，按凭据上标明的金额加上应支付的相关税费，作为实际成本

B．捐赠方没有提供有关凭据的，同类或类似无形资产存在活跃市场的，按同类或类似无形资产的市场价格估计的金额，加上应支付的相关税费，作为实际成本

C．捐赠方没有提供有关凭据的，同类或类似无形资产不存在活跃市场的，按该接受捐赠的无形资产的预计未来现金流量现值，作为实际成本

D．企业自行决定其入账价值

E．企业无需进行账务处理，只需作备查记录

2．无形资产应当自取得当月起在预计使用年限内分期平均摊销，计入损益。如预计使用年限超过了相关合同规定的受益年限或法律规定的有效年限，无形资产的摊销年限确定的原则为(　　)。

A．合同规定受益年限但法律没有规定有效年限的，摊销年限不应超过合同规定的受益年限

B．合同没有规定受益年限但法律规定有效年限的，摊销年限不应超过法律规定的有效年限

C．合同规定了受益年限，法律也规定了有效年限的，摊销年限不应超过受益年限和有效年限两者之中较短者

D. 如果合同没有规定受益年限，法律也没有规定有效年限的，摊销年限不应超过5年

E. 如果合同没有规定受益年限，法律也没有规定有效年限的，摊销年限不应超过10年

3. 下列各项中，企业应确认为无形资产的有(　　)。

A. 吸收投资取得的土地使用权

B. 因转让土地使用权补交的土地出让金

C. 由于技术先进掌握了生产诀窍而形成的商誉

D. 企业的研究开发费用

E. 企业购入的专利权

4. 下列说法中正确的有(　　)。

A. 投资者投入的无形资产，按投资各方确认的价值作为实际成本

B. 自行开发并按法律程序申请取得的无形资产，将依法取得时发生的注册费、聘请律师费等费用，直接计入当期费用

C. 为首次发行股票而接受投资者投入的无形资产，应按该无形资产在投资方的账面价值作为实际成本

D. 为首次发行股票而接受投资者投入的无形资产，应按该无形资产评估价值作为实际成本

E. 在研究与开发过程中发生的材料费用，直接计入当期损益

5. 当存在下列一项或若干项情况时，应当计提无形资产的减值准备(　　)。

A. 某项无形资产已被其他新技术等所替代，使其为企业创造经济利益的能力受到重大不利影响

B. 某项无形资产的市价在当期大幅下跌，在剩余摊销年限内预期不会恢复

C. 某项无形资产已超过法律保护期限，但仍然具有部分使用价值

D. 某项无形资产已超过法律保护期限，并且已不能为企业带来经济利益

E. 某项无形资产已被其他新技术等所替代，并且该项无形资产已无使用价值和转让价值

6. 出售无形资产的转让成本包括(　　)。

A. 出售无形资产的洽谈费用和差旅费　　B. 出租无形资产取得的收入

C. 无形资产的摊余价值　　D. 出售无形资产时应缴纳的税金

E. 已摊销的无形资产的价值

7. 下列哪些情况企业应当将该项无形资产的账面价值全部转入当期损益(　　)。

A. 某项无形资产已被其他新技术等所替代，并且该项无形资产已无使用价值和转让价值

B. 某项无形资产已超过法律保护期限，并且已不能为企业带来经济利益

C. 其他足以证明某项无形资产已经丧失了使用价值和转让价值的情形

D. 某项无形资产已被其他新技术等所替代，使其为企业创造经济利益的能力受到重大不利影响

E. 出售无形资产

三、计算及会计处理题

1．2014 年 1 月 1 日，甲企业外购 A 无形资产，实际支付的价款为 200 万元。根据相关法律，A 无形资产的有效年限 10 年，已使用 1 年。甲企业估计 A 无形资产预计使用年限为 5 年。2015 年 12 月 31 日，由于与 A 无形资产相关的经济因素发生不利变化，致使 A 无形资产发生价值减值。甲企业估计其可收回金额为 48 万元。

2017 年 12 月 31 日，甲企业发现，导致 A 无形资产在 2015 年发生减值损失的不利经济因素已全部消失，且此时估计 A 无形资产的可收回金额为 30 万元。假定不考虑所得税及其他相关税费的影响。

要求：编制从无形资产购入到无形资产使用期满相关业务的会计分录(金额单位用万元表示)。

2．甲股份有限公司 2011 年至 2017 年无形资产业务有关的资料如下：

(1) 2011 年 12 月 1 日，以银行存款 300 万元购入一项无形资产(不考虑相关税费)，该无形资产的预计使用年限为 10 年。

(2) 2015 年 12 月 31 日，预计该无形资产的可收回金额为 142 万元。该无形资产发生减值后，原预计使用年限不变。

(3) 2016 年 12 月 31 日，预计该无形资产的可收回金额为 129.8 万元，调整该无形资产减值准备后，原预计使用年限不变。

(4) 2017 年 4 月 1 日。将该无形资产对外出售，取得价款 130 万元并收存银行(不考虑相关税费)。

要求：

① 编制购入该无形资产的会计分录。

② 计算 2015 年 12 月 31 日该无形资产的账面价值。

③ 编制 2015 年 12 月 31 日该无形资产计提减值准备的会计分录。

④ 计算 2016 年 12 月 31 日该无形资产的账面价值。

⑤ 编制 2016 年 12 月 31 日调整该无形资产减值准备的会计分录。

⑥ 计算 2017 年 3 月 31 日该无形资产的账面价值。

⑦ 计算该无形资产出售形成的净损益。

⑧ 编制该无形资产出售的会计分录。

(答案中的金额单位用万元表示。)

项目八　负 债 核 算

★ **知识目标**

(1) 熟悉负债的种类及其包括的内容。
(2) 掌握各种负债的业务处理方法。

★ **技能目标**

能够进行有关负债业务的核算。

模块一　负债核算任务设计

任务设计一　任 务 导 读

张红是红星公司的财务会计。2017 年 9 月 25 日，由于资金紧张，经理要求张红到银行办理贷款 1 000 万。2017 年 10 月 31 日，经理向张红了解公司债权债务情况，本月向长丰公司赊购原材料 120 万元，预收华丰公司 20 万元。

假如你是张红，对以上业务应如何处理？

任务设计二　任 务 提 出

很多企业经常发生赊购、赊销业务。这样往来债务和债权会不断形成、不断结算了结。当然在这个过程中还可能涉及利息、折扣等因素。也可能因为债务人财务困难而发生坏账等。销售会计应能正确及时地确认和计量往来债务、债权，及时回笼资金，按时偿还债务。通过本项目的学习，应完成下列任务。

任务 1：熟悉负债核算岗位职责。

任务 2：熟悉负债管理规定。

任务 3：熟悉负债类科目核算业务的内容。

任务 4：熟悉负债科目核算的内容范围并进行账务处理。

任务设计三　任 务 分 析

财务人员应了解往来结算业务管理制度，熟悉各往来结算业务的使用范围、特点和基本程序。结合企业实际情况和发生的具体经济业务，选择适宜的核算方法，合理有效地管理好往来账务债权，充分利用往来债权，降低企业资金成本。合理安排往来业务，控制好企业财务风险。下面就开始预备知识的学习。

任务设计四　预 备 知 识

一、负债的含义及特征

负债是企业所需资金的一个来源，它是用别人的资金创造自己的财富。现代社会负债经营是企业的经营之道，因为资金短缺往往制约着企业的发展，谁筹到了资金，谁就赢了一半，甚至更多。

1．负债的含义

负债是指过去的交易、事项形成的现时义务，履行该义务预期会导致经济利益流出企业。未来发生的交易或者事项形成的义务不属于现时义务，不应当确认为负债。企业的负债，实质上是债权人对企业资产提出的一种索取权。

2．负债的特征

(1) 负债是企业承担的现时义务。

负债必须是由企业承担的现时义务，它是负债的一个基本特征。现时义务是指企业在现行条件下已承担的义务。例如，企业购买原材料形成的应付账款，企业向银行贷入款项形成借款，企业按照税法规定应当缴纳的税款等。未来发生的交易或者事项形成的义务不属于现时义务，不应当确认为负债。但由于或有事项形成的预计负债除外。例如，企业售出商品的售后保修服务、债务担保未决诉讼等应当将其确认为一项负债。

(2) 负债的清偿预期会导致经济利益流出企业。

预期会导致经济利益流出企业也是负债的一个重要特征。只有企业在履行义务时会导致经济利益流出企业的，才符合负债的定义，如果不会导致企业经济利益流出的，就不符合负债的定义。在履行现时义务清偿负债时，导致经济利益流出企业的形式多种多样，如用现金偿还或以实物资产形式偿还；以提供劳务形式偿还；部分转移资产、部分提供劳务形式偿还；将负债转为资本等。

(3) 负债是由过去的交易或事项形成的。

负债应当由企业过去的交易或者事项所形成的。换句话说，只有过去的交易或者事项才形成负债。企业将在未来发生的承诺、签订的合同等交易或者事项，不形成负债。

二、负债的分类

1．流动负债

流动负债是指预计在一个正常营业周期中清偿、或者主要为交易目的而持有、或者自资产负债表日起 1 年内(含 1 年)到期应予以清偿、或者企业无权自主地将清偿期推迟至资产负债表日后 1 年以上的负债。流动负债主要包括短期借款、应付票据、应付账款、预收账款、应付职工薪酬、应交税费、应付利息、应付股利和其他应付款等。

流动负债的基本特征是：偿还期限短，债权人提出要求时即应偿还，或在1年或一个营业周期内必须偿付；到期时必须动用资产(一般为流动资产)、提供劳务或举借新的债务来清偿。

2. 非流动负债

非流动负债是指流动负债以外的负债，是企业向债权人筹集的、可供长期使用的资金，偿还期在1年或超过1年的一个营业周期以上，主要包括长期借款、应付债券和长期应付款等。

企业对外筹措用于生产经营的资金有两种形态：长期资金和短期资金。而企业为了扩大经营规模，增加各种长期耐用的固定资产，如增添设备、扩建厂房等所需要的资金，不能仅靠企业的正常经营资金来支撑，也不能以举借短期债务来满足，而要通过筹措长期资金来补足。

企业长期资金的来源主要有两个：一是增发股票或由股东追加投资；二是举借长期债务，即举债经营。当预计的投资利润率高于长期债务的固定利率时，企业通常会选择举债经营。这是因为：如果有投资者追加投资，则需要变更注册资本，另外还有可能削弱现有投资者对企业的控制权限和能力。而举债经营不会影响企业的投入资本，有利于保持投资者的投资比例；举债经营能为企业所有者带来较大的经济利益，因为债权人只能按固定利率获得利息，投资利润超过债务利率的这部分盈余，全部归企业的所有者，与债权人无关；举债经营，债务的利息可以在税前利润中扣除，起到了抵减所得税的作用，而支付给投资者的利润或股利只能从税后利润中扣除，不得抵减所得税。

举债经营的不足主要有：企业必须定期支付长期债务的利息，到期偿还本金，缺乏财务上的灵活性；举债经营财务风险较大，一旦企业无法偿还到期的债务，就有可能被破产清算；举债经营也会降低企业未来的借债能力。因此，选择举债经营还是增资来筹集长期资金，需要视企业的具体情况而定。

知识拓展

债券的分类

按是否有财产担保，债券可以分为抵押债券额信用债券。抵押债券、动产抵押债券和证券信用抵押。信用债券是不以任何公司财产作为担保，完全凭信用发行的债券。

按是否能转换为公司股票，债券可以分为可转换债券和不可转换债券。可转换债券是指在特定时期内可以按某一固定的比例转换为普通股的债券，它具有债务与权益双重属性，属于一种混合性筹资方式。不可转换债券是指不能转换为普通股的债券，又称为普通债券。由于其没有赋予债券持有人将来成为公司股东的权力，所以其利率一般高于可转换债券。

按利率是否固定，债券可以分为固定利率债券和浮动利率债券。固定利率债券是将利率印在票面上并按其向债券持有人支付利息的债券。该利率不随市场利率的变化而调整，因而固定利率债券可以较好地抵制通货紧缩风险。浮动利率债券的息票率是随市场利率的变化而调整的利率。因为浮动利率债券的利率同当前市场利率挂钩，而当前利率又考虑到了通货膨胀率的影响，所以浮动利率债券可以较好地抵制通货膨胀风险。

按是否能够提前偿还，债券可以分为可赎回债券和不可赎回债券。可赎回债券是指债券到期前，发行人可以以事先约定的赎回价格收回的债券。不可赎回债券是指不能在债券到期前收回的债券。

按偿还方式的不同，债券可以分为一次到期债券和分期到期债权，一次到期债券是发行公司于债券到期日一次偿还全部债券本金的债券。分期到期债券是指债券发行的当时就规定有不同到期日的债券，即分批偿还本金的债券。分期到期的债券可以减轻发行公司集中还本的财务负担。

短期借款是企业由于临时资金短缺而采用的一种筹资方式。它一般需要筹集的资金数额少，且手续简便、筹资速度快，所以为企业常用。企业会计人员应准确、熟练地核算借入短期借款、核算利息及偿还本金的业务。

模块二　负债核算工作任务

工作任务一　短期借款业务核算

一、短期借款业务处理流程

引导案例：

东正公司于 2017 年 1 月 1 日向银行借入一笔生产经营用短期借款，共计 120 000 元，期限为 9 个月，年利率为 8%。根据与银行签署的借款协议，该项借款的本金到期后一次归还，利息月末预提，按季支付。

短期借款业务处理流程如下：

第一步：了解短期借款的用途。

第二步：对短期借款取得、利息核算和到期还本付息的业务进行处理。

二、知识导航

(一) 短期借款的内容

短期借款是指企业为了满足正常生产经营的需要，向银行或其他金融机构等借入的期限在 1 年以内(含 1 年)的各种借款。无论借入借款的来源如何，企业均需要向债权人按期偿还借款的本金及利息。在会计核算上，企业要正确及时地反映短期借款的借入、利息的发生、本金及利息的偿还情况。

目前我国企业短期借款主要有流动资金借款、临时借款和结算借款等。

(二) 短期借款的核算

企业应设置“短期借款”科目，核算短期借款的取得及偿还情况。该科目贷方登记取得借款的本金数额，借方登记偿还借款的本金数额，余额在贷方，表示尚未偿还的短期借款。本科目可按借款种类、贷款人和币种进行明细核算。

企业从银行或其他金融机构取得短期借款时，借记“银行存款”科目，贷记“短期借款”科目。

短期借款利息属于筹资费用，应记入“财务费用”科目。在实际工作中，银行一般于每季度收取短期借款利息。因此，企业的短期借款利息一般采用月末预提的方式进行核算。企业应当在资产负债表日按照计算确定的短期借款利息费用，借记“财务费用”科目，贷记“应付利息”科目；实际支付利息时，根据已预提的利息，借记“应付利息”科目，根据当期应计利息，借记“财务费用”科目，根据应付利息总额，贷记“银行存款”科目。由于短期借款期限在一年以内，且数额不大，所以，其利息一般采取单利计算。借款利息的计算公式为：

$$借款利息 = 借款本金 \times 借款期限 \times 借款利率$$

企业短期借款到期偿还本金时，借记“短期借款”科目，贷记“银行存款”科目。

【例 8-1】 某企业 2017 年 10 月 16 日取得短期借款 50 000 元，年利率为 6%，3 个月后还本付息。该企业的账务处理如下：

(1) 取得短期借款时，会计处理如下：

借：银行存款　　50 000

　贷：短期借款　　50 000

(2) 10 月 31 日预提借款利息为 125(50 000 × 6% ÷ 12 × 0.5)元，分录如下：

借：财务费用　　125

　贷：应付利息　　125

(3) 11 月 30 日，12 月 31 日预提借款利息时，会计处理如下：

借：财务费用　　250

　贷：应付利息　　250

(4) 2010 年 1 月 16 日还本付息时，会计处理如下：

借：应付利息　　625 (500 + 125)

　财务费用　　125

　短期借款　　50 000

　贷：银行存款　　50 750

三、完成工作任务评价

1. 完成短期借款的工作任务

根据工作任务要求，按照工作任务操作流程，结合完成工作任务所需要的知识导航，解答引导案例中的问题。

2. 完成工作任务后的结果评价

按照要求和规定完成了短期借款核算的任务后，参照老师给出的标准，任务的完成者与老师共同评价工作任务的完成情况。

评价标准：

(1) 所发生的业务是否适合用短期借款。

(2) 借款的利息计算是否正确。

(3) 根据所发生的业务填制相关记账凭证时所用的会计科目是否正确。

3. 完成工作任务后的收获

按照要求和规定完成了工作任务之后，结合老师对完成工作任务后的结果评价，你认为自己完成此项工作任务后有何收获？请将你的收获写出来，与老师和同学们一起交流和分享。

工作任务二　应付账款业务核算

一、应付账款核算流程

引导案例：

红星公司 2017 年 12 月发生如下业务：

(1) 3 日向中兴公司销售商品一批，价格为 200 000 元，增值税为 34 000 元，另外代垫运费 2 000 元。

(2) 5 日向兴盛公司赊购商品一批。价格为 200 万元，增值税为 34 万元。合同约定于 2017 年 12 月 5 日支付 50%，其余部分于 2018 年 2 月 5 日支付。

(3) 25 日以现金折扣方式销售商品一批，价格为 30 万元，增值税为 5.1 万元。折扣条件为 2/10、1/2、N/30。

(4) 26 日向天明公司购进材料一批，价格为 50 万元，增值税为 8.5 万元，对方代垫运费 1 500 元。材料已验收入库，货款尚未支付。

请问：以上业务债权、债务是否应确认?应当怎样进行账务处理？应当登记哪些账户怎么登记?

应付账款核算业务流程如下：

第一步：熟悉应付账款的核算内容。

第二步：对应付账款进行确认和计量。

第三步：进行应付账款的账务处理。

第四步：对应付账款进行期末减值的核算。

二、知识导航

1. 应付账款的范围

应付账款是企业在购买商品或接受劳务等过程中发生的应付而未付的款项，包括购买商品或接受劳务价款、增值税及各种代垫款项。应设置“应付款项”账户进行核算。

2. 应付账款的入账价值

通常情况下，按历史成本计价原则，应付账款的入账价值根据买卖双方购买成交时的实际金额(包括发票金额和代购货单位垫付的运杂费等)确定。

(1) 商业折扣：按照折扣后的价格加上相关税费确认应付账款入账价值。

(2) 现金折扣：按照折扣前的价格加上相关税费确认应付账款入账价值。

3. 应付账款的核算

(1) 企业在正常购进商品、接受劳务等经营活动中发生的应付账款，按存货的成本，借记“原材料”、“库存商品”等科目，按增值税专用发票上注明的增值税额，借记“应交税费——应交增值税(进项税额)”科目，按应付金额，贷记“应付账款”。支付货款时，借记“应付账款”科目，贷记“银行存款”科目。

【例 8-2】 2017 年 12 月 1 日，明月公司向长发公司赊购一批商品，按价目单上的价格所计算的货款总额为 200 000 元，适用的增值税率为 17%，长发公司以现金代垫运费为 3 000 元 (假设不作为计税基数)。12 月 25 日明月公司支付货款及运费。

明月公司账务处理如下：

借：库存商品　　203 000

　　应交税费——应交增值税(进项税额)　　34 000

　　贷：应付账款　　237 000

(2) 有现金折扣时，应采用总价法，即按照折扣前的价格加上其他费用，借记“原材料”、“库存商品”等科目，按增值税专用发票上注明的增值税额，借记“应交税费——应交增值税(进项税额)”科目，按应付金额贷记“应付账款”。支付货款时，借记“应付账款”，贷记“银行存款”科目，如发生现金折扣，按折扣的金额贷记“财务费用”。

【例 8-3】 2017 年 12 月 3 日，长发公司向华润公司赊购一批商品，按价目单上价格所计算的货款总额为 100 000 元，规定的付款条件为 2/10、1/20、N/30，适用的增值税率为 17%，长发公司以银行存款代垫的运杂费为 2 000 元(假设不作为计税基数)。12 月 12 日华润公司支付货款。华润公司的账务处理如下：

2017 年 12 月 3 日购买商品时，会计分录如下：

借：库存商品　　102 000

　　应交税费——应交增值税(进项税额)　　17 000

　　贷：应付账款　　119 000

2017 年 12 月 12 日支付货款时，会计分录如下：

借：应付账款　　119 000

　　贷：财务费用　　2 000

　　　　银行存款　　117 000

三、完成工作任务评价

1. 完成应付账款的工作任务

根据工作任务要求，按照工作任务操作流程，结合完成工作任务所需要的知识导航，解答引导案例中的问题。

2. 完成工作任务后的结果评价

按照要求和规定完成了应付账款核算的任务后，参照老师给出的标准，任务的完成者与老师共同评价工作任务的完成情况。

评价标准：

(1) 应付账款账务处理是否正确。

(2) 设置和登记的应付账款明细账、总账及备查账是否正确。

3. 完成工作任务后的收获

按照要求和规定完成了工作任务后，结合老师对完成工作任务后的结果评价，你认为自己完成此项工作任务后有何收获？请将你的收获写出来，与老师和同学们一起交流和分享。

工作任务三　应付票据业务核算

一、应付票据核算流程

引导案例：

红星公司 2017 年 12 月 5 日收到兴盛公司的银行承兑汇票，票面金额为 117 万元，付款期为 3 个月，利率为 4.8%。2017 年 12 月 28 日，向天明公司开出商业承兑汇票一张，金额为 58.65 万元。2017 年年末公司对以上票据未作相关处理。2010 年 2 月 5 日公司出现财务困难，将兴盛公司的银行承兑汇票贴现，贴现率为 6%。

请问：2017 年年末公司账务处理是否符合财务制度规定？票据贴现净值和贴现息应是多少？以上业务应怎样进行账务处理？应登记哪些账户？

应付票据业务核算业务流程如下：

第一步：熟悉票据管理制度。

第二步：进行应付票据取得、到期兑现、贴现的核算。

第三步：进行应付票据开出、到期付款的核算。

第四步：登记应付票据的总账及明细账。

二、知识导航

商业汇票是企业间结算款项常用的结算方式。销售方延期收款，购货方提供资金的缓冲时间，还可以促进销售，另外如果签发带息商业汇票还可以获取利息收益。这种结算方式对购销双方都有利，在企业间比较常用。

1. 应付票据核算的范围

应付票据是指企业购买材料、商品和接受劳务供应等而开出、承兑的商业汇票，包括商业承兑汇票和银行承兑汇票。企业应通过“应付票据”科目，核算应付票据的发生、偿付等情况。

通常而言，商业汇票的付款期限不超过 6 个月，因此在会计中应作为流动负债管理和核算。同时，由于应付票据的偿付时间较短，在会计中，一般均按照开出、承兑的应付票据的面值入账。

2. 应付票据的账务处理

(1) 企业应购买材料、商品和接受劳务供应等而开出、承兑的商业汇票，应当按其票面金额作为应付票据的入账金额，借记“材料采购”、“库存商品”、“应付账款”、“应交税费——应交增值税(进项税额)”等科目，贷记“应付票据”科目。

(2) 应付票据到期支付票款时，应按账面余额予以结转，借记“应付票据”科目，贷记“银行存款”科目。

(3) 应付银行承兑汇票到期，如企业无力支付票款，应将应付票据的账面余额转作短期借款，借记“应付票据”科目，贷记“短期借款”科目。

【例 8-4】 红星公司为增值税一般纳税人。红星公司于 2017 年 2 月 6 日开出一张面值为 58 500 元、期限 5 个月的不带息银行承兑汇票，用以采购一批材料。增值税专用发票上注明的材料价款为 50 000 元，增值税额为 8 500 元。红星公司账务处理如下：

借：原材料　　　　　　　　　　　　　　50 000
　　应交税费——应交增值税(进项税额)　　8 500
　　贷：应付票据　　　　　　　　　　　　　　　58 500

7 月 6 日，红星公司于 2 月 6 日开出的商业汇票到期，公司以银行存款支付票款。红星公司账务处理如下：

借：应付票据　　　　　　　　　　　　　58 500
　　贷：银行存款　　　　　　　　　　　　　　　58 500

假设该汇票到期时红星公司无力支付票款。红星公司账务处理如下：

借：应付票据　　　　　　　　　　　　　58 500
　　贷：短期借款　　　　　　　　　　　　　　　58 500

三、完成工作任务评价

1. 完成应付票据业务核算的工作任务

根据工作任务要求，按照工作任务操作流程，结合完成工作任务所需要的知识导航，回答引导案例中的问题。

2. 完成工作任务结果后的评价

按照要求和规程完成了应付票据业务核算的任务后，参照老师给出的标准，任务的完成者与老师共同来评价工作任务的完成情况。

评价标准：

(1) 商业汇票出票是否符合票据法的规定。

(2) 票据贴现利息计算是否正确。

(3) 应付票据账务处理是否正确。

(4) 设置和登记的应付票据明细账、总账及备查账是否正确。

3. 完成工作任务后的收获

按照要求和规程完成了工作任务之后，结合老师对完成工作任务后的结果评价，你认为自己完成此项工作任务后有何收获？请将你的收获写出来，与老师和同学们一起交流和分享。

知识拓展

商业承兑汇票的提示承兑

提示承兑时汇票特有的票据行为。

商业承兑汇票可以由付款人签发并承兑，也可以由收款人签发交由付款人承兑。

商业承兑汇票可以在出票时向付款人提示承兑后使用，也可以在出票后先使用再向付款人提示承兑。

持票人向付款人提示承兑时，必须向付款人出示汇票，否则付款人可予以拒绝。并且这种拒绝不具有拒绝承兑的效力，持票人不得以此为由，向其行使追索权。

见票即付的汇票无须提示承兑。

定期付款或者出票后定期付款的商业汇票，持票人应当在汇票到期日前向付款人提示承兑。

见票后定期付款的汇票，持票人应当自出票之日起 1 个月内向付款人提示承兑。

汇票未按照规定期限提示承兑的，持票人丧失对其行使追索权。

承兑是指汇票的付款人承诺在汇票到期日支付汇票金额的票据行为。承兑是汇票中持有的一种票据行为。

商业承兑汇票的付款人接到出票人或持票人向其提示承兑的汇票时，应当向出票人或持票人签发收到汇票的回单，记载汇票提示承兑日期并签章。付款人应当自收到提示承兑的汇票之日起 3 日内承兑或者拒绝承兑。付款人拒绝承兑的，必须出具拒绝承兑的证明。

工作任务四　应付职工薪酬业务核算

职工工资及福利是职工薪酬中的主要组成部分，它是产品成本项目中的重要构成内容。企业会计人员应准确核算职工工资及福利，以便准确计算产品成本。

一、职工工资及福利的核算流程

引导案例：

美仑公司 2017 年 8 月职工工资总额为 1 980 000 元，其中，生产工人工资 690 000 元，生产车间管理人员工资 80 000 元，厂部管理人员工资 620 000 元，销售人员工资 470 000 元，公司正在建设的一项工程人员工资为 120 000 元。公司为三名高管提供轿车和住房，轿车该月折旧为 5 000 元，房屋租金为 9 000 元。

请对以上业务进行账务处理。

职工工资核算流程如下：

第一步：设置“应付职工薪酬”总账账簿。

第二步：计算职工工资，编制工资结算单和工资结算汇总表。

第三步：进行职工工资的业务核算。

二、知识导航

（一）职工薪酬核算的账户设置

企业应该设置“应付职工薪酬”科目，核算应付职工薪酬的提取、使用、结算等情况。该科目贷方登记已分配计入有关成本费用项目的职工薪酬的数额，借方登记实际发放职工薪酬的数额；该科目期末贷方余额，反映企业应付未付的职工薪酬。“应付职工薪酬”科目应当按照“工资”、“职工薪酬”、“社会保险费”、“住房公积金”、“工会经费”、“职工教育经费”、“非货币性福利”等项目设置明细科目，进行明细核算。外商投资企业按规定从净利润中提取的职工奖励及福利基金，也在本科目核算。

(二) 职工工资的核算

工资的核算包括工资结算的核算和工资分配的核算。

工资分配，是指将企业发放的工资在月末按照用途进行分配，计入有关的成本费用。通常，工资的分配，先由企业各车间、部门根据工资结算凭证等编制工资费用分配表，财务会计部门再根据各车间、部门的工资费用分配表进行汇总，编制“工资费用分配汇总表”见表 8-1，据以进行工资分配的核算。

生产部门人员的职工薪酬，借记“生产成本”、“制造费用”、“劳务成本”等科目，贷记“应付职工薪酬——工资”科目；应由在建工程、研发支出负担的职工薪酬，借记“在建工程”、“研发支出”等科目，贷记“应付职工薪酬——工资”科目；管理部门人员、销售人员的职工薪酬，借记“管理费用”、“销售费用”等科目，贷记“应付职工薪酬——工资”科目等。

【例 8-5】 A 公司 2017 年 10 月份的工资费用分配汇总表(见表 8-1)。

表 8-1　A 公司 2017 年 10 月份的工资费用分配汇总表　　单位：元

应借科目	生产工人	车间管理	管理人员	销售人员	工程人员	研发支出	合计
生产成本	600 000						600 000
制造费用		80 000					80 000
管理费用			320 000				320 000
销售费用				160 000			160 000
在建工程					120 000		120 000
研发支出						200 000	200 000
合计	600 000	80 000	320 000	160 000	120 000	200 000	1 480 000

A 公司月份终了，根据工资费用分配汇总表编制会计分录如下：

借：生产成本　　600 000
　　制造费用　　80 000
　　管理费用　　320 000
　　销售费用　　160 000
　　在建工程　　120 000
　　研发支出　　200 000
　　贷：应付职工薪酬——工资　　1480 000

工资结算，可分为工资的计算和工资的发放两个方面。通常，企业按照职工的考勤记录、工时记录、产量记录、工资等级标准、代扣各项款项等，编制“工资结算单”，计算应付给职工的工资。为了总括反映整个企业职工工资的结算情况，便于进行总分类核算，企业财务会计部门应将“工资结算单”进行汇总，编制“工资结算汇总表”(见表 8-2)。

企业支付工资，借记“应付职工薪酬——工资”科目，贷记“银行存款”、“库存现金”等科目；从应付工资中结转代扣款项，借记“应付职工薪酬——工资”科目，贷记“应交税费”、“其他应付款”、“其他应收款”等科目。

【例 8-6】 A 公司 2017 年 10 月份的工资结算汇总表(见表 8-2)。

A 公司根据 2017 年 10 月的工资结算汇总表，编制会计分录如下：

(1) 通过银行转账方式，发放职工工资，会计分录如下：

借：应付职工薪酬——工资 1 117 500

贷：银行存款 1 117 500

(2) 结转代扣款，会计分录如下：

借：应付职工薪酬——工资 362 500

贷：应交税费——应交个人所得税 22 100

其他应付款——养老保险费 118 400

——住房公积金 222 000

表 8-2 A 公司 2017 年 10 月份的工资结算汇总表 单位：元

项目	应付工资	代扣款项				实发金额
	合计	个人所得税	养老保险	住房公积金	合计	
生产工人	600 000	8 900	48 000	90 000	146 900	453 100
车间管理	80 000	1 200	6 400	12 000	19 600	60 400
管理人员	320 000	4 600	25 600	48 000	78 200	241 800
销售人员	160 000	2 500	12 800	24 000	39 300	120 700
工程人员	120 000	1 800	9 600	18 000	29 400	90 600
研发人员	200 000	3 100	16 000	30 000	49 100	150 900
合计	1 480 000	22 100	118 400	222 000	362 500	1 117 500

(三) 福利的核算

福利费，是职工薪酬的重要组成部分，是企业对职工提供的福利，如为改善职工生活条件等从成本费用中提取的金额。主要用于职工困难补助费、职工及其供养的直系亲属的医药费，本单位职工食堂、浴室工作人员的工资，食堂炊事用具的购买、修理费用等，本单位托儿所、幼儿园工作人员的工资、费用，以及托儿所、幼儿园设备的购置和修理等费用，职工个人福利补贴等方面。根据不同的标准，福利费可分为以下几类。

1. 按其来源，福利费可分为从成本中列支和从税后利润中提取两类

从成本中列支的福利费，国家(或企业年金计划)没有明确规定计提基础和计提比例，企业应当根据历史经验数据和实际情况，合理预计当期应付职工薪酬。按属于生产工人、车间管理和技术人员、销售人员、管理人员、研发人员的福利，分别借记“生产成本”、“制造费用”、“销售费用”、“管理费用”、“研发支出”等科目，贷记“应付职工薪酬——职工福利”科目。当期实际发生金额大于预计金额的，应当补提应付职工薪酬；当期实际发生金额小于预计金额的，应当冲回多提的应付职工薪酬。

【例 8-7】 A 公司下设一所职工食堂，每月根据在岗职工数量及岗位分布情况、相关历史经验数据等计算需要补贴食堂的金额，从而确定企业每期因职工食堂而需要承担的福利费金额。2017 年 10 月，企业在岗职工共计 110 人，其中行政管理人员 14 人，车间管理

人员生产车间 10 人，产品生产工人 60 人，销售人员 8 人，基建人员 10 人，新产品研发人员 8 人。企业的历史经验数据表明，对于每个职工企业每月需补贴食堂 100 元。A 公司的账务处理如下：

借：生产成本　　6 000
　　制造费用　　1 000
　　管理费用　　1 400
　　销售费用　　800
　　在建工程　　1 000
　　研发支出　　800
　　贷：应付职工薪酬——职工福利　　11 000

【例 8-8】 A 公司 2017 年 10 月 28 日为职工王林发放 3 000 元的生活困难补助。A 公司的账务处理如下：

借：应付职工薪酬——职工福利　　3 000
　　贷：银行存款　　3 000

2．按其性质，福利费可分为在职福利与辞退福利

企业发生的在职职工福利费支出，应当分别按受益对象据实列支。辞退福利通常采取在解除劳动关系时一次支付补偿的方式，也可以通过提高退休养老金或其他离职后福利标准，或者将职工工资支付至辞退后未来某一期间的方式。企业因解除与职工的劳动关系给予的补偿，借记“管理费用”科目，贷记“应付职工薪酬——辞退福利”科目。

【例 8-9】 A 公司于 2017 年 10 月 30 日与两名职工提前解除劳动关系，按照规定支付给两名员工的辞退福利共计 200 000 元。A 公司编制会计分录如下：

借：管理费用　　200 000
　　贷：应付职工薪酬——辞退福利　　200 000
借：应付职工薪酬——辞退福利　　200 000
　　贷：银行存款　　200 000

3．按其支付方式，福利费可分为货币性福利和非货币性福利

非货币性福利可以是实物福利、服务性福利、优惠性福利及有偿休假性福利等。企业以自产产品发放给职工作为职工薪酬的，应当根据受益对象，按照该产品的公允价值和增值税，计入相关成本费用，同时确认应付职工薪酬。借记“管理费用”、“生产成本”、“制造费用”等科目，贷记“应付职工薪酬——非货币性福利”科目；租赁住房或以自有住房无偿提供给职工使用，应当根据受益职工对象，将支付租赁住房的租金和自有住房的折旧费用分别借记“生产成本”、“制造费用”、“管理费用”等科目，贷记“应付职工薪酬——非货币福利”科目。

【例 8-10】 2017 年 10 月 20 日，A 公司将自有住房提供给管理人员和销售人员住宿，该房产应计提折旧分别为 15 000 元、10 000 元；以银行存款支付生产人员和研发人员住房租金分别为 50 000 元和 40 000 元。A 公司的账务处理如下：

(1) 根据职员类别，分配职工薪酬，会计分录如下：

借：生产成本　　50 000

销售费用 10 000
研发支出 40 000
管理费用 15 000
贷：应付职工薪酬——非货币性福利 115 000

(2) 计提折旧与支付租金，会计分录如下：

借：应付职工薪酬——非货币性福利 115 000
贷：银行存款 90 000(租金)
累计折旧 25 000

【例 8-11】 A 公司将自产的产品发放给职工作为个人福利，每件产品的成本为 1 000 元，售价每台为 1 500 元(不考虑增值税)。2017 年 10 月，企业在岗职工共计 110 人，其中行政管理人员 14 人，车间管理人员 10 人，产品生产工人 60 人，销售人员 8 人，基建人员 10 人，新产品研发人员 8 人。

(1) 将自产产品用于发放给职工作为福利时，会计分录如下：

借：生产成本 90 000
制造费用 15 000
管理费用 21 000
销售费用 12 000
在建工程 15 000
研发支出 12 000
贷：应付职工薪酬——非货币性福利 165 000

(2) 实际发放时，会计分录如下：

借：应付职工薪酬——非货币性福利 165 000
贷：主营业务收入 141 025.64
应交税费——应交增值税(销项税额) 23 974.36
借：主营业务成本 110 000 (110 × 1 000)
贷：库存商品 110 000

(四) 其他职工薪酬的核算

1. 工会经费与职工教育经费的核算

工会经费是按照国家规定由企业负担的用于工会活动方面的经费。职工教育经费是按照国家规定由企业负担的用于职工教育方面的经费。根据现行制度规定，工会经费和职工教育经费可按工资总额的 2%和 1.5%的比例提取。企业计提工会经费和职工教育经费时，按职工工资的用途进行分配，借记“管理费用”科目，贷记“应付职工薪酬——工会经费(或职工教育经费)”科目；支付工会经费和职工教育经费时，借记“应付职工薪酬——工会经费(或职工教育经费)”科目，贷记“银行存款”等科目。

【例 8-12】 A 公司 2017 年 10 月份工资总额为 1 480 000 元，按照 2%提取工会经费，按照 1.5%提取职工教育经费。另以银行存款支付职工培训费用 40 000 元。数据参见例 8-6。

(1) 计提工会经费和职工教育经费，会计分录如下：

应提取工会经费 = 1 480 000 × 2% = 29 600(元)

应提取职工教育经费 = 1 480 000 × 1.5% = 22 200(元)

借：生产成本　21 000
　　制造费用　2 800
　　管理费用　11 200
　　销售费用　5 600
　　在建工程　4 200
　　研发支出　7 000
　　贷：应付职工薪酬——工会经费　29 600
　　　　　　　　　　——职工教育经费　22 200

(2) 支付职工培训费用，会计分录如下：

借：应付职工薪酬——职工教育经费　40 000
　　贷：银行存款　40 000

2．社会保险费与住房公积金的核算

社会保险费是按国家规定由企业和职工共同负担的费用，包括医疗保险费、养老保险费、失业保险费、工商保险费和生育保险费等五项。住房公积金是按照国家规定由企业和职工共同负担，用于解决职工住房问题的费用。

应由职工个人负担的社会保险费和住房公积金，属于职工工资的组成部分，应根据职工工资的一定比例计算，并在职工工资中扣除，借记“应付职工薪酬——工资”科目，贷记“应付职工薪酬”相关科目。

企业按照规定提取的应由企业负担的社会保险费和住房公积金，应根据职工工资的一定比例计算，并分别按受益职工情况，根据其用途进行分配，分别借记“生产成本”、“制造费用”、“管理费用”、“销售费用”、“在建工程”、“研发支出”等科目，贷记“应付职工薪酬——社会保险费(或住房公积金)”科目。

缴纳社会保险费和住房公积金时(企业负担部分)，借记“应付职工薪酬——社会保险费(或住房公积金)”、“应付职工薪酬”的相关科目等，贷记“银行存款”科目。

【例 8-13】 根据 A 公司所在地区的有关规定，在职职工每月需要按照职工工资总额的 28%缴纳养老保险，其中职工本人负担 8%，由公司代扣代缴，公司负担 20%；公司应按职工工资总额的 15%缴纳职工住房公积金。A 公司 2017 年 10 月份工资资料见表 8-3。

表 8-3　A 公司 2017 年 10 月份工资资料

序号	部　门	金　额	备注
1	车间生产工人	600 000.00	
2	车间管理人员	80 000.00	
3	厂部管理人员	320 000.00	
4	销售人员	160 000.00	
5	在建工程人员	120 000.00	
6	研发人员	200 000.00	
	合　计	1 480 000.00	

要求：计提 10 月份应由企业负担的养老保险费和住房公积金，并通过银行转账方式向有关部门缴纳 10 月份的养老保险和住房公积金。

说明：养老保险(8% + 20%)　　住房公积金(15%)

(1) 提取养老保险和住房公积金时(企业负担部分)，会计分录如下：

借：生产成本　　210 000　(600 000 × 35%)
　　制造费用　　28 000
　　管理费用　　112 000
　　销售费用　　56 000
　　在建工程　　42 000
　　研发支出　　70 000
　　贷：应付职工薪酬——社会保险费　　296 000 (工资 × 20%)
　　　　　　　　　　——住房公积金　　222 000 (工资 × 15%)

(2) 缴纳社会保险费，会计分录如下：

借：应付职工薪酬——社会保险费　　296 000
　　其他应付款——养老保险费　　118 400(个人)
　　贷：银行存款　　414 400

(3) 缴纳住房公积金，会计分录如下：

借：应付职工薪酬——住房公积金　　222 000
　　其他应付款——住房公积金　　222 000(个人)
　　贷：银行存款　　444 000

说明：未写个人部分分录(应付职工薪酬/其他应付款)。

三、完成工作任务评价

1. 完成职工工资及福利核算的工作任务

根据工作任务要求，按照工作任务操作流程，结合完成工作任务所需要的知识导航解决引导案例中的问题。

2. 完成工作任务结果后的评价

按照要求和规程完成了职工工资及福利核算的任务后，参照老师给出的标准，任务的完成者与老师共同来评价工作任务的完成情况。

评价标准：

(1) 职工薪酬包含的内容判断是否准确。

(2) 职工工资及福利费的计量是否正确。

(3) 根据所发生的业务填制相关记账凭证时所用的会计科目是否正确。

3. 完成工作任务后的收获

按照要求和规程完成了工作任务之后，结合老师对完成工作任务后的结果评价，你认为自己完成此项工作任务后有何收获？请将你的收获写出来，与老师和同学们一起交流和分享。

工作任务五　税 金 核 算

各种税费的计算，缴纳和账务处理是企业会计的重要内容，也是财务会计的重要组成部分。学好这部分内容对企业纳税有着重要意义。

一、税金核算流程

引导案例：

宏达股份有限公司 2017 年 10 月发生如下业务。

(1) 5 日，公司采购材料一批，收到增值税发票一张，标明价款 100 000 元，增值税款 17 000 元。

(2) 8 日，公司销售产品一批，开发增值税发票一张，商品价款 500 000 元，增值税款 85 000 元。

(3) 12 日，公司出售不需用房屋一栋，收到价款 3 000 000 元。

请问：上述业务是否应该缴纳有关税金？如何计算并进行账务处理？应登记哪些账簿？应怎样登记？

税金核算流程如下：

第一步：了解各种应交税费的含义。

第二步：明确各种应交税费的计算方法。

第三步：进行各种税费的应交和实交的账务处理。

二、知识导航

企业在一定时期内取得的营业收入和现实的利润或发生特定经营行为，要按照规定向国家缴纳各种税费，这些应交的税费，应按照权责发生制的原则确认。在尚未缴纳之前暂时停留在企业，形成一项负债。

应交税费，是指企业按国家税法规定计算应该缴纳的各种各样税费。它主要包括增值税、消费税、营业税、城市维护建设税、资源税、企业所得税、土地增值税、房产税、车船使用税、印花税、耕地占用税、教育费附加和矿产资源补偿费等。

为了综合的核算企业各种税金的计提和缴纳情况，应设置“应交税费”科目。该科目贷方登记企业按规定计算结转应交的各种税费，借方登记企业实际缴纳的各种税费和应抵扣的税费。贷方余额，反映企业尚未缴纳的税费；借方余额，一般反映企业多交的货尚未扣的税费。该科目按应交税费的种类设置明细账，进行各种应缴税费的明细分类核算。

企业缴纳的印花税、耕地占用税、车辆购置税等不需要计算确定应交数额的税金，不必通过“应交税费”科目核算。

(一) 应交增值税

1. 增值税概述

增值税是指对我国境内销售货物、进口货物或提供加工修理配劳务的增值额征收的一种流转税。增值税的纳税人是我国境内销售货物、进口货物或提供加工修理修配劳务的单位和个人。按照纳税人的经营规模和会计核算的健全程度，增值税的纳税人分为一般纳税人和小规模纳税人。一般纳税人应纳税额的计算公式为：

$$应纳增值税额=当期销项税额-当期进项税额$$

$$当期销项税额=销售额\times增值税税额$$

如果企业销售货物或者提供劳务采用销售额和销项税额合并方法的，则计算公式为：

$$销售额=\frac{含税销售额}{1+增值税率}$$

按照《中华人民共和国增值税暂行条例》(以下简称《增值税条例》)的规定，一般纳税人购入货物或接受应税劳务支付的增值税(进项税额)，可从销售货物或提供劳务按规定收取的增值税额(销项税额)中抵扣。准予从销项税额中抵扣的进项税额通常包括以下几种：

(1) 从销售方取得的增值税专用发票上注明的增值额。

(2) 从海关取得的海关进口增值税专用缴款书上注明增值税额。

(3) 购进农产品，除取得增值税专用发票或者海关进口增值税专用缴款书外，按照农产品收购发票上注明的农产品买价和13%的扣除率计算的进项税额。进项税额计算公式为：

$$进项税额=买价\times扣除率$$

(4) 购进或者销售货物以及在生产经营过程中支付运输费用的，按照运输费用计算单据上注明的运输费用金额和7%的扣除率计算的进项税额。进项税额计算公式为：

$$进项税额=运输费用金额\times扣除率$$

小规模纳税人销售货物或者应税劳务，实行按照销售额和征收率计算应纳税额的简易办法，并不得抵扣进项税额。应纳税额计算公式为：

$$应纳税额=销售额\times征收率(小规模纳税人增值税征收率为3\%)$$

2．一般纳税人企业增值税的核算

为了核算企业应交增值税的发生、抵扣、缴纳、退税及转出等情况，应在“应缴税费”科目下设置“应交增值税”明细科目。并在“应交增值税”明细账内设置“进项税额”、“已交税金”、“销项税额”、“出口退税”、“进项税额转出”等专栏。

(1) “进项税额”专栏，记录企业购入货物或接受应税劳务而支付的，按规定准予从销项税额中抵扣的增值税额。企业购入货物或接受税务支付的进项税额，用蓝字登记；退回所订购物应冲销的进项税额，用红字登记。

(2) “已交税金”专栏，记录企业本月已交纳的增值税额。企业本月已交纳的增值税额用蓝字登记，退回本月多交的增值税额用红字登记。

(3) “销项税额”专栏，记录企业销售货物或提供应税劳务应缴纳的增值税额。企业销售货物提供应税劳务应缴纳的销项税额，用蓝字登记；退回销售货物应冲销的销项税额，用红字登记。

(4) “出口退税”专栏，记录企业出口适用规定退税率的货物，向海关办理报关出口手续后，凭出口报关单等有关凭证，向税务机关申报办理出口退税而收到退回的税款。出口货物退回的增值税额，用蓝字登记；出口货物办理退税后发生退货或退关而补交已退的税款，用红字登记。

(5) “进项税额转出”专栏，记录企业的购进货物，在产品、产成品等发生正常损失，以及其他原因而不应从销项税额中抵扣按规定转出的进项税额。

1) 采购商品和接受应税劳务

(1) 企业从国内采购商品或接受应税劳务等情况，根据专用发票上记载的应计入采购成本或计入加工、修理修配劳务等物资成本的金额，借记“在途物资”、“材料采购”、“原材料”、“库存商品”、“生产成本”、“制造费用”、“委托加工物资”、“管理费用”等科目，根据增值税专用发票上注明的可抵扣的增值税额，借记“应付税额——应交增值税(进项税额)”科目，按照应付或实际支付总额，贷记“应付账款”、“应付票据”、“银行存款”等科目。购入货物发生退货，应根据有关原始凭证做相反会计分录。

【例 8-14】 某企业购入原材料一批，增值税专用发票价款为 100 000 元，增值税额为 17 000 元，材料以验收入库，款项均已通过银行存款支付。该企业采用实际成本对原材料进行核算。该企业有关会计分录如下：

借：原材料 100 000
　　应交税费——应交增值税(进项税额) 17 000
　　贷：银行存款 117 000

【例 8-15】 某企业生产车间委托外单位修理机器设备，对方开来的增值税专用发票上注明修理费用 20 000 元，增值税额 3 400 元，款项已用银行存款支付。该企业的有关会计分录如下：

借：管理费用 20 000
　　应交税费——应交增值税(进项税额) 3 400
　　贷：银行存款 23 400

(2) 按照《增值税暂行条例》，企业购入固定资产(仅指动产)的增值税额可以在销项税额中抵扣。根据按增值税专用发票上记载的应计入固定资产成本的金额，借记“在建工程”或“固定资产”等科目，根据增值税专用发票上注明的可抵扣的增值税额，借记“应交税费——应交增值税(进项税款)”的科目，按照应付或实际支付的总额，贷记“银行存款”、“应付账款”、“应付票据”等科目。

【例 8-16】 某企业购入不需要安装设备一台，增值税专用发票注明的价款为 500 000 元，增值税额为 85 000 元，款项尚未支付。该企业有关会计分录如下：

借：固定资产 500 000
　　应交税费——应交增值税(进项税额) 85 000
　　贷：应付账款 585 000

(3) 按照《增值税暂行条例》，在企业购入免增值税货物，一般不能抵扣增值税税额。但对于购入免税农产品，可以按照买家和规定的扣除率计算进项税额，并准予从销项税额中抵扣。企业购入免税农产品，按照买家和规定的扣除率计算进行税额，借记“应交税费——应交增值税(进项税额)”科目，按买家扣除按规定计算的进项税额后的差额，借记“原材料”、“材料采购”、“商品采购”、“库存商品”等科目，按照实际支付的价款，贷记“银行存款”、“应付账款”等科目。

【例 8-17】 某商场购入免税农产品一批，价款为 50 000 元，规定的扣除率为 13%，货物已验收入库，贷款已用银行存款支付，该商场有关会计分录如下：

进项税额 = 购买价款 × 扣除率 = 50 000 × 13% = 6 500(元)

借：库存商品　　43 500
　　应交税费——应交增值税(进项税额)　　6 500
　　贷：银行存款　　50 000

(4) 按照《增值税暂行条例》，购进或者销售货物以及在生产经营过程中支付运费用的，按照运输费用计算单上注明的运输费用金额和规定的扣除率计算进项税额。

【例 8-18】 某企业购入原材料一批，增值税专用发票注明的价款为 100 000 元，增值税额为 17 000 元，另支付运输部门费用 5 000 元，材料以验收入库，款项均已通过银行存款支付。该企业采用成本对原材料进行核算。该企业有关会计分录如下：

$$进项税额 = 17\,000 + 5000 \times 7\% = 17\,350(元)$$

$$材料成本 = 100\,000 + 5000 \times (1 - 7\%) = 104\,650(元)$$

借：库存商品　　104 650
　　应交税费——应交增值税(进项税额)　　17 350
　　贷：银行存款　　122 000

2) 进项税额转出

企业购进的货物发生非常损失，以及将购进货物改变用途(如用于非应税项目、集体福利或个人消费等)，其进项税额通过“应交税费——应交增值税(进项税额转出)”科目转入有关科目，借记“待处理财产损溢”、“在建工程”、“应付职工薪酬”等科目，贷记“应交税费——应交增值税(进项税额转出)”科目；属于转作待处理财产损失的进项税额，应与遭受非常损失的购进货物，在产品或库存商品的成本一并处理。

购进货物改变用途通常是指购进的货物在没有经过任何加工的情况下，对内改变用途的行为，如在建工程领用原材料，企业下属医务室等福利部门领用原材料等。

【例 8-19】 某企业库存材料因意外失火毁损一批，有关增值税专用发票确认的成本为 40 000 元，增值税额为 6 800 元。该企业的有关会计分录如下：

借：待处理财产损溢——待处理流动资产损溢　　46 800
　　贷：原材料　　40 000
　　　　应交税费——应交增值税(进项税额转出)　　6 800

【例 8-20】 某企业建造厂房领用生产用原材料 80 000 元，原材料购入时支付增值税为 13 600 元。该企业有关会计分录如下：

借：在建工程　　93 600
　　贷：原材料　　80 000
　　　　应交税费——应交增值税(进项税额转出)　　13 600

【例 8-21】 某企业所属职工医院维修领用原材料 10 000 元，其购入时支付的增值税为 1 700 元。该企业的有关会计分录如下：

借：应付职工薪酬——短期薪酬——职工福利　　11 700
　　贷：原材料　　10 000
　　　　应交税费——应交增值税(进项税额转出)　　1 700

3) 销售货物或者提供应税劳务

企业销售货物或者提供应税劳务，按照营业收入和应收取的增值税额，借记“银行存款”、“应收账款”、“应收票据”等科目，按照实现的营业收入，贷记“主营业务收入”、“其他业务收入”等科目。发生销售退回，作相反的会计分录。

【例 8-22】 某企业销售产品一批，价款 800 000 元，按规定应收取增值税额 136 000 元，货物已发出，增值税专用发票已交给买方，款项已经收取并存入银行，该企业的有关会计分录如下：

借：银行存款　　936 000
　　贷：主营业务收入　　800 000
　　　　应交税费——应交增值税(销项税额)　　136 000

【例 8-23】 某企业为外单位代加工办公桌 500 个，每个收取加工费 200 元，适用的增值税税率为 17%，加工完成，款项尚未收到。该企业有关的会计分录如下：

借：应收账款　　117 000
　　贷：主营业务收入　　100 000
　　　　应交税费——应交增值税(销项税额)　　17 000

此外，企业将自产、委托加工或购买的货物分配给股东，应当参照企业销售物资或者提供应税劳务进行会计处理。

4) 视同销售行为

企业的有些交易和事项从会计角度看不属于销售行为，不能确认销售收入，但是按照税法规定，应视同对外销售处理，计算应交增值税。视同销售需要交纳增值税的交易和事项包括企业将自产或委托加工的货物用于非应税项目、集体福利或个人消费。将自产、委托加工或购买的货物作为投资、分配给股东或投资者、无偿赠送他人等。在这些情况下，企业应当借记“在建工程”、“长期股权投资”、“营业外支出”等科目，贷记“应交税费——应交增值税(销项税额)”科目等。

【例 8-24】某企业将自己生产的产品用于自行建造厂房。该批产品成本为 300 000 元，计税价格为 500 000 元，增值税率为 17%。该企业的有关会计分录如下：

借：在建工程　　385 000
　　贷：库存商品　　300 000
　　　　应交税费——应交增值税(销项税额)　　85 000

5) 出口退税

企业出口产品按照规定退税的，按应收的出口税额，借记“其他应收款”科目，贷记“应交税费——应交增值税(出口退税)”科目。

6) 交纳增值税

企业交纳本月的增值税，借记“应交税费——应交增值税(已交税金)”科目，贷记“银行存款”科目。“应交税费——应交增值税”科目的贷方余额，表示企业应交纳的增值税。

如果到月末尚未交纳，应从“应交税费——应交增值税”科目转入“应交税费——未交增值税”科目。

【例 8-25】 某企业本月发生销项税额合计 267 890 元，进项税额转出 62 000 元，进项税额 128 860 元，已交增值税 151 030 元。该企业本月“应缴税费——未交增值税”科目的余额为：

$$267\ 890 + 62\ 000 - 128\ 860 - 151\ 030 = 50\ 000\ (\text{元})$$

该余额在贷方，表示企业尚未交纳增值税 50 000 元。

3. 小规模纳税企业增值税的核算

不属于一般纳税企业且需缴纳增值税的企业即为小规模纳税人，具体由税务机关按规定加以认定。小规模纳税企业应当按照不含税销售额和规定的增值税征收率计算交纳增值税，销售货物或提供应税劳务时只能开具普通发票，不能开具增值税发票。小规模纳税企业不享有进项税额的抵扣权，其进购货物或接受应税劳务支付的增值税直接计入有关货物或劳务的成本。因此，小规模纳税企业只需在“应交税费”科目下设置“应交增值税”明细科目，不需要在“应交增值税”明细科目中设置专栏。“应交税费——应交增值税”科目，贷方登记应交纳的增值税，借方登记已交纳的增值税；期末贷方余额尚未交纳的增值税，借方余额为多交纳的增值税。

小规模纳税企业购进货物和接受应税劳务时支付的增值税，直接计入有关货物和劳务的成本，借记“材料采购”、“在途物资”等科目，贷记“银行存款”等科目。

【例 8-26】 某小规模纳税企业购入材料一批，取得的专用发票中注明贷款 50 000 元，增值税 8 500 元，款项以银行存款支付，材料已验收入库(该企业按实际成本计价核算)。该企业的有关会计分录如下：

借：原材料	58 500	
贷：银行存款		58 500

本例中，小规模纳税企业购进货物时支付的增值税 8 500 元，直接计入有关货物和劳务的成本。

【例 8-27】 某小规模纳税企业销售产品一批，所开出的普通发票中注明的贷款(含税)为 51 500 元，增值税征收率为 3%，款项已存入银行。该企业的有关会计分录如下：

$$\text{不含税销售额} = \frac{\text{含税销售额}}{1+\text{征收率}} = \frac{51\ 500}{1+3\%} = 50\ 000(\text{元})$$

$$\text{应交纳增值税} = \text{不含税销售额} \times \text{征收率} = 50\ 000 \times 3\% = 1\ 500\ (\text{元})$$

借：银行存款	51 500	
贷：主营业务收入		50 000
应交税费——应交增值税		1 500

(二) 应交消费税

消费税是指在我国境内生产、委托加工和进口应税消费品的单位和个人，按其流转额交纳的一种税。按照我国税法规定，消费税的纳税义务人为生产、委托加工和进口应税消费品的企业，即消费税在生产和进口环节征收，一旦出了生产环节，进入流通领域不再交纳消费税(金银首饰应纳消费税除外)。因此，消费税一般由生产及进口企业缴纳。我国现行税制规定的应税消费品包括 14 个大类：烟，酒及酒精，化妆品，贵重首饰及珠宝玉石，鞭炮、焰火，成品油，汽车轮胎，摩托车，小汽车，高尔夫球及球具，高档手表，游艇，木质一次性筷子，实木地板。凡是在我国境内生产、委托加工和进口应税消费品的单位和个人，均应按规定计算缴纳消费品。

消费税实行从价定率计征和从量定额计征两种征收方法。

从价定率计征征收方法下的应纳税额的计算公式为：

$$应纳税额 = 销售额 \times 比例税率$$

式中，销售额是指不含增值税的销售额。如果企业应税消费品的销售额中未扣除增值税税款，或者因不能开具增值税专用发票而发生价款和增值税税款合并收取的，在计算消费税时，应换算为不含增值税税款的销售额，其计算公式为：

$$应税消费品的销售量 = \frac{含增值的销售额}{1 + 增值税税率或征收率}$$

从量定额计征收方法下的应纳税额的计算公式为：

$$应纳税额 = 销售数量 \times 定额税率$$

式中，销售数量是指应税消费品的数量。属于销售应税消费品的，为应消费品的销售数量；属于自产自用应税消费品的，为应税消费品的移送使用数量；属于委托加工应税消费品的，为纳税人收回的应税消费品数量；属于进口应税消费品的，为海关核定的应税消费品进口征税数量。"定额税率"是税法规定的该种应纳消费税产品的单位数量应纳的税额。

消费税实行价内征收。企业按规定应交的消费税，在"应交税费"科目下设置"应交消费税"明细科目，核算应交税费的发生、交纳情况。该科目的贷方登记应交纳的消费税，借方登记已交纳的消费税。期末贷方余额为尚未交纳的消费税，借方余额为多交纳的消费税。

1．销售应税消费品

企业销售应税消费品应交的消费税，应借记"税金及附加"科目，贷记"应交税费——应交消费税"科目。

【例 8-28】 某企业销售所发生的化妆品，价款 1 000 000 元(不含增值税)，适用的消费税税率为 30%。该企业有关的会计分录如下：

应交消费税额 = 1 000 000 × 30% = 300 000 (元)

借：税金及附加　　300 000

　　贷：应交税费——应交消费税　　300 000

2．自产自用应税消费品

企业将生产的应税消费品用于在建工程、职工福利、金融资产等非生产项目时，按规定应交纳的消费税，借记"在建工程"、"应付职工薪酬"、"长期股权投资"等科目，贷记"应交税费——应交消费税"等科目。

【例 8-29】 某企业在建工程领用自产柴油 50 000 元，应缴纳增值税 10 200 元，应缴纳消费税 6 000 元。该企业的有关会计分录如下：

借：在建工程　　66 200

　　贷：库存商品　　50 000

　　　　应交税费——应交增值税(销项税额)　　10 200

　　　　　　　　——应交消费税　　6 000

本例中，企业将生产的应税消费品用于在建工程等非生产机构时，按规定应缴纳的消费税 6 000 元记入"在建工程"科目。

【例 8-30】 某企业下设的职工食堂享受企业提供的补贴，本月领用自产产品一批，该产品的账面价值 65 000 元，市场价格 80 000 元(不含增值税)，使用的消费税税率为 10%，增值税税率为 17%。该企业的有关会计分录如下：

借：管理费用　　101 600
　　贷：应付职工薪酬——非货币性福利　　101 600

应记入"应付职工薪酬——非货币性福利"科目的金额＝80 000＋80 000×17%＋80 000×10%＝101 600 元。

同时，

借：应付职工薪酬——非货币性福利　　101 600
　　贷：主营业务收入　　80 000
　　　　应交税费——应交增值税(销项税额)　　13 600
　　　　　　　　——应交消费税　　8 000
借：主营业务成本　　65 000
　　贷：库存商品　　65 000

3．委托加工应税消费品

企业如果有应交消费税的委托加工物资，一般应由委托方代收代交税款，委托方按照应交税款金额，借记"应收账款"、"银行存款"等科目，贷记"应交税费——应交消费税"科目。受托加工或翻新改制金银首饰按照规定由委托方交纳消费税。

委托加工物资收回后，直接用于销售的，应将受托方代收代交的消费税计入委托加工物资的成本，借记"委托加工物资"等科目，贷记"应付账款"、"银行存款"等科目；委托加工物资收回后用于连续生产的应税消费品的，按规定准予抵扣的，应按已由委托方代收代交的消费税，借记"应交税费——应交消费税"科目，贷记"应付账款"、"银行存款"等科目。

【例 8-31】 甲企业委托乙企业代为加工一批应交消费税的材料(非金银首饰)。甲企业的材料成本为 500 000 元，加工费为 100 000 元，由乙企业代收代交的消费税为 40 000 元(不考虑增值税)。材料已经加工完成，并由甲企业收回验收入库，加工费尚未支付。甲企业采用实际成本法进行原材料的核算。

(1) 如果甲企业收回的委托加工物资用于继续生产应税消费品，则甲企业的有关会计分录如下：

借：委托加工物资　　500 000
　　贷：原材料　　500 000
借：委托加工物资　　100 000
　　应交税费——应交消费税　　40 000
　　贷：应付账款　　140 000
借：原材料　　600 000
　　贷：委托加工物资　　600 000

(2) 如果甲企业收回的委托加工物资直接用于对外销售，则甲企业有关会计分录如下：

借：委托加工物资　　500 000

贷：原材料 500 000

借：委托加工物资 140 000

贷：应付账款 140 000

借：原材料 640 000

贷：委托加工物资 640 000

(3) 乙企业对应收取的受托加工物资代收代交消费税的会计分录如下：

借：应收账款 40 000

贷：应交税费——应交消费税 40 000

4．进口应税消费品

企业进口应税物资在进口环节应交的消费税，计入该项物资的成本，借记“材料采购”、“固定资产”等科目，贷记“银行存款”科目。

【例 8-32】 甲企业从国外进口一批需要交纳消费税的商品，商品价值 1 000 000 元，进口环节需要交纳的消费税为 200 000 元(不考虑增值税)，采购的商品已经验收入库，货款尚未支付，税款已经为银行存款支付。甲企业的有关会计分录如下：

借：库存商品 1 200 000

贷：应付账款 1 000 000

银行存款 200 000

本例中，企业进口应税物资在进口环节应交的消费税 200 000 元，应计入该项物资的成本。

(三) 其他应交税费

其他应交税费是指除上述应交税费以外的应交税费，包括应交资源税、应交城市维护建设税、应交土地增值税、应交所得税、应交房产税、应交土地使用税、应交车船使用税、应交教育费附加、应交矿产资源补偿费、应交个人所得税等。企业应当在“应交税费”科目下设置相应的明细科目进行核算，贷方登记应交纳的有关税费，借方登记已缴纳的有关税费，期末贷方余额表示尚未交纳的有关税费。

1．应交资源税

资源税是对在我国境内开采矿产品或者生产盐的单位和个人征收的税。资源税按照应税产品的课税数量和规定的单位税额计算。开采或生产应税产品对外销售的，以销售数量为课税数量；开采或生产应税产品自用的，以自用数量为课税数量。

企业对外销售应税产品应缴纳的资源税应记入“税金及附加”科目，借记“税金及附加”科目，贷记“应交税费——应交资源税”科目；自产自用应税产品应缴纳的资源税应计入“生产成本”、“制造费用”等科目，借记“生产成本”、“制造费用”等科目，贷记“应交税费——应交资源税”科目。

【例 8-33】 某企业对外销售某种资源税应税矿产品 5 000 吨，每吨应交资源税 10 元。该企业的有关会计分录如下：

企业对外销售应税产品而应交的资源税 = 5 000 × 10 = 50 000(元)

借：税金及附加 50 000

贷：应交税费——应交资源税　　50 000

【例 8-34】 某企业将自产的资源税应税矿产品 100 吨用于企业的产品生产，每吨应交资源税 10 元。该企业的有关会计分录如下：

企业自产自用的应税矿产品而应缴纳的资源税 = 100 × 10 = 1 000(元)

借：生产成本　　1 000

贷：应交税费——应交资源税　　1 000

2. 应交城市维护建设税

城市维护建设税是以增值税、消费税、营业税为计税依据征收的一种税。其纳税人为交纳增值税、消费税、营业税的单位和个人。

城市维护建设税按照纳税人所在地的不同实行地区差别税率，具体为：市区 7%；县城、镇 5%；其他 1%。其计算公式为：

应纳税额 = (应交增值税 + 应交消费税 + 应交营业税) × 适用税率

企业应交的城市维护建设税，借记“税金及附加”等科目，贷记“应交税费——应交城市维护建设税”科目。

【例 8-35】 某企业本期实际应上交增值税 500 000 元，消费税 250 000 元，营业税 160 000 元。该企业适用的城市维护建设税税率为 7%。该企业的有关会计分录如下：

(1) 计算应交的城市维护建设税。

应交的城市维护建设税 = (500 000 + 250 000 + 160 000) × 7% = 63 700(元)

借：税金及附加　　63 700

贷：应交税费——应交城市维护建设税　　63 700

(2) 用银行存款上交城市维护建设税时。

借：应交税费——应交城市维护建设税　　63 700

贷：银行存款　　63 700

3. 应交教育费附加

教育费附加是为了发展教育事业而向企业征收的附加费用。它是以增值税、消费税、营业税为计费依据，征收率为 3%，其公式为：

应交教育费附加 = (应交增值税 + 应交消费税 + 应交营业税) × 征收率

企业应交的教育费附加，借记“税金及附加”等科目，贷记“应交税费——应交教育费附加”科目。

【例 8-36】 某企业本期实际缴纳增值税 300 000 元，消费税 100 000，营业税 50 000 元。该企业适用的教育费附加征收率为 3%。该企业的有关会计处理如下：

(1) 计算应交的教育费附加 = (300 000 + 100 000 + 50 000) × 3% = 13 500(元)，会计分录如下：

借：税金及附加　　13 500

贷：应交税费——应交教育费附加　　13 500

(2) 用银行存款上交教育费附加时，会计分录如下：

借：应交税费——应交教育费附加　　13 500

贷：银行存款　　13 500

4. 应交土地增值税

土地增值税是指在我国境内有偿转入土地使用权及地上建筑物和其他附着物产权的单位和个人，就其土地增值额征收的一种税。土地增值额是指转入收入减去规定扣除项目金额后的余额。转入收入包括货币收入、实物收入和其他收入。扣除项目主要包括取得土地使用权所支付的金额、开发土地的费用、新建及配套设施的成本、旧房及建筑的评估价格等。

企业应交的土地增值税视情况计入不同科目。企业转入的土地使用权同土地上建筑物及其附着物一并在“固定资产”等科目核算的，转让时交的土地增值税，借记“固定资产清查”科目，贷记“应交税费——应交土地增值税”科目；土地使用权在“无形资产”科目核算的，按实际收到的金额，借记“银行存款”科目，按应缴的土地增值税，贷记“应交税费——应交土地增值税”科目，同时冲销土地使用权账面价值，贷记“无形资产”科目，按其差额，借记“营业外支出”科目或贷记“营业外收入”科目。

【例 8-37】 某企业对外转让一栋厂房，根据税法法规计算应交土地增值税为 30 000 元。有关会计分录如下：

(1) 计算应交纳的土地增值税。

借：固定资产清理　　30 000

　　贷：应交税费——应交土地增值税　　30 000

(2) 用银行存款交纳应交土地增值税税款。

借：应交税费——应交土地增值税　　30 000

　　贷：银行存款　　30 000

5. 应交房产税、土地使用税、车船使用税和矿产资源补偿费

房产税是国家对在城市、县城、建制县和工矿区征收的由产权所有人交纳的一种税。房产税依照房产原值一次减除 10%～30%后的余额计算交纳。没有房产原值作为依据的，有房产所在地税务机关参考同类房产核定；房产出租的，以房产租金收入为房产税的计税依据。

土地使用税是国家为了合理利用城镇土地，调节土级差收入，提高土地使用效益，加强管理而开征的一种税，以纳税人实际占用的土地面积为计税依据，依照规定税额计算征收。

车船使用税由拥有并且使用车船的单位和个人交纳。车船使用税按照适用税额计算交纳。

矿产资源补偿费是对在我国领域和管辖海域开采矿产资源而征收的费用。矿产资源补偿费按照矿产品销售收入的一定比例计征，由采矿人交纳。

企业应交的房产税、土地使用税、车船使用税、矿产资源补偿费，记入“税金及附加”科目，借记“税金及附加”科目，贷记“应交税费——应交房产税”、“应交土地使用税”、“应交车船使用税”、“应交矿产补偿费”科目。

6. 应交个人所得税

个人所得税的征收采用自行申报交纳和代扣代缴两种方法。除实行查账核实征收的个体工商户取得应交所得自行申报缴纳后需要会计核算外，一般个人取得的收入自行申报缴

纳后不必进行会计核算。但是，履行代扣代缴义务的单位和个人代扣代缴税款时必须进行会计核算。

企业按规定计算代扣代缴的职工个人所得税，借记"应付职工薪酬"科目，贷记"应交税费——应交个人所得"科目；企业交纳个人所得税时，借记"应交税费——应交个人所得税"科目，贷记"银行存款"等科目。

【例 8-38】 某企业结算本月应付职工工资总额 300 000 元，代扣代缴职工个人所得税共计 3 200 元，实发工资 296 800 元。该企业应交个人所得税分录如下：

借：应付职工薪酬——工资　　3 200

　　贷：应交税费——应交个人所得税　　3 200

三、完成工作任务评价

1. 完成税金核算任务

根据工作任务要求，按照工作任务操作流程，结合完成工作任务所需要的知识导航，解答引导案例中的问题。

2. 完成工作任务结果后的评价

按照要求和规程完成税金核算任务，参考老师给出的标准，任务的完成者与老师共同来评价工作任务中的完成情况。

评价标准：

(1) 是否认知各种税费。

(2) 能否准确计算各种应交税费。

(3) 能否进行各种应交税费计算和交纳的账务处理。

3. 完成工作任务后的收获

按照要求和规程完成工作任务之后，结合老师对完成工作任务后的结果评价，你认为自己完成此项工作任务后有何收获？请将你的收获写出来，与老师和同学一起交流和分享。

工作任务六　其他应付款业务核算

一、其他应付款业务处理的流程

引导案例：

红星公司 2018 年 1 月发生如下业务：

(1) 1 日财务科向供应科支付备用金 2 000 元开出现金支票。

(2) 5 日职工李强出差预支差旅费 3 000 元以现金支付。

(3) 6 日收到宏达公司支付的包装物押金 4 000 元存入银行。

(4) 10 日李强出差回公司报销，实际发生差旅费 2 500 元，交回现金 500 元。

(5) 30 日宏达公司未按合同规定退还包装物，公司没收其交付的押金 4 000 元。

请问：以上业务双方怎样进行业务处理？应登记哪些账簿？如何登记？

其他应付款核算业务流程如下：

第一步：熟悉其他应付款的核算内容。

第二步：进行其他应付款业务的账务处理。

第三步：登记应付账款业务明细账及总账。

二、知识导航

在企业的经济活动中常常发生诸如应付租金、应付罚款、应付赔款、为企业职工代垫款项等业务，它们与应付账款、应付票据、预收账款等有明显的区别，因此也有着不同的核算方法。

1. 其他应付款核算的范围

其他应付款是指企业除应付票据、应付账款、预收账款、应付职工薪酬、应交税费、应付利息、应付股利等经营活动以外的其他各项应付、暂收的款项，如应付租入包装物租金、存入保证金等。

2. 其他应付款的账务处理

企业应通过“其他应付款”科目，核算其他应付款的增减变动及其结存情况，并按照其他付款的项目和对方单位(或个人)设置明细科目进行明细核算。企业发生其他各种应付、暂收款项时，借记“管理费用”等科目，贷记“其他应付款”科目；支付或退回其他各种应付、暂收款项时，借记“其他应付款”科目，贷记“银行存款”等科目。

【例 8-39】红星公司从 2018 年 1 月 1 日起，以经营租赁方式租入管理用办公设备一批，每月租金 5 000 元，按季支付租金。3 月 31 日，红星公司以银行存款支付租金。

1 月 31 日计提应付经营租入固定资产租金，会计分录如下：

借：管理费用　　5 000

　　贷：其他应付款　　5 000

3 月 31 日支付租金，会计分录如下：

借：其他应付款　　10 000

　　管理费用　　5 000

　　贷：银行存款　　15 000

三、完成工作任务评价

1. 完成其他应付款核算的工作任务

根据工作任务要求，按照工作任务操作流程，结合完成工作任务所需要的知识导航，回答引导案例中的问题。

2. 完成工作任务后的评价

按照要求和规程完成了其他应付款核算的任务后，参考老师给出的标准，任务的完成者与老师共同来评价工作任务的完成情况。

评价标准：

(1) 所发生的业务是否属于其他应付款和其他应付款核算的范围。

(2) 根据所发生的业务填制相关记账凭证时所有的会计科目是否正确。

(3) 其他应付款总账及明细账的登记是否正确及时。

3. 完成工作任务后的收获

按照要求和规程完成了工作任务之后，结合老师对完成工作任务后的结果评价，你认为自己完成此项工作任务后有何收获？请将你的收获写出来，与老师和同学们一起交流和分享。

工作任务七 长期借款业务核算

一、长期借款业务处理流程

引导案例：

东正公司 2017 年 1 月 1 日从银行借入资金 2 000 000 元，用于购置大型设备。借款期限为 2 年，年利率为 8%(假定实际利率与合同利率一致)，到期一次还本付息。款项已存入银行。

请问：东正公司取得借款、核算利息和到期还本付息的业务应怎样处理？

长期借款业务处理流程如下：

第一步：明确长期借款的用途。

第二步：正确计算长期借款的利息。

第三步：进行长期借款取得、利息核算以及还本付息业务处理。

二、知识导航

(一) 长期借款概述

长期借款是指企业从银行或者其他金融机构借入的期限在 1 年以上的款项，一般用于固定资产的构建、改扩建工程、资本化的固定资产修理支出、金融资产以及为了保持长期经营能力等方面。长期借款是指企业非流动负债的重要组成部分，必须加强管理与核算。

长期借款是目前我国企业获得非流动负债资金的主要筹资方式，他的债权人为银行或者其他金融机构。长期借款具有筹资速度快、筹资弹性大等优点。

长期借款会计处理的基本要求是反映和监督企业长期借款的借入、借款利息的结算和借款本息的归还情况，促使企业遵守信贷纪律、提高信贷等级，同时也要确保长期借款发挥效益。

(二) 借款费用

1. 借款费用的相关定义

根据《企业会计准则第 17 号——借款费用》，借款费用是指企业因借款而发生的利息及其相关成本，具体包括借款利息、折价或溢价的摊销和辅助费用以及因外币借款而发生的汇兑差额等。辅助费用是指企业为了安排借款以供支出而发生的必要费用，包括借款手续费、佣金、印刷费和承诺费等。专门借款是指为了构建或者生产符合资本化条件的资产而专门借入的借款。所为符合资本化条件的资产，是指需要经过相当长时间的构建或者生产活动才能达到可使用或可销售状态的资产，包括固定资产和大型机械设备、船舶、投资性房产和存货等。这里所说的相当长时间，是指为资产的构建或者生产资产所必需的时间，通常为 1 年以上(包括 1 年)。

2．借款费用的确认原则

可直接归属于符合资本化条件的资产的构建或者生产，应当予以资本化，计入符合资本化条件的资产成本；其他借款费用，应当在发生时间根据其发生额确认为财务费用，计入当期损益。

符合借款费用资本化条件的存货，主要包括房地产开发企业开发的用于对外出售的房地产开发产品、企业制造的用于对外出售的大型机器设备等。

与融资租赁有关的费用，适用《企业会计准则第 21 号——租赁》。

3．借款费用的确认

(1) 专门借款。为构建或者生产符合资本化条件的资产而介入专门借款的，应当以专门借款当期实际发生的利息费用，减去将尚未动用的借款资金存入银行取得的利息收入，或进行暂时性投资取得的投资收益后的金额确定为资本化金额。专门借款应当有明确的专门用途，即为构建或生产某项符合资本化条件的资产而专门借入的款项，通常应有标明专门用途的借款合同。

(2) 一般借款。为构建或者生产符合资本化条件的资产而占用了一般借款，企业应当根据累计资产支出超过专门借款部分的资产支出加权平均数乘以所占用的一般借款的资本化率，计算确定一般借款应予以资本化的利息金额。资本化率应当根据一般借款的加权平均利率计算确定。资本化期间，是指从借款费用开始资本化时点到停止资本化时点的期间，借款费用暂停资本化的期间不包括在内。

(3) 折价、溢价的摊销。借款存在折价或溢价的，应当按照实际利率法确定每一会计期间应摊销的折价或溢价金额，调整每期利息金额。

(4) 汇兑差额。在资本化期间，外币专门借款本金及利息的汇兑差额，应当予以资本化，计入符合资本化条件的成本。

(5) 辅助费用。专门借款的辅助费用，在构建或生产的符合资本化条件的资产达到预定可使用或可以销售状态之前发生的，应在发生时根据其发生额予以资本化，计入符合资本化条件的资产的成本；在构建或生产的符合资本化条件的资产达到预定可以使用或可销售状态之后发生的，应当在发生时根据其发生额确认为费用，计入当期损益。一般借款的辅助费用，应当在发生时根据其发生额确认为费用，计入当期损益。

4．借款费用资本化期间的确定

(1) 借款费用开始资本化时点的确认。应同时满足以下 3 个条件：

① 资产支出已经发生。资产支出包括支付现金、转移非现金资产和承担带息债务形式所发生的支出。

② 借款费用已经发生。指企业已经发生了因构建或者生产符合资本化条件的资产而专门借入款项的费用，或者占用了一般借款的借款费用。

③ 为使资产达到预定使用或者可销售状态所必要的构建或者生产活动已经开始。指符合资本化条件的资本实体建造或者生产工作已经开始，如主体设备的安装、厂房的实际开

工建造等。

(2) 借款费用暂停资本化时间的确定。符合资本化条件的资产在构建或者生产过程中发生非正常中断，且中断时间连续超过 3 个月的，应当暂停借款费用的资本化。中断的原因必须是非正常中断，属于正常中断的，相关借款费用仍可资本化。

(3) 借款费用停止资本化时间的确定。符合资本化条件的资产的实体建造(包括安装)或者生产活动已经全部完成或者实质上已经完成。

所构建的或者生产的符合资本化条件的资产与设计要求、合同规定或者生产不相符的要求的地方，也不影响其正常使用或者销售。

继续发生在所构建或生产的符合资本化条件的资产上的支出金额很少或者几乎不再发生。

5．借款费用资本化金额的确定

$$\text{专门借款利息费用的资本化金额}=\text{专门借款当期实际发生的利息费用}-\text{尚未动用的借款资金存入银行的利息收入或者进行暂时性投资取得的投资收益}$$

$$\text{一般借款利息费用资本化金额}=\text{累计资产支出超过专门借款部分的资产支出加权平均数}\times\text{所占用一般借款的资本化率}$$

$$\text{所占用的一般借款的资本化率}=\text{所占用一般借款加权平均利率}=\frac{\text{所占用一般借款当期实际发生的利息之和}}{\text{所占用一般借款本金加权平均数}}$$

$$\text{所占用一般借款本金加权平均数}=\text{所占用每笔一般借款本金}\times\frac{\text{每笔一般借款在当期所占用的天数}}{\text{当期天数}}$$

【例 8-40】 A 公司于 2007 年 12 月 1 日借入专门借款，用于建造厂房，该笔借款本金为 1 000 万元，期限为 3 年，年利率 6%，按年付息，到期一次还本。另外，A 公司有一般借款 200 万元，年利率 7%，期限为 2 年，每年年末计提利息，将于 2017 年 6 月 30 日到期。工程采用除暴方式，2008 年 1 月 1 日，用银行存款支付工程价款 300 万元；工程因质量纠纷于 2008 年 3 月 1 日到 2008 年 6 月 30 日发生非正常中断。2008 年 9 月 1 日，用银行存款支付工程价款 800 万元，工程于 2017 年 2 月 28 日交付使用。A 公司借款费用按年资本化。2008 年为动用的专门借款资金取得的利息收入为 2 万元。

根据上述资料，A 公司应作如下账务处理：

(1) 开始资本化的时点为 2008 年 1 月 1 日，停止资本化的时点为 2017 年 1 月 31 日。

(2) 由于 2008 年 3 月 1 日至 6 月 30 日连续发生 3 个月以上的非正常中断。根据规定，在此期间应暂停资本化，应将这一期间的借款费用计入财务费用。2008 年借款利息资本化金额的计算如下：

$$\text{利息资本化金额}=1\ 000\times6\%-\frac{1\ 000\times6\%}{12}\times4-2=60-20-2=38(\text{万元})$$

另外，因为在 2008 年 9 月 1 日时累计资产支出为 1 100 万元，超过了专门借款 1 000 万元，超过的 100 万元部分占用的是一般借款，其资本化的金额为：

$$\frac{100\times7\%\times4}{12}=2.33(\text{万元})$$

所以，2008年借款利息应予资本化的金额为40.33(38 + 2.33)万元。

(三) 长期借款的核算

企业应通过“长期借款”科目，核算长期借款的借入、归还等情况。该科目可按照贷款单位和贷款种类设置明细账，分别设置“本金”、“利息调整”等明细科目进行明细核算。该科目的贷方登记长期借款本息的增加额，借方登记本息的减少额，贷方余额表示企业尚未偿还的长期借款。

(1) 企业借入长期借款，应按照实际收到的现金净额，借记“银行存款”科目，贷记“长期借款——本金”科目，按其差额，借记“长期借款——利息调整”科目。

(2) 资产负债表日，应按摊余成本和实际利率计算确定的长期借款的利息费用，借记“在建工程”、“制造费用”、“财务费用”、“研发支出”等科目，按合同利息计算确定的应付未付利息，贷记应付利息科目，按其差额，贷记“长期借款——利息调整”科目。实际利率和合同约定的名义利率差异很小的，也可以采用合同约定的名义利率计算确定利息费用。

(3) 归还长期借款本金时，借记“长期借款——本金”科目，贷记“银行存款”科目。同时，存在利息调整余额的，借记或贷记“在建工程”、“制造费用”、“财务费用”、“研发支出”等科目，贷记或借记“长期借款——利息调整”科目。

长期借款的利息支出应按权责发生制原则按期计入有关科目。属于筹建期间的，借记“管理费用”科目，贷记“长期借款”科目；企业发生的借款费用，可直接归属于符合资本化条件的资产的构建或生产的，应当予以资本化，计入相关资产(固定资产、存货、投资性房地产等)的成本。

【例8-41】 甲公司2007年6月30日从银行借入资金1 000 000元，用于购置大型设备。借款期限为2年，年利率为10%(假定实际利率与合同利率一致)，到期还本每年末付息。款项已存入银行。

2007年7月1日，甲公司收到购入的设备，并用银行存款支付设备价款840 000元(含增值税)。该设备安装调试期间发生安装调试费160 000元，于2007年12月31日投入使用。该设备预计使用年限为5年，预计净残值率为5%，采用双倍余额递减法计提折旧。

2009年6月30日，甲公司以银行存款归还借款本金1 000 000元。

2009年12月31日，甲公司因转产，将该设备出售，收到价款450 000元，存入银行。另外，甲公司用银行存款支付清理费用2 000元(不考虑借款存入银行产生的利息收入)。

要求：

① 该设备的入账价值。

② 计算该设备2008年度、2009年度应计提的折旧费用。

③ 编制2008年年末应计提借款利息的会计分录。

④ 编制归还借款本息的会计分录。

⑤ 编制出售该设备时的会计分录。

根据上述资料，甲公司的相关账务处理如下：

(1) 该设备的入账价值 $= 840\ 000 + 160\ 000 + \dfrac{1\ 000\ 000 \times 10\%}{12} \times 18 = 1\ 150\ 000$(元)

(2) 计算给设备 2008 年度、2009 年度应计提的折旧费用如下：

$$折旧率=\frac{2}{5}\times 100\%=40\%$$

该设备 2008 年度应计提的折旧费用 = 1 150 000 × 40% = 460 000(元)

该设备 2009 年度应计提的折旧费用 = (1 150 000 − 460 000) × 40% = 276 000(元)

(3) 2008 年年末应计提借款利息的会计分录如下：

借：财务费用　　100 000
　　贷：应付利息　　100 000

(4) 归还借款本金时的会计分录如下：

借：长期借款　　1 000 000
　　贷：银行存款　　1 000 000

(5) 出售该设备时的会计分录如下：

借：累计折旧　　736 000
　　固定资产清理　　414 000
　　贷：固定资产　　1 150 000
借：银行存款　　450 000
　　贷：固定资产清理　　450 000
借：固定资产清理　　2 000
　　贷：银行存款　　2 000
借：固定资产清理　　34 000
　　贷：营业外收入　　34 000

三、完成工作任务评价

1. 完成长期借款核算的工作任务

根据工作任务要求，按照工作任务操作流程，结合完成工作任务所需要的知识导航，解决引导案例中的问题。

2. 完成工作任务结果后的评价

按照要求和规程完成了长期借款核算的任务后，参照老师给出的标准，任务的完成者与老师共同评价工作任务的完成情况。

评价标准：

(1) 所发生的业务是否使用长期借款。

(2) 借款费用的计算是否正确。

(3) 根据所发生的业务填制相关记账凭证时所用会计科目是否正确。

3. 完成工作任务后的收获

按照要求和规程完成了工作任务之后，结合老师对完成工作任务后的结果评价，你认为自己完成此项工作任务后有何收获？请将你的收获写出来，与老师和同学们一起交流和分享。

工作任务八　应付债券的账务处理

一、应付债券的流程

引导案例：

某股份有限公司于20×8年1月1日发行3年期，每年1月1日付息、到期一次还本的公司债券，债券面值为200万元，票面年利率为5%，实际利率为6%，发行价格为194.65万元。按实际利率法确认利息费用。

该债券20×9年度确认的利息费用是多少？

应付债券核算流程设计如下：

第一步：确定发行价格、票面利率、实际利率等相关信息。

第二步：发行成功后确认摊余成本作相关账务处理。

第三步：分次计息作相关账务处理。

第四步：最后计息日进行尾数调整，并作相关账务处理。

第五步：登记相关账簿。

二、知识导航

(一) 应付债券概述

应付债券是指企业为筹集长期资金而发行的债券。债券是企业为筹集长期使用资金而发行的一种书面凭证。

企业在生产经营过程中，可能会由于种种原因需要使用大量资金，如扩大业务规模，筹建新项目，兼并收购其他企业，以及弥补亏损等。在企业自有资金不能完全满足其资金需求时，便需要向外部筹资。通常企业对外筹资的渠道有3个：发行股票、发行债券和向银行等金融机构借款。由于股票经常是溢价发行，因此股票筹资的实际成本较低，而且筹集的资金不用偿还，没有债务负担。但股票发行手续复杂，前期准备时间长，还要公布公司的财务状况，受到的制约较多。此外，增发股票还导致股权稀释，影响到现有股东的利益和对公司的控制权。向银行等金融机构借款通常较为方便，能较快满足企业的资金需求，但信贷的期限一般较短，资金的使用范围往往受到严格的限制，有时信贷还附有一定的附加条件。而且，在企业经营情况不佳时，银行往往不愿意提供贷款。相对而言，发行债券所筹集的资金期限较长，资金使用自由，而且购买债券的投资者无权干涉企业的经营决策，现有股东对公司的所有权不变，从这一角度看，发行债券在一定程度上弥补了股票筹资和向银行借款的不足。因此，发行债券是很多企业非常愿意选择的一种筹资方式。但是，发行债券筹资也有其不足之处，主要是由于公司债券投资的风险性较大，发行成本一般高于银行贷款，还本付息对公司构成较重的财务负担。企业通常权衡这3种方式的利弊得失后，再选择最恰当的形式筹集所需资金。

(二) 应付债券的核算

应付债券的核算应设置“应付债券”科目，并在该科目下设置“面值”、“利息调整”、

"应计利息"等明细科目，核算应付债券的发行、计提利息、还本付息等情况。该科目贷方登记应付债券的本金和利息，借方登记归还的本金和利息，期末贷方余额表示企业尚未偿还的应付债券。

企业通过发行债券取得资金是以将来履行归还购买债券者的本金和利息的义务作为保证的。企业应当设置"企业债券备查簿"，详细登记每一种债券的票面金额、债券票面利率、还本付息期限与方式、发行总额、发行日期与编号、委托代售单位、转换股份等资料。企业债券到期结清时，应当在备查簿内逐笔注销。

1. 债券发行的核算

债券的发行有面值发行、溢价发行和折价发行 3 种情况。假设其他条件不变，债券的票面利率高于同期银行存款利率时，可按超过债券面值的价格发行，称为溢价发行。溢价是企业为以后各期多付利息而事先得到的补偿。如果债券的票面利率低于同期银行存款利率，可按低于债券面值的价格发行，称为折价发行。如果债券的票面利率与同期银行存款利率相同，可按票面价格发行，称为面值发行。折价或溢价是发行债券企业在债券存续期内对利息费用的一种调整。

企业债券的发行价格的高低一般取决于债券票面利率、债券票面金额、发行当时的市场利率与债券期限的长短等因素。

企业发行债券时，如果发行费用大于发行期间冻结资金所产生的利息收入，按发行费用减去发行期间冻结资金所产生的利息收入后的差额，根据发行债券所筹集资金的用途，分别计入财务费用或相关的资产成本。如果发行费用小于发行期间冻结资金所产生的利息收入，按发行期间冻结资金所产生的利息收入减去发行费用后的差额，视同发行债券的溢价收入，在债券存续期间于计提利息时摊销，分别计入财务费用或相关的资产成本。

企业发行债券，无论是面值发行，还是溢价发行或折价发行，均应按实际收到的金额，借记"银行存款"、"库存现金"等科目，按债券票面金额，贷记"应付债券——面值"科目；实际收到的款项与票面价值存在差额的，还应借记或贷记"应付债券——面值"科目。

【例 8-42】甲企业于 2007 年 1 月 1 日发行 3 年期、到期一次还本付息、年利率为 8%(不计复利)、发行面值总额为 50 000 000 元的债券。该债券按面值发行。甲企业的有关会计处理如下：

借：银行存款　　　　50 000 000
　贷：应付债券——面值　　　　50 000 000

2. 债券利息的核算

发行长期债券的企业，应按期计提利息。对于按面值发行的债券，在每期采用票面利率计提利息时，应当按照与长期借款相一致的原则计入相关成本费用，借记"在建工程"、"制造费用"、"财务费用"、"研发支出"等科目；对于分期付息，到期一次还本的债券，按票面利率计算确定的应付未付的利息，贷记"应付利息"科目，按其差额借记或贷记"应付债券——利息调整"科目；对于一次还本付息的债券，按票面利率计算确定的应付未付利息，贷记"应付债券——应计利息"科目，按其差额借记或贷记"应付债券——利息调整"科目。

对于溢价发行或折价发行的债券，也应按期计提利息。并在债券存续期内采用实际利率法对利息调整进行摊销。实际利率法，是以债券发行时的市场利率，乘以每期期初债券的账面价值，求得该期的实际负担利息费。实际负担利息费用与实际支付利息的差额，即为该期利息调整额。实际利率，是指将应付债券在债券存续期内的未来现金流量，折现为该债券当前账面价值所使用的利率。

对于分期付息、到期一次还本的债券，企业应按应付债券的摊余成本和实际利率计算确定的债券利息费用，借记“在建工程”、“制造费用”、“财务费用”、“研发支出”等科目，按票面利率计算确定应付未付的利息，贷记“应付利息”科目，按其差额，借记或贷记“应付债券——利息调整”科目。

对于一次还本付息的债券，企业应于资产负债表日按应付债券的摊余成本和实际利率计算确定的债券利息费用，借记“在建工程”、“制造费用”、“财务费用”、“研发支出”等科目，按票面利率计算确定应付未付的利息，贷记“应付债券——应计利息”科目，按其差额，借记或贷记“应付债券——利息调整”科目。

【例 8-43】 接例 8-42，甲企业发行债券所筹集的资金用于建造固定资产，至 2007 年 12 月 31 日工程尚未完工，该债券产生的实际利息费用全部资本化，计提本年长期债券利息。甲企业的有关会计处理如下：

借：在建工程　　　　4 000 000

　　贷：应付债券——应计利息　　　　4 000 000

3．债券到期偿还的核算

企业采用一次还本付息的方式，应于债券到期支付债券本息时，借记“应付债券——面值”、“应付利息”和“应付债券——应计利息”科目，贷记“银行存款”科目；采用一次还本、分期付息方式的，在每期支付利息时，借记“应付利息”科目，贷记“银行存款”科目；债券到期偿还本金并支付最后一期利息时，借记“应付债券——面值”、“在建工程”、“制造费用”、“财务费用”、“研发支出”等科目，贷记“银行存款”等科目，存在利息调整余额的，借记或贷记“应付债券——利息调整”科目。

【例 8-44】 2006 年 12 月 31 日支付，甲公司经批准发行 5 年期一次还本、分期付息的公司债券 10 000 000 元，债券利息在每年 12 月 31 日支付，票面利率为年利率 6%。假定债券发行时的市场利率为 5%。甲公司该批债券实际发行价格为：

$$10\ 000\ 000 \times 0.783\ 5 + 10\ 000\ 000 \times 6\% \times 4.329\ 5 = 10\ 432\ 700(元)$$

甲公司根据上述资料，采用实际利率法和摊余成本计算确定的利息费用见表 8-3。

表 8-3　甲公司利息费用计算表　　　　单位：元

付息日期	应付利息	利息费用	摊销的利息调整	应付债券摊余成本
2006 年 12 月 31 日				10 432 700
2007 年 12 月 31 日	600 000	521 635	78 365	10 354 335
2008 年 12 月 31 日	600 000	517 716.75	82 283.25	10 272 051.75
2009 年 12 月 31 日	600 000	513 602.59	86 397.41	10 185 654.34
2010 年 12 月 31 日	600 000	509 282.72	90 717.28	10 094 937.06
2011 年 12 月 31 日	600 000	505 062.94	94 347.06	10 000 000

甲公司的账务处理如下：

(1) 2006 年 12 月 31 日发行债券，会计分录如下：

借：银行存款　　10 432 700
　　贷：应付债券——面值　　10 000 000
　　　　　　　　——利息调整　　432 700

(2) 2007 年 12 月 31 日确认利息费用，会计分录如下：

借：财务费用　　521 635
　　应付债券——利息调整　　78 365
　　贷：应付利息　　600 000

2008 年、2009 年、2010 年确认利息费用的会计处理基本与 2007 年相同。

(3) 2011 年 12 月 31 日归还债券本金及最后一期利息费用，会计分录如下：

借：财务费用　　505 062.94
　　应付利息——面值　　10 000 000
　　　　　　——利息调整　　94 937.06
　贷：银行存款　　10 600 000

(三) 可转换公司债券

可转换公司债券是指企业依照法定程序发行，在一定期间内依据约定条件可以转换成股票的债券。

企业发行可转换债券，对投资者和发行企业都具有很大的吸引力。对投资者而言，购买可转换债券很有利，主要表现为两点：一是可保证债权人的利益。可转换债券作为债券的一种，持券人对发行企业具有强制性的契约要求权，从而使债权人的地位得到保障，而且债券的利息收入固定，本金偿还优先，风险较小。二是可享受股东的权利。可转换债券的持有者，可按规定在有利的时机，将债券转成股票，使债权人分享股利及股票增值的利益。

正因为债券投资者可享受股东的利益，因此，这种债券通常利率较低。如果发行企业盈利不多，股票市价不佳，债权人将债券一直持有至到期还本，则会损失一定的利息收入，这是可转换债券的不足之处。

对于发行企业而言，发行可转换债券也有利可图，主要表现为两点：一是发行债券的代价较低。由于可转换债券的利率较低，发行企业的利息支出相对较少，由此取得的资金成本就较低。二是可保证资金的筹措。企业发行债券的目的是筹集资金。在市场条件不利，企业的财务结构不是很健全、信用地位不是很稳定的情况下，直接发行股票可能不一定有效，而以一般市场利率发行债券可能也难以实施。因此，以发行债券的形式，并附加转换权利，让投资者在不需要追加投资的情况下可增加获利，以吸引投资者，这将有助于债券的发售，从而保证发行企业达到增资的目的。

我国发行可转换公司债券采取记名式无纸化发行方式，债券最短期限为 3 年，最长期限为 5 年。

三、完成工作任务评价

1. 完成应付债券账务处理的工作任务

根据工作任务要求，按照工作任务操作流程，结合完成工作任务所需要的知识导航，

解决引导案例中的问题。

2. 完成工作任务结果后的评价

按照要求和规程完成了应付债券核算的任务后，参照老师给出的标准，任务的完成者和老师共同来评价工作任务的完成情况。

评价标准：

(1) 根据发行价格和面值之间的关系确定债券的发行方式。

(2) 对不同发行方式的发行债券、利息核算、还本付息的业务作出的财务处理是否正确。

3. 完成工作任务后的收获

按照要求和规程完成了工作任务之后，结合老师对完成工作任务后的结果评价，你认为自己完成此项工作任务后有何收获？请将你的收获写出来，与老师和同学们一起交流和分享。

课后练习题

一、单项选择题

1. 企业开出并承兑的商业汇票到期时，如无力支付票款，应进行的账务处理是(　　)。

A．转作短期借款　　B．转作应付账款

C．不进行账务处理　　D．转作其他应付款

2. 委托加工应纳消费税物资(非金银首饰)收回后用于连续生产应税消费品，其由受托方代扣代交的消费税，应记入(　　)账户。

A．管理费用　　B．委托加工物资

C．主营业务税金及附加　　D．应交税金——应交消费税

3. 企业购进货物用于非应税项目时，该货物负担的增值税额应当计入(　　)。

A．营业外支出　　B．营业费用

C．货物的采购成本　　D．管理费用

4. 企业的应付账款确实无法支付，经确认后转作(　　)。

A．营业外收入　　B．补贴收入

C．其他业务收入　　D．资本公积

5. 企业当月交纳当月增值税，应通过(　　)科目核算。

A．应交税金——应交增值税(转出未交增值税)

B．应交税金——未交增值税

C．应交税金——应交增值税(转出多交增值税)

D．应交税金——应交增值税(已交税金)

6. 某企业将自己生产的煤炭对外销售，按规定计算出的应交纳的资源税应计入(　　)。

A. 生产成本　　B. 制造费用

C. 营业费用　　D. 主营业务税金及附加

7. 一般纳税企业对外捐赠物资应交纳的增值税应借记(　　)科目。

A．管理费用　　B．营业外支出

C．其他业务支出　　D．应交税金

8．企业收取包装物押金及其他各种暂收款项时，应贷记(　　)科目。

A．营业外收入　　B．其他业务收入

C．其他应付款　　D．其他应收款

9．企业预收账款的核算，应视具体情况而定。如果企业预收账款比较多，可以设置“预收账款”科目；而预收账款情况不多的企业，也可以将预收的款项直接记入(　　)科目的贷方，不设“预收账款”科目。

A．应收账款　　B．预付账款　　C．其他应收款　　D．应付账款

10．某增值税一般纳税企业因暴雨毁损库存材料一批，该批原材料实际成本为 20 000 元，收回残料价值 800 元，保险公司赔偿 21 600 元。该企业购入材料的增值税税率为 17%，该批毁损原材料造成的非常损失净额是(　　)元。

A．−2 400　　B．8 800　　C．−2 600　　D．1 000

11．根据现行会计制度规定，增值税一般纳税企业在月份终了，对本月应交未交的增值税的会计处理方法是(　　)。

A．将其转入“未交增值税”明细科目的贷方

B．保留在“应交增值税”明细科目的借方

C．保留在“应交增值税”明细科目的贷方

D．将其转入“未交增值税”明细科目的借方

12．某企业为增值税一般纳税企业，适用的增值税税率为 17%，购进原材料一批，发票中价税合计为 234 000 元，运输过程中的保险费 1 000 元，入库前的挑选整理费 500 元。该批原材料的采购成本为(　　)元。

A．235 500　　B．235 000　　C．234 500　　D．201 500

13．兼营房地产业务的企业，应由当期营业收入负担的土地增值税，应当借记(　　)。

A．在建工程　　B．其他业务支出　C．固定资产清理　　D．固定资产

14．某工业企业本期对外提供运输劳务收入 10 万元，营业税税率为 3%，同期对外出租一项无形资产取得收入 20 万元，营业税税率为 5%。上述业务在进行会计处理的会计分录为(　　)。

A．借：其他业务支出　1.3
　　贷：应交税金——应交营业税　1.3

B．借：主营业务税金及附加　1.3
　　贷：应交税金——应交营业税　1.3

C．借：主营业务税金及附加　1
　　其他业务支出　0.3
　　贷：应交税金——应交营业税　1.3

D．借：主营业务税金及附加　0.3
　　其他业务支出　1
　　贷：应交税金——应交营业税　1.3

15．某企业于 2015 年 9 月 1 日发行四年期企业债券 5 000 万元，实际收到发行价款

5 800 万元。该债券票面年利率为 12%，到期一次还本付息，债券溢价采用直线法摊销。2016年该企业对于该债券应确认的财务费用为(　　)万元。

A．800　　B．600　　C．400　　D．200

16．某公司于 2015 年 9 月 1 日折价发行四年期一次还本付息的公司债券，债券面值 2 000 000 元，票面年利率 10%，发行价格 1 800 000 元。公司以直线法摊销债券折价。该债券 2016 年度的利息费用为(　　)元。

A．250 000　　B．180 000　　C．200 000　　D．150 000

17．企业于 2015 年 7 月 1 日发行 5 年期面值总额为 300 万元的债券，债券票面年利率为 10%，发行价格总额为 350 万元(债券发行费用略)。2016 年 12 月 31 日，该应付债券的账面余额为(　　)万元。

A．300　　B．345　　C．350　　D．380

18．某企业发行三年期面值为 1 000 万元的债券，票面利率 8%，按 1 060 万元的价格出售，采用直线法摊销债券溢价，企业每年应负担的利息费用为(　　)万元。

A．60　　B．80　　C．120　　D．106

19．某公司签订租赁协议，租入设备及配工具价款、国外运保费等共 13 万元，其中设备款 12 万元，配件及工具款 1 万元。该租赁设备进关时，又支付进口关税及国内运费 8 000 元，其中设备负担 7 000 元，配件及工具负担 1 000 元，根据此项业务，企业“长期应付款”账户的金额应为(　　)万元。

A．13　　B．14　　C．14.7　　D．14.8

20．就发行债券的企业而言，所获债券溢价收入实质是(　　)。

A．为以后少付利息而付出的代价　　B．为以后多付利息而得到的补偿

C．本期利息收入　　D．以后期间的利息收入

21．某上市公司于 2012 年 7 月 1 日接面值发行 20 000 万元的可转换公司债券(发行费用略)。该可转换公司债券发行期限为 3 年，票面年利率为 10%，一次还本付息，债券发行 1 年后可转换为股票。2013 年 7 月 1 日某债券持有人将其持有的 5 000 万元该可转换公司债券转换为股份，转换股份的条件为每 20 元(面值)债券转换 1 股，每股面值为 1 元。假定该可转换公司债券符合转换股份的全部条件，该上市公司由此应确认的资本公积为(　　)万元。

A．4 750　　B．5 000　　C．5 250　　D．5 500

22．某企业于 2012 年 7 月 1 日对外发行 4 年期、面值为 1 000 万元的公司债券，债券票面年利率为 8%，一次还本付息，收到债券发行全部价款(发行费用略)976 万元。该企业对债券溢折价采用直线法摊销，在中期期末和年度终了时计提债券应付利息。2013 年 12 月 31 日该应付债券的账面价值为(　　)万元。

A．1 000　　B．1 080　　C．1 105　　D．1 120

23．若公司债券溢价发行，溢价按实际利率法摊销，随着溢价的摊销，各期计入财务费用的金额(　　)。

A．会逐期减少　　B．会逐期增加

C．与直线法摊销确认的金额相等　　D．一定小于按直线法确认的金额

24．若公司债券溢价发行，随着溢价的摊销，按实际利率法摊销的溢价(　　)。

A．会逐期减少　　B．会逐期增加

C．与直线法摊销的溢价的金额相等 D．一定小于按直线法摊销的溢价

25．若公司债券折价发行，折价按实际利率法摊销，随着折价的摊销，各期计入财务费用的金额(　　)。

A．会逐期减少 B．会逐期增加

C．与直线法摊销确认的金额相等 D．一定小于按直线法确认的金额

26．企业以折价方式发行债券时，每期实际负担的利息费用是(　　)。

A．按票面利率计算的应计利息减去应摊销的折价

B．按票面利率计算的应计利息加上应摊销的折价

C．按实际利率计算的应计利息减去应摊销的折价

D．按实际利率计算的应计利息加上应摊销的折价

二、多项选择题

1．下列各项税金中，构成相关资产成本的有(　　)。

A．用于直接出售的委托加工应税消费品由受托方代收代交的消费税

B．用于连续生产的委托加工应税消费品由受托方代收代交的消费税

C．用于在建工程的库存原材料已支付的增值税进项税额

D．收购未税矿产品代扣代交的资源税

E．对外销售产品应交的资源税

2. 企业购进货物发生的下列相关税金中，应计入货物取得成本的有(　　)。

A．小规模纳税企业购进材料支付的增值税

B．收购未税矿产品代缴的资源税

C．进口商品支付的关税

D．一般纳税企业购进原材料支付的增值税

E．车辆购置税

3．企业下列行为应视同销售，必须计算交纳增值税销项税额的有(　　)。

A. 将货物金融资产 B. 销售代销货物

C. 委托他人保管货物 D. 工程项目领用本企业生产的产品

E．对外捐赠

4．下列税费中，按规定可于计算交纳时计入管理费用的有(　　)。

A．房产税 B．土地使用税 C．车船使用税 D．耕地占用税

E．印花税

5．工业企业按规定交纳增值税的项目有(　　)。

A．销售产品取得收入 B．销售不动产取得收入

C．出租无形资产取得收入 D．出售无形资产取得的收入

E．销售材料取得的收入

6．下列项目中，属于其他应付款核算范围的有(　　)。

A．职工未按期领取的工资 B．应付经营租入固定资产租金

C．存入保证金 D．应付、暂收所属单位、个人的款项

E．应付货款

7.“应付债券”账户的贷方反映的内容有(　　)。

A. 债券发行时产生的债券溢价　　B. 债券折价的摊销

C. 期末计提应付债券利息　　D. 债券溢价的摊销

E. 债券发行时产生的债券折价

8. E 企业 2016 年 1 月 1 日发行 5 年期长期债券，其面值为 100 000 元，年利率为 10%，每半年付息一次，发行价格为 92 640.50 元。如果采用直线法摊销折价，则每年应计入“财务费用”科目的金额包括(　　)。

A. 应计利息 4 632.03 元　　B. 应计利息 9 264.05 元

C. 应计利息 10 000 元　　D. 折价摊销 1 471.9 元

E. 折价摊销 735.95 元

9. 下列各项中，通过“长期应付款”科目核算的有(　　)。

A. 应付补偿贸易引进设备款　　B. 应付融资租赁款

C. 从银行取得的长期借款　　D. 发行长期债券收到的款项

E. 接受投资者投资

10. 关于补偿贸易，正确的说法有(　　)。

A. 是指企业从国外引进设备，再用该设备生产的产品归还设备价款

B. 一般情况下，设备的引进和偿还设备价款没有现金的流入和流出

C. 企业用引进的设备生产的产品偿还这项负债时视同销售进行会计处理

D. 应通过“其他应付款”科目核算

E. 应通过“长期应付款”科目核算

三、计算与会计处理题

1. 某企业经批准于 2015 年 1 月 1 日起发行两年期面值为 100 元的债券 20 万张，债券年利率为 6%，到期时一次还本付息。该债券发行收款为 1 980 万元。该债券所筹资金全部用于产品生产，债券到期后全部一次支付本金，该债券发行时用银行存款支付发行费及手续费共计 2 万元(金额较大)。债券溢折价采用直线法摊销。

要求：编制该企业从债券发行到债券到期的全部会计分录 (答案中的金额单位用万元表示)。

2. 某上市公司有关可转换债券业务如下：

(1) 2016 年 7 月 1 日发行四年期可转换债券，面值为 10 000 万元。《可转换债券上市公告书》中规定，可转换债券持有人在债券发行日一年以后可申请转换为股份，转换条件为面值 20 元的可转换债券，转换为 1 股(股票每股票面价值为 1 元)，可转换债券票面年利率为 8%。如果债券持有人未行使转换权，则在债券到期时一次还本付息。发行可转换债券所筹集的资金用于生产经营活动，每半年计息一次。该公司发行可转换债券收入价款共 11 000 万元(为简化核算，手续费等略)。该公司对发行债券的溢折价采用直线法摊销。

(2) 2017 年 7 月 1 日，某企业将其持有的该公司可转换债券 2 000 万元(面值)申请转换股份 100 万股。

要求：对该上市公司 2016 年 7 月 1 日至 2017 年 7 月 1 日可转换债券业务进行账务处理(答案中的金额单位用万元表示，要求写出二级明细科目)。

项目九　所有者权益核算

★ 知识目标

(1) 了解所有者权益的构成。
(2) 掌握实收资本及其增减业务的会计核算方法。
(3) 了解资本公积的具体内容，掌握其核算方法。
(4) 了解留存收益的内容，掌握盈余公积的提取、使用等业务的核算。

★ 技能目标

(1) 能够进行有关实收资本的形式、增减业务的核算。
(2) 能够进行有关资本公积的形式、使用业务的核算。
(3) 能够进行有关盈余公积业务的核算。

模块一　资本核算任务设计

广义的资本即资产负债中的总资产减去总负债后的所有者权益，是所有者对企业净资产的求索权。资本是企业资产中扣除债权人权益后应由所有者享有的部分，即可以反映所有者投入资本的保值增值情况，又体现了保护债权人权益的理念。

任务设计一　任 务 导 读

翔帆有限公司于2007年设立，由翔云和樊丽两个人分别出资300万元和500万元，注册资本共800万元，主要是从事电动车轮胎的生产。

资本和注册资本是不是一回事？它们有什么区别和联系？翔云和樊丽的债权利怎么确定？

任务设计二　任 务 提 出

企业的设立和发展都离不开资本，资本在企业中具有举足轻重的地位。企业会计人员应监督投资者是否按企业章程、合同、协议的约定投入企业资本，使资本保值增值。通过本项目的学习，完成以下任务。

任务1：认识资本的概念及包含的内容。

任务2：了解企业实收资本的增加、减少及相关的业务的处理。

任务3：了解资本公积的形成和核算。

任务4：了解留存收益的内容和核算。

任务设计三 任务分析

通过本项目的学习，了解所有者权益的含义、特征和构成；现代企业的组织形式及其特点；掌握实收资本或股本的概念及其相关业务处理；掌握股票发行的账务处理；资本公积的概念、内容以及账务处理；留存收益的概念、内容以及账务处理。

任务设计四 预备知识

一、所有者权益的含义

所有者权益是指资产扣除负债后由所有者应享有的剩余利益。即一个会计主体在一定时期所拥有或可控制的具体未来经济利益资源的净额。

所有者权益的来源包括所有者投入的资本、直接计入所有者权益的利得和损失、留存收益等。

二、所有者权益的特征

所有者权益与债权人权益比较，一般具有以下4个基本特征。

(1) 所有者权益在企业经营期内可供企业长期、持续地使用，企业不必向投资人返还资本金。而负债则须按期返还给债权人，成为企业的负担。

(2) 企业所有者凭其对企业投入的资本，享受分配税后利润的权利。所有者权益是企业分配后净利润的主要依据，而债权人除按规定外，无权分配企业的盈利。

(3) 企业的所有者有权行使企业的经营管理权，或者授权管理人员行使经营管理权。但债权人并没有经营管理权。

(4) 企业的所有者对企业的债务和亏损负有无限的责任或有限责任，而债权人对企业的其他债务不发生关系，一般也不承担企业的亏损。

三、所有者权益的构成

所有者权益按经济内容分，可分为实收资本(或股本)、资本公积、盈余公积和未分配利润等部分，其中，盈余公积和未分配利润统称为留存收益。

知识拓展

股票的种类

公司所发行的股票必须载明公司的名称、公司登记成立日、股票的种类和金额以及代表的股份数、股票的编号、董事长的签名及公司的签章。

股票按是否记名分为记名股票和无记名股票。记名股票除记载上述内容外，还必须有股东的姓名或者名称及住所、股东取得股份的日期等事项。公司发起人、国家授权投资的机构、法人发行的股票，应为记名股票；对社会公众发行的股票，可以为记名股票，也可为不记名股票。

股票按持股人享受的权利分为普通股和优先股。普通股是股份有限公司的基本股份。普通股持有者拥有四项权利：参与管理权、优先认股权、利润分配权和剩余财产分配权。优先股是指在公司享有优先于普通股获得利益的股权的股份。优先股的优先权主要表现为两项权利：优先分得股利和优先分得剩余财产权。

通过以上分析可以看出，普通股和优先股的区别主要体现在两个方面：普通股的股东拥有股东大会的投票权，而优先股的股东则没有，但优先股的股东拥有公司的某些优惠条件；普通股股东承担较大的风险，投资回报的波动性大，而优先股股东风险小，投资回报稳定。

模块二　资本核算工作任务

工作任务一　实收资本核算

实收资本是企业接受投资者投资而形成的，而接受投资的形式可以是货币资金、存货、固定资产和无形资产。它是所有者权益中最重要的组成部分。

一、实收资本核算流程

引导案例：

甲、乙、丙共同投资设立 A 有限责任公司，注册资本为 2 000 000 元，甲、乙、丙持股比例分别为 30%、30%和 40%。按照章程规定，甲、乙、丙投入资本分别为 600 000 元、600 000 元和 800 000 元。A 公司已如期收到各投资者一次缴足的款项。

请问：应怎样处理以上业务？

实收资本核算流程如下：

第一步：明确实收资本的概率。

第二部：进行实收资本增加、减少等业务的核算。

二、知识导航

(一) 实收资本的概述

实收资本是指投资人按照企业章程、合同、协议的约定，作为资本投入到企业的各种资产的价值。

注册资本是指企业在工商行政管理登记机关登记的投资人缴纳的出资额。

我国有关法律规定，投资者设立企业先必须投入资本。《企业法人登记管理条例规定》，企业申请开业，必须具备国家规定的与其生产经营和服务规模相适应的资金。根据我国《公司法》规定，股份有限公司注册资本的最低限额为人民币五百万元，有限责任公司注册资本的最低限额为人民币三万元，一人有限责任公司的注册资本最低限额为人民币十万元(一人有限责任公司，是指只有一个自然股东或者一个法人股东的有限责任公司)。

(二) 实收资本的核算

为了反映和监督投资者投入资本的增减变动情况，企业必须按照国家统一的会计制度的规定进行实收资本的核算，真实地反映所有者投入企业的状况，维护所有者各方在企业的权益。股份有限公司以外的其他各类企业应通过“实收资本”科目核算，股份有限公司应通过“股本”科目核算。该科目贷方反映企业实际收到的投资者交付的资本，借方反映企业按法定程序减资时所减少的注册资本数，贷方余额为实收资本。

1．一般企业接受现金资产投资

对于实际收到或者存入企业开户银行的金额超过投资者在企业注册资本中所占份额的部分，应当计入资本公积。

【例 9-1】 甲、乙、丙共同投资设立 A 有限责任公司，注册资本为 2 000 000 元，甲、乙、丙持股比例分别为 60%、25%和 15%。按照章程规定，甲、乙、丙投入资本分别为 1 200 000 元、500 000 元和 300 000 元。A 公司已如期收到各投资者一次缴足的款项。

A 有限责任公司在进行会计处理时，应编制会计分录如下：

借：银行存款　　2 000 000

　　贷：实收资本——甲　　1 200 000

　　　　　　　　——乙　　500 000

　　　　　　　　——丙　　300 000

2．股份有限公司接受现金资产投资

按发行的股数与股票面值的乘积计入“股本科目”。股份有限公司发行股票支付的手续费、佣金等发行费用，减去发行股票冻结期间产生的利息收入后的金额，如股票的溢价发行的，从发行股票的溢价中抵扣；股票发行没有溢价或溢价金额不足以支付发行费用的部分，应将不足支付的费用冲减盈余公积和未分配利润。

【例 9-2】 B 股份有限公司发行普通股 10 000 000 股，每股面值 1 元，每股发行价格 5 元。假定股票发行成功，股款 50 000 000 元已全部收到，不考虑发行过程中的税费等因素。

应计入“资本公积”科目的金额 = 50 000 000 − 10 000 000 = 40 000 000 (元)

借：银行存款　　50 000 000

　　贷：股本　　10 000 000

　　　　资本公积——股本溢价　　40 000 000

本例中，B 公司发行股票实际收到的款项为 50 000 000 元，应借记“银行存款”科目；实际发行的股票面值为 10 000 000 元，应贷记“股本”科目。按其差额，贷记“资本公积——股本溢价”科目。

3．企业接受非现金资产投资

对于投资合同或协议约定的价值(不公允的除外)超过其在注册资本中所占份额的部分，应当计入资本公积。

1) 接受投入固定资产

【例 9-3】 甲有限责任公司于设立时收到乙公司作为资本投入的不需要安装的机器设备一台，合同约定该机器设备的价值为 2 000 000 元，增值税进项税额为 340 000 元(假设不允许抵扣)。合同约定的固定资产价值与公允价值相符，不考虑其他因素。

甲有限责任公司进行会计处理时，会计分录如下：

借：固定资产	2 340 000	
贷：实收资本——乙公司		2 340 000

2) 接受投入材料物资

【例 9-4】 乙有限责任公司于设立时收到 B 公司作为资本投入的原材料一批，该批原材料投资合同或协议约定价值(不含可抵扣的增值税进项税额部分)为 100 000 元，增值税进项税额为 17 000 元。B 公司已开具了增值税专用发票。假设合同约定的价值与公允价值相符，该进项税额允许抵扣。

借：原材料	100 000	
应交税费——应交增值税(进项税额)	17 000	
贷：实收资本——B 公司		117 000

3) 接受投入无形资产

【例 9-5】 丙有限责任公司于设立时收到 A 公司作为资本投入的非专利技术一项，该非专利技术投资合同约定价值为 60 000 元，同时收到 B 公司作为资本投入的土地使用权一项，投资合同约定价值为 80 000 元。假设丙公司接受该非专利技术和土地使用权符合国家注册资本管理的有关规定，可按合同约定作实收资本入账，合同约定的价值与公允价值相符，不考虑其他因素。

丙有限责任公司在进行会计处理时，应编制会计分录如下：

借：无形资产——非专利技术	60 000	
——土地使用权	80 000	
贷：实收资本——A 公司		60 000
——B 公司		80 000

本例中，非专利技术与土地使用权的合同约定价值与公允价值相符。因此，可分别按照 60 000 元和 80 000 元的金额借记“无形资产”科目。A 和 B 公司投入的非专利技术和土地使用权按合同约定全额作为实收资本。因此，可分别按照 60 000 元和 80 000 元的金额贷记“实收资本”科目。

4．实收资本的增加变动

1) 实收资本的增加

一般情况下，企业的实收资本应相对固定不变。但在某些特定情况下，实收资本也可能发生增减变化。我国企业法人登记管理条例中规定，除国家另有规定外，企业的注册资本应当与实收资本相一致，当实收资本比原注册资本增加或减少的幅度超过 20%时，应持资金信用证明或者验资证明，向原登记主管机关申请变更登记。如擅自改变注册资本或抽逃资金，要受到工商行政管理部门的处罚。

一般企业增加资本主要有 3 个途径：接受投资者追加投资、资本公积转增资本和盈余公积转增资本。

【例 9-6】 甲、乙、丙三人共同投资设立A有限责任公司，原注册资本为4 000 000元，甲、乙、丙分别出资500 000元、2 000 000元和1 500 000元。为扩大经营规模，经批准，A公司注册资本扩大为5 000 000元，甲、乙、丙按照原出资比例分别追加投资125 000元、500 000元和375 000元。A公司如期收到甲、乙、丙追加的现金投资。

借：银行存款	1 000 000	
贷：实收资本——甲		125 000
——乙		500 000
——丙		375 000

本例中，甲、乙、丙按原出资比例追加实收资本，因此，A公司应分别按125 000元、500 000元和375 000元的金额贷记“实收资本”科目中甲、乙、丙明细账。

【例 9-7】 承例9-6，因扩大经营规模需要，经批准，A公司按原出资比例将资本公积1 000 000元转增资本。A公司会计分录如下：

借：资本公积	1 000 000	
贷：实收资本——甲		125 000
——乙		500 000
——丙		375 000

【例 9-8】 承例9-6，因扩大经营规模需要，经批准，A公司按原出资比例将盈余公积1 000 000元转增资本。A公司会计分录如下：

借：盈余公积	1 000 000	
贷：实收资本——甲		125 000
——乙		500 000
——丙		375 000

本例中，盈余公积1 000 000元按原出资比例转增实收资本，因此，A公司应分别按125 000元、500 000元和375 000元的金额贷记“实收资本”科目中甲、乙、丙明细账。

2) 实收资本的减少

企业减少实收资本应按法定程序报经批准，股份有限公司采用收购本公司股票方式减资的，按股票面值和注销股数计算的股票面值总额冲减股本，按注销库存股的账面余额与所冲减股本的差额冲减股本溢价，股本溢价不足冲减的，再冲减盈余公积直至未分配利润。如果购回股票支付的价款低于面值总额的，所注销库存股的账面余额与所冲减股本的差额作为增加股本溢价处理。

股份有限公司收购、转让或注销的本公司股份金额，应设置“库存股”科目进行核算。公司为减少注册资本而收购本公司股份的，应按实际支付的金额，借记“库存股”科目，贷记“银行存款”等科目。

注销库存股，应按股票面值和注销股数计算的股票面值总额，借记“股本”科目，按注销库存股的账面余额，贷记“库存股”科目，按其差额，借记“资本公积——股本溢价”科目，股本溢价不足冲减的，应借记“盈余公积”、“利润分配——未分配利润”科目。

【例 9-9】 A公司2001年12月31日的股本为100 000 000股，面值为1元，资本公积(股本溢价)30 000 000 元，盈余公积 40 000 000 元。经股东大会批准，A 公司以现金回购本公司股票 20 000 000 股并注销。假定 A 公司按每股 2 元回购股票，不考虑其他因素。A 公司的会计处理如下：

(1) 回购本公司股票时，会计分录如下：

借：库存股　　40 000 000

　　贷：银行存款　　40 000 000

　　库存股成本 = 20 000 000 × 2 = 40 000 000(元)

(2) 注销本公司股票时，会计分录如下：

借：股本　　20 000 000

　　资本公积——股本溢价　　20 000 000

　　贷：库存股　　40 000 000

　　应冲减的资本公积 = 20 000 000 × 2 − 20 000 000 × 1 = 20 000 000(元)

【例 9-10】 承例 9-9，假定 A 公司按每股 3 元回购股票，其他条件不变。A 公司的会计处理如下：

(1) 回购本公司股票时，会计分录如下：

借：库存股　　60 000 000

　　贷：银行存款　　60 000 000

库存股成本 = 20 000 000 × 3 = 60 000 000(元)

(2) 注销本公司股票时，会计分录如下：

借：股本　　20 000 000

　　资本公积——股本溢价　　30 000 000

　　盈余公积　　10 000 000

　　贷：库存股　　60 000 000

应冲减的资本公积 = 20 000 000 × 3 − 20 000 000 × 1 = 40 000 000(元)

由于应冲减的资本公积大于公司现有的资本公积。所以只能冲减资本公积 30 000 000 元，剩余的 10 000 000 元冲减盈余公积。

三、完成工作任务评价

1. 完成实收资本核算的工作任务

根据工作任务要求，按照工作任务操作流程，结合完成工作任务所需要的知识导航，解答引导案例中的问题。

2. 完成工作任务结果后的评价

按照要求和规程完成了实收资本核算的任务后，参照老师给出的标准，任务的完成者与老师共同来评价工作任务的完成情况。

评价标准：

(1) 所发生的业务是涉及实收资本的哪类业务。

(2) 根据所发生的业务填制相关记账凭证时所用的会计科目是否正确。

3. 完成工作任务后的收获

按照要求和规程完成了工作任务之后，结合老师对完成工作任务后的结果评价，你认为自己完成此项工作任务后有何收获？请将你的收获写出来，与老师和同学一起交流和分享。

工作任务二　资本公积核算

一、资本公积核算流程

引导案例：

A 有限责任公司由两位投资者投资 500 000 元设立，每人各出资 250 000 元。一年后，为扩大经营规模，经批准，A 有限责任公司注册资本增加到 900 000 元，并引入第三位投资者加入。按照投资协议，新投资者需缴入现金 380 000 元，同时享有该公司 1/3 的股份。A 有限责任公司已收到该现金投资。

资本公积核算实物流程如下：

第一步：明确资本公积的概念。

第二步：认识资本公积的形成途径。

第三步：进行资本公积的核算。

二、知识导航

（一）资本公积的含义

资本公积是企业收到投资者的超出其在企业注册资本(股本)中所占份额的投资，以及直接计入所有者权益的利得和损失。资本公积包括资本溢价(或股本溢价)和直接计入所有者权益的利得和损失等。

资本溢价(或股本溢价)，是企业收到投资者的超出其在企业注册资本(或股本)中所占份额的投资。形成资本溢价(或股本溢价)的原因有溢价发行股票、投资者超额缴入资本等。

直接计入所有者权益的利得和损失是指不应计入当期损益、会导致所有者权益发生增减变动、与所有者投入资本或者向所有者分配利润无关的利得或者损失。其中利得是指由企业非日常活动所形成的、会导致所有者权益增加的、与所有者投入资本无关的经济利益的流入，利得包括直接计入所有者权益的利得和直接计入当期利润的利得。损失是指由企业日常活动所发生的、会导致所有者权益减少的、与向所有者分配利润无关的经济利益的流出，损失包括直接计入所有者权益的损失和直接计入当期利润的损失。直接计入所有者权益的利得和损失主要包括可供出售金融资产的公允价值变动额、现金流量套期中套期工具公允价值变动额(有效套期部分)等。直接计入当期利润的利得和损失，是指应当计入当期损益、会导致所有者权益发生增减变动的，与所有者投入资本或者向所有者分配利润无关的利得或者损失。例如，处置固定资产收益，作为非常损益反映在利润表中。

资本公积与实收资本虽然都属于投入资本范畴，但两者有区别。实收资本一般是投资者投入的，为谋求投资利益，而且属于法定资本，与企业注册资本相一致。因此，实收资本在来源和使用上，都有严格限制。资本公积有特定来源，另外某些来源形成的资本公积并不需要由原投资者投入，也不一定需要谋求经济利益。

资本公积与盈余公积不同，盈余公积从净利润中提取，是净利润的转化形式，而资本公积有特定来源，与净利润无关。

资本公积由全体股东享有，资本公积转增资本时，按各个股东在实收资本中所占得投资比例计算份额，分别转增各个股东的投资总额。

(二) 资本公积的核算

资本公积的核算包括资本溢价(或股本溢价)的核算、其他资本公积的核算和资本公积转增资本的核算等内容。

1．资本溢价

除股份有限公司外的其他类型的企业，在企业创立时，投资者认缴的出资额与注册资本一致，一般不会产生资本溢价。但在企业重组或有新的投资加入时，常常会出现资本溢价。因为企业在创立时要经过筹建、试生产经营、开辟市场等过程，中间时间较长，并且这种投资具有风险性，当企业进入正常生产经营后，其资本利润通常要高于企业初创阶段。因此，相同数量的投资，由于出资时间不同，其对企业的影响程度也不同。另外，企业有内部积累，新投资者加入企业后，对这些积累要分享，所有新加入的投资者往往要付出大于原来投资者的出资额，才能取得与原投资者相同的出资比例。投资者多缴的部分就形成了资本溢价。

进行核算时应设置“资本公积”科目，该科目贷方反映各种原因引起的资本公积增加的数额，借方反映用资本公积转增资本的数额，贷方余额表示企业资本公积实有数额。

【例 9-11】 A 有限责任公司由两位投资者投资 200 000 元设立，每人各出资 100 000 元。一年后，为扩大经营规模，经批准，A 有限责任公司注册资本增加到 300 000 元，并引入第三位投资者加入。按照投资协议，新投资者需缴入现金 110 000 元，同时享有该公司 1/3 的股份。A 有限责任公司已收到该现金投资。假定不考虑其他因素，A 有限责任公司的会计分录如下：

借：银行存款　　110 000
　　贷：实收资本　　100 000
　　　　资本公积——资本溢价　　10 000

本例中，A 有限责任公司收到第三位投资者的现金投资 110 000 元，其中，100 000 元属于第三位投资者在注册资本中所享有的份额，应计入”实收资本“科目，10 000 元属于资本溢价，应计入“资本公积——资本溢价”科目。

【例 9-12】 B 股份有限公司首次公开发行了普通股 50 000 000 股，每股面值 1 元，每股发行价格为 4 元。B 股份有限公司以银行存款支付发行手续费、咨询费等费用共计 6 000 000 元。假定发行收入已全部收到，发行费用已全部支付，不考虑其他因素，B 公司的会计处理如下：

(1) 收到发行收入时，会计分录如下：

借：银行存款　　200 000 000
　　贷：股本　　50 000 000

　　资本公积——股本溢价　　150 000 000

应增加的资本公积 = 50 000 000 × (4 − 1) = 150 000 000(元)

本例中，B 股份有限公司发行普通股，发行收入中等于股票面值的部分 50 000 000 元应计入“股本”科目，发行收入超出股票面值的部分 150 000 000 元计入“资本公积——股本溢价”科目。

(2) 支付发行费用时，会计分录如下：

借：资本公积——股本溢价　　6 000 000

　　贷：银行存款　　6 000 000

本例中，B 股份有限公司的股本溢价 150 000 000 元，高于发行股票中发生的交易费用 6 000 000 元，因此，交易费用可以从股本溢价中扣除，作为冲减资本公积处理。

2．其他资本公积的核算

其他资本公积是指除资本溢价(或股本溢价)项目以外形成的资本公积，其中主要是指直接计入所有者权益的利得和损失。

企业采用权益法核算长期股权投资时，长期股权投资的账面价值将随着被投资单位所有者权益的增减而增加或减少，以长期股权投资的账面价值与享有的被投资单位所有者权益的份额基本保持一致。因此，当被投资单位由于增资投股等原因增加资本公积时，其所有者权益便得到了相应的增加。这样，投资企业就应按其在被投资单位注册资本中所占的投资比例，计算并调增长期股权投资的账面价值，并相应调整资本公积。

【例 9-13】 B 有限责任公司于 2017 年 1 月 1 日向 H 公司投资，拥有 H 公司 20%的股份，并对 H 公司生产经营有重大影响，因而对 H 公司长期股权投资采用权益法核算。2017 年 12 月 31 日，H 公司净损益之外的所有者权益增加了 2 000 000 元。假定除此之外，H 公司的所有者权益没有变化，B 有限责任公司的持股比例没有变化，H 公司资产的账面价值与公允价值一致，不考虑其他因素。

B 有限责任公司增加的资本 = 2 000 000 × 20% = 400 000 (元)

B 有限责任公司应作如下会计分录：

借：长期股权投资——H 公司　　400 000

　　贷：资本公积——其他资本公积　　400 000

3．资本公积转增资本的核算

经股东大会或类似机构决议，用资本公积转增资本时，应冲减资本公积。同时按照转增前的实收资本(或股本)的结构或比例，将转增的金额计入“实收资本”(或“股本”)科目下各所有者的明细分类账。

资本公积转增资本时，借记“资本公积”，贷记“实收资本”或“股本”科目。

三、完成工作任务评价

1. 完成资本公积核算的工作任务

根据工作任务要求，按照工作任务操作流程，结合完成工作任务所需要的知识导航，解答引导案例中的问题。

2. 完成工作任务结果后的评价

按照要求和规程完成了资本公积核算的任务后，参照老师给出的标准，任务完成者与老师共同来评价工作任务的完成情况。

评价标准：

(1) 所发生的业务是否涉及资本公积，应怎样计算。

(2) 根据所发生的业务填制相关的记账凭证时所用的会计科目是否正确。

3. 完成工作任务后的收获

按照要求和规程完成了工作任务之后，结合老师对完成工作任务后的结果评价，你认为自己完成此项任务后有何收获？请将你的收获写出来，与老师和同学一起交流和分享。

工作任务三　留存收益核算

一、留存收益核算业务处理的流程

引导案例：

甲有限责任公司2017年年末实现净利润100万元，按规定计提盈余公积，按企业章程分配给投资者利润，并计算公司未分配利润。

留存收益核算业务处理流程如下：

第一步：熟悉留存收益的构成。

第二步：进行提取盈余公积、分配利润等业务核算。

二、知识导航

(一) 认识留存收益

留存收益是指公司在历年的生产经营活动中取得的净利润的留存额，包括盈余公积和未分配利润两部分。

留存收益是所有者权益的组成部分，是企业历年积累的税后利润所形成的。因此，企业经营活动的好坏直接影响到留存收益的大小。企业赚取的净利润，虽然归属于所有者，能够增加所有者权益，但是，并不意味着赚取的净利润可以全部分配给投资者。它会受到有关法律法规、公司章程、股东大会决议、与债权人签订的协议等条件的限制。企业从当年税后利润中指定为其他用途，不得用于分配给股东的利润，称为指定用途的留存收益。企业的净利润在弥补以前年度亏损和指定用途之后，剩下的才是可分配给股东的留存收益。

1. 盈余公积

盈余公积是企业按规定从净利润中提取的企业积累资金。

(1) 盈余公积的组成。公司制企业的盈余公积包括法定盈余公积和任意盈余公积。

法定盈余公积。按照《公司法》的有关规定，公司制企业应当按照净利润(减以前年度亏损，下同)的10%提取法定盈余公积。非公司制企业法定盈余公积的提取比例可超过净利润的10%。法定盈余公积累计额已达到注册资本的50%时可以不再提取。值得注意的是，在计算提取法定盈余公积的基数时，不包括企业年初未分配利润。

任意盈余公积。公司制企业可根据股东大会的决议提取任意盈余公积。非公司制企业经类似权力机构批准，也可提取任意盈余公积。

法定盈余公积与任意盈余公积的主要区别在于各自提取的依据不同，前者以国家的法律或行政法规为依据提取，后者则由企业自行决定提取。

(2) 盈余公积的用途。可用于弥补亏损、转增资本、发放现金股利或利润。

弥补亏损。企业弥补亏损的途径主要有 3 种：一是用以后年度的税前利润弥补。按现行制度规定，企业发生亏损时，可以用以后 5 年内实现的税前利润弥补。二是用以后年度的税后利润弥补。企业发生亏损经过 5 年期间未足额弥补的，用税后利润弥补未弥补亏损。三是用盈余公积弥补，用这种方法时，应经公司董事会提议，并经股东大会批准。

转增资本。企业在以盈余公积转增资本时，要按照股东原有的持股比例结转，转增资本后的盈余公积的数额不得少于注册资本的 25%。

发放现金股利或利润。公司当年无利润，原则上是不能分配股利或利润的，但在盈余公积弥补亏损后，经股东大会特别决议，可以用盈余公积分配股利。这主要是企业在累计盈余公积比较多、未分配利润比较少的情况下，为维持其信誉、给投资者以合理的回报而进行的一种行为。

2．未分配利润

利润分配是指企业根据国家有关规定、企业章程、投资者协议等，对企业当年可供分配的利润所进行的分配。

可供分配的利润 = 当年实现的净利润 + 当年未分配利润(– 年初为弥补亏损) + 其他转入

利润分配的顺序依次是：提取法定盈余公积、提取任意盈余公积、向投资者分配利润。

未分配利润是经过弥补亏损、提取法定盈余公积、提取任意盈余公积和向投资者分配利润之后剩余的利润，他是企业留待以后年度进行分配的历年结存的利润。

未分配利润是企业所有者权益的一部分，相对于所有者权益的其他部分来说，企业对于未分配利润的使用有较大的自主权。从数量上讲，未分配利润是期初未分配利润，加上本期实现的净利润，减去本期提取的各种盈余公积和分配利润后的余额。未分配利润有两层含义：一是留待以后年度处理的利润；二是未指定特定用途的利润。

(二) 盈余公积的核算

为反映盈余公积提取和使用等增减变动情况，应设置“盈余公积”科目。该科目的贷方反映提取盈余公积的数额，借方反映使用盈余公积的数额，贷方余额表示企业盈余公积的实有数额。在该科目下还应设置“法定盈余公积”和“任意盈余公积”等明细科目。

1．提取盈余公积的账务处理

【例 9-14】 甲股份有限公司本年实现净利润为 5 000 000 元，年初未分配利润为 0。经股东大会批准，甲股份有限公司按当年实现净利润的 10%提取法定盈余公积。假定不考虑其他因素。甲股份有限公司应作如下会计分录：

借：利润分配——提取法定盈余公积　　　　500 000

　　贷：盈余公积——法定盈余公积　　　　　　500 000

2．盈余公积补亏的账务处理

【例 9-15】 乙股份有限公司经股东大会批准，用以前年度提取的盈余公积弥补当年亏损，当年弥补亏损的数额为 200 000 元。假定不考虑其他因素。乙股份有限公司应作如下会计分录：

借：盈余公积　　200 000
　　贷：利润分配——盈余公积补亏　　200 000

3．盈余公积转增资本的账务处理

【例 9-16】 丙股份有限公司为了扩大经营规模，经股东大会批准，将盈余公积 200 000 元转增股本。假定不考虑其他因素。丙股份有限公司应作如下会计分录：

借：盈余公积　　200 000
　　贷：股本　　200 000

4．用盈余公积发放现金股利或利润的账务处理

【例 9-17】 丁股份有限公司 2017 年 12 月 31 日普通股股本为 50 000 000 股，每股面值 1 元，可供投资者分配的利润为 5 000 000 元，盈余公积 20 000 000 元。2010 年 3 月 20 日，股东大会批准了 2017 年度利润分配方案，以 2017 年 12 月 31 日为登记日，按每股 0.2 元发放现金股利。丁股份有限公司共需要分派 10 000 000 元现金股利，其中动用可供投资者分配的利润 5 000 000 元、盈余公积 5 000 000 元。假定不考虑其他因素。丁股份有限公司的账务处理如下：

(1) 宣告分派股利时，会计分录如下：

借：利润分配——应付现金股利　　5 000 000
　　盈余公积　　5 000 000
　　贷：应付股利　　10 000 000

(2) 支付股利时，会计分录如下：

借：应付股利　　10 000 000
　　贷：银行存款　　10 000 000

(三) 未分配利润的核算

未分配利润通过“利润分配——未分配利润”账户核算。

年度终了，企业应将全年实现的盈亏，自“本年利润”账户转入“利润分配——未分配利润”账户。如果当年企业实现盈利，借记“本年利润”账户，贷记“利润分配——未分配利润”账户，贷记“本年利润”账户。然后将“利润分配”账户下的其他有关明细账户余额，转入“未分配利润”明细账户的借方。结转后，“未分配利润”明细账户的贷方余额就是累计未分配的利润数额。如出现借方余额，则表示累计未弥补的亏损。

【例 9-18】 A 股份有限公司年初未分配利润为 0，本年实现净利润 5 000 000 元，本年提取法定盈余公积 500 000 元，宣告发放现金股利 800 000 元。假定不考虑其他因素。A 股份有限公司应作如下会计分录：

(1) 结转本年利润时，会计分录如下：

借：本年利润　　5 000 000

贷：利润分配——未分配利润　　　　　　　　　　5 000 000

(2) 提取法定盈余公积、宣告发放现金股利时，会计分录如下：

借：利润分配——提取法定盈余公积　　　　500 000

　　　　　　——应付现金股利　　　　　　800 000

　　贷：盈余公积——法定盈余公积　　　　　　　500 000

　　　　应付股利　　　　　　　　　　　　　　　800 000

同时，

借：利润分配——未分配利润　　　　　　1 300 000

　　贷：利润分配——提取法定盈余公积　　　　500 000

　　　　　　　　——应付现金股利　　　　　　800 000

三、完成工作任务评价

1. 完成留存收益核算业务的工作任务

根据工作任务要求，按照工作任务操作流程，结合完成工作任务所需要的知识导航，解答引导案例中的问题。

2. 完成工作任务结果后的评价

按照要求和规定完成了留存收益核算业务的任务后，参照老师给出的标准，任务的完成者与老师共同来评价工作任务的完成情况。

评价标准：

(1) 熟悉留存收益的构成内容。

(2) 所发生业务的处理是否正确。

3. 完成工作任务后的收获

按照要求和规程完成了工作任务之后，结合老师对完成工作任务后的结果评价，你认为自己完成此项工作后有何收获？请将你的收获写出来，与老师和同学们一起交流和分享。

课后练习题

一、单项选择题

1．接受投资者投入美元资本，合同约定汇率为＄1＝￥8.0，投入当天市场汇率为＄1=￥8.2。则企业接受投资者投入＄100 万时产生的资本公积为(　　)万元人民币。

A．−20　　B．20　　C．800　　D．820

2．对有限责任公司而言，如有新投资者介入，新介入的投资者缴纳的出资额大于其按约定比例计算的其在注册资本中所占的份额部分，应计入(　　)科目。

A．实收资本　　B．营业外收入　　C．资本公积　　D．盈余公积

3．某股份制公司委托某证券公司代理发行普通股 100 000 股，每股面值 1 元，每股按 1.1 元的价格出售，按协议，证券公司从发行收入中收取 3%的手续费，从发行收入中扣除。则该公司计入资本公积的数额为(　　)元

A. 6 700　　B. 3 000　　C. 110 000　　D. 0

4. 采用权益法核算长期股权投资时，对于被投资企业因将无法归还的应付账款转入资本公积引起所有者权益的增加，投资企业应按所拥有的表决权资本的比例计算应享有的份额，将其计入(　　)。

A. 资本公积　　B. 投资收益　　C. 其他业务收入　　D. 营业外收入

5. 按现行制度规定，企业接受非货币性资产捐赠，应贷记(　　)账户。

A. 资本公积——其他资本公积　　B. 待转资产价值

C. 资本公积——接受捐赠非现金资产准备　　D. 营业外收入

6. 某公司接受捐赠一台设备，其原值为 40 万元，已提折旧 10 万元，该企业在接受捐赠过程中发生运费支出 1 万元，该公司适用的所得税税率为 33%。则会计上记入“待转资产价值”科目的金额为(　　)万元。

A. 30　　B. 20.1　　C. 28　　D. 40

7. 某国有企业拟于本年内整体改组为股份制企业，确定本年 4 月 1 日为资产评估基准日。其资产评估结果已经有关部门批准确认。本年 7 月 1 日该企业经批准注册登记，正式改组为股份制企业。其原材料有关数据如下：

表 9-1　某国有企业改组原材料

项目	4 月 1 日账面余额	评估确认金额	6 月 30 日资产评估确认入账前账面余额
原材料	520 (10 000 件)	598 (10 000 件)	364 (7 000 件)

该企业原材料只有一种，采用后进先出法核算发出原材料成本。4 月 1 日至 6 月 30 日，该企业购入原材料 4 000 件，计 240 万元；领用原材料 7 000 件，计 396 万元。则原材料应确认的增值额为(　　)。

A. 54.6　　B. 23.4　　C. 36.58　　D. 78

8. 采用权益法核算长期股权投资时，对于被投资企业因外币资本折算引起所有者权益的增加，投资企业应按所拥有的表决权资本的比例计算应享有的份额，将其计入(　　)。

A. 资本公积　　B. 投资收益　　C. 其他业务收入　　D. 营业外收入

9. 某企业用公益金购买职工住宅，实际支出 100 万元，当企业处置该项固定资产时，应(　　)。

A. 借记“资本公积”100 万元，贷记“盈余公积——一般盈余公积”100 万元

B. 借记“资本公积”100 万元，贷记“盈余公积——公益金”100 万元

C. 借记“实收资本”100 万元，贷记“盈余公积——公益金”100 万元

D. 借记“盈余公积——一般盈余公积”100 万元，贷记“盈余公积——公益金”100 万元

10. 在我国，国家对企业拨出专款用于企业的技术改造，企业收到拨款时，暂作(　　)。

A. 专项应付款　　B. 管理费用　　C. 资本公积　　D. 固定资产

11. 下列不属于股份有限公司盈余公积核算的内容是(　　)。

A. 接受现金捐赠

B. 企业按照规定的比例从净利润中提取的盈余公积

C．企业经股东大会或类似机构批准按照规定的比例从净利润中提取的盈余公积

D．企业按照规定的比例从净利润中提取的用于职工集体福利设施的公益金

12．A 公司收到国家拨入的专项用于技术研究的资金 500 万元，该项目完成后，最终形成固定资产并按规定留给企业发生的支出 300 万元，形成产品并按规定将产品留归企业的支出 60 万元，形成的资产按规定应上交国家的支出 40 万元，对未形成资产，报经批准后核销的支出 100 万元。该项目完成后应计入资本公积的金额为(　　)万元。

A．360　　B．400　　C．500　　D．300

二、多项选择题

1．根据行业会计制度规定，某企业(非股份有限公司)用公益金 500 000 元为医务室购入 1 台医疗设备，款项已通过银行支付，此项业务企业应做的会计分录为(　　)。

A．借：盈余公积——公益金　500 000
　　贷：银行存款　500 000

B．借：固定资产　500 000
　　贷：银行存款　500 000

C．借：盈余公积——公益金　500 000
　　贷：盈余公积——一般盈余公积　500 000

D．借：应付福利费　500 000
　　贷：银行存款　500 000

E．借：固定资产　500 000
　　贷：盈余公积　500 000

2．同时引起资产和所有者权益发生增减变化的项目有(　　)。

A．将盈余公积转增资本

B．初始投资成本小于投资时享有被投资单位所有者权益的份额

C．宣告股票股利　　D．投资者投入资本

3．下列事项中，可能引起资本公积变动的有(　　)。

A．以非现金资产金融资产评估增值

B．发放股票股利

C．权益法核算下，子公司接受捐赠资产

D．计提坏账准备

E．外币资本折算差额

4．下列项目中，能引起盈余公积发生增减变动的有(　　)。

A．用公益金购买职工住宅　　B．出售用公益金购买的职工住宅

C．用任意盈余公积弥补亏损　　D．用任意盈余公积派发现金股利

E．提取盈余公积

5．下列事项中，可引起所有者权益变动的有(　　)。

A．接受投资者投入固定资产　　B．将待转资产价值转入资本公积

C．用盈余公积弥补亏损　　D．企业实现净利润

E．将盈余公积转增资本

6. 盈余公积可用于(　　)。

A. 支付股利　　B. 转增资本　　C. 弥补亏损

D. 发放工资　　E. 转增资本

7. 下列项目中，应通过“资本公积”账户核算的有(　　)。

A. 资本(或股本)溢价　　B. 外币资本折算差额

C. 拨款转入　　D. 按净利润一定比例提取的盈余公积

E. 关联交易差价

8. 下列事项中，引起所有者权益减少的有(　　)。

A. 接受投资者投资

B. 经批准减资

C. 以资本公积金转增股本

D. 宣告现金股利

E. 宣告股票股利

9. 下列应在“资本公积——其他资本公积”科目核算的有(　　)。

A. 从“资本公积——股权投资准备”科目转出的资本公积

B. 从“资本公积——接受捐赠非现金资产准备”科目转出的资本公积

C. 接受现金捐赠

D. 债权人豁免的债务

E. 外币资本折算差额

三、计算及会计处理题

1. A 公司于 2015 年 1 月 1 日从证券市场上购入 B 公司 40%的股份，实际支付价款 800 万元(含支付的相关税费 10 万元)，B 公司 2015 年 1 月 1 日的所有者权益为 1 850 万元(其中：股本为 1 500 万元，盈余公积为 100 万元，未分配利润为 250 万元)。B 公司 2015 年实现净利润为 200 万元。B 公司董事会于 2015 年 5 月 2 日宣告分派 2014 年度现金股利 100 万元，提取法定盈余公积 20 万元，提取任意盈余公积 10 万元。A 公司于 2015 年 5 月 20 日收到应得现金股利。2016 年 B 公司发生亏损 50 万元，B 公司于 2016 年 5 月 2 日宣告分派 2015 年度现金股利 50 万元和股票股利 60 万股，每股面值 1 元。A 公司于 2016 年 5 月 30 日收到应得现金股利和股票股利。2016 年 B 公司接受现金捐赠增加资本公积 80 万元。A 公司采用权益法核算对 B 公司的投资，股权投资差额按 10 年摊销。

要求：

① 编制 A 公司 2015 年和 2016 年与投资有关业务的会计分录。

② 编制 B 公司 2015 年和 2016 年结转盈亏、利润分配、支付股利有关业务的会计分录。

③ 计算 A 公司 2016 年 12 月 31 日长期股权投资账户的余额。

④ 计算 B 公司 2016 年 12 月 31 日所有者权益的余额。

(答案中的金额单位用万元表示。)

2. 某国有企业拟于本年内整体改组为股份制企业，确定本年 4 月 1 日为资产评估基准日。其资产评估结果已经有关部门批准确认。本年 7 月 1 日该企业经批准注册登记，正式改组为股份制企业。其有关情况如下：

(1) 4月1日有关资产账面余额、评估确认金额，以及6月30日按照资产评估确认结果进行调账前的有关资产账面余额如表9-2。

(2) 该企业原材料只有一种，采用后进先出法核算发出原材料成本。4月1日至6月30日，该企业购入原材料4 000件，计240万元；领用原材料7 000件，计396万元。

(3) 该企业4月20日购进设备一台，原价50万元，至6月30日止累计计提折旧2万元。

(4) 该企业适用的所得税税率为33%。

要求：

① 根据上述资料编制有关资产评估确认结果的调账会计分录。

② 将调账后各资产账面余额列示于上表“调账后余额”栏。

表9-2　某国有企业调账前的有关资产账面余额　　金额单位：万元

项目	4月1日账面余额	评估确认金额	6月30日资产评估确认入账前账面余额	调账后余额
流动资产				
应收账款	600	600	500	
坏账准备	3	3	2.5	
原材料	520 (10 000件)	598 (10 000件)	364 (7 000件)	
长期股权投资	150	130	150	
固定资产				
固定资产原值	850	1200	900	
累计折旧	220	360	252	
无形资产				
土地使用权	0	50	0	

项目十 收入核算

★ **知识目标**

(1) 了解收入准则的使用范围。
(2) 熟悉收入的含义和特征。
(3) 掌握销售产品收入、提供劳务收入、让渡资产使用权的确认和计量。

★ **技能目标**

(1) 能够正确确认收入。
(2) 能够熟练进行有关销售商品收入业务的核算。
(3) 能够熟练进行有关提供劳务收入业务的核算。
(4) 能够熟练进行有关让渡资产使用权收入业务的核算。

模块一 收入核算任务设计

在市场经济条件下，收入作为影响利润指标的重要因素，越来越受到企业和投资者等众多信息使用者的重视。企业的财会人员应如实反映企业的生产经营成果，准确核算企业实现的损益。通过本项目的学习，应掌握各种收入的确认计量和会计核算。

任务设计一 任务导读

夏丽是上海永兴有限责任公司的一名财务会计，负责收入核算。2017 年 12 月 2 日，销售一批商品给杭州通达公司。通达公司已根据永兴公司开出的发票单支付了货款并取得了提货单，但商品并未移交给通达公司。夏丽将该业务确认为收入并记账。5 日永兴公司委托天津利达公司销售商品 100 件，协议价为 200 元/件，该商品已发出。夏丽将该业务记入“发出商品”但并未确认收入。10 日收到长春物资公司预付的购货款，合同约定商品在一月后交付。夏丽将收到的货款记入了“预收账款”并未确认收入。经理对此感到非常困惑。

杭州通达公司和长春物资公司都交付了货款，怎么一个记收入而另一个不记收入呢？向天津利达公司销售的商品都已经发出了怎么不记收入呢？假如你是夏丽，将如何处理以上业务呢？

任务设计二 任务提出

企业每笔销售商品、提供劳务、让渡资产使用权业务都会涉及收入的确认和计量问题。

为了能够准确及时地核算企业的收入，通过本项目的学习完成下列任务。

任务 1：了解收入的种类有哪些。

任务 2：熟悉销售商品、通过劳务、让渡资产使用权等各种情况下的收入确认条件。

任务 3：正确计量销售商品收入、提供劳务、让渡资产使用权收入。

任务 4：对销售商品，通过劳务、让渡资产使用权等各种情况进行业务处理。

任务 5：登记相关明细账和总账。

任务设计三　任 务 分 析

财会人员应了解会计准则对收入的定义，正确划分各项收入的界限，掌握每种收入的确认条件和计量标准。结合实际会计工作选择合理的会计方法核算各项收入，并作出正确的账务处理，从而公允地反映企业的财务状况和经营成果。

任务设计四　预 备 知 识

一、收入的含义

《企业会计准则第 14 号——收入》对收入的定义是：企业在日常活动中形成的、会导致所有者权益增加的、与所有者投入资本无关的经济利益的总流入。经济利益是指现金以及最终能转化为现金的非现金资产；“日常活动”是指企业为完成其经营目标所从事的经常性活动及与之相关的活动。例如，工业企业制造并销售产品、商业企业销售商品、保险公司签发保单、咨询公司提供咨询服务、软件企业为客户开发软件、安装公司提供安装服务、商业银行对外贷款、租赁公司出租资产等，均属于企业的经常性活动，由此产生的经济利益的总流入构成收入。企业转让无形资产使用权、出售原材料、金融资产(收取的利息、现金股利)等，属于与经常性活动相关的活动，由此产生的经济利益的总流入也构成收入。企业处置固定资产、无形资产等活动不是企业为完成其经营目标所从事的经常性活动，与不属于与经常性活动相关的活动，由此产生的经济利益的总流入不构成收入，应当确认为营业外收入。

二、收入的特征

(1) 收入是从企业的日常活动中产生的，而不是从偶发的交易或事项中产生的。其中“日常活动”是指企业为完成其经营目标所从事的经常性活动以及与之相关的其他活动。

(2) 收入可能表现为企业资产的增加或负债的减少，或者二者兼而有之。收入为企业带来经济利益的形式多种多样，既可能表现为资产的增加(如增加银行存款、形成应收账款项)，也可能表现为负债的减少(如减少预收账款)，还可能表现为二者的组合。

(3) 收入能导致企业所有者权益增加。如上所述，收入能增加资产或减少负债，或者二者兼而有之。根据“资产 = 负债 + 所有者权益”的恒等式，企业取得收入一定能增加所有者权益。

(4) 收入只能包括本企业经济利益的流入，不包括为第三方或客户的款项。

三、收入的种类

《企业会计准则第 14 号——收入》将收入划分为销售商品、提供劳务和让渡资产使用权。

销售商品收入主要指取得货币方式的商品销售及正常情况下的以商品抵债交易。企业以商品进行投资、捐赠及自用等，会计按成本结转，不作为销售商品处理。

企业提供劳务的收入主要包括提供旅游、运输(包括交通运输、民航运输等)、饮食、广告、代理、培训、商品安装等所获得的收入等。

让渡资产使用权而取得的收入是指企业将资产让渡给他人使用所获得的收入，主要包括利息收入和使用收入等。

知识拓展

销售收入准则与税法差异

一、范围界定的差异

《企业会计准则第 14 号——收入》规定的销售商品收入，包括企业销售本企业生产的商品和为转售而购进的商品取得的收入，如工业企业生产的产品、商业企业购进的商品等；企业销售的其他存货，如原材料、包装物等，也视同企业的产品。《企业所得税法实施案例》第六条规定，企业以货币形式和非货币形式从各种来源取得的收入为收入总额，包括销售货物收入、提供劳务收入、转让财产收入、股息、红利等权益性投资收益、利息收入、租金收入、特许权使用费收入、接受捐赠收入、其他收入。根据《企业所得税法实施条例》第十四条规定，销售货物收入是指企业销售商品、原材料、包装物、低值易耗品以及其他存货取得的收入。由此可见，《企业会计准则第 14 号——收入》规定的销售商品收入，在《企业所得税法实施条例》上对应的是销售货物收入，两者没有本质区别。

二、确认方面的差异

(一) 确认基础

《企业所得税法实施条例》第九条规定，企业应缴所得税的计算，以权责发生制为原则，属于当期的收入和费用，不论款项是否收付，均作为当期的收入和费用；不属于当期的收入和费用，即使款项已经在当期收付，均不作为当期的收入和费用，本条例和国务院财政、税务主管部门另有规定的除外。这与《企业会计准则第 14 号——收入》采用权责发生制原则确认销售商品收入的基础是一致的。

(二) 《企业会计准则第 14 号——收入》销售商品收入的条件

在《企业所得税法实施条例》的规定中，没有明确规定企业销售货物收入的确认条件，但据《国家税务总局关于确认企业所得税收入若干问题的通知》规定，除企业所得税法及实施条例另有规定外，企业销售收入的确认，必须遵循权责发生和实质重于形式原则。但所得税法确认销售商品收入的条件中，没有会计准则中所规定的“相关的经济利益很可能流入企业”的必要条件。也就是说，所得税法确认销售商品收入没有遵循会计准则的“谨慎性”要求。

三、计量方面的差异

《企业会计准则第 14 号——收入》规定：企业销售商品满足收入确认条件时，应当按照从购货方已收或应收的合同或协议价款的公允价值确定销售商品收入金额。

《企业所得税法实施条例》规定，企业以货币形式和非货币形式从各种来源取得的收入，为收入总额，包括销售货物收入、企业以非货币形式取得的收入，应当按公允价值确定收入额。

所得税法与会计准则对销售商品收入计量规定的差异主要在于公允价值的确定基础不同，所得税法不对采用递延方式实质上具有融资性质的商品销售进行折现处理。

四、具体事项处理的差异及纳税调整

在一般情况下，会计与税法对销售商品收入的确认和计量规定是相同的，但由于会计和税法服务目标不同，两者在具体处理方面还存在着差异，企业应本着局部服从整体的原则，在纳税申报时按税法规定进行纳税调整。

(一) 不符合收入确认条件的销售商品差异

会计准则规定，如果销售商品不同时满足销售商品收入确认的五个条件，则不应确认收入，已经发出的商品成本转入“发出商品”账户。而所得税法确认销售商品收入不考虑会计准则规定的条件，只要符合税法规定的确认条件，就必须申报缴纳所得税。

(二) 具有融资性质的分期收款销售商品业务的差异

在分期收款销售方式下，《企业会计准则第 14 号——收入》规定，应当按照应收的合同或协议价款的公允价值取得销售商品收入金额，公允价值应为合同或协议价款的现值；《企业所得税法实施条例》规定，按照合同约定的收款日期确认收入的实现。可见，对于具有融资性质的分期收款销售商品，税法并不强调采用公允价值，而一般是按合同约定的分期应收总额计量，与《企业会计准则第 14 号——收入》的规定差异较大，需要对应纳税额进行调整。

模块二　收入核算工作任务

工作任务一　销售商品收入业务处理

企业生产产品的目的是销售，而不是确认收入关系到企业核算的当期利润的多少，也会影响到企业的各种税费。会计人员能否对商品销售收入进行正确的确认和计量就显得尤其重要。

一、销售商品收入业务处理流程

引导案例：

红星公司 2017 年 12 月发生如下业务：

(1) 4 日向宏达公司销售一批商品，售价 100 万元，增值税 17 万元。采取现金折扣方式销售，折扣条件为 2/10、1/20、N/30，企业按 100 万元确认收入。

(2) 采用预收账款方式向光明公司销售商品一批，8 日收到对方预付的货款，企业于收款当日确认收入。

(3) 12 日企业将自产的产品捐赠给灾区，企业确认为销售收入。

(4) 19 日销售给宏达公司的商品发生销售折让，企业冲减了当月商品销售收入。

请问：上述商品销售收入处理是否符合制度的规定？对上述业务应怎样进行账务处

理？应登记哪些账簿？应怎样登记？

销售商品收入核算业务流程如下：

第一步：明确销售商品的范围。

第二步：熟悉销售商品收入的确认条件。

第三步：确定销售商品收入的金额。

第四步：进行销售商品收入的账务处理。

二、知识导航

（一）销售商品的范围

收入准则所指的销售商品仅包括取得货币方式的商品销售及正常情况下的以商品抵偿债务的交易，不包括非货币交易、期货、债务重组中的销售商品交易，这些销售商品的交易已在相关准则中规定。商品主要包括企业为销售而生产或购进的商品，企业销售的其他存货如原材料、周转材料等视同商品。

企业以商品进行投资、捐赠及自用等，会计上均不作为销售商品处理。

（二）销售商品收入确认的条件

收入准则规定，销售商品收入同时满足下列条件，才能予以确认。

1．企业已将商品所有权上的主要风险和报酬转移给购货方

企业已将商品所有权上的主要风险和报酬转移给购货方，是指与商品所有权相关的主要风险和报酬同时转移给购货方。其中，与商品所有权有关的风险，是指商品可能发生减值或毁损等形成的损失；与商品所有权有关的报酬，是指商品价值增值或通过使用商品等形成的经济利益。

判断企业是否已将商品所有权上的主要风险和报酬转移给购货方，应当关注交易的实质而不是形式，同时考虑所有权凭证的转移或实物的交付。如果与商品所有权有关的任何损失均不属于销货方承担，遇上和所有权有关的任何经济利益也不归销货方所有，就表明商品所有权上的主要风险和报酬转移给购货方。

(1) 通常情况下，转移商品所有权凭证或交付实物后，商品所有权上的所有风险和报酬随之转移，如大多数商品零售交易。

(2) 有些情况下，企业已将所有权凭证或实物交付给对方，但商品所有权的主要风险和报酬并未转移。企业可能在以下几种情况下保留商品所有权上的主要风险和报酬。

① 企业销售的商品在质量、品种、规格等方面不符合合同或协议要求，又未根据正常的保证条款予以弥补，因而仍负有责任。例如，红星公司向沈阳物资公司销售一批商品，商品已发出，沈阳物资公司已开出一张商业承兑汇票，销售发票单已交付沈阳物资公司。沈阳物资公司收到商品后，发现商品质量没有达到合同约定的要求，立即根据合同有关条款要求在价格上给予一定折让，否则要求退货。双方没有就此达成一致意见，红星公司也未采取任何补救措施。此销售尽管商品已经发出，并将发票单交付买方，同时收到商业承兑汇票，但是由于双方在商品质量的弥补方面未达成一致意见，说明购方尚未正式接受商品，商品可能被退回。因此，商品所有权上的主要风险和报酬仍保留在销售方，此时不能

确认收入。收入应递延到已按买方要求进行弥补时予以确认。

② 企业销售商品的收入是否能够取得，取决于购买方是否已将商品销售出去，如代销商品或寄销商品。代销或寄销受托方只是一个代理商，委托方发出商品时，商品所有权并未转移给受托方，所有权上的主要风险和报酬仍在委托方，与受托方无关。只有当受托方卖出商品后，所有权上的主要风险和报酬才转移给受托方。因此，委托方在发出商品时不应确认销售商品收入，应在收到受托方开出的代销清单时确认销售商品收入。

③ 企业尚未完成售出商品的安装或检验工作，且安装或检验工作是销售合同或协议的重要组成部分。例如，公司销售一台中央空调，中央空调已经运抵购货方，发票账单已经交付。合同约定，本公司应负责该中央空调的安装工作，在安装工作结束并经买方验收合格后支付剩余货款。在这种情况下，安装空调工作通常是销售合同的重要组成部分，在安装过程中可能会发生一些不确定因素，影响空调销售收入的实现。因此，实物的交付不表明商品所有权上的主要风险和报酬随之转移，不能确认收入。只有在安装完成并验收合格后才能确认收入。

④ 销售合同或协议中规定了买方由于特定原因有权退货的条款，且企业又不能确定退货的可能性。例如，甲公司为推销一种新产品，承诺凡购买新产品的客户均有 15 天的试用期，在试用期内如果对产品使用效果不满意，可无条件给予退货。该种新产品已交付买方，货款已收讫。在这种情况下，虽然公司已将产品售出，并已收到货款，但是由于是新产品，甲公司无法估计退货的可能性，这表明产品所有权上的主要风险和报酬实质上并未转移给买方，不能确认收入。只有买方正式接受商品或试用期满时才能确认收入。

(3) 某些情况下，转移商品所有权凭证或交付实物后，商品所有权上的主要风险和报酬随之转移，企业只保留商品所有权上的次要风险和报酬，则销售成立，相应的收入应予以确认。例如，卖方仅仅为了到期收回货款而保留商品的法定产权。这种销售中其他重大不确定因素已不存在，保留法定产权只是为收回货款提供一个保障，对方一般会支付货款，因此，企业可以确认收入。再如，在零售交易中，零售企业一般会承诺顾客对商品不满意可以退货。但零售企业一般根据过去的经验及其他相关因素能合理地估计未来的退货量，不会存在重大的不确定因素，此时可以确认销售收入。

(4) 在某些情况下，企业已将商品所有权上主要风险和报酬转移给买方，但实物并未交付。这时应确认收入不管实物是否交付。例如，交款提货销售方式，在收妥款项并开出提货单时即可确认收入。

(5) 采用托收承付方式销售商品时，在发出商品办妥托收手续时，通常表明商品所有权上的主要风险和报酬已经转移给买方，此时可以确认收入。

(6) 分期收款销售商品方式。通常当企业将商品交付给购货方时与商品所有权有关的主要风险和报酬转移给购货方。在满足收入其他确认条件时，应当根据应收款项的公允价值(或现行售价)依次确认收入。

2. 企业既没有保留通常与所有权相联系的继续管理权，也没有对已售出的商品实施有效控制

通常情况下，企业售出商品后不再保留与商品所有权相联系的继续管理权，也不再对售出商品实施有效控制，表明商品所有权上的主要风险和报酬已经转移给购货方，应在发

出商品时确认收入。有的情况下，企业商品售出后，由于各种原因仍保留与商品所有权相联系的继续管理权，或仍对商品可以实施有效控制，如售后回购、售后租回等，这说明此项交易没有完成，销售不能成立，不应确认销售商品收入。

3．收入的金额能够可靠地计量

收入的金额能否可靠地计量，是确认收入的基本前提。如果收入的金额不能够合理估计，则无法确认收入。通常情况下，企业在销售商品时，商品销售价格已经确定，企业应当按照从购货方已收或应收的合同或协议价款确定收入金额。有时，由于销售商品过程中某些不确定因素的影响，也有可能存在商品销售价格发生变动的情况。例如，附有销售退回条件的商品销售，如果企业不能合理估计退货的可能性，则无法确定销售商品的价格，也就不能够合理地估计收入的金额，不应在发出商品时确认收入，而应当在售出商品退货期满商品销售价格能够可靠计量时确定收入。

4．相关的经济利益很可能流入企业

相关的经济利益很可能流入企业，是指销售商品价款收回的可能性大于不能收回的可能性，即销售商品价款收回的可能性超过 50%。销售商品的价款能否有把握收回是收入确认的一个重要条件。如估计价款收回的可能性不大，即使收入的其他条件均已满足也不应当确认收入。

销售商品的价款能否收回，主要是根据企业以前和买方交往的直接经验、政府有关政策、其他方面取得信息等因素进行判断。如果企业根据以前与买方交往的直接经验判断买方信誉较差，或销售时得知买方在另一项交易中发生了巨额亏损，资金周转十分困难，或在出口商品时不能肯定进口企业所在国政府是否允许将款项汇出等，在这种情况下，企业应推迟确认收入，直至这些不确定因素消除。

企业在判断价款收回的可能性时，应进行定性分析，当确认价款收回的可能性大于不能收回的可能性时，即认为价款能够收回。

一般情况下，企业销售商品符合合同或协议要求，已将发票账单交付买方，买方承诺付款，即表明销售商品的价款能够收回。如企业判断价款不能收回，应提供可靠的证据。

5．相关的已发生或将发生的成本能够可靠地计量

根据收入和费用配比原则，与同一项销售有关的收入和成本应在同一会计期间予以确认。因此，成本如果不能可靠计量，即使其他条件均已满足，相关收入也不能确认。如已收到价款，收到的价款应确认为一项负债，例如，预收账款销售。

企业销售商品应同时满足以上 5 个条件，才能确认收入。任何一个条件没有满足，即使收到货款也不能确认收入。

企业判断销售商品收入满足确认条件的，应当提供确凿的证据。通常情况下，转移商品所有权凭证或交付实物后，可以认为满足确认条件，应当确认销售商品收入。当然，具体情况还需具体分析。

(1) 委托收款销售商品的，应在办妥托收手续时确认收入。

(2) 预收账款方式销售商品的，应在发出商品时确认收入，在此前预收的货款应确认为负债。

(3) 附有销售退回条件的商品销售，根据以往经验能合理估计退货可能性且确认与退

货相关负债的，应在发出商品时确认收入。

(4) 售出商品需要安装和检验的，在购买方接受交货以及安装和检验完毕前，不应确认收入。如果安装程序比较简单或检验是为了最终确定合同或协议价格而必须进行的程序，可以在发出商品时确认收入。

(5) 采用以旧换新方式销售商品的，销售的商品应按照销售商品收入确认条件确认收入，回收的商品作为购进商品处理。

(6) 采用收取手续费方式委托代销商品的，应在收到代销清单时确认收入。

(7) 采用售后回购方式销售商品的，不应确认收入，回购价格大于原售价的差额应在回购期间按期计提利息，计入财务费用。

(8) 售后回租方式销售商品的，不应确认收入，售价与资产账面价值之间的差额，应采用合理的方法进行分摊，作为折旧费用或租金费用的调整。

(三) 销售商品收入金额的确定

企业销售商品满足收入确认条件时，应当按照已收或应收的合同或协议价款的公允价值确定销售商品收入金额。从购货方已收或应收的合同或协议价款，通常为公允价值。但在某些情况下，合同或协议明确规定，销售商品需要延期收取价款(通常为 3 年以上)，如分期收款销售商品，实质上具有融资性质，应当按照应收的合同或协议价款的公允价值确定收入金额。应收的合同或协议价款的公允价值通常应当按照其未来现金流量现值或商品的现销价格确定。应收的合同或协议价款与其公允价值之间的差额，应当在合同或协议期间内，按照应收款项的摊余成本和实际利率计算确定的金额进行摊销，冲减财务费用。

已收或应收的合同或协议价款不公允的，应当按照公允的交易价格确定收入金额，已收或应收的合同或协议价款与公允的交易价格之间的差额，不应当确认收入。判断已收或应收的合同或协议价款是否公允时，应当关注企业与购货方之间的关系，通常情况下，关联方关系的存在可能导致已收或应收的合同或协议价款不公允。

(四) 商品销售收入的账务处理

1. 通常情况下销售商品收入的账务处理

确认销售商品收入时，企业应按已收或应收的合同或协议价款，加上应收取的增值税额，借记“银行存款”、“应收账款”、“应收票据”等科目，按确定的收入金额，贷记“主营业务收入”、“其他业务收入”等科目，按应收取的增值税额，贷记“应交税费——应交增值税(销项税额)”科目。

2. 托收承付方式销售商品的处理

托收承付，是指企业根据合同发货后，委托银行向异地付款单位收取款项，由购货方向银行承诺付款的销售方式。在这种方式下，企业通常应在发出商品且办妥托收手续时确认收入。如果商品已经发出且办妥托收手续，但由于各种原因与发出商品所有权有关的风险和报酬没有转移的，企业不应确认收入。

【例 10-1】 甲公司在 2017 年 7 月 12 日向长丰公司销售一批商品，开出的增值税专用发票上注明的销售价格为 200 000 元，增值税额为 34 000 元，款项尚未收到；该批商品成本为 110 000 元。甲公司在销售时已知长丰公司资金周转发生困难，但为了减少存货积压。同时也为维持与长丰公司长期的商业关系，公司仍将商品发往长丰公司且办妥托收手续。假定销售该批商品的增值税纳税义务已经发生。

根据本例的资料，由于长丰公司资金周转困难，因而在货款回收方面存在较大的不确定性。根据销售商品收入的确定条件，公司在发出商品且办妥托收手续时不能确认收入，已经发出的商品成本应通过“发出商品”科目反映。甲公司的账务处理如下：

(1) 2017 年 7 月 12 日发出商品时，会计分录如下：

借：发出商品　　110 000

　　贷：库存商品　　110 000

(2) 同时，将增值税专用发票上注明的增值税额转入应收账款，会计分录如下：

借：应收账款　　34 000

　　贷：应交税费——应交增值税(销项税额)　　34 000

(注：如果销售该商品的增值税纳税义务尚未发生，则不作这笔分录，纳税义务发生时再作应交增值税的分录。)

3．销售商品涉及现金折扣、商业折扣、销售折让的处理

企业销售商品有时也会遇到现金折扣、商业折扣、销售折让等问题，应当分别按不同情况进行处理。

1) 现金折扣

现金折扣是指债权人为鼓励债务人在规定的期限内付款而向债务人提供的债务扣除。企业销售商品涉及现金折扣的，应当按照扣除现金折扣前的金额确定销售商品收入金额。现金折扣在实际发生时计入财务费用。

【例 10-2】 2017 年 5 月 1 日，甲公司向长丰公司销售一批商品，开出的增值税专用发票上注明的销售价格为 20 000 元，增值税额为 3 400 元。为尽快收回货款，甲公司与长丰公司约定的现金折扣条件为 2/10，1/20，N/30。假定计算现金折扣时不考虑增值税额。甲公司的账务处理如下：

(1) 5 月 1 日销售实现时，按销售总价确认收入，会计分录如下：

借：应收账款　　23 400

　　贷：主营业务收入　　20 000

　　　　应交税费——应交增值税(销项税额)　　3 400

(2) 如果长丰公司在 5 月 9 日付清货款，则按销售总价 20 000 元的 2%享受现金折扣 400 (20 000 × 2%)元，实际付款 23 000 元，会计分录如下：

借：银行存款　　23 000

　　财务费用　　400

　　贷：应收账款　　23 400

(3) 如果长丰公司在 5 月 18 日付清货款，则按销售总价 20 000 元的 1%享受现金折扣 200(20 000 × 1%)元，实际付款 23 200 元，会计分录如下：

借：银行存款　　23 200

　　财务费用　　200

贷：应收账款　23 400

(4) 如果长丰公司在 5 月底才付清货款，则按全额付款，会计分录如下：

借：银行存款　23 400

贷：应收账款　23 400

2) 商业折扣

商业折扣是指企业为促进商品销售而在商品标价上给予的价格扣除。企业销售商品涉及商业折扣的，应当按照扣除商业折扣后的金额确定销售商品收入金额。

商业折扣与现金折扣相比，主要有两点区别。一是目的不同。现金折扣是为鼓励客户提前付款而给予的债务扣除，商品折扣是为促进销售而给予的价格扣除。二是发生扣除的时间不同。现金折扣在商品销售后发生，企业在确定销售收入时不能确定相关的现金折扣，销售后现金折扣是否发生应视买方的付款情况而定，而商业折扣在销售时已发生，企业在确定收入时已经能够确定商业折扣。

在会计核算上，企业销售发生商业折扣时，只要按扣除商业折扣后的总金额确认销售收入即可，对商业折扣不需进行账务处理。

3) 销售折让

销售折让是指企业已售出商品因质量不合格等原因而在售价上给予的减让。对于销售折让，企业应分别按不同情况进行处理；发生在销售收入确认之前的销售折让，其会计处理与商业折扣相似；以确认收入的售出商品发生销售折让的，通常应当在发生时冲减当期销售商品收入；已确认收入的销售折让属于资产负债表日后事项的，应当按照有关资产负债表日后事项的相关规定进行处理。

【例 10-3】 甲公司在 2017 年 1 月 1 日向长丰公司销售一批商品，开出的增值税专用发票上注明的销售价格为 2 000 000 元，增值税额为 340 000 元，款项尚未收到；该批商品成本为 1 500 000 元。长丰公司在验收过程中发现商品外观上存在瑕疵，但基本上不影响使用，要求甲公司在价格上(不含增值税额)给予 5%的折让。假定甲公司已确认销售收入，与销售折让有关的增值税额税务机关允许冲减。甲公司的账务处理如下：

(1) 销售实现时，会计分录如下：

借：应收账款　2 340 000

贷：主营业务收入　2 000 000

应交税费——应交增值税(销项税额)　340 000

借：主营业务成本　1 500 000

贷：库存商品　1 500 000

(2) 发生销售折让时，会计分录如下：

借：主营业务收入　100 000

应交税费——应交增值税(销项税额)　17 000

贷：应收账款　117 000

(3) 实际收到款项时，会计分录如下：

借：银行存款　2 223 000

贷：应收账款　2 223 000

4．具有融资性质的分期收款销售商品的处理

企业销售商品，有时会采取分期收款方式，如分期收款发出商品，即商品已经交付，货款分期收回。如果延期收取的货款具有融资性质，其实质是企业向购货方提供信贷时，企业应当按照应收的合同或协议价款的公允价值确定收入金额。应收的合同或协议价款的公允价值，通常应当按照其未来现金流量现值或商品现销价格计算确定。应收的合同或协议价款与其公允价值之间的差额，应当在合同或协议期间内，按照应收款项的摊余成本和实际利率计算确定的金额进行摊销，作为财务费用的抵减处理。当满足收入确认条件时，按应收的合同或协议价款，借记“长期应收款”科目；按应收的合同或协议价款的公允价值，贷记“主营业务收入”科目；按税款贷记“应交税费——应交增值税(销项税额)”科目；按差额贷记“未实现融资收益”。

【例 10-4】 2008 年 1 月 1 日，甲公司采用分期收款方式向利达公司销售一套大型设备，合同约定的销售价格为 2 000 万元，分 5 次于每年 12 月 31 日等额收取。该大型设备成本为 1 560 万元。在现销方式下，该大型设备的销售价格为 1 600 万元。甲公司发出商品是开出增值税专用发票，注明增值税额为 340 万元，并与当天收到增值税额 340 万元。

根据以上的资料，甲公司应当确认的销售商品收入金额为 1 600 万元。

未来 5 年收款额的现值 = 现销方式下应收款项金额，则可以得出：

$$400 \times (P/A，r，5) + 340 = 1\,600 + 340 = 1\,940\ (万元)$$

可在多次测试的基础上，用插值法计算折现率。

当 $r = 7\%$时，$400 \times 4.1002 + 340 = 1\,980.08 > 1\,940$

当 $r = 8\%$时，$400 \times 3.9927 + 340 = 1\,937.08 < 1\,940$

因此，$7\% < r < 8\%$，用插值法计算如下：

现值	利率
1 980.08	7%
1 940	r
1 937.08	8%

$$\frac{1980.08-1940}{1980.08-1937.08}=\frac{7\%\quad r}{7\%-8\%}$$

$R = 7.93\%$

每期计入财务费用的金额见表 10-1。

表 10-1　财务费用和已收本金计算表　　单位：万元

日期	未收本金 ①＝上期①－上期④	财务费用 ②＝①×7.93%	收现总额③	已收本金 ④＝③－②
2008 年 12 月 31 日	1 600.00	126.88	400.00	273.12
2009 年 12 月 31 日	1 326.88	105.22	400.00	294.78
2010 年 12 月 31 日	1 032.10	81.84	400.00	318.16
2011 年 12 月 31 日	713.94	56.62	400.00	343.38
2012 年 12 月 31 日	370.56	29.44	400.00	370.56
总额		400.00	2 000.00	1 600.00

根据表 10-1 的计算结果，甲公司各期的账务处理如下：

(1) 2008 年 1 月 1 日的销售实现，会计分录如下：

借：长期应收款	200 000 000
银行存款	3 400 000
贷：主营业务收入	16 000 000
应交税费——应交增值税(销项税额)	3 400 000
未实现融资收益	4 000 000
借：主营业务成本	15 600 000
贷：库存商品	15 600 000

(2) 2008 年 12 月 31 日收取货款，会计分录如下：

借：银行存款	4 000 000
贷：长期应收款	4 000 000
借：未实现融资收益	1 268 800
贷：财务费用	1 268 800

(3) 2017 年 12 月 31 日收取货款，会计分录如下：

借：银行存款	4 000 000
贷：长期应收款	4 000 000
借：未实现融资收益	1 052 200
贷：财务费用	1 052 200

(4) 2010 年 12 月 31 日收取货款，会计分录如下：

借：银行存款	4 000 000
贷：长期应收款	4 000 000
借：未实现融资收益	818 400
贷：财务费用	818 400

(5) 2011 年 12 月 31 日收取货款，会计分录如下：

借：银行存款	4 000 000
贷：长期应收款	4 000 000
借：未实现融资收益	566 200
贷：财务费用	566 200

(6) 2012 年 12 月 31 日收取货款和增值税额，会计分录如下：

借：银行存款	4 000 000
贷：长期应收款	4 000 000
借：未实现融资收益	294 400
贷：财务费用	294 400

5. 特殊销售商品业务的会计处理

1) 代销

代销分为视同买断和收取手续费两种方式，在不同的方式下其会计处理各不相同。

(1) 视同买断方式。委托方在交付商品时应当销售商品收入，受托方作购进处理。受托方将商品销售后，应按实际售价确认为销售商品收入，并向委托方开具代销清单。此种方式委托方在发出商品后即发生增值税的纳税义务，因此较少使用。

(2) 收取手续费方式。采取此方式，委托方和受托方在交付商品时均不确认收入，委托方在收到受托方交付的商品代销清单时确认销售收入，受托方则按收取的手续费确认收入。

【例 10-5】 华丰公司委托利达商场销售商品 100 件，指定销售价格为 1 000 元/件，该商品成本为 600 元/件，增值税税率为 17%。代销合同规定，商场仍按每件 1 000 元销售给顾客，公司按售价的 10%向商场支付手续费。利达商场在实际销售时，即向买方开具一张增值税专用发票，发票上注明商品售价为 100 000 元，增值税额为 17 000 元。华丰公司在收到利达商场交来的代销清单时，向利达商场开具一张相同金额的增值税专用发票。华丰公司的账务处理如下：

(1) 华丰公司将商品交付利达商场时，会计分录如下：

借：委托代销商品　　60 000
　　贷：库存商品　　60 000

(2) 企业收到代销清单时，会计分录如下：

借：应收账款　　117 000
　　贷：主营业务收入　　100 000
　　　　应交税费——应交增值税(销项税额)　　17 000

借：销售费用——代销手续费　　10 000
　　贷：应收账款　　10 000

借：主营业务成本　　60 00
　　贷：委托代销商品　　60 000

(3) 收到利达商场汇来的货款净额，会计分录如下：

借：银行存款　　107 000
　　贷：应收账款　　107 000

利达商场的账务处理如下：

(1) 收到商品时，会计分录如下：

借：受托代销商品　　100 000
　　贷：受托代销商品款　　100 000

(2) 实际销售时，会计分录如下：

借：银行存款　　117 000
　　贷：应付账款　　100 000
　　　　应交税费——应交增值税(销项税额)　　17 000

同时：

借：受托代销商品款　　100 000
　　贷：受托代销商品　　100 000

(3) 交付给华丰公司代销清单及货款并收到增值税专用发票时，会计分录如下：

借：应交税费——应交增值税(进项税额)　　17 000
　　贷：应付账款　　17 000

(4) 支付货款时，会计分录如下：

借：应付账款　117 000

　贷：银行存款　107 000

　　其他业务收入　10 000

2) 售后回购的处理

售后回购，是指销售商品的同时，销售方同意日后将同样或类似的商品购回的销售方式。在售后回购交易中，通常情况下，所售商品所有权上的主要风险和报酬没有从销售方转移给购货方，因而不确定销售商品收入。

在售后回购方式下，企业以“应付账款”科目核算企业在附有回购协议的销售方式下，发出商品的实际成本(或进价)与销售价格以及相关税费之间的差额。企业在发出商品时，按实际收到或应收的价格，借记“银行存款”、“应收账款”等科目，贷记“库存商品”科目，按专用发票上注明的增值税额，贷记“应交税费——应交增值税(销项税额)”科目，按其差额，贷记或借记“应付账款”。

如果回购价格大于原售价的，应在销售与回购期内按期计提利息，利息费用直接计入当期“财务费用”。计提利息费用时，借记“财务费用”，科目贷记“其他应付款”科目。

企业日后重新购回该项商品时，按照专用发票上注明的商品价款，借记“库存商品”等科目，按专用发票上注明的增值税额，借记“应交税费——应交增值税(进项税额)”科目，按实际支付或应付的金额，贷记“银行存款”、“其他应付款”等科目；同时，将与该回购商品有关的“其他应付款”科目的余额和“财务费用”余额冲减，或增加回购商品的成本，借记或贷记“应付账款”、“财务费用”科目，贷记或借记“库存商品”等科目。

【例 10-6】 红星公司在 2017 年 5 月 1 日向长丰公司销售一批商品，开出的增值税专用发票上注明的销售价格为 1000 000 元，增值税额为 170 000 元。商品尚未发出，款项已收到。该批商品的成本为 800 000 元。5 月 1 日，签订的补充合同约定，本公司应于 9 月 30 日将所售商品购回，回购价为 1 100 000 元(不含增值税额)。红星公司的账务处理如下：

(1) 2017 年 5 月 1 日销售商品时，会计分录如下：

借：银行存款　1 170 000

　贷：应交税费——应交增值税(销项税额)　170 000

　　其他应付款　1 000 000

(2) 回购价格大于原售价的差额，应在回购期间按期计提利息，计入财务费用。由于回购期间为 5 个月，货币时间价值影响不大，因此，采用直线法计提利息费用。5 月 1 日到 9 月 30 日共计 5 个月。每月计提利息费用为 20 000(100 000 ÷ 5)元，会计分录如下：

借：财务费用　20 000

　贷：其他应付款　20 000

(3) 2017 年 9 月 30 日回购商品时，收到的增值税专用发票上注明商品价款为 1 100 000 元，增值税额为 187 000 元，款项已支付，会计分录如下：

借：其他应付款　1 100 000

应交税费——应交增值税(进项税额) 187 000
贷：银行存款 1 287 000

(五) 销售退回及附有销售退回条件的销售的处理

1．销售退回

销售退回，是指企业售出的商品由于质量、品种不符合要求等原因而发生的退货。对于销售退回，企业应分别按不同情况进行会计处理。

对于未确认收入的售出商品发生销售退回的，企业应按已计入“发生商品”科目的商品成本余额，借记“库存商品”科目，贷记“发出商品”科目。

对于已确认收入的已发出商品发生退回的，企业一般应在发生时冲减当期销售商品收入，同时冲减当期销售商品成本。如果该项销售退回已发生现金折扣的，应同时调整相关财务费用的金额；如果该项销售退回允许扣减增值税额的，应同时调整“应交税费——应交增值税(销项税额)”科目的相关金额。

已确认收入的售出商品发生的销售退回属于资产负债表日后事项的，应当按照有关资产负债表日后事项的相关规定进行会计处理。

【例 10-7】 红星公司在 2008 年 12 月 8 日向长丰公司销售一批商品，开出的增值税专用发票上注明的销售价格为 50 000 元，增值税额为 8 500 元，该批商品成本为 26 000 元。长丰公司在 2008 年 12 月 27 日支付货款。2017 年 4 月 5 日，该批商品因质量问题被长丰公司退货，红星公司当日支付相关款项。假定销售退货不属于资产负债表日后事项。红星公司的账务处理如下：

(1) 2008 年 12 月 18 日销售实现时，按销售总价确认收入，会计分录如下：

借：应收账款 58 500
　贷：主营业务收入 50 000
　　应交税费——应交增值税(销项税额) 8 500
借：主营业务成本 26 000
　贷：库存商品 26 000

(2) 在 2008 年 12 月 27 日收到货款时，会计分录如下：

借：银行存款 58 500
　贷：应收账款 58 500

(3) 2017 年 4 月 5 日发生销售退回时，会计分录如下：

借：主营业务收入 50 000
　应交税费——应交增值税(销项税额) 8 500
　贷：银行存款 58 500
借：库存商品 26 000
　贷：主营业务成本 26 000

2．附有销售退回条件的商品销售

(1) 商品销售时，如附有销售退回条件，则在收入确认上要区分不同情况进行处理。企业根据以往经验能够合理估计退货可能性且确认与退货相关负债的，通常应在发出商品时确认收入，并同时结转成本；当月底根据销售退回的可能性冲减主营业务收入和主营业务成本，二者差额计入“其他应付款”科目；实际发生销售退回时，按照实际退回商品的成本，借记“库存商品”科目，按照退回商品售价与成本的差额，借记“其他应付款”科目，根据退回商品应承担的增值税，借记“应交税费”科目，按照实际退货的商品价款贷记“银行存款”科目。如果退回商品与当初预计确认的销售退后金额不一致的，还需要就不一致的部分增记或冲减“主营业务收入”及“主营业务成本”科目，二者的差额借记或贷记“其他应付款”科目。

【例 10-8】 2017 年 1 月 1 日，红星公司向天骄公司销售 1 000 件健身器材，单位销售价格为 1 000 元，单位成本为 800 元，开出的增值税专用发票上注明的销售价格为 1 000 000 元，增值税额为 170 000 元。协议约定，天骄公司于 2 月 1 日之前交付货款，在 6 月 30 日之前有权退还健身器材。健身器材已经发出，款项尚未收到。根据过去的经验，估计该批健身器材退货率约为 20%；健身器材发出时纳税义务已经发生；实际发生销售退回时有关的增值税额允许冲减。

红星公司的账务处理如下：

① 1 月 1 日发出健身器材时，会计分录如下：

借：应收账款　　1 170 000
　　贷：主营业务收入　　1 000 000
　　　　应交税费——应交增值税(销项税额)　　170 000
借：主营业务成本　　800 000
　　贷：库存商品　　800 000

② 1 月 31 日确认估计的销售退回，会计分录如下：

借：主营业务收入　　200 000
　　贷：主营业务成本　　160 000
　　　　其他应付款　　40 000

③ 2 月 1 日前收到货款时，会计分录如下：

借：银行存款　　1 170 000
　　贷：应收账款　　1 170 000

④ 6 月 30 日发生销售退回，实际退货量为 200 件，款项已经支付，会计分录如下：

借：库存商品　　160 000
　　应交税费——应交增值税(销项税额)　　34 000
　　其他应付款　　40 000
　　贷：银行存款　　234 000

⑤ 如果实际退货量为 100 件时，会计分录如下：

借：库存商品　　80 000
　　应交税费——应交增值税(销项税额)　　17 000
　　主营业务成本　　80 000
　　其他应付款　　40 000
　　贷：银行存款　　117 000
　　　　主营业务收入　　100 000

⑥ 如果实际退货量为 300 件时，会计分录如下：

借：库存商品　　240 000
　　应交税费——应交增值税(销项税额)　　51 000
　　主营业务收入　　100 000
　　其他应付款　　40 000
　　贷：主要业务成本　　80 000
　　　　银行存款　　351 000

(2) 企业不能合理估计退货可能性的，通常应在售出商品退货期满时确认收入。发出商品时，根据应交增值税金额，借记“应收账款”科目，贷记“应交税费”科目，同时根据发出商品的成本，借记“发出商品”科目，贷记“库存商品”科目。收到货款时，作为预收账款处理，借记“银行存款”科目，按照发出商品价格，贷记“预收账款”科目，按照应交税费金额贷记“应收账款”科目。退货期满，退货期满根据实际售出商品确认销售收入并结转成本，同时将退回商品作入库记录。

【例 10-9】 承例 10-8，假如红星公司无法根据过去的经验估计该批健身器材的退货率，健身器材发出时纳税义务已经发生。

红星公司的账务处理如下：

(1) 1 月 1 日发出健身器材时，会计分录如下：

借：应收账款　　170 000
　　贷：应交税费——应交增值税(销项税额)　　170 000
借：发出商品　　800 000
　　贷：库存商品　　800 000

(2) 2 月 1 日收到货款时，会计分录如下：

借：银行存款　　1 170 000
　　贷：预收账款　　1 000 000
　　　　应收账款　　170 000

(3) 6 月 30 日退货期满没有发生退货时，会计分录如下：

借：预收账款　　1 000 000
　　贷：主营业务收入　　1 000 000
借：主营业务成本　　800 000
　　贷：发出商品　　800 000

(4) 6 月 30 日退货期满，发生 200 件退货时，会计分录如下：

借：预收账款　　1 000 000
　　应交税费——应交增值税(销项税额)　　34 000
　　贷：主营业务收入　　800 000
　　　　银行存款　　234 000
借：主营业务成本　　640 000
　　库存商品　　160 000
　　贷：发出商品　　800 000

三、完成工作任务评价

1. 完成销售商品收入核算业务处理的工作任务

根据工作任务要求，按照工作任务操作流程，结合完成工作任务所需要的知识导航，回答引导案例中的问题。

2. 完成工作结果后的评价

按照要求与规程完成了销售商品收入核算的任务后，参照老师给出的标准，任务的完成者与老师共同来评价工作任务的完成情况。

评价标准：

(1) 所发生的业务是否符合收入确认条件。

(2) 根据所发生的业务计算的销售商品收入金额是否正确。

(3) 根据所发生的业务所作的财务处理是否正确。

3. 完成工作任务后的收获

按照要求和规程完成工作任务之后，结合老师对完成工作任务后的结果评价，你认为自己完成此项工作任务后有何收获？请将你的收获写出来，与老师和同学们一起交流和分享。

工作任务二　提供劳务收入业务处理

企业在发生了经济业务，提供劳务收入的确认和计量，应当根据在资产负债表日提供劳务交易的结果是否能够可靠地估计，分别采用不同的方法。

一、提供劳务收入业务处理流程

引导案例：

红星公司 2017 年 10 月 1 日承揽了一项设备安装工程。工程安装期约为 6 个月，合同总收入为 500 000 元，10 月 5 日预收安装费 100 000 元。截止到 2017 年 12 月 31 日，实际发生安装费用为 240 000 元(假定均为安装人员薪酬)，估计还会发生安装费用 160 000 元。

请问：预收安装费是否应确认为劳务收入？2017 年年底是否应确认劳务收入？如何确认？怎样进行业务处理？应登记哪些账簿？

提供劳务收入核算业务流程如下：

第一步：明确提供劳务交易的结果能可靠估计和不能可靠估计的条件。

第二步：能可靠估计和不能可靠估计的劳务收入的确认和计量。

第三步：提供劳务收入确认条件的具体应用。

二、知识导航

(一) 提供劳务交易结果能够可靠估计的条件

根据会计准则规定，提供劳务交易的结果能够可靠估计，是指同时满足下列几个条件：

1. 收入的金额能够可靠地计量

收入的金额能够可靠地计量时，只提供劳务收入的总额能够合理地估计。通常情况下，企业应当按照从接受劳务方已收或应收的合同或协议价款确定提供劳务收入总额，但已收或应收的合同或协议价款不公允的除外。随着劳务的不断提供，可能会根据实际情况增加或减少已收或应收的合同或协议价款，此时，企业应及时调整提供劳务收入总额。

2. 相关的经济利益很可能流入企业

相关的经济利益很可能流入企业只提供劳务收入总额收回的可能性大于不能收回的可能性。企业在确定提供劳务收入总额能否收回时，应当结合接受劳务方的信誉、以前的经验，以及双方就结算方式和期限达成的合同或协议要求，接受劳务方承诺付款，就表明提供劳务收入总额收回的可能性大于不能收回的可能性。如果企业判断提供劳务收入总额不太可能流入企业，应当提供确凿证据。

3. 交易的完工进度能够可靠地确定

企业确定提供劳务交易的完工进度，可以选用下列方法。

(1) 已完工的测量。这是一种比较专业的测量方法，有专业测量师对已经提供的劳务进行测量，并按一定方法计算确定提供劳务交易的完工程度。

(2) 已经提供的劳务占应提供劳务总量的比例。这种方法主要以劳务量为标准确定提供劳务交易的完工程度。

(3) 已经发生的成本占估计总成本的比例。这种方法主要以成本为标准确定提供劳务交易的完工进度。只有已提供劳务的成本才能包括在已经发生的成本，只有已提供或将提供劳务的成本才能包括在估计总成本中。

在实务中，如果特定时期内提供劳务交易的数量不能确定，则该期间的收入应当采用直线法确认，除非有证据表明采用其他方法能更好地反映完工进度。当某项作业相比其他作业都要重要得多时，应当在该项重要作业完成之后确认收入。

4. 交易中已发生和将发生的成本能够可靠地计量

提供劳务交易的结果能够可靠地估计，交易的总成本应当能够可靠地计量。交易的总成本包括至期末止已发生的成本和完成劳务将要发生的成本。企业应当建立完善的内部成本核算制度和有效的内部财务预算及报告制度，准确地提供每期发生的成本，并对完成剩余劳务将要发生的成本作出科学、合理的估计。同时应随着劳务的不断提供或外部情况的不断变化，随时对将要发生的成本进行修订。

(二) 能可靠估计的劳务收入的确认和计量

会计准则规定：提供劳务交易的结果在资产负债表日能够可靠估计的，应当采用完工百分比法确认提供劳务收入。

完工百分比法，是指按照提供劳务交易的完工进度确认收入和费用的方法。在这种方法下，确认的劳务收入金额能够提供各个会计期间关于劳务交易及其业绩的有用信息。

企业应当在资产负债表日按照提供劳务收入总额乘以完工进度扣除以前会计期间累计已确认提供劳务收入后的金额，确认当期提供劳务收入。同时，按照提供劳务估计总成本乘以完工进度扣除以前会计期间累计已确认劳务成本后的金额，结转当期劳务成本，用公式表示为：

本期确认的收入 = 劳务总收入 × 本期末止劳务的完工进度 − 以前期间已确认的收入

本期确认的费用 = 劳务总成本 × 本期末止劳务的完工进度 − 以前期间已确认的费用

提供劳务收入总额应当按照从接受劳务方已收或应收的合同或协议价款确定，但已收或应收的合同或协议价款不公允的除外。也就是说，当合同或协议价款不是公允价值时，应该按照公允价值来确认和计量提供劳务收入。

企业采用完工百分比法确认提供劳务收入时，应按计算确定的提供劳务收入金额，借记“应收账款”“银行存款”等科目，贷记“劳务成本”科目。

【例 10-10】 红星公司于 2008 年 12 月 1 日接受一项设备安装任务，安装期为 3 个月，合同总收入为 600 000 元。至年底已预收安装费 440 000 元，实际发生安装费用为 280 000 元(假定均为安装人员薪酬)，估计还会发生安装费用 120 000 元。假定公司按实际发生的成本占估计总成本的比例确定劳务的完工程度。

红星公司的账务处理如下：

实际发生的成本占估计总成本的比例 = 280 000 ÷ (280 000 + 120 000) = 70%

2008 年 12 月 31 日确定的劳务收入 = 600 000 × 70% − 0 = 420 000 (元)

2008 年 12 月 31 日结转的劳务成本 = (280 000 + 120 000) × 70% − 0 = 280 000 (元)

(1) 实际发生劳务成本时，会计分录如下：

借：劳务成本　　　　280 000

　　贷：应付职工薪酬　　　　280 000

(2) 预收劳务款时，会计分录如下：

借：银行存款　　　　440 000

　　贷：预收账款　　　　440 000

(3) 2008 年 12 月 31 日确认劳务收入并结转劳务成本时，会计分录如下：

借：预收账款　　　　420 000

　　贷：主营业务收入　　　　420 000

借：主营业务成本　　　　280 000

　　贷：劳务成本　　　　280 000

(三) 提供劳务交易的结果不能可靠估计

企业在资产负债表日提供劳务交易结果不能够可靠估计的，即不能满足上述 4 个条件中的任何一条时，企业不能采用完工百分比法确认提供劳务收入。此时，企业应正确预计已经收回的款项能弥补多少已发生的劳务成本，分别按以下情况进行会计处理。

(1) 已经发生的劳务成本预计能够得到补偿，应按已经发生的能够得到补偿的劳务成本金额确认提供劳务收入，并计入已经发生的劳务成本。

(2) 已经发生的劳务成本预计全部不能得到补偿的，应按已经发生的劳务成本计入当期损益，不确认提供劳务收入。

【例 10-11】 红星公司于 2016 年 12 月 25 日接受红达公司委托，为其培训一批学员，培训期为 6 个月，2017 年 1 月 1 日开学。协议约定，红达公司应支付的培训费总额为 54 000 元，分三次等额支付，第一次在开学时预付，第二次在 2017 年 3 月 1 日支付，第三次在培训结束时支付。2017 年 1 月 1 日，红达公司预付第一次培训费。2017 年 2 月 28 日，红星公司发生培训成本 27 000 元(假定均为安装人员薪酬)。2017 年 3 月 1 日，红星公司得知红达公司经营发生困难，后两次培训费能否收回难以确定。红星公司的账务处理如下：

(1) 2017 年 1 月 1 日收到红达公司预付的培训费，会计分录如下：

借：银行存款 18 000

　　贷：预收账款 18 000

(2) 实际发生培训支出，会计分录如下：

借：劳务成本 27 000

　　贷：应付职工薪酬 27 000

(3) 2017 年 2 月 28 日确认劳务收入并结转劳务成本，会计分录如下：

借：预收账款 18 000

　　贷：主营业务收入 18 000

借：主营业务成本 27 000

　　贷：劳务成本 27 000

(四) 提供劳务收入确认条件的具体应用

下面是确认提供劳务收入的一些具体形式。

安装费，应在资产负债表日根据安装的完工进度确认收入。安装工作是商品销售附带条件的，安装费应在确认商品销售实现时确认收入。

(1) 宣传媒介的收费，应在相关的广告或商业行为开始出现于公众面前时确认收入。广告的制作费，应在资产负债表日根据广告的完工进度确认收入。在实务中，企业向其顾客提供广告服务以换取该顾客向其提供服务的，这样的易货交易只有在所交换的广告服务不相同或相似而且符合收入确认条件时，才能确认收入。

(2) 为特定客户开发软件的收费，应在资产负债表日根据广告的完工进度确认收入。

(3) 包括在商品售价内的可区分的服务费，应在提供服务的期间内分期确认收入。

(4) 艺术表演、招待宴会和其他特殊活动的收费，应在相关活动发生时确认收入。收费涉及多项活动的，预售的款项就合理分配给每项活动，分别确认收入。

(5) 申请入会费和会员费只允许取得会籍，所有其他服务或商品都要另行收费的，在款项收回不存在不确定性时确认收入。申请入会费和会员费能使会员在会员期内得到各种服务或出版物，或者以低于非会员所负担的价格购买商品或接受服务的，在整个收益期内分期确认收入。

(6) 属于提供设备和其他有形资产的特许权费，应在交付资产或转移资产所有权时确认收入；属于提供初始及后续服务的特许权费，应在提供服务时确认收入。

(7) 长期为客户提供重复的劳务收取的劳务费，应在合同约定的收款日期确认收入。

(五) 混合收入的确认

混合收入是指企业与其他企业签订的合同或协议同时包括销售商品和提供劳务的。此时，会计处理分两种情形。

(1) 如果销售商品部分和提供劳务部分能够区分且能够单独计量的，企业应当分别核算销售商品部分和提供劳务部分，将销售商品的部分作为销售商品处理，将提供劳务的部分作为提供劳务处理。

【例 10-12】 红星公司向长丰公司销售一台中央空调并负责安装。公司开出的增值税专用发票上注明的价款合计为 1 000 000 元，其中中央空调销售价格为 980 000 元，安装费为 20 000 元，增值税额为 170 000 元。中央空调的成本为 560 000 元；中央空调在安装过程中发生安装费 12 000 元，均为安装人员薪酬。假定中央空调已经安装完成并经验收合格，款项尚未收到；安装工作是销售合同的重要组成部分。

红星公司的账务处理如下：

① 发出中央空调，会计分录如下：

借：发出商品　560 000

　贷：库存商品　560 000

② 实际发生安装费用，会计分录如下：

借：劳务成本　12 000

　贷：应付职工薪酬　12 000

③ 确认销售中央空调收入和提供劳务收入，会计分录如下：

借：应收账款　1 170 000

　贷：主营业务收入——销售商品　980 000

　　　　　　　　——提供劳务　20 000

　　应交税费——应交增值税(销项税额)　170 000

④ 结转销售商品成本和安装成本，会计分录如下：

借：主营业务成本　560 000

　贷：发出商品　560 000

借：主营业务成本　12 000

　贷：劳务成本　12 000

(2) 如果销售商品部分和提供劳务部分不能区分，或虽能区分但不能够单独计量的，企业应当将销售商品部分和提供劳务部分全部作为销售商品进行会计处理。

【例 10-13】 沿用例 10-12，假定中央空调销售价格和安装费用无法区分。

红星公司的会计处理如下：

① 空调发出时，会计分录如下：

借：发出商品　560 000

　贷：库存商品　560 000

② 发生安装费用时，会计分录如下：

借：劳务成本　12 000

　贷：应付职工薪酬　12 000

③ 销售实现，会计分录如下：

借：应收账款　1 170 000

　贷：主营业务收入　1 000 000

　　应交税费——应交增值税(销项税额)　170 000

借：主营业务成本　572 000

贷：库存商品　　　　　　　　　　　　　　　　560 000
　　劳务成本　　　　　　　　　　　　　　　　 12 000

三、完成工作任务评价

1. 完成提供劳务收入业务处理的工作任务

根据工作任务要求，按照工作任务操作流程，结合完成工作任务所需要的知识导航，解答引导案例中的问题。

2. 完成工作任务结果后的评价

按照要求和规程完成了提供劳务收入核算的任务后，参照老师给出的标准，任务的完成者与老师共同来评价工作任务的完成情况。

评价标准：

(1) 提供劳务收入是否能可靠地估计。

(2) 根据所发生的业务计算的劳务收入金额是否正确。

(3) 根据所发生的业务所作的账务处理是否正确。

3. 完成工作任务后的收获

按照要求和规程完成了工作任务之后，结合老师对完成工作任务后的结果评价，你认为自己完成此项工作任务后有何收获？请将你的收获写出来，与老师和同学们一起交流和分享。

工作任务三　让渡资产使用权收入业务处理

一、让渡资产使用权收入业务处理流程

引导案例：

兴盛公司为一家租赁公司，2017 年 12 月 1 日向宏达公司出租仓库两间。合同约定租期为 2 年，年租金为 240 000 元。宏达公司在起租日支付租金 120 000 元，其余租金在租赁期满支付。12 月 1 日收到宏达公司支付的租金存入银行。

请问：兴盛公司什么时候确认收入？如何确认收入？如何进行账务处理？应登记什么账户？

让渡资产使用权收入核算业务流程如下：

第一步：明确让渡资产使用权收入的内容。

第二步：熟悉利息收入、使用费收入确认的原则。

第三步：进行利息收入、使用费收入的账务处理。

二、知识导航

(一) 让渡资产使用权收入的种类

让渡资产使用权收入主要有以下几种形式：

(1) 利息收入，主要是指金融企业对外贷款形式的利息收入，以及同业之间发生往来形成的利息收入等。

(2) 使用费收入，主要是指企业转让无形资产(如商标权、专利权、专营权、软件、版权)等资产的使用权形成的使用费收入。

让渡资产使用权收入还应包括让渡本企业的固定资产使用权取得的租金收入、进行债权投资收取的利息及进行股权投资取得的现金股利，有关的会计处理，参照有关租赁、金融工具确认和计量、长期股权投资等内容。

(二) 利息收入、使用费收入的确认原则

利息收入和使用费收入应同时满足下列条件的，才能予以确认。

(1) 相关的经济利益很可能流入企业。

(2) 收入的金额能够可靠地计量。

(三) 利息收入的账务处理

企业应在每个会计末期，按未收回的存款或贷款的本金存续期间和适当的利率计算确认利息收入。借记“应收利息”科目，贷记“利息收入”等科目。

【例 10-14】 商业银行于 2017 年 10 月 1 日向红达公司发放一笔贷款 100 万元，期限为 1 年，年利率为 5%。商业银行发放贷款时没有发生交易费用，该贷款合同利率与其实际利率相同。假定商业银行按季度编制财务报表，不考虑其他因素。

商业银行的账务处理如下：

(1) 2017 年 10 月 1 日对外贷款时，会计分录如下：

借：贷款　　1 000 000

　　贷：吸收存款　　1 000 000

(2) 2017 年 12 月 31 日确认利息收入时，会计分录如下：

借：应收利息　　12 500

　　贷：利息收入　　12 500

　　利息收入金额 = 100 × 5% ÷ 4 = 1.25(万元)

(四) 使用费收入

使用费收入应当按照有关合同或协议约定的收费时间和方法计算确定。不同的使用费收入，收费时间和方法各不同。有一次性收取一笔固定金额的，如一次收取 10 年的场地使用费；有在合同或协议规定的有效期内分期等额收取的，如合同或协议规定在使用期内每期收取一笔固定的金额；也有分期不等额收取的，如合同或协议规定按资产使用方每期销售额的百分比收取使用费等。

如果合同或协议规定一次性收取使用费，且不提供后续服务的，应当视同销售该项资产一次性确认收入；提供后续服务的，应在合同或协议规定的有效期内分期确认收入。如果合同或协议规定分期收取使用费的，通常应按合同或协议规定的收款时间和金额或规定的收费方法计算确定的金额分期确认收入。

【例 10-15】 红星公司向春雪公司转让其商品的商标使用权，约定春雪公司每年年末按

年销售收入的 10%支付使用费，使用期 10 年。第一年，春雪公司实现销售收入 1 000 000 元；第二年，春雪公司实现销售收入 1 500 000 元。假定红星公司均于每年年末收到使用费，不考虑其他因素。

红星公司的账务处理如下：

(1) 第一年年末确认使用费收入时，会计分录如下：

使用费收入金额 = 1 000 000 × 10% = 100 000(元)

借：银行存款　　100 000

　　贷：主营业务收入　　100 000

(2) 第二年年末确认使用费收入时，会计分录如下：

使用费收入金额 = 1 500 000 × 10% = 150 000(元)

借：银行存款　　150 000

　　贷：主营业务收入　　150 000

三、完成工作任务评价

1. 完成让渡资产使用权收入业务处理的工作任务

根据工作任务要求，按照工作任务操作流程，结合完成工作任务所需要的知识导航，解答引导案例中的问题。

2. 完成工作任务结果后的评价

按照要求和规程完成了让渡资产使用权收入核算的任务后，参照老师给出的标准，任务的完成者与老师共同来评价工作任务的完成情况。

评价标准：

(1) 所发生的业务是否能确认收入。

(2) 根据所发生的业务使用会计科目是否正确。

(3) 根据所发生的业务所作的账务处理是否正确。

3. 完成工作任务后的收获

按照要求和规程完成了工作任务之后，结合老师对完成工作任务后的结果评价，你认为自己完成此项工作任务后有何收获？请将你的收获写出来，与老师和同学们一起交流和分享。

课后练习题

一、单项选择题

1．以下事项不影响主营业务收入确认金额的是(　　)。

A．销售商品发生的销售折让　　B．销售商品发生的现金折扣

C．销售商品发生的销售退回　　D．销售商品数量

2．下列有关销售商品收入的处理中，不正确的是(　　)。

A．在采用收取手续费的委托代销方式下销售商品，发出商品时不确认收入

B．售出的商品被退回时，直接冲减退回当期的收入、成本、税金等相关项目

C．已经确认收入的售出商品发生销售折让时，直接将发生的销售折让作为折让当期的销售费用处理

D．已经确认收入的售出商品发生销售折让时，将发生的销售折让冲减折让当期的收入和税金

3．下列各项可采用完工百分比法确认收入的是(　　)。

A．劳务的开始和完成分属不同的会计期间且在资产负债表日劳务交易结果能够可靠估计的劳务

B．在同一会计年度开始并完成的劳务

C．委托代销商品

D．预收款方式销售商品

4．2012 年 9 月 1 日，某公司与客户签订一项安装劳务合同，预计 2013 年 12 月 31 日完工；合同总金额为 2 400 万元，预计总成本为 2 000 万元。截止到 2012 年 12 月 31 日，该公司实际发生成本 600 万元，预计将要发生成本 1 400 万元。假定该合同的结果能够可靠地估计，采用已经发生的成本占估计总成本的比例确认收入。2012 年度对该项合同确认的收入为(　　)万元。

A．720　　B．640　　C．350　　D．600

5．某企业销售商品 6 000 件，每件售价 60 元(不含增值税)，增值税税率 17%；企业为购货方提供的商业折扣为 10%，提供的现金折扣条件为 2/10，1/20，N/30，并代垫运杂费 500 元。该企业在这项交易中应确认的收入金额为(　　)元。

A．320 000　　B．308 200　　C．324 000　　D．320 200

6．采用支付手续费方式委托代销商品时，委托方应将支付的手续费记入(　　)科目。

A．管理费用　　B．财务费用

C．销售费用　　D．其他业务成本

7．企业采用支付手续费方式委托代销商品，委托方确认商品销售收入的时间是(　　)。

A．签订代销协议时　　B．发出商品时

C．收到代销清单时　　D．收到代销款时

8．2012 年 3 月 20 日，甲公司销售一批商品，增值税专用发票上注明售价 300 000 元，增值税额 51 000 元。该批商品成本为 200 000 元，货到后买方发现商品质量不合格，要求在价格上给予 6%的折让。甲公司已经同意了对方折让的请求，并开具了增值税红字发票。2012 年 4 月 10 日甲公司实际收到了货款。针对该业务甲公司的下列处理中不正确的是(　　)。

A．销售实现时，确认销售收入 300 000 元

B．发生销售折让时，冲减主营业务收入 18 000 元

C．发生销售折让时，冲减主营业务成本 12 000 元

D．甲公司实际收到的款项为 329 940 元

9．某企业对于已经完成销售手续并确认收入的销售商品，若月末购货人未提走所购商品，下列说法正确的是(　　)。

A．通过在途物资科目核算　　B．不作为该企业资产核算，需备查登记

C．通过发出商品科目核算　　D．通过库存商品科目核算

10. 某企业某月销售商品发生商业折扣 60 万元、现金折扣 45 万元、销售折让 75 万元。该企业上述业务计入当月财务费用的金额为(　　)万元。

A. 45　　B. 60　　C. 105　　D. 135

11. 甲企业销售 A 产品每件 500 元，若客户购买 100 件(含 100 件)以上可得到 10%的商业折扣。乙公司于 2013 年 11 月 5 日购买该企业产品 200 件，款项尚未支付。按规定现金折扣条件为 2/10，1/20，N/30。适用的增值税税率为 17%。甲企业于 11 月 23 日收到该笔款项，则应给予乙公司的现金折扣的金额为(　　)元。(假定计算现金折扣时不考虑增值税)

A. 900　　B. 1 000　　C. 1 170　　D. 2 340

12. 下列关于让渡企业资产使用权的说法中，不正确的是(　　)。

A. 如果合同或协议约定一次性收取使用费且不提供后续服务的，应当视同销售该项资产，一次性确认收入

B. 让渡资产使用权收入同时满足“相关的经济利益很可能流入企业”和“收入的金额能够可靠地计量”时才能予以确认

C. 如果合同或协议约定一次性收取使用费，同时提供后续服务的，应在合同或协议约定的有效期内分期确认收入

D. 出售无形资产所有权取得的收益属于让渡资产使用权收入

13. 甲公司于 2014 年年初将其所拥有的一座桥梁收费权出售给 A 公司 10 年，10 年后由甲公司收回收费权，一次性取得收入 1 000 万元，款项已收存银行。售出的 10 年期间，桥梁的维护由甲公司负责，2014 年甲公司发生桥梁的维护费用 20 万元，则甲公司 2014 年该项业务应确认的收入为(　　)万元。

A. 1 000　　B. 20　　C. 0　　D. 100

14. 2013 年 3 月 5 日，XM 公司采用预收账款方式销售一批球衣，下面处理正确的是(　　)。

A. 发出商品时确认收入　　B. 收到对方支付凭证时确认收入

C. 按照销售合同规定的日期确认收入　　D. 收到第一笔货款的时候确认收入

二、多项选择题

1. 甲企业 2013 年 10 月售出产品一批，并确认了收入，2013 年 12 月由于质量问题被退回时，在作相关处理时不会涉及的科目有(　　)。

A. 库存商品　　B. 营业外支出　　C. 利润分配　　D. 主营业务收入

2. 下列有关提供劳务收入确认的表述中，不正确的有(　　)。

A. 在提供劳务交易的结果不能可靠估计的情况下，按照已经发生的劳务成本金额结转成本，不确认收入

B. 在提供劳务交易的结果不能可靠估计的情况下，已经发生的劳务成本预计部分能够得到补偿的，应按能够得到部分补偿的劳务成本金额确认劳务收入

C. 劳务的开始和完成分属不同的会计年度，在劳务的结果能够可靠计量的情况下，应按完工百分比法确认收入

D. 对于一次就能完成的劳务，企业应在资产负债表日确认收入及相关成本

3. 在完工百分比法中，确定完工比例的方法有(　　)。

A. 按专业测量师测量的结果确定
B. 按提供的劳务量占应提供劳务总量的比例确定
C. 按劳务各期耗时长短来确定
D. 按已发生成本占估计总成本的比例来确定

4. 下列关于采用支付手续费方式委托代销商品中，会计处理表述正确的有(　　)。
A. 委托方通常在发出商品时确认销售商品收入
B. 委托方发出商品时应按约定的售价计入“委托代销商品”科目
C. 受托方应在代销商品销售后按照双方约定的手续费确认劳务收入
D. 受托方一般应按其与委托方约定的售价总额确认受托代销商品款

5. 甲公司于2013年6月3日向乙公司销售一批商品，开出的增值税专用发票上注明售价为10万元，增值税税额为1.7万元；该批商品成本为8万元。甲公司在销售该批商品时已得知乙公司资金流转发生暂时困难，但为了减少存货积压，同时为了维持与乙公司长期以来建立的商业关系，甲公司仍将商品发出。假定甲公司销售该批商品的纳税义务已经发生，不考虑其他因素，则下列说法中正确的有(　　)。
A. 甲公司应在发出商品当日确认主营业务收入10万元
B. 甲公司应在发出商品当日确认主营业务成本8万元
C. 甲公司在发出商品当日确认增值税销项税1.7万元
D. 甲公司应在发出商品时，借记“发出商品”8万元

6. 下列关于企业发生销售折让的会计处理，表述不正确的有(　　)。
A. 发生在确认销售收入之前，按直接扣除折让后的金额确认收入
B. 发生在确认销售收入之前，计入当期销售费用，不影响收入的确认
C. 发生在确认销售收入之后，且不属于资产负债表日后事项的，计入发生时当期销售费用
D. 发生在确认销售收入之后，且不属于资产负债表日后事项的，冲减发生时当期的销售收入

7. 下列各项中，不应计入商品销售收入的有(　　)。
A. 已经发生的销售折让　　B. 应收取的增值税销项税额
C. 实际发生的商业折扣　　D. 应收取的代垫运杂费

8. 下列各项关于现金折扣、商业折扣、销售折让的会计处理的表述中，不正确的有(　　)。
A. 现金折扣在实际发生时计入财务费用
B. 现金折扣在确认销售收入时计入财务费用
C. 已确认收入的售出商品发生销售折让的，通常应当在发生时冲减当期销售商品收入
D. 商业折扣在确认销售收入时计入销售费用

9. 按我国企业会计准则规定，下列项目中不应确认为收入的有(　　)。
A. 销售原材料收取的货款　　B. 销售商品代垫的运杂费
C. 出售飞机票时代收的保险费　　D. 销售商品收取的增值税

10. 下列不属于让渡资产使用权的收入确认条件的有(　　)。
A. 与交易相关的经济利益很可能流入企业　　B. 收入的金额能够可靠地计量

C．资产所有权上的风险已经转移　　　　D．没有继续保留资产的控制权

三、判断题

1．企业发生的销售退回，均应在发生时冲减发生当期的销售商品收入，同时冲减当期销售商品成本以及税金。(　　)

2．企业对外提供劳务，所实现的收入通过其他业务收入核算，结转的相关成本通过其他业务成本核算。(　　)

3．企业对于在同一会计期间内能够一次完成的劳务，应分期采用完工百分比法确认收入和结转成本。(　　)

4．企业购买商品附有商业折扣的，如果商业折扣实际发生了，则应按扣除商业折扣后的含税金额作为应付账款的入账价值。(　　)

5．发出的商品不符合收入确认条件，但如果销售该商品的纳税义务已经发生，企业应当确认应交的增值税销项税额，借记“应收账款”，贷记“应交税费——应交增值税(销项税额)”。(　　)

6．企业采用支付手续费方式委托代销商品，委托方确认商品销售收入的时间是发出商品时。(　　)

7．预收款销售方式下，销售方直到收到最后一笔款项时才将商品交付给购货方，在此之前按照预收的货款确认相等金额的收入。(　　)

8．企业销售商品确认收入后，对于客户实际享受的现金折扣应当确认为当期财务费用。(　　)

9．企业的收入包括主营业务收入、其他业务收入和营业外收入。(　　)

10．企业出售原材料取得的款项扣除其成本及相关费用后的净额，应当计入“营业外收入”或“营业外支出”。(　　)

11．以销售商品、提供劳务为主营业务的企业，销售单独计价的包装物实现的收入通过“主营业务收入”科目进行核算。(　　)

12．甲企业2011年12月向乙企业提供某专利的使用权。合同规定：使用期10年，一次性收取使用费360 000元，不提供后续服务，款项已经收到，则甲企业当年应确认的使用费收入为360 000元。(　　)

项目十一　费用和利润核算

★ 知识目标

了解费用的含义、构成，掌握其核算内容。

★ 技能目标

能够进行费用的账务处理。

模块一　费用和利润核算工作任务

工作任务一　费 用 核 算

一、费用核算的流程

引导案例：

宏达股份有限公司 2017 年 10 月发生如下业务。

(1) 6 日，支付公司办公室购买打印纸费用 500 元。

(2) 9 日，支付本月产品展览费 20 000 元。

(3) 13 日，支付银行手续费 300 元。

(4) 15 日，支付固定资产清理费 2 000 元。

请问：上述业务是否属于费用核算范围？如果属于，应如何进行账务处理？应登记哪些账簿？应怎样登记？

费用核算流程如下：

第一步：认知费用及其构成。

第二步：进行费用的核算。

二、知识导航

费用是指企业在日常活动中发生的、会导致所有者权益减少的、与向所有者分配利润无关的经济利益的总流出。

费用是企业日常活动所产生的经济利益总流出，主要是指企业为取得营业收入进行产品销售等营业活动所发生的企业货币资金的流出，具体包括成本费用和期间费用。企业为生产产品、提供劳务等发生的可归属于产品成本、劳务成本的费用，应当在确认销售商品收入、提供劳务收入等时，将已销售商品、已提供劳务的成本等计入当期损益。成本费用包括主营业务成本、其他业务成本、税金及附加等。期间费用是指企业日常活动发生的不能计入特定核算对象的成本，而应计入当期损益的费用。期间费用发生时直接计入当期损益。期间费用包括销售费用、管理费用和财务费用。

营业成本是指企业为生产产品、提供劳务等发生的可归属于产品成本、劳务成本的费用，应当在确认销售商品收入、提供劳务收入等时计入当期损益。营业成本包括主营业务成本和其他业务成本。

（一）主营业务成本

主营业务成本是指企业销售商品、提供劳务等经常性活动所发生的成本。企业一般在确认销售商品、提供劳务等主营业务收入时，或在月末，将已销售商品、已提供劳务的成本结转入主营业务成本。“主营业务成本”科目按主营业务的种类进行明细核算，月末将“主营业务成本”科目的余额转入“本年利润”科目，结转后本科目无余额。

【例 11-1】 某企业销售一批产品，开出的增值税专用发票上注明售价为 60 000 元，增值税税额为 102 000 元；产品已经发出，货款已收到并存入银行；该批商品的成本为 400 000 元。该企业的有关会计处理如下：

(1) 确认销售收入时，会计分录如下：

借：银行存款　　702 000
　　贷：主营业务收入　　600 000
　　　　应交税费——应交增值税(销项税额)　　102 000

(2) 结转销售成本时，会计分录如下：

借：主营业务成本　　400 000
　　贷：库存商品　　400 000

【例 11-2】 某企业 2010 年 3 月 10 日销售产品一批，增值税专用发票上注明售价为 400 000 元，增值税税额为 68 000 元；该批商品成本为 300 000 元。产品于 2010 年 3 月 10 日发出，购货方于当日付款。该企业对该项销售确认了销售收入。2010 年 7 月 15 日，该批产品因质量出现严重问题，购货方将该批产品全部退回，该企业同意退货，于退货当日支付了退货款，并按规定向购货方开具了增值税专用发票(红字)。该企业的有关会计处理如下：

(1) 2010 年 3 月 10 日，销售实现时，会计分录如下：

借：银行存款　　468 000
　　贷：主营业务收入　　400 000
　　　　应交税费——应交增值税(销项税额)　　68 000
借：主营业务成本　　300 000
　　贷：库存商品　　300 000

(2) 2010 年 7 月 15 日，销售退回时，会计分录如下：

借：主营业务收入　　400 000
　　应交税费——应交增值税(销项税额)　　68 000

贷：银行存款　　468 000

借：库存商品　　300 000

　　贷：主营业务成本　　300 000

【例 11-3】 某公司接受一项设备安装任务，该安装任务可一次完成，合同总价款为 10 000 元，款项已收到并存入银行。实际发生安装成本 6 000 元，以银行存款支付。假定安装业务属于该公司的主营业务。该公司有关会计处理如下：

借：银行存款　　10 000

　　贷：主营业务收入　　10 000

借：主营业务成本　　6 000

　　贷：银行存款　　6 000

若上述安装任务需花费一段时间(不超过本会计期间)才能完成，则应在为提供劳务发生有关支出时，借记“劳务成本”科目，贷记“银行存款”等科目；待安装完成确认所提供劳务的收入并结转该项劳务总成本时，借记“主营业务成本”科目，贷记“劳务成本”科目。

(二) 其他业务成本

其他业务成本是指企业确认的除主营业务活动以外的其他经营活动所发生的支出。包括销售材料成本、出租固定资产的折旧额、出租无形资产的摊销额、出租包装物的成本或摊销额等。“其他业务成本”科目按其他业务的种类进行明细核算，月末将“其他业务成本”科目的余额转入“本年利润”科目，结转后本科目无余额。

【例 11-4】 某企业销售一批原材料，开出的增值税专用发票上注明的售价为 20 000 元，增值税税额为 3 400 元，款项已由银行收妥。该批原材料的实际成本为 15 000 元。该企业会计处理如下：

(1) 取得原材料销售收入，会计分录如下：

借：银行存款　　23 400

　　贷：其他业务收入　　20 000

　　　　应交税费——应交增值税(销项税额)　　3 400

(2) 结转已销原材料的实际成本，会计分录如下：

借：其他业务成本　　15 000

　　贷：原材料　　15 000

【例 11-5】 某企业将一个自用门市房出租，门市房成本为 600 000 元，使用寿命为 40 年，采用平均年限法计提折旧，假定预计净残值为零。合同规定房租按月收取。该企业月末计提折旧时的会计处理如下：

$$月折旧额=\frac{600\ 000 / 40}{12}=1\ 250\ (元)$$

借：其他业务成本　　1 250

　　贷：累计折旧　　1 250

(三) 税金及附加

税金及附加是指企业经营活动应负担的相关税费，包括营业税、消费税、城市维护建设税、教育费附加税和资源税等。

有关税金及附加的核算举例参见本模块工作任务一。

(四) 销售费用

销售费用是指企业销售商品和材料、提供劳务过程中发生的各项费用，包括企业在销售商品过程中发生的包装费、保险费、展览费、广告费、商品维修费、预计产品质量保证损失、运输费、装卸费等费用，以及企业发生的为销售本企业商品而专设的销售机构(包括销售网点、售后服务网点等)的职工薪酬、业务费、折旧费、固定资产修理费等费用。

企业应通过“销售费用”科目，核算销售费用的发生和结转情况。该科目借方登记企业所发生的各项销售费用，贷方登记期末转入“本年利润”科目的销售费用，结转后该科目应无余额。该科目应按销售费用的费用项目进行明细核算。

【例 11-6】 某企业为宣传新产品发生广告费 60 000 元，均用银行存款支付。该企业会计处理如下：

借：销售费用　　60 000
　　贷：银行存款　　60 000

【例 11-7】 某企业销售部 8 月份共发生费用 200 000 元，其中，销售人员薪酬为 100 000 元，销售部专用办公设备折旧费为 40 000 元，业务费为 60 000 元(均用银行存款支付)。该企业会计处理如下：

借：销售费用　　200 000
　　贷：应付职工薪酬　　100 000
　　　　累计折旧　　40 000
　　　　银行存款　　60 000

【例 11-8】 某企业销售一批产品，销售过程中发生运输费 10 000 元，装卸费 2 000 元，均用银行存款支付。该企业会计处理如下：

借：销售费用　　12 000
　　贷：银行存款　　12 000

【例 11-9】 某企业月末将本月发生的销售费用 280 000 元结转入“本年利润”科目。该企业会计处理如下：

借：本年利润　　280 000
　　贷：销售费用　　280 000

(五) 管理费用

管理费用是指企业为组织和管理生产经营活动而发生的各种管理费用，包括董事会和行政管理部门在企业的经营管理中发生的或者应由企业统一负担的公司经费(包括行政管理部门职工薪酬、物料消耗、低值易耗品摊销、办公费和差旅费等)、董事会费(包括董事会成员津贴、会议费和差旅费等)、聘请中介机构费、咨询费(含顾问费)、诉讼费、业务招待费、房产税、车船使用税、土地使用税、印花税、技术转让费、矿产资源补偿费、研究费用、排污费以及企业生产车间和行政管理部门发生的固定资产修理费等。

企业应通过“管理费用”科目，核算管理费用的发生和结转情况。该科目借方登记企业发生的各项管理费用，贷方登记期末全部转入“本年利润”科目的管理费用，结转后该科目应无余额。该科目应按管理费用的费用项目进行明细核算。

【例 11-10】 某企业为拓展产品销售市场发生业务招待费 20 000 元，均用银行存款支付。该企业会计处理如下：

借：管理费用　　20 000

　贷：银行存款　　20 000

【例 11-11】 某企业就一项产品的设计方案向有关专家进行咨询，以现金支付咨询费 10 000 元。该企业会计处理如下：

借：管理费用　　10 000

　贷：库存现金　　10 000

【例 11-12】 某企业行政部当月共发生费用 224 000 元，其中，行政人员薪酬 150 000 元，行政部专用办公设备折旧费 44 000 元，报销行政人员差旅费 22 000 元(假定均用现金支付)，其他办公、水电费 8 000 元(均用银行存款支付)。该企业会计处理如下：

借：管理费用　　224 000

　贷：应付职工薪酬　　150 000

　　累计折旧　　44 000

　　库存现金　　22 000

　　银行存款　　8 000

【例 11-13】 某企业当月按规定计算确定的应交房产税为 4000 元，应交车船使用税为 2 000 元，应交土地使用税为 3 000 元。该企业会计处理如下：

借：管理费用　　9 000

　贷：应交税费——应交房产税　　4 000

　　　　——应交车船使用税　　2 000

　　　　——应交土地使用税　　3 000

【例 11-14】 某企业当月生产车间发生设备大修理费用 40 000 元，以银行存款支付；行政管理部门发生设备日常修理费用 2 000 元，以现金支付。以上两项均不满足固定资产确认条件。该企业会计处理如下：

借：管理费用　　42 000

　贷：银行存款　　40 000

　　库存现金　　2 000

【例 11-15】 某企业月末将本月发生的管理费用 420 000 元结转入“本年利润”科目。该企业会计处理如下：

借：本年利润　　420 000

　贷：管理费用　　420 000

(六) 财务费用

财务费用是指企业为筹集生产经营所需资金等而发生的筹资费用，包括利息支出(减息收入)、汇兑损益以及相关的手续费、企业发生或收到的现金折扣等。

企业应通过“财务费用”科目，核算财务费用的发生和结转情况。该科目借方登记已发生的各项财务费用，贷方登记期末结转入“本年利润”科目的财务费用。结转后该科目应无余额。该科目应按财务费用的费用项目进行明细核算。

【例 11-16】某企业用银行存款支付本月负担的银行短期借款利息 36 000 元。该企业会计处理如下：

借：财务费用　　36 000

　　贷：银行存款　　36 000

【例 11-17】某企业用银行存款支付银行手续费 300 元。该企业会计处理如下：

借：财务费用　　300

　　贷：银行存款　　300

【例 11-18】某企业于 2010 年 1 月 1 日向银行借入生产经营用短期借款 3 600 000 元，期限为 6 个月，年利率为 5%。该借款本金到期后一次归还，利息分月预提，按季支付。该企业有关利息的会计处理如下：

(1) 每月末计提当月应计利息时，会计处理如下：

$$\frac{3\ 600\ 000\times 5\%}{12}=15\ 000(\text{元})$$

借：财务费用　　15 000

　　贷：应付利息　　15 000

(2) 每季末支付利息时，会计处理如下：

借：财务费用　　15 000

　　应付利息　　30 000

　　贷：银行存款　　45 000

【例 11-19】某企业月末接银行通知，收到银行存款利息 1 000 元。该企业的会计处理如下：

借：银行存款　　1 000

　　贷：财务费用　　1 000

【例 11-20】某企业月末将本月发生的财务费用 35 000 元结转入“本年利润”科目。该企业会计处理如下：

借：本年利润　　35 000

　　贷：财务费用　　35 000

三、完成工作任务评价

1. 完成费用核算任务

根据工作任务要求，按照工作任务操作流程，结合完成工作任务所需要的知识导航，解答引导案例中的问题。

2. 完成工作任务后的结果评价

按照要求和规程完成了费用核算工作任务后，参照老师给出的标准，任务的完成者与老师共同评价工作任务的完成情况。

评价标准：

(1) 对企业各项费用及其构成是否有明确的认知。

(2) 能否进行费用核算。

3. 完成工作任务后的收获

按照要求和规程完成了工作任务后，结合老师对完成工作任务后的结果评价，你认为自己完成此项工作任务后有何收获？请将你的收获写出来，与老师和同学们一起交流和分享。

工作任务二　利 润 核 算

完成了费用核算任务后，下面要进行利润核算的学习。利润是会计要素之一，是信息使用者需要的重要信息。利润核算不仅是会计核算的主要组成部分，而且也对提供会计信息具有重要作用。

一、利润核算流程

引导案例：

宏达股份有限公司 2017 年 10 月 31 日结账前各损益类账户余额如下：

(1) 主营业务收入 5 000 000 元，其他业务收入为 300 000 元，投资收益为 20 000 元，营业外收入为 10 000 元。

(2) 主营业务成本为 3 000 000 元，其他业务成本为 100 000 元，税金及附加费为 20 000 元；管理费用为 50 000 元，财务费用为 10 000 元，销售费用为 20 000 元；营业外支出为 5 000 元。

请问：如何计算营业利润和利润总额？如何进行账务处理？登记哪些账簿？应怎样登记？

利润核算流程如下：

第一步：认知利润及其构成。

第二步：进行利润的计算和核算。

二、知识导航

(一) 利润及其构成

利润是指企业在一定会计期间的经营成果。利润包括收入减去费用后的净额、直接计入当期利润的利得和损失等。直接计入当期利润的利得和损失，是指应当计入当期损益、会导致所有者权益发生增减变动的、与所有者投入资本或者所有者分配利润无关的利得或者损失。

1. 营业利润

营业利润的计算公式如下：

营业利润 = 营业收入 − 营业成本 − 税金及附加 − 销售费用 − 管理费用 − 财务费用
　　　　　− 资产减值损失 + 公允价值变动损益(− 公允价值变动损失)
　　　　　+ 投资收益(− 投资损失)

其中，营业收入是指企业经营业务所确认的收入总额，包括主营业务收入和其他业务收入；营业成本是指企业经营业务所发生的实际总额，包括主营业务成本和其他业务成本；资产减值损失是指企业计提各项资产减值准备所形成的损失；公允价值变动收益(或损失)是指企业交易性金融资产等公允价值变动形成的应计入当期损益的利得(或损失)；投资收益(或损失)是指企业以各种方式投资金融资产所取得的收益(或发生的损失)。

2．利润总额

利润总额计算公式为：

利润总额＝营业利润＋营业外收入－营业外支出

其中，营业外收入是指企业发生的与日常活动无直接关系的各项利得；营业外支出是指企业发生的与日常活动无直接关系的各项损失。

3．净利润

净利润的计算公式为：

净利润＝利润总额－所得税费用

其中，所得税费用是指企业确认的应从当期利润总额中扣除的所得税费用。

(二) 营业外收支的核算

1．营业外收入

营业外收入是指企业发生的与日常活动无直接关系的各项利润。营业外支出并不是企业经营资金耗费所产生的，不需要企业付出代价，实际上是经营利润的净流入，不可能也不需要与有关的费用进行配比。营业外收入主要包括非流动资产处置利得、盘盈利得、罚没利得、捐赠利得、确实无法支付而按规定程序经批准后转作营业外收入的应付款项等。

(1) 非流动资产处置利得包括固定资产处置利得和无形资产出售利得。固定资产处置利得，指企业出售固定资产所取得价款或报废固定资产的材料价值和变价收入等，扣除处置固定资产的账面价值、清理费、处置的相关税费后的净收益；无形资产出售利得，指企业出售无形资产所取得的价款，扣除无形资产的账面价值、出售相关税费后的净收益。

(2) 盘盈利得。主要是指对于现金等清查盘点中盘盈的现金等，报经批准后计入营业外收入的金额。

(3) 罚没利得。指企业取得的各项罚款，在弥补由于对违反合同或协议而造成的经济损失的罚款和净收益。

(4) 捐赠利得。指企业接受捐赠所产生的利得。

企业应通过“营业外收入”科目，核算营业外收入取得及结转情况。该科目贷方登记企业确认的各项营业外收入，借方登记期末结转入本年利润的营业外收入。结转后该科目应无余额。该科目应按照营业外收入的项目进行明细核算。

企业确认营业外收入时，借记“固定资产清理”、“银行存款”、“待处理财产损益”、“应付账款”等科目，贷记“营业外收入”科目。期末，应将“营业外收入”科目余额转入“本年利润”科目，借记“营业外收入”科目，贷记“本年利润”科目。

【例 11-21】 某企业将固定资产报废清理的净收益 4 000 元转作营业外收入。该企业的会计分录处理如下：

借：固定资产清理　　　　　　　　4 000
　　贷：营业外收入　　　　　　　　　　4 000

【例 11-22】 某企业本期营业外收入总额为 200 000 元，期末结转本年利润。该企业的会计分录处理如下：

借：营业外收入　　200 000
　　贷：本年利润　　200 000

2．营业外支出

营业外支出是指企业发生的与其日常活动无直接关系的各项损失，主要包括非流动资产处置损失、盘亏损失、罚款支出、公益性捐赠支出和非常损失等。

(1) 非流动资产处理损失包括固定资产处理损失和无形资产出售损失。固定资产处理损失，指企业出售固定资产所取得价款和报废固定资产的材料价值和变动收入等，不足以抵补处理固定资产的账面价值、清理费用、处置相关税费所发生的净损失；无形资产出售损失，是指企业出售无形资产所取得价款，不足以抵补出售无形资产的账面价值、出售相关税费后所发生的净损失。

(2) 盘亏损失。主要是指对于财产清查盘点中盘亏的资产，在查明原因处理时按确定的损失计入营业外支出的金额。

(3) 罚款支出。指企业由于违反税收法规、经济合同等而支付的各种滞纳金和罚款。

(4) 公益性捐赠支出。指企业对外进行公益性捐赠发生的支出。

(5) 非常损失。指企业对于因客观因素(如自然灾害)造成的损失，在扣除保险公司赔款后应计入营业外支出的净损失。

企业应通过“营业外支出”科目，核算营业外支出的发生及结转情况。该科目借方登记企业发生的各项营业支出，贷方登记期末结转本年利润的营业外支出。结转后该科目应无余额。该科目应按照营业外支出的项目进行明细核算。

企业发生营业外支出，借记“营业外支出”科目，贷记“固定资产清理”、“待处理财产损益”、“库存现金”、“银行存款”等科目。期末，应将“营业外支出”科目余额结转入“本年利润”科目，借记“本年利润”科目，贷记“营业外支出”科目。

【例 11-23】 某企业将已经发生的原材料意外灾害损失 30 000 元转作营业外支出。该企业的会计分录处理如下：

借：营业外支出　　30 000
　　贷：待处理财产损益——待处理流动财产损益　　30 000

【例 11-24】 某企业用银行存款支付税款滞纳金 5 000 元。该企业的会计分录处理如下：

借：本年利润　　5 000
　　贷：银行存款　　5 000

【例 11-25】 某企业本期营业外支出总额 800 000 元，期末结转本年利润。该企业的会计分录处理如下：

借：本年利润　　800 000
　　贷：银行存款　　800 000

(三) 所得税费用的核算

所得税费用的核算本教材不作介绍。

(四) 本年利润的核算

为了进行本年利润的核算，企业应设置“本年利润”科目，核算企业本年度实现的利润(或亏损)。年度终了时，企业应将各收益类科目的余额转入本科目贷方，则反映企业本年年度累计实现的利润总额，如果余额在借方，则表示企业发生的亏损总额。

利润总额实现的核算方法有账结法和表结法两种，每月月末，企业可以根据实际情况自行选用。年终，应采用账结法。

账结法是指企业每月结账时，将损益类科目的余额全部转入“本年利润”科目，通过“本年利润”科目结出本月的利润总额或亏损总额以及本年累计损益。

表结法是指企业每月结账时，不需要把损益类各科目的余额转入“本年利润”科目，而是通过结出各损益类科目的本年累计余额，就可据以逐项填制利润表，通过利润表计算出年初到本月止的本年累计利润，然后减去上月止本表中的本年累计利润，就是本月的利润和亏损。

企业在采用表结法的情况下，年终时仍需采用账结法，将损益类各科目的全年累计余额转入“本年利润”科目，在“本年利润”科目集中反映本年的全年利润及其构成情况。

年终，企业按账结法或表结法计算出本年利润余额后，均应按照国家税收的有关规定，计算缴纳所得税，并将所得税费用转入“本年利润”科目的借方，然后才能将“本年利润”科目的最终余额(净利润)转入“利润分配”科目。

【例 11-26】某企业 2017 年有关损益类科目的年末余额见表 11-1(该企业采用表结法，年末一次结转损益类科目，所得税税率为 25%)。

表 11-1　某企业 2017 年有关损益类科目的年末余额　　单位：元

科目名称	结账前借方余额	科目名称	结账前贷方余额
主营业务成本	4 000 000	主营业务收入	6 000 000
其他业务成本	400 000	其他业务收入	700 000
税金及附加	80 000	公允价值变动损益	150 000
销售费用	500 000	投资收益	600 000
管理费用	770 000	营业外收入	50 000
财务费用	200 000		
资产减值损失	100 000		
营业外支出	250 000		

该企业年末结转本年利润的会计分录如下：

1) 将各损益类科目年末余额结转入“本年利润”科目

(1) 结转各项收入、利得类科目，会计分录如下：

借：主营业务收入　　6 000 000
　　其他业务收入　　700 000
　　公允价值变动损益　　150 000
　　投资收益　　600 000

营业外收入　　50 000

　贷：本年利润　　7 500 000

⑵ 结转各项费用、损失类科目，会计分录如下：

借：本年利润　　6 300 000

　贷：主营收入成本　　4 000 000

　　其他业务成本　　400 000

　　税金及附加　　80 000

　　销售费用　　500 000

　　管理费用　　770 000

　　财务费用　　200 000

　　资产减值损失　　100 000

　　营业外支出　　250 000

经上述结转后，“本年利润”科目的贷方发生额合计 7 500 000 元减去借方发生额合计 6 300 000 元，即税前会计利润 1 200 000 元。

2) 假设该企业本年不存在所得税纳税调整因素，该企业的账务处理如下：

$$应交所得税额 = 1\ 200\ 000 \times 25\% = 300\ 000(元)$$

(1) 确认所得税费用，会计分录如下：

借：所得税费用　　300 000

　贷：应交税费——应交所得税　　300 000

(2) 将所得税费用结转入“本年利润”科目，会计分录如下：

借：本年利润　　300 000

　贷：所得税费用　　300 000

(3) 将“本年利润”科目余额 900 000 (1 200 000 - 300 000)元转入“利润分配——未分配利润”科目，会计分录如下：

借：本年利润　　900 000

　贷：利润分配——未分配利润　　900 000

三、完成工作任务评价

1. 完成利润核算任务

根据工作任务要求，按照工作任务操作流程，结合完成工作任务所需要的知识导航，解答引导案例中的问题。

2. 完成工作任务结果后的评价

按照要求和规程完成了利润核算任务后，参照老师给出的标准，任务的完成者与老师共同评价工作任务的完成情况。

评价标准：

(1) 是否认知了利润及其构成。

(2) 能否准确计算利润。

(3) 是否能够进行利润核算。

3. 完成工作任务后的收获

按照要求和规程完成了工作任务之后，结合老师对完成工作任务后的结果评价，你认为自己完成此项工作任务后有何收获？请将你的收获写出来，与老师和同学们一起交流和分享。

课后练习题

一、单项选择题

1．企业对外销售需要安装的商品时，若安装和检验属于销售合同的重要组成部分，则确认该商品销售收入的时间是(　　)。

A．发出商品时　　B．收到商品销售货款时

C．商品运抵并开始安装时　　D．商品安装完毕并检验合格时

2．A公司为B公司承建厂房一幢，工期自2015年9月1日至2017年6月30日，总造价3 000万元，B公司2015年付款至总造价的25%，2016年付款至总造价的80%，余款2017年工程完工后结算。该工程2015年发生成本500万元，年末预计尚需发生成本2 000万元；2016年发生成本2 000万元，年末预计尚需发生成本200万元。则A公司2016年因该项工程应确认的营业收入为(　　)万元。

A．2 777.78　　B．2 222.22　　C．2 177.78　　D．1 650

3．企业在委托其他单位代销商品的情况下，在视同买断代销方式下，商品销售收入确认的时间是(　　)。

A．发出商品日期　　B．受托方发出商品日期

C．收到代销单位的代销清单日期　　D．全部收到款项

4．下列各项，可采用完工百分比法确认收入的是(　　)。

A．分期收款销售商品　　B．在同一会计年度开始并完成的劳务

C．委托代销商品　　D．跨越一个会计年度才能完成的劳务

5．某企业于2016年9月接受一项产品安装任务，安装期6个月，合同总收入20万元，年度预收款项4万元，余款在安装完成时收回，当年实际发生成本6万元，预计还将发生成本4万元。则该企业2016年度确认收入为(　　)万元。

A．8　　B．12　　C．20　　D．0

6．为促进销售额的增长，某企业在2016年初设立了销售部，各分厂的产品都售给销售部，再由销售部对外出售，各分厂和销售部的销售收入均按市场价格计价。当年各分厂销售收入总额为150万元，销售部的销售收入为100万元，该企业当年利润表中的“主营业务收入”为(　　)万元。

A．150　　B．100　　C．250　　D．50

7．某工业企业采用分期收款方式销售商品，2016年1月5日发出产品100件，每件售价100元，销售成本率为75%，增值税税率为17%，合同约定分6次付款，产品发出时付款50%，以后五个月每月1日各付款10%，该企业1月份应结转的主营业务成本为(　　)元。

A．7 500　　B．8 775　　C．10 000　　D．3 750

8．某工业企业销售产品每件 220 元，若客户购买 100 件(含 100 件)以上可得到 20 元的商业折扣。某客户 2016 年 12 月 10 日购买该企业产品 100 件，按规定现金折扣条件为 2/10，1/20，N/30。适用的增值税率为 17%。该企业于 12 月 26 日收到该笔款项时，应给予客户的现金折扣为(　　)元。假定计算现金折扣时不考虑增值税。

A．0　　B．200　　C．234　　D．220

9．下列项目中，属于工业企业其他业务收入的是(　　)。

A．罚款收入　　B．出售固定资产收入

C．材料销售收入　　D．出售无形资产收入

10．A 公司对家电产品实行“包退、包换、包修”的销售政策。2016 年，该公司共销售家电产品 200 万元(不含增值税)。根据以往经验：包退产品占 2%，包换产品占 1%，包修产品占 3%。则该公司 2016 年应确认的收入金额为(　　)万元。

A．196　　B．200　　C．198　　D．188

11．企业发生的违约金支出应计入(　　)。

A．管理费用　　B．营业外支出　　C．财务费用　　D．其他业务支出

12．企业分期收款销售商品一件，价款 200 000 元，分五期收款，每期收到全部价款的 20%，该企业适用 17%的税率。企业按合同约定收到第一期货款时的会计分录应为(　　)。

A. 借：银行存款　　40 000
　　贷：主营业务收入　　40 000

B. 借：银行存款　　46 800
　　贷：主营业务收入　　40 000
　　　　应交税金——应交增值税(销项税额)　　6 800

C. 借：应收账款　　40 000
　　贷：主营业务收入　　40 000

D. 借：应收账款　　46 800
　　贷：应交税金——应交增值税(销项税额)　　6 800
　　　　主营业务收入　　40 000

13．下列项目中，按照现行会计制度的规定，销售企业应当作为财务费用处理的是(　　)。

A．购货方获得的现金折扣　　B．购货方获得的商业折扣

C．购货方获得的销售折让　　D．购货方放弃的现金折扣

14．下列税金中，不通过主营业务税金及附加核算的有(　　)。

A．消费税　　B．印花税

C．城市维护建设税　　D．营业税

15．企业发生以前年度的销售退回时(非资产负债表日后事项)，其冲减的销售收入应在退回当期计入(　　)。

A．以前年度损益调整　　B．营业外支出

C．利润分配　　D．主营业务收入

16．采用分期收款结算方式销售商品时，确认收入的时间是(　　)。

A．产品发出时　　B．合同约定的收款日期

C．开出销售发票时　　D．全部货款收到后

17．某国有工业企业，2013 年 5 月份发生一场火灾，共计损失 100 万元。其中：流动资产损失 55 万元；固定资产损失 45 万元。经查明事故原因是由于雷击所造成的。企业收到保险公司的赔偿款 40 万元，其中，流动资产保险赔偿款 30 万元，固定资产保险赔偿款 10 万元。企业由于这次火灾损失而应计入营业外支出的金额为(　　)万元。

A．100　　B．60　　C．25　　D．15

18．A 公司本年度委托 B 商店代销一批零配件，代销价款 200 万元。本年度收到 B 商店交来的代销清单，代销清单列明已销售代销零配件的 60%，A 公司收到代销清单时向 B 商店开具增值税发票。B 商店按代销价款的 5%收取手续费。该批零配件的实际成本为 120 万元，则 A 公司本年度应确认的销售收入为(　　)万元。

A．120　　B．114　　C．200　　D．68.4

19．下列各项中，应列为管理费用处理的是(　　)。

A．自然灾害造成的流动资产净损失　　B．退休人员的工资

C．固定资产盘盈净收益　　D．专设销售机构人员的工资

20．企业专设销售机构固定资产折旧费应计入(　　)。

A．管理费用　　B．销售费用　　C．主营业务成本　　D．其他业务支出

21．在生产经营期间，用于构建固定资产的专门借款费用，在固定资产达到预定可使用状态后发生的专门借款费用，应计入(　　)。

A．在建工程　　B．财务费用

C．管理费用　　D．销售费用

22．A 公司于 2016 年年初将其所拥有的一座桥梁的收费权出售给 B 公司 10 年，10 年后由 A 公司收回收费权，一次性取得收入 50 万元，款项已收存银行。售出 10 年期间，桥梁的维护由 A 公司负责。则 A 公司 2016 年该项业务应确认的收入为(　　)万元。

A．50　　B．10　　C．0　　D．5

23．A 公司于 2016 年年初将其所拥有的一座桥梁的收费权出售给 B 公司 10 年，10 年后由 A 公司收回收费权，一次性取得收入 100 万元，款项已收存银行。售出 10 年期间，桥梁的维护由 B 公司负责。则 A 公司 2016 年该项业务应确认的收入为(　　)万元。

A．100　　B．20　　C．0　　D．10

24．委托方采用视同买断的方式代销商品，受托方在商品销售后应按(　　)确认收入。

A．商品售价　　B．收取的手续费

C．销售价款和手续费之和　　D．销售价款和增值税之和

25．企业在委托其他单位代销商品的情况下，对视同买断代销方式，商品销售收入确认的时间是(　　)。

A．发出商品日期　　B．受托方发出商品日期

C．收到代销单位的代销清单日期　　D．全部收到款项

26．如商品的售价内包含可区分的在售后一定期限内的服务费，在销售商品时，该服务费应计入(　　)科目。

A．递延收益　　B．主营业务收入

C．其他业务收入　　D．营业外收入

二、多项选择题

1．下列项目中，应计入营业外支出的有(　　)。

A．对外捐赠支出　　B．处理固定资产净损失

C．违反经济合同的罚款支出　　D．债务重组损失

E．因债务人无力支付欠款而发生的应收账款损失

2．下列哪些项目属于营业外收入核算的内容(　　)。

A．固定资产盘盈收入　　B．无法归还的应付账款

C．出售无形资产净收益　　D．教育费附加返还款

E．非货币性交易收益

3．一般工业企业交纳的下列各种税金中，可能通过“主营业务税金及附加”科目核算的有(　　)。

A．增值税销项税额　　B．消费税　　C．城市维护建设税

D．印花税　　E．耕地占用税

4．按我国企业会计准则规定，下列项目中不应确认为收入的有(　　)。

A．销售商品收取的增值税

B．出售飞机票时代收的保险费

C．旅行社代客户购买景点门票收取的款项

D．销售商品代垫的运杂费

E．销售商品的价款

5．下列项目中属于营业外支出的有(　　)。

A．固定资产盘亏　　B. 出售无形资产净损失

C．捐赠支出　　D. 处理生产用固定资产净损失

E．债务重组损失

6．按现行企业会计制度的规定，下列有关收入确认的表述中，正确的有(　　)。

A. 在同一会计年度内开始并完成的劳务，公司应按完工百分比法确认各月收入

B. 在提供劳务交易的结果不能可靠估计的情况下，已经发生的劳务成本预计能够得到补偿时，公司应在资产负债表日按已经发生的劳务成本确认收入

C. 劳务的开始和完成分属不同的会计年度，在劳务的结果能够可靠地计量的情况下，公司应在资产负债表日按完工百分比法确认收入

D. 在资产负债表日，已发生的合同成本预计不能收回时，公司应将已发生的成本确认为当期费用，不确认收入

E. 在同一会计年度内开始并完成的劳务，应在劳务完成时确认收入

7．企业取得的下列款项中，符合“收入”会计要素定义的有(　　)。

A．出租固定资产收取的租金　　B．出售固定资产收取的价款

C．出售原材料收取的价款　　D．出售自制半成品收取的价款

E．出售无形资产取得的价款

8．下列各项收入中，属于工业企业的其他业务收入的有(　　)。

A．提供运输劳务所取得的收入　　B．提供加工装配劳务所取得的收入

C．出租无形资产所取得的收入　　D．销售材料产生的收入

E．出售无形资产取得的收入

9．收入的特征表现为(　　)。

A．收入从日常活动中产生，而不是从偶发的交易或事项中产生

B．收入可能表现为资产的增加

C．收入可能表现所有者权益的增加

D．收入包括代收的增值税

E．收入可能表现为负债的减少

10．下列项目中，能引起企业利润总额增加的有(　　)。

A．按规定程序批准后结转的固定资产盘盈

B．金融资产评估增值

C．计提长期债券投资的利息

D．收到供应单位违反合同的违约金

E．因所得税返还冲减的所得税费用

11．构成并影响营业利润的项目有(　　)。

A．主营业务成本　B．主营业务税金及附加

C．投资收益　D．管理费用和财务费用

E．营业外收入

12．下列交易和事项中，不能确认营业收入的有(　　)。

A．预收客户账款　B．订货销售收到的部分订货款

C．委托代销商品收到的代销清单　D．发出委托代销商品

E．分期收款销售发出商品时

13．下列哪些项目属于其他业务支出核算的内容(　　)。

A．随同产品出售单独计价的包装物的成本

B．出租无形资产支付的服务费

C．销售材料结转的材料成本

D．出售无形资产结转的无形资产的摊余价值

E．出售固定资产发生的清理费

14．下列各项中，通常应确认收入的有(　　)。

A．预计不可收回货款的商品在发出时

B．委托代销的商品在商品发出时

C．订货销售在商品发出时

D．预收款销售在商品发出时

E．委托代销的商品在收到代销清单时

15．企业对外提供的下列各项劳务中，下列说法中正确的有(　　)。

A．本年度开始并完成的装修工程应在劳务完成时确认收入

B．年末未完工但劳务的交易结果能可靠估计的装修工程，按完工百分比法确认收入

C．年末未完工但劳务的交易结果不能可靠估计的装修工程，按完工百分比法确认收入

D．对跨年度的劳务，年末已完工但已经发生的劳务成本不能全部得到补偿的装

修工程，按合同规定计算收入

E. 对跨年度的劳务，如果预计已经发生的劳务成本全部不能得到补偿，则不应确认收入

三、计算及会计处理题

1. 顺天建筑公司签订了一项总额为2 000万元的建造合同，承建一座桥梁。工程已于2014年7月开工，预计2016年9月完工。最初，预计工程总成本为1 800万元，到2015年底，由于材料价格上涨等因素调整了预计总成本，预计工程总成本已为2 100万元。该项工程于2016年6月提前3个月完成了建造合同，客户同意支付奖励款300万元。建造该项工程的其他有关资料如下：

表11-2　顺天建筑公司建桥梁工程有关资料　　单位：万元

项　目	2014年	2015年	2016年
至目前为止已发生的成本	630	1 575	2 080
完成合同尚需发生成本	1 170	525	—
已结算工程价款	900	900	500
实际收到价款	850	860	590

要求：根据上述资料，编制顺天建筑公司2014年、2015年和2016年相关业务的会计分录(金额单位用万元表示)。

2. 顺达股份有限公司(以下简称顺达公司)系工业企业，为增值税一般纳税人，适用的增值税率为17%；适用的所得税率为33%。销售单价除标明为含税价格之外，均为不含增值税价格。顺达公司按单项存货计提存货跌价损失准备。

顺达公司2012年12月发生如下业务。

(1) 12月3日，向甲企业赊销A产品50件，单价为20 000元，单位销售成本为10 000元。

(2) 顺达公司经营以旧换新业务，12月8日销售A产品2件，单价为25 740元(含税价格)，单位销售成本为10 000元；同时收回2件同类旧商品，每件回收价为1 000元(不考虑增值税)；实际收入现金49 480元。

(3) 12月10日，以分期收款销售方式向乙企业销售B产品30件，单价为12 000元，单位销售成本为5 000元。根据分期收款销售合同，该销售总价款分4次平均收取，每3个月收款一次。第一次应收取的价款已于当日如数收存银行。

(4) 12月15日，向丁企业销售材料一批，价款为700 000元，该材料发出成本为500 000元。当日收取面值为819 000元的票据一张。

(5) 12月18日，丙企业要求退回本年11月25日购买的20件A产品。该产品销售单价为20 000元，单位销售成本为10 000元，其销售收入400 000元已确认入账，价款尚未收取。经查明退货原因系发货错误，同意丙企业退货，并办理退货手续和开具红字增值税专用发票。

(6) 12月20日，收到外单位租用本公司办公用房下一年度租金600 000元，款项已收存银行。

(7) 12月21日，甲企业来函提出12月3日购买的A产品质量不完全合格。经协商同

意按销售价款的10%给予折让，并办理退款手续和开具红字增值税专用发票。

(8) 12月22日，发现2011年12月10日误将预收2012年度外单位使用本公司专有技术使用费560 000元确认为收入(不考虑该差错处理对利润分配表的影响)。

(9) 12月25日，转让短期投资收到价款(已扣除转让相关税费)510 000元，并存入银行。该短期投资系本年11月10日取得，取得成本为450 000元，11月30日该项短期投资已按单项计提短期投资跌价准备20 000元。

(10) 12月31日，计算本月应交纳的城市维护建设税8 377.6元，其中产品销售应交纳7 544.6元，销售材料应交纳833元。

(11) 12月31日，存货清理中发现本公司生产的C产品市场售价下跌，C产品库存成本总额为500 000元，其可变现净值下跌到340 000元。

要求：根据上述业务编制相关的会计分录。

(答案中的金额以元为单位；“应交税金”科目须写出二级和三级明细科目，其他科目可不写出明细科目。)

3．A公司为增值税一般纳税企业，适用的增值税税率为17%。2016年8月30日，A公司和B公司签订协议，向B公司销售一批商品，增值税专用发票上注明销售价格为200万元，增值税额为34万元。协议规定，A公司应在11月30日将所售商品购回，回购价为215万元(不含增值税额)。商品已发出，货款已收到。假定：(1) 该批商品的实际成本为170万元；(2) 不考虑其他相关税费。(3) 款项均以银行存款结算。

要求：

① 编制A公司发出商品时的会计分录。

② 编制A公司9月30日和10月31日计提利息的会计分录。

③ 编制A公司11月30日回购商品的会计分录。

(金额单位用万元表示。)

4. 甲公司本期发生了下列业务。

(1) 本公司向外提供劳务(其他业务)，合同总收入100万元。规定跨年度完工，完工后一次付款，年底已发生劳务成本36万元(均用存款支付)。预计劳务总成本60万元，营业税率5%。

(2) 甲公司有一停车场，将收费权转让给外单位，期限5年，一次性收到20万元。甲公司每年负责停车场的维修与保养。

(3) 甲公司发出40万元的家电产品，货款未收，成本30万元，实行“三包”，根据经验估计有5%退货，3%需调换，2%需返修，增值税率17%。

(4) 采用交款提货方式，销售产品40万元，成本30万元，增值税额6.8万元，增值税专用发票已开。款未收到，后因质量问题，双方协商折让10%，款已收回。

(5) 销售产品50万元，成本30万元，增值税率17%，需承担安装任务，且为重要步骤，安装尚未完工，商品已发，增值税专用发票已开，款未收。

要求：确认甲公司收入，并编制全部业务的会计分录。

项目十二　财务会计报告

★ 知识目标

(1) 熟悉财务报告的种类及其包括的内容。
(2) 掌握资产负债表、利润表、现金流量表的编制方法

★ 技能目标

(1) 能够编制资产负债表，会分析所涉及的财务指标。
(2) 能够编制利润表，会分析所涉及的财务指标。
(3) 能够编制现金流量表。
(4) 根据所有者权益变动表，分析所有者权益结构。

模块一　财务会计报告任务设计

财务会计报告是反映企业财务状况、经营成果和现金流量的文件，对于国家宏观经济调控、投资者决策和加强企业内部管理都有非常重要的作用。我国《企业会计准则》规定：企业应当编制财务会计报告(又称财务报告)。《企业会计准则——基本准则》第四条对会计目标的表述调整为“财务会计报告的目标是向财务会计报告使用者提供与企业财务状况、经营成果和现金流量等有关的会计信息，反映企业管理层受托责任的履行情况，有助于财务会计报告使用者作出经济决策”。通过本项目的学习，熟悉各种财务会计报告的编制，可提供各种会计信息。

任务设计一　任 务 导 读

向荣有限公司注册资本为500万元，已有8年的发展历史。生产各种玻璃制品，产品销往周边各省市。现有员工58人，现在向荣公司正在招聘会计，刚从会计电算化专业毕业的张昕了解了该公司的一些基本情况后决定去应聘。

财务部经理给张昕出了两个问题：

(1) 向荣公司拟向一单位投资，需了解该单位的什么信息，通过什么途径和载体？
(2) 如果向荣公司拟向银行贷款，银行最关注的是什么？

任务设计二　任 务 提 出

把所有的会计信息最终在财务报告中得以反映是我们最终的任务。通过本项目的学习，

应明确下列问题。

问题 1：财务报告的种类有哪些？

问题 2：如何编制资产负债表？

问题 3：如何编制利润表？

问题 4：如何编制现金流量表？

问题 5：熟悉所有者权益变动表的结构和内容。

任务设计三　任 务 分 析

会计人员应了解各种财务报告的编制流程和要求，熟悉各报表的编制方法。结合企业的实际情况和发生的具体经济业务，准确地编制财务会计报告。下面就开始预备知识的学习。

任务设计四　预 备 知 识

一、财务报告的含义

财务报告(又称财务会计报告)包括财务报表和其他应当在财务报告中披露的相关信息和资料。财务报表是对企业财务状况、经营成果和现金流量的结构性表述。

二、财务报告的构成

财务报告至少应当包括下列组成部分：资产负债表、利润表、现金流量表、所有者权益(或股东权益，下同)变动表、附注。应该注意：附注是财务报告的一个重要组成部分。

三、财务报告的分类

财务报告可以根据需要，按照不同的标准进行分类。

1．按经济内容分类

财务报告按其反映的经济内容的不同，分为财务状况报表和经营成果报表。

(1) 财务状况报表是反映会计主体在某一时点的财务状况和一定期间财务状况变动情况的会计报表，主要有资产负债表和现金流量表。资产负债表反映一个单位某一日期的资产、负债和所有者权益的基本情况，揭示单位资产、负债和所有者权益的规模、结构及其相互关系等财务状况。现金流量表可以综合反映一个企业一定会计期间内资金来源和运用及其增减变动情况，系统地揭示会计主体在一定时期内重要的财务事项，对资金变化的原因作出具体说明。

(2) 经营成果报表是反映会计主体在一定时期内的收入实现、成本耗费和利润形成及其分配等情况的会计报表，主要有利润表。利润表可以反映单位的收入、成本和利润等基本情况，评价单位的经营业务，揭示单位的获利能力。

2．按编制时间分类

财务报告按其编制的时间，可分为月报表、季度报表、半年度报表和年报表。

(1) 月报表是在月份终了，按月编制、以简明扼要的形式反映会计主体某一月份财务状况和经营成果的报表，如资产负债表、利润表和收支月报表。

(2) 季度报表的编制按季度进行，在提供信息指标的详细程度上，介于月报表和半年度报表之间。

(3) 半年度报表是在每个会计年度的前 6 个月结束后编制的会计报表，主要包括资产负债表、利润表及其他附注材料。

(4) 年报表是在年度终了(每年的 12 月 31 日以后)，按会计年度编制和报送，以全面反映会计主体全年经济活动、财务收支和财务成果的报表。年报在种类、揭示的指标信息方面最为完整、齐全，如资产负债表、利润表、现金流量表等。

3．按编制单位和编制范围不同分类

财务报告按照其编制单位和编报范围的不同，可分为基层财务会计报表和汇总财务会计报表。

(1) 基层财务会计报表是由实行独立核算的基层单位编制的会计报表。

(2) 汇总财务会计报表是根据上级主管部门所属单位的基层会计报表和本部门的会计报表资料汇总编制的会计报表。汇总财务会计报表通常按行政隶属关系逐级汇总，以反映某一部门、行业或地区的总括情况。

4．按其所反映的资金运动状况分类

财务报告按照其所反映的资金运动状况，可分为静态报表和动态报表。

(1) 静态报表是反映某一单位一定时点的财务状况的会计报表，如资产负债表。

(2) 动态报表是反映某一单位在一定期间的经营成果或财务状况变动情况的会计报表，如利润表和现金流量表。

5．按编制用途分类

财务报告按照其用途进行分类，可分为对外会计报表和内部会计报表。

(1) 对外会计报表是单位按照会计制度的统一规定编制的，报送上级主管部门和其他政府管理部门，以及单位的债权人和使用本单位相关资料的外部信息需求者的会计报表。

(2) 内部会计报表是单位根据自身需要编制的，提供本单位内部使用的会计报表。内部会计报表由单位的财会部门统一设置制定，经单位领导审批后，由单位的内部责任部门填报，借以满足单位加强经济责任制的核算和内部管理的需要。

6．按母、子公司之间的关系分类

财务报告按照母、子公司之间的关系进行分类，可分为合并会计报表和个别会计报表。

(1) 合并会计报表是由企业集团中对其他单位拥有控制权的母公司，编制的综合反映企业集团整体经营成果、财务状况及其变动情况的会计报表。合并会计报表所包含的内容和报表指标与基层会计报表相同，只是其指标的数值中既包含母公司的情况，又包含其所属子公司的情况。

(2) 个别会计报表是由单位编制的单独反映本单位自身经营成果、财务状况及其变动情况的会计报表。

四、财务报告的编制要求

(1) 数字真实。根据客观性要求，企业会计报表所填列的数字必须真实可靠，能准确地反映企业的财务状况和经营成果，不得以估计数字填列会计报表，更不得弄虚作假、篡改伪造数字。

(2) 计算准确。会计报表上的各项指标都必须按照《企业会计制度》中规定的口径填列，不得任意删减或增加，凡需经计算填列的指标，应按规定计算填列。

(3) 内容完整。各单位对国家规定应予填报的各种报表和表内各项目，要填报齐全，不得随意漏编、漏报；应当汇总编制的所属各单位的会计报表必须全部汇总；报表附注和应该编制的附表及财务情况说明书，必须同时编报。

(4) 说明清楚。会计报表编制之后，还必须按照会计准则和有关制度规定及上级主管部门的要求，对需要说明的诸如会计报表中主要指标的构成和计算方法、本报告期发生的特殊情况等问题，写出简要的文字说明，以便使用者了解与财务会计报告有关的情况，作出正确决策和判断。

五、财务报告的编制时间

为了确保财务会计报告编制的及时性，政府有关部门对各单位财务会计报告的编报时间做出了明确的规定。一般来说，月度报告应于月份终了后6天内报出(节假日顺延，下同)；季度中期财务报告应当于季度终了后15天内对外提供；半年度中期报告应于年度中期结束后60天内提供；年度报告应于年度终了后4个月内报出。这就要求会计部门必须加强日常的核算工作，认真做好记账、算账、对账、财产清查和调整账面等编报前的准备工作。

六、财务报告对外提供的形式

企业应当依照法律、行政法规和国家统一的会计制度对有关财务会计报告提供的期限的规定，及时对外提供财务会计报告。对外提供的财务会计报告反映的会计信息应当真实、完整。企业对外提供的财务会计报告应当依次编定页数，加具封面，装订成册，加盖公章。封面上应当注明企业名称、企业统一代码、组织形式、地址、报表所属年度或者月份、报出日期，并由企业负责人和主管会计工作的负责人、会计机构负责人(会计主管人员)签名并盖章；设置总会计师的企业，还应当由总会计师签名并盖章。

知识拓展

财务报告编制与披露岗位职责

(1) 企业应当建立财务报告编制与披露的岗位责任制，明确相关部门和岗位在财务报告编制与披露过程中的职责和权限，确保财务报告的编制与披露和审核相互分离、制约和监督。

(2) 企业管理层对财务报告的真实性和完整性承担责任。

(3) 企业财务部门是财务报告编制的归口管理部门，其职责一般包括：收集并汇总有关会计信息；制定年度财务报告编制方案；编制年度、半年度、季度、月度财务报告等。

(4) 企业内部参与财务报告编制的各单位、各部门应当及时向财务部门提供编制财务报告所需的信息，并对所提供的信息的真实性和完整性负责。

(5) 企业应当建立投诉举报制度，在确保维护举报人员权益的同时，及时向董事会或审计部门报告财务舞弊或造假行为。

(6) 企业有关人员对授意、指使、强令编制虚假或者隐瞒重要事实的财务报告的情形，有权拒绝并及时向有关部门和有关人员报告。

模块二　财务会计报告工作任务

工作任务一　编制资产负债表

资产负债表是反映企业财务状况的会计报表。它是企业利益相关者获取信息的载体，是债权人及国家有关职能部门作出正确决策的依据。

一、编制资产负债表流程

引导案例：

向荣公司2017年年末部分账户的余额如下：

库存现金600元，银行存款1 800 000元，应收账款480 000元，坏账准备4 800元，短期借款600 000元，实收资本800 000元。

请问：该公司2017年资产负债表中的货币资金、应收账款、短期借款、实收资本等项目怎样填写？年末数一栏应是多少？

编制资产负债表的流程如下：

第一步：根据向荣公司2017年年末各总账账户和明细账户列出账户余额表。

第二步：填写资产负债表表头。

第三步：填列资产负债表中各项目的年初数。

第四步：填列资产负债表中各项目的年末数。

第五步：将资产、负债和所有者权益分别求合计数。

二、知识导航

(一) 资产负债表的性质和作用

资产负债表是企业主要会计报表之一，它是一种静态报表，企业可以根据此表编制月报、季报、半年报和年报。

1. 资产负债表的性质

资产负债表是反映企业某一特定日期财务状况的会计报表，它是根据资产、负债和所有者权益之间的相互关系，按照一定的分类标准和一定的顺序，把企业一定日期的资产、负债和所有者权益各项目予以适当排列，并对日常工作中形成的大量数据进行高度浓缩后整理编制而成的。

2. 资产负债表的作用

资产负债表反映企业某一日期的资产总额、负债总额及其结构，表明企业在某一特定日期所拥有或控制的经济资源，所承担的现有义务和所有者对净资产的要求权。通过资产负债表，可以反映所有者权益的构成情况。资产负债表还能够提供进行财务分析的基本资料，如通过资产负债表可以计算流动比率、速动比率等，以了解企业的短期偿债能力。

（二）资产负债表的格式

资产负债表的格式有报告式和账户式两种。报告式是一种上下结构，首先列示资产，然后在资产的下面列示负债和所有者权益。其关系为“资产－负债＝所有者权益”。账户式是一种左右结构，左方列示资产，右方列示负债和所有者权益，左右两方按照会计恒等式“资产＝负债＋所有者权益”规则填列。我国企业会计制度规定资产负债表采用账户式结构。下面进行详细说明。

资产负债表中左方列示的资产，按照流动性由强渐弱，依次排列为流动资产、长期股权投资、固定资产、无形资产和其他资产等项目。右方的上方先列示负债，依然按其流动性依次排列为流动负债和非流动负债。右方的下方列示所有者权益，依次为资本金和留存利润。资产负债表的具体格式见表 12-1。

表 12-1　资产负债表

会企 01 表

编制单位：　　　　_____年__月__日　　　　单位：元

资　　产	期末余额	年初余额	负债和所有者权益(或股东权益)	期末余额	年初余额
流动资产：			流动负债：		
货币资金			短期借款		
交易性金融资产			交易性金融负债		
应收票据			应付票据		
应收账款			应付账款		
预付款项			预收款项		
应收利息			应付职工薪酬		
应收股利			应交税费		
其他应收款			应付利息		
存货			应付股利		
持有待售资产			持有待售负债		
其中：消耗性生物资产			其他应付款		
一年内到期的非流动资产			一年内到期的非流动负债		
其他流动资产			其他流动负债		
流动资产合计			流动负债合计		
非流动资产：			非流动负债：		
可供出售金融资产			长期借款		
持有至到期投资			应付债券		
长期应收款			长期应付款		
长期股权投资			专项应付款		
投资性房地产			预计负债		
固定资产			递延所得税负债		

续表

资　　产	期末余额	年初余额	负债和所有者权益(或股东权益)	期末余额	年初余额
在建工程			其他非流动负债		
工程物资			非流动负债合计		
固定资产清理			负债合计		
生产性生物资产			所有者权益(或股东权益)：		
油气资产			实收资本(或股本)		
无形资产			资本公积		
开发支出			减：库存股		
商誉			盈余公积		
长期待摊费用			未分配利润		
递延所得税资产			外币报表折算差额		
其他非流动资产			所有者权益(或股东权益)合计		
非流动资产合计					
资产总计			负债和所有者权益(或股东权益)		

(三) 资产负债表的编制方法

在我国，资产负债表的“年初余额”栏内各项目数字，应根据上年末资产负债表“期末余额”栏内所列数字填列。如果本年度资产负债表规定的各个项目的名称和内容同上一年度不相一致，应对上年末资产负债表各项目的名称和数字按照本年度的规定进行调整，填入报表中的“年初余额”栏内。资产负债表的“期末余额”栏各项目主要根据有关科目记录编制。具体的填列方法有以下几种：

(1) 根据相关总账科目的余额直接填列。如资产负债表“短期借款”项目是根据“短期借款”账户的余额直接填列的。

(2) 根据相关几个总账科目的余额计算填列。例如，资产负债表“货币资金”项目是根据“库存现金”、“银行存款”和“其他货币资金”三个账户的余额合计填列。

(3) 根据总账科目和明细科目的余额分析计算填列。例如，“长期应收款”项目，应当根据“长期应收款”总账科目余额，减去“未实现融资收益”总账科目余额，再减去所属相关明细科目中将于一年内到期的部分填列；“长期借款”项目应当根据“长期借款”总账科目余额扣除“长期借款”科目所属明细科目中将于一年内到期的部分填列；“应付债券”项目应当根据“应付债券”总账科目余额扣除“应付债券”科目所属明细科目中将于一年内到期的部分填列；“长期应付款”项目应当根据“长期应付款”总账科目余额，减去“未确认融资费用”总账科目余额，再减去所属相关明细科目中将于一年内到期的部分填列。

(4) 根据有关明细科目的余额计算填列。例如，“应付账款”项目，应当根据“应付账款”、“预收账款”等科目所属明细科目期末贷方余额合计填列。

(5) 根据总账科目与其备抵科目抵销后的净额填列。例如，“存货”项目，应当根据“原材料”、“库存商品”、“发出商品”、“周转材料”等科目期末余额，减去“存货跌价准备”

科目期末余额后的金额填列；"固定资产"项目，应当根据"固定资产"科目期末余额，减去"累计折旧"、"固定资产减值准备"等科目期末余额后的金额填列。

(6) 持有待售资产项目反映资产负债表日划分为持有待售类别的非流动资产及划分为持有待售类别的处置组中的流动资产和非流动资产的期末账面价值。该项目应根据在资产类科目新设置的"持有待售资产"科目的期末余额，减去"持有待售资产减值准备"科目的期末余额后的金额填列。

(7) 持有待售负债反映资产负债表日处置组中与划分为持有待售类别的资产直接相关的负债的期末账面价值。该项目应根据在负债类科目新设置的"持有待售负债"科目的期末余额填列。

企业应当在资产负债表中区别于其他资产单独列示持有待售的非流动资产或持有待售的处置组中的资产，区别于其他负债单独列示持有待售的处置组中的负债。持有待售的非流动资产或持有待售的处置组中的资产与持有待售的处置组中的负债不应当相互抵销，应当分别作为流动资产和流动负债列示。

企业应当在利润表中分别列示持续经营损益和终止经营损益。不符合终止经营定义的持有待售的非流动资产或处置组，其减值损失和转回金额及处置损益应当作为持续经营损益列报。终止经营的减值损失和转回金额等经营损益及处置损益应当作为终止经营损益列报。

终止经营，是指企业满足下列条件之一的、能够单独区分的组成部分，且该组成部分已经处置或划分为持有待售类别。

(1) 该组成部分代表一项独立的主要业务或一个单独的主要经营地区。

(2) 该组成部分是拟对一项独立的主要业务或一个单独的主要经营地区进行处置的一项相关联计划的一部分。

(3) 该组成部分是专为转售而取得的子公司。

三、完成工作任务评价

1. 完成编制资产负债表的工作任务

根据工作任务要求，按照工作任务操作流程，结合完成工作任务所需要的知识导航，回答引导案例中的问题。

2. 完成工作任务结果后的评价

按照要求和规程完成了资产负债表的编制任务后，参照老师给出的标准，任务的完成者与老师共同来评价工作任务的完成情况。

评价标准：

(1) 所发生的业务是否都反映在报表中。

(2) 各项目的排列是否正确。

(3) 各项目的计算是否正确。

3. 完成工作任务后的收获

按照要求和规程完成了工作任务之后，结合老师对完成工作任务后的结果评价，你认为自己完成此项工作任务后有何收获？请你将收获写出来，与老师和同学一起交流和分享。

工作任务二　编制利润表

一、编制利润表的流程

引导案例：

2017年12月向荣公司损益类账户的发生额如下：

主营业务收入152 000元，其他业务收入150 000元，投资收益9 000元，营业外收入9 000元，主营业务成本420 000元，税金及附加6 000元，其他业务成本90 000元，销售费用60 000元，财务费用4 000元，管理费用84 000元，营业外支出12 000元。

请问：该公司2017年12月利润表中的营业利润、利润总额，净利润是多少？

编制利润表的流程如下：

第一步：编制向荣公司2017年12月损益账户发生额汇总表。

第二步：填写表头。

第三步：根据损益类账户的发生额填写各项对应的本月数。

第四步：根据损益类账户的发生额填写各项对应的本年累计数。

二、知识导航

(一) 利润表的性质和作用

1. 利润表的性质

利润表是反映企业一定期间经营成果的会计报表。利润表把一定期间的营业收入与同一会计期间相关的期间费用进行配比，以计算企业一定时期的净利润(或净亏损)。

2. 利润表的作用

利润表主要为报表使用者提供企业盈利能力方面的信息。通过利润表，可以从总体上了解企业收入、成本、费用、净利润(或亏损)的实现及构成情况；通过利润表，可以提供企业不同时期的获利能力及利润的未来发展趋势，了解投资者投入资本的保值增值情况。由于利润既是企业经营业绩的综合体现，又是企业进行利润分配的主要依据。因此，利润表是会计报表中的一种主要报表。

(二) 利润表的内容和格式

1. 利润表的内容

利润表是以收入、费用和利润三个要素为内容的。三要素在利润表中的排列方式有单步式和多步式两种。单步式利润表是将本期发生的所有收入、成本和费用分别汇集在一起，然后将收入合计减去成本和费用合计，以计算出本期净利润，体现的关系为“收入－费用＝利润”，其特点是格式简单，易于理解，但不能反映利润的形成情况，更不能进一步地分析不同业务的获利情况。多步式利润表反映利润的形成过程，由营业收入减去营业成本、税金及附加、期间费用，加上投资收益等计算出营业利润；由营业利润加减营业外收入计算出利润总额；再由利润总额减去所得税费用而求得净利润。

资产处置收益，反映企业出售划分为持有待售的非流动资产(金融工具、长期股权投资和投资性房地产除外)或处置组时确认的处置利得或损失，以及处置未划分为持有待售的固定资产、在建工程、生产性生物资产及无形资产而产生的处置利得或损失。债务重组中因处置非流动资产产生的利得或损失和非货币性资产交换产生的利得或损失也包括在本项目内。该项目应根据在损益类科目设置的“资产处置损益”科目的发生额分析填列。

其他收益，反映计入其他收益的政府补助等。该项目应根据在损益类科目设置的“其他收益”科目的发生额分析填列。

营业外收入，反映企业发生的营业利润以外的收益，主要包括债务重组利得、与企业日常活动无关的政府补助、盘盈利得、捐赠利得等。该项目应根据“营业外收入”科目的发生额分析填列。

营业外支出，反映企业发生的营业利润以外的支出，主要包括债务重组损失、公益性捐赠支出、非常损失、盘亏损失、非流动资产毁损报废损失等。该项目应根据“营业外支出”科目的发生额分析填列。

持续经营净利润，分别反映净利润中与持续经营相关的净利润和与终止经营相关的净利润。该两个项目应按照《企业会计准则第 42 号——持有待售的非流动产、处置组和终止经营》的相关规定分别列报。

其具体步骤如下：

第一步：营业收入 = 主营业务收入 + 其他业务收入

第二步：营业利润 = 营业收入 − 营业成本(主营业务成本 + 其他业务成本) − 税金及附加 − 销售费用 − 管理费用 − 财务费用 − 资产减值损失 + 公允价值变动损益 + 投资收益 + 资产处置收益 + 其他收益

第三步：利润总额 = 营业利润 + 营业外收入 − 营业外支出

第四步：净利润 = 利润总额 − 所得税费用

第五步：计算每股收益。

每股收入包括基本每股收益和稀释每股收益两项指标。

我国企业会计制度规定的利润表采用多步式格式，见表 12-2。

表 12-2　利　润　表

会企 02 表

制作单位：　　　　　　　　××年　　　　　　　　单位：元

项　目	本期金额	上期金额
一、营业收入		
减：营业成本		
税金及附加		
销售费用		
管理费用		
财务费用		
资产减值损失		
加：公允价值变动收益(损失以“−”号填列)		

续表

项　目	本期金额	上期金额
投资收益		
资产处置收益(损失以“–”号填列)		
其他收益		
其中：对联营企业和合营企业的投资收益		
二、营业利润(亏损以“–”号填列)		
加：营业外收入		
减：营业外支出		
其中：非流动资产处置损失		
三、利润总额(亏损以“–”号填列)		
减：所得税费用		
四、净利润(亏损以“–”号填列)		
(一) 持续经营净利润		
(二) 终止经营净利润		
五、其他综合收益的税后净额		
(一) 以后不能重分类进损益的其他综合收益		
(二) 以后将重分类进损益的其他综合收益		
六、综合收益总额		
七、每股收益		
(一) 基本每股收益		
(二) 稀释每股收益		

2. 利润表的格式

利润表具体由表头和正表两部分组成。

表头作为报表的必要标志，包括报表名称、编制单位、报表时间和金额单位。由于利润表是总括反映企业一定时期内经营成果形成情况的动态报表，因此，报表时间应填列报告期数。

正表部分是报表的主体，一般设置“项目”、“本期金额”等栏目。其中“上期金额”栏内各项数字，应根据上年该期利润表的“本期金额”栏内所列数字填列。“本期金额”栏内各期数字，除“基本每股收益”和“稀释每股收益”项目外，应当按照相关科目的发生额分析填列。如“营业收入”项目，根据“主营业务收入”、“其他业务收入”科目的发生额分析计算填列；“营业成本”项目，根据“主营业务成本”、“其他业务成本”科目的发生额分析填列。其他项目均按照各该科目的发生额分析填列。

(三) 利润表的编制方法

我国企业利润表的主要编制步骤和内容如下：

第一步，以营业收入为基础，减去营业成本、税金及附加、销售费用、管理费用、财务费用、资产减值损失，加上公允价值变动收益(减去公允价值变动损失)和投资收益(减去投资损失)，计算出营业利润。

第二步，以营业利润为基础，加上营业外收入，减去营业外支出，计算出利润总额。

第三步，以利润总额为基础，减去所得税费用，计算出净利润(或亏损)。

普通股或潜在普通股已公开交易的企业，以及正处于公开发行普通股或潜在普通股过程中的企业，还应当在利润表中列示每股收益信息。

三、完成工作任务评价

1. 完成编制利润表的工作任务

根据工作任务要求，按照工作任务操作流程，结合完成工作任务所需要的知识导航，完成引导案例中的任务。

2. 完成工作任务结果后的评价

按照要求和规程完成了利润表的编制任务后，参照老师给出的标准，任务的完成者与老师共同来评价工作任务的完成情况。

评价标准：

(1) 当期的收入、费用、支出项目的归类是否准确。

(2) 各栏所填列数字是否正确。

(3) 净利润的计算是否正确。

3. 完成工作任务后的收获

按照要求和规程完成了工作任务之后，结合老师对完成工作任务后的结果评价，你认为自己完成此项工作后有何收获？请将你的收获写出来，与老师和同学们一起交流和分享。

工作任务三　编制现金流量表

一、编制现金流量表的流程

引导案例：

向荣公司2017年年末资产负债表和利润表相关项目明细资料如下：

应付职工薪酬的期初数无应付在建工程人员的部分，本期支付在建工程人员职工薪酬200 000元。应付职工薪酬的期末数中应付在建工程人员的部分为28 000元。

管理费用的组成：职工薪酬17 100元，无形资产摊销60 000元，折旧费20 000元，支付其他费用60 000元。

存货中生产成本、制造费用的组成：职工薪酬 324 900 元，折旧费 80 000 元。

请问：现金流量表中支付给职工以及为职工支付的现金金额是多少？

编制现金流量表的流程如下：

第一步：汇总向荣公司资产负债表和利润表各项目及明细资料。

第二步：填列现金流量表中各项目的本期金额。

二、知识导航

(一) 现金流量表的性质和作用

现金流量表是反应企业一定会计期间内有关现金和现金等价物的流入和流出信息的会计报表。

企业为了维持正常经营和发展，必须具有一定的获利能力和良好的财务状况，与此有关的情况通过利润表和资产负债表予以反映。但有时会出现一个账面利润很高的企业却无同等的偿还债务的能力，这是因为无论企业的债务偿付能力、股利分配能力、支付能力，还是今后的发展，均取决于能否及时地获取足够的现金和合理使用现金。现金取得与使用的重要性有时甚至超过获利能力，而编制现金流量表的目的，在于向报表使用者提供企业一定时期内现金流入(获取)与流出(使用)的信息，以便于他们了解和评价企业获取现金的能力，并据以预测企业未来的现金流量。

现金流量表的作用归纳为以下几点：

(1) 有助于评价企业的支付能力、偿债能力和周转能力。

(2) 有助于预测企业的未来现金流量。

(3) 有助于分析企业收益质量和影响净流量的因素。

(4) 有助于对企业整体的财务状况作出客观评价。

(二) 现金流量表的编制基础

现金流量表的编制基础是现金和现金等价物。

现金是指企业的库存现金以及可以随时用于支付的存款。这与会计上所说的现金是不同的，它不仅包括“库存现金”账户核算的库存现金，也包括企业“银行存款”账户核算的存入金融企业、随时可以用于支付的存款，还包括“其他货币资金”账户核算的外埠存款、银行汇票存款、银行本票存款和在途货币资金等其他货币资金。但是，不能随时支付的定期存款等，不应作为现金；提前通知金融企业便可支取的定期存款，则应包括在现金范围内。

现金等价物是指企业持有的期限短、流动性强、易于转换为已知金额现金、价值变动风险很小的有价证券。现金等价物虽然不是现金，但其支付能力与现金的差别不大，可视为现金，一般是指从购买日起，3 个月到期的债券投资等。

(三) 现金流量表的编制原理

与资产负债表和利润表不同，现金流量表反映的是现金流量，即某一段时期内现金流入和流出的数量。因此，现金流量表遵循的是收付实现制原则。会计核算遵循的权责发生制与收付实现制是相矛盾的。例如，一项销售业务，销售额为 30 000 元(不含增值税)，假设该项销售款尚未收回，则会出现这样的情况：在利润表上会增加利润总额 30 000 元，在资产负债表的资产和所有者权益项目也同时增加 30 000 元，但并未实现现金的流入。可见，单纯从资产负债表和利润表中很难看到企业实际的支付能力。会计核算所提供的资料都是建立在权责发生制原则上的，只注重权利和责任是否在当期发生，不论款项是否收到或付出；而企业现实的支付能力，却是通过款项的实际收付才能确认的。因此，对于现金流量表，要将权责发生制为基础提供的报表和账簿资料运用一定的方式转化为收付实现制原则下的资料。通过对比销售业务在会计核算和现金流量表的反映可更清楚地掌握这一区别，见表 12-3。

由表 12-3 可以看出，对于销售业务，会计核算强调凡是本期销售的都应在本期“主营业务收入”中核算，作为本期收入入账；而现金流量表中则强调凡是本期收到的为销售而发生的货款，都应反映在“销售商品、提供劳务收到的现金”项目中。

表 12-3　销售业务在会计核算和现金流量表中的反映

销售业务的会计核算	现金流量表“销售商品、提供劳务收到的现金”项目
通过“主营业务收入”核算 包括：本期销售本期收回货款的部分 本期销售本期未收回货款的部分 本期销售而在前期已预收货款部分	包括：本期销售本期收回货款的部分 前期销售但在本期才收回货款部分 后期销售但在本期预收货款的部分

(四) 现金流量表的内容和结构

现金流量表是反映企业一定期间现金流量的会计报表。现金流量表将企业的现金流量分为 3 个部分，即经营活动产生的现金流量、投资活动产生的现金流量和筹资活动产生的现金流量。

1．经营活动产生的现金流量

经营活动是指企业投资活动和筹资活动以外的所有交易和事项，包括销售商品、提供劳务、经营性租赁、购买货物、接受劳务、制造产品、广告宣传、推销产品和交纳货款等。具体包括以下项目。

1) 现金流入

(1) “销售商品、提供劳务收到的现金”项目，反映企业销售商品、提供劳务实际收到的现金(含销售收入和应向购买者收取的增值税额)，包括本期销售商品、提供劳务收到的现金，以及前期销售和前期提供劳务本期收到的现金和本期预收的账款，减去本期退回本期销售的商品和前期销售本期退回的商品支付的现金。企业销售材料和代购代销业务收到的现金，也在本项目反映。本项目可以根据“库存现金”、“银行存款”、“应收账款”、“应收票据”、“预收账款”、“主营业务收入”、“其他业务收入”等科目的记录分析填列。

(2) “收到的税费返还”项目，反映企业收到返还的各种税费，如收到的增值税、消费税、营业税、所得税、关税、教育费附加返还等。本项目可以根据“库存现金”、“银行存款”、“营业外收入”、“其他应收款”等科目的记录分析填列。

(3)“收到的其他与经营活动有关的现金”项目，反映企业除了上述的项目外，收到的其他与经营活动有关的现金流入，如罚款收入、流动资产损失中由个人赔偿的现金收入、经营租赁租金等。其他现金流入价值较大的，应单列项目反映。本项目可以根据“库存现金”、“银行存款”、“营业外收入”等科目的记录分析反映填列。

2) 现金流出

(1)“购买商品、接受劳务支付的现金”项目，反映企业购买材料、商品、接受劳务实际支付的现金，包括本期购入材料、商品、接受劳务支付的现金(包括增值税进项税额)，以及本期支付前期购入商品、接受劳务的未支付款项和本期预付款项。本期发生的购货退回可以根据“库存现金”、“银行存款”、“应付账款”、“应付票据”、“预付账款”、“主营业务成本”、“其他业务成本”等科目的记录分析填列。

(2)“支付给职工以及职工支付的现金”项目，反映企业实际支付给职工，以及为支付给职工的现金，包括本期实际支付给职工的工资、奖金、各种津贴和补贴等，以及为职工支付的其他费用。不包括支付的离退休人员的各项费用和支付给在建工程人员的工资等。企业支付给离退人员的各项费用，包括支付的统筹退休金以及未参加统筹的退休人员的费用，在“支付的其他与经营活动有关的现金”项目中反映；支付的在建工程人员的工资，在“构建固定资产、无形资产和其他长期资产所支付的现金”项目反映。

企业为职工支付的养老、失业等社会保险基金、补充养老保险、住房公积金、支付给职工的住房困难补助，以及企业支付给职工支付的其他福利费用等，应按职工的工作性质和服务对象，分别在本项目和在“构建固定资产、无形资产和其他长期资产所支付的现金”项目反映。

(3)“支付的各项税费”项目，反映企业按规定支付的各种税费，包括本期发生并支付的水费，以及本期支付以前各期发生的税费和预交的税金，如支付的教育费附加、矿产资源补偿费、印花税、房产税、土地增值税、车船使用税、营业税等。不包括计入固定资产价值、实际支付的耕地占用税等，也不包括本期退回的增值税、所得税。本期退回的增值税、所得税在“收到的税费返还”项目反映。

(4)“支付的其他与经营活动有关的现金”项目，反映企业除上述各项目外，支付的其他与经营活动有关的现金流出，如罚款支出、支付的差旅费、业务招待费现金支出、支付的保险费等，如其他现金支出金额较大的，应单列项目反映。

2. 投资活动产生的现金流量

投资活动是指企业长期资产的构建和不包括在现金等价物的范围内的投资及其处置活动，包括固定资产的构建和无形资产的购置等活动。具体项目如下：

1) 现金流入

(1)“收回投资所收到的现金”项目，反映企业出售、转让或到期收回除现金等价物以外的对其他企业的权益工具、债务工具和合营中的权益等投资而收到的现金。不包括持有至到期投资收回的利息，以及收回的非现金资产。

(2)“取得投资收益所收到的现金”项目，反映企业除现金等价物以外的对其他企业的权益工具、债务工具和合营中的权益分回的现金股利和利息等，不包括股票权利。本项目可以根据“库存现金”、“银行存款”、“投资收益”等科目的记录分析填列。

(3) “处置固定资产、无形资产和其他长期资产所收回的现金净额”项目，反映企业处置固定资产、无形资产和其他长期资产所取得的现金，减去为处置这些资产而支付的有关费用后的净额。由于自然灾害所造成的固定资产等长期资产损失而收到的保险赔偿收入，也在项目反映。

(4) “收到的其他与投资活动有关的现金”项目，反映企业除了上述各项以外，收到的其他与投资活动有关的现金流入。如果其他现金流入金额较大，应单列项目反映。

2) 现金流出

(1) “购建固定资产、无形资产和其他长期资产所支付的现金”项目，反映企业购买、建造固定资产，取得无形资产和其他长期资产所支付的现金，不包括为购建固定资产而发生的借款利息资本化的部分，以及融资租入固定资产支付的租赁费。企业支付的借款利息和融资租入固定资产支付的租赁费，在筹资活动产生的现金流量中反映。

(2) “投资所支付的现金”项目，反映企业取得除现金等价物以外的对其他企业的权益工具、债务工具和合营中的权益投资所支付的现金，以及支付的佣金，手续费等交易费用，但取得子公司及其他营业单位支付的现金净额除外。本项目可以根据“可供出售金融资产”、“持有至到期投资”、“长期股权投资”、“库存现金”、“银行存款”等科目的记录分析填列。

(3) “支付的其他与投资活动有关的现金”项目，反映企业除了上述各项以外，支付的其他与投资活动有关的现金流出。如果其他现金流出的金额较大的，应单列项目反映。

3．筹资活动产生的现金流量

筹资活动是指导致企业资本及债务规模和构成发生变化的活动，包括吸收投资、发行股票、发行债券和分配利润等活动。具体项目如下：

1) 现金流入

(1) “吸收投资所收到的现金”项目，反映企业收到的投资者投入的现金，包括以发行股票、债券等方式筹集的资金实际收到款项净额(发行收入减去支付的佣金等发行费用后的净额)。以发行股票、债券等方式筹集资金而由企业直接支付的审计、咨询等费用，在“支付的其他与筹资活动有关的现金”项目反映。

(2) “借款所收到的现金”项目，反映企业举借各种短期、长期借款所收到的现金。

(3) “收到的其他与筹资活动有关的现金”项目，反映企业除上述各项目外，收到的其他与筹资活动有关的现金流入，如接受现金捐赠等。如果其他现金流入金额较大的，应单列项目反映。

2) 现金流出

(1) “偿还债务所支付的现金”项目，反映本企业以现金偿还债务的本金，包括偿还金融企业的借款本金、偿还债券本金等。企业偿还的借款利息、债券利息，在“分配股利、利润或偿还利息所支付的现金”项目中反映，不包括在本项目内。

(2) “分配股利、利润或偿付利息所支付的现金”项目，反映企业实际支付的现金股利，支付给其他投资单位的利润以及支付的借款利息、债券利息等。

(3) “支付的其他与筹资活动有关的现金”项目，反映本企业除了上述各项目外，支付的其他与筹资活动有关的现金流出，如捐赠现金支出、融资租入固定资产支付的租赁费等。如果其他现金流出价值较大的，应单列项目反映。

4. 汇率表变动对现金的影响

该项目反映企业外币现金流量及境外子公司的现金流量折算为人民币时，所采用的现金流量发生日的即期汇率，或按照系统合理的方法确定的、与现金流量发生日即期汇率近似汇率折算的人民币金额与“现金及现金等价物净增加额”中，外币现金净增加额按期末汇率折算的人民币金额之间的差额。

5. 现金及现金等价物净增加额

三种活动的现金净流量与汇率变动对现金的影响的合计就是企业一定期间的现金净流量总额。现金净流量的具体格式见表 12-4。

表 12-4　现 金 流 量 表

会企 03 表

编制单位：　　　　××年度　　　　单位：元

项　目	本期金额	上期金额
一、经营活动产生的现金流量		
销售商品、提供劳务收到的现金		
收到的税费返还		
收到的其他与经营活动有关的现金		
现金流入小计		
购买商品、接受劳务支付的现金		
支付给职工以及为职工支付的现金		
支付的各项税费		
支付的其他与经营活动有关的现金		
现金流出小计		
经营活动产生的现金流量净额		
二、投资活动产生的现金流量		
收回投资所收到的现金		
取得投资收益所收到的现金		
处置固定资产、无形资产和其他长期资产所收回的现金净额		
收到的其他与投资活动有关的现金		
现金流入小计		
构建固定资产、无形资产和其他长期资产所支付的现金		
投资所支付的现金		
支付的其他与投资活动有关的现金		
现金流出小计		
投资活动产生的现金流量净额		
三、筹资活动产生的现金流量		
吸收投资所收到的现金		

续表一

项　　目	本期金额	上期金额
借款所收到的现金		
收到的其他与筹资活动有关的现金		
现金流入小计		
偿还债务所支付的现金		
分配股利、利润或偿付利息所支付的现金		
支付的其他与筹资活动有关的现金		
现金流出小计		
筹资活动产生的现金流量净额		
四、汇率变动对现金的影响		
五、现金及现金等价物净增加额		
加：期初现金及现金等价物余额		
六、期末现金及现金等价物余额		
补充资料		
1. 将净利润调节为经营活动现金流量		
净利润		
加：计提的资产减值准备		
固定资产折旧		
无形资产摊销		
长期待摊费用摊销		
处置固定资产、无形资产和其他长期资产的损失(减：收益)		
固定资产报废损失(减：收益)		
公允价值变动损益(减：收益)		
财务费用		
递延所得税负债(减：递延所得税资产)		
投资损失(减：收益)		
存货的减少(减：增加)		
经营性应收项目的减少(减：增加)		
经营性应付项目的增加(减：减少)		
其他		
经营活动产生的现金流量净额		
2. 不涉及现金收支的投资和筹资活动		
债务转为资本		
一年内到期的可转换公司债券		
融资租入固定资产		
3. 现金及现金等价物净增加情况		

续表二

项　　目	本期金额	上期金额
现金的期末余额		
减：现金的期初余额		
加：现金等价物的期末余额		
减：现金等价物的期初余额		
现金及现金等价物净增加额		

(五) 现金流量表的编制方法

现金流量表的编制方法因不同活动的现金流量而不同。在具体编制现金流量表时，企业可根据业务量的大小及复杂程度，采用工作底稿法、T 形账户法，或直接根据有关科目的记录分析填列。

1. 工作底稿法

工作底稿法是以工作底稿为手段，以利润表和资产负债表数据为基础，结合有关科目的记录，对现金流量表的每一项目进行分析并编制调整分录，从而编制出现金流量表的一种方法。采用工作底稿法编制现金流量表的具体步骤如下：

第一步，将资产负债表的年初余额和期末余额过入工作底稿的年初余额栏和期末余额栏。

第二步，对当期业务进行分析并编制调整分录。调整分录有以下几类：第一类是涉及利润表中的收入、成本和费用项目以及资产负债表中的资产、负债及所有者权益项目，通过调整，将权责发生制下的收入、费用转换为现金基础；第二类是涉及资产负债表和现金流量表中的投资和筹资项目，反映投资和筹资活动的现金流量；第三类是涉及利润表和现金流量表中的投资和筹资项目，目的是将利润表中有关投资和筹资方面的收入和费用列入现金流量表投资、筹资现金流量中。此外，还有一些调整分录并不涉及现金收支，只是为了核对资产负债表项目的期末年初变动。

在调整分录中，有关现金和现金等价物的事项，并不直接借记或贷记现金，而是分别记入“经营活动产生的现金流量”、“投资活动产生的现金流量”、“筹资活动产生的现金流量”有关项目，借记表明现金流入，贷记表明现金流出。

第三步，将调整分录过入工作底稿中的相应部分。

第四步，核对调整分录，借贷合计应当相等，资产负债表项目年初余额加减调整分录中的借贷金额以后，应当等于期末余额。

第五步，根据工作底稿中的现金流量表项目部分编制正式的现金流量表。

2. T 形账户法

T 形账户法是以利润表和资产负债表为基础，结合有关科目的记录，对现金流量表的每一项目进行分析并编制调整分录，通过 T 形账户编制出现金流量表的一种方法。采用 T 形账户法编制现金流量表的具体步骤如下：

第一步，为所有的非现金项目(包括资产负债表项目和利润表项目)分别开设 T 形账户，并将各自的期末年初变动数过入各账户。

第二步，开设一个大的“现金及现金等价物”T 形账户，每边分为经营活动、投资活动、筹资活动 3 个部分，左边记现金流入，右边记现金流出。与其他账户一样，过入期末年初变动数。

第三步，以利润表项目为基础，结合资产负债表分析每一个非现金项目的增减变动，并据此编制调整分录。

第四步，将调整分录过入各 T 形账户，并进行核对，该账户借贷相抵后的余额与原先过入的期末年初变动数应当一致。

第五步，根据大的“现金及现金等价物”T 形账户编制正式的现金流量表。

3. 分析填列法

分析填列法是直接根据资产负债表、利润表和有关会计科目明细账的记录，分析计算出现金流量表各项目的金额，并据以编制现金流量表的一种方法。

三、完成工作任务评价

1. 完成编制现金流量表的工作任务

根据工作任务要求，按照工作任务操作流程，结合完成工作任务所需要的知识导航，回答引导案例中的问题。

2. 完成工作任务结果后的评价

按照要求和规程完成了现金流量表的编制任务后，参照老师给出的标准，任务的完成者与老师共同来评价工作任务的完成情况。

评价标准：

(1) 产生的现金流量的归类是否准确。

(2) 各栏所填列数字是否正确。

3. 完成工作任务后的收获

按照要求和规程完成了工作任务之后，结合老师对完成工作任务后的结果评价，你认为自己完成此项工作任务后有何收获？请将你的收获写出来，与老师和同学们一起交流和分享。

工作任务四　编制所有者权益变动表

一、编制所有者权益变动表的流程

引导案例：

B 公司 2008 年 1 月 1 日的所有者权益为 2 000 万元(其中，股本为 1 500 万元，资本公积为 100 万元，盈余公积为 100 万元，未分配利润为 300 万元)。B 公司 2008 年实现净利润为 200 万元，按实现净利润的 10%提取法定盈余公积。2017 年 B 公司发生亏损 50 万元，用以前年度的未分配利润每股分配现金股利 0.1 元，每 10 股分配股票股利 1 股。

请问：B 公司 2017 年 12 月 31 日所有者权益的余额是多少？

编制所有者权益变动表的流程如下：

第一步：汇总B公司所有者权益各项目资料。

第二步：填写所有者权益变动表表头。

第三步：填列所有者权益变动表各项目的本年金额和上年金额。

二、知识导航

(一) 所有者权益变动表的性质和作用

所有者权益变动表应当反映构成所有者权益的各组成部分当期的增减情况。主要目的是让报表使用者了解所有者权益增加变动情况的根源。

当期损益、直接计入所有者权益的利得和损失，以及与所有者(或股东，下同)的资本交易导致的所有者权益的变动，应当分别列示。

所有者权益变动表一般应单独列报以下项目：净利润、直接计入所有者权益的利得和损失项目及其总额、会计政策变更和会计差错更正的积累影响金额、所有者投入资本和向所有者分配利润等、按照规定提取的盈余公积、实收资本、资本公积、未分配利润期初和期末余额及其调整情况。

权益的增减变动直接反映了主体在一定期间的总收益和总费用，更全面地反映了主体权益的综合变动。

(二) 所有者权益(或股东权益)变动表有关项目的列示说明

(1) 本表反映企业年末所有者权益(或股东权益)变动的情况。本表应在一定程度上体现企业综合收益的特点，除列示直接计入所有者权益的利得和损失外，同时包含最终属于所有者权益变动的净利润，从而构成企业总体收益。

(2) 本表格项目应当根据当期净利润、直接计入所有者权益的利得和损失项目、所有者投入资本和提取盈余公积、向所有者分配利润等情况分析填列。

(3) 本表直接计入当期损益的利得和损失应包含在净利润中。直接计入所有者权益的利得和损失主要包括：可供出售金融资产公允价值变动净额、现金流量套期工具公允价值变动净额等，单列项目反映。

所有者权益变动表的具体格式见表12-5。

表12-5 所有者权益(股东权益)变动表

编制单位： ××年 单位：元

项目	本年金额						上年金额					
	实收资本或股本	资本公积	库存股(减项)	盈余公积	未分配利润	所有者权益合计	实收资本或股本	资本公积	库存股(减项)	盈余公积	未分配利润	所有者权益合计
一、上年年末金额												
1. 会计政策变更												
2. 前期差错变更												
二、本年年初余额												

续表

项　目	本年金额						上年金额					
	实收资本或股本	资本公积	库存股(减项)	盈余公积	未分配利润	所有者权益合计	实收资本或股本	资本公积	库存股(减项)	盈余公积	未分配利润	所有者权益合计
三、本年增减变动金额(减少以“–”号填列)												
(一) 本年净利润												
(二) 直接计入所有者权益的利得和损失												
1. 可供出售金融资产公允价值变动净额												
2. 权益法下被投资单位其他所有者权益变动的影响												
3. 与计入所有者权益项目有关的所得税影响												
4. 其他												
小计[上述(一)、(二)之和]												
(三)所有者投入和减少资本												
1. 所有者本期投入资本												
2. 股本支付计入所有者权益的金额												
3. 其他												
(四) 本年利润分配												
1. 对所有者(或股东)的分配												
2. 提取盈余公积												
3. 其他												
(五) 所有者权益内部结转												
1. 资本公积转增资本												
2. 盈余公积转增资本												
3. 盈余公积弥补亏损												
4. 其他												
四、本年年末余额												

三、完成工作任务评价

1. 完成编制所有者权益变动表的工作任务

根据工作任务要求，按照工作任务操作流程，结合完成工作任务所需要的知识导航，回答引导案例中的问题。

2. 完成工作任务结果后的评价

按照要求和规程完成了所有者权益表的编制任务后，参照老师给出的标准，任务的完成者与老师共同来评价工作任务的完成情况。

评价标准：

表中是否反映了构成所有者权益的各组成部分当期的增减变动情况。

3. 完成工作任务后的收获

按照要求和规程完成了工作任务之后，结合老师对完成工作任务后的结果评价，你认为自己完成此项工作任务后有何收获？请将你的收获写出来，与老师和同学们一起交流和分享。

课后练习题

一、单项选择题

1．某公司年末结账前“应收账款”科目所属明细科目中有借方余额 50 000 元，贷方余额 20 000 元；“预付账款”科目所属明细科目中有借方余额 13 000 元，贷方余额 5 000 元；“应付账款”科目所属明细科目中有借方余额 50 000 元，贷方余额 120 000 元；“预收账款”科目所属明细科目中有借方余额 3 000 元，贷方余额 10 000 元；“坏账准备”科目余额为 0。则年末资产负债表中“应收账款”项目和“应付账款”项目的期末数分别为(　　)。

A．30 000 元和 70 000 元　　B．53 000 元和 125 000 元
C．63 000 元和 53 000 元　　D．47 000 元和 115 000 元

2．“应收账款”科目明细账中若有贷方余额，应将其计入资产负债表中的(　　)项目。

A．应收账款　B．预收账款　C．应付账款　D．其他应付款

3．“预付账款”科目明细账中若有贷方余额，应将其计入资产负债表中的(　　)项目。

A．应收账款　B．预收账款　C．应付账款　D．其他应付款

4．某企业出售 1 台不需用设备，收到价款 300 000 元已存入银行，该设备原价 400 000 元，已提折旧 150 000 元。以现金支付该项设备的清理费用 2 000 元和运输费用 800 元。该项业务使企业投资活动产生的现金流量净额增加(　　)元。

A．300 000　B．297 200　C．720 000　D．47 200

5．某公司对外转让一项土地使用权，取得的收入为 900 000 元，土地使用权的账面价值为 560 000 元。转让时以现金支付转让费 30 000 元，支付税金 45 000 元，此项业务在现金流量表中应(　　)。

A．在“收到的其他与经营活动有关的现金”和“支付的其他与经营活动有关的现金”2 个项目中分别填列 900 000 元、75 000 元

B. 在“收到的其他与经营活动有关的现金”和“支付的各项税费”2 个项目中分别填列 900 000 元、75 000 元

C. 在“处置固定资产、无形资产和其他长期资产所收回的现金净额”项目中填列 825 000 元

D. 在“处置固定资产、无形资产和其他长期资产所收回的现金净额”项目中填列 265 000 元

6. 资产负债表中的“未分配利润”项目，应根据(　　) 填列。

A.“利润分配”科目余额　　B.“本年利润”科目余额

C.“本年利润”和“利润分配”科目的余额计算后　　D.“盈余公积”科目余额

7. 利润表中主营业务利润的正确计算公式是(　　)。

A. 主营业务利润＝主营业务收入－主营业务成本＋其他业务利润

B. 主营业务利润＝主营业务收入－主营业务成本－主营业务税金及附加

C. 主营业务利润=主营业务收入－主营业务成本－主营业务税金及附加－营业费用

D. 主营业务利润＝主营业务收入－主营业务成本－主营业务税金及附加＋其他业务利润

8. 某企业“应付账款”科目月末贷方余额 20 000 元，其中：“应付甲公司账款”明细科目贷方余额 15 000 元，“应付乙公司账款”明细科目贷方余额 5 000 元；“预付账款”科目月末贷方余额 30 000 元，其中：“预付 A 工厂账款”明细科目贷方余额 40 000 元；“预付 B 工厂账款”明细科目借方余额 10 000 元。该企业月末资产负债表中“预付账款”项目的金额为(　　)元。

A. 10 000　　B. 30 000　　C. –30 000　　D. –10 000

9. 在利润表中，对主营业务要求详细列示其收入、成本费用，对辅营业务只要求简略列示其利润，这一做法体现了(　　)。

A. 客观性原则　　B. 重要性原则　　C. 谨慎性原则　　D. 配比原则

10. ×公司“应付债券”科目各明细科目 2016 年的年初数为：债券面值 1 000 000 元，债券折价 160 000 元，应计利息 200 000 元。2016 年度折价摊销 80 000 元，预提利息 50 000 元。则 2016 年末资产负债表中“应付债券”项目的期末数为(　　)元。

A. 1 170 000　　B. 1 090 000　　C. 1 070 000　　D. 1 010 000

11. 资产负债表的下列项目中，只需要根据 1 个总分类账账户就能填列的项目是(　　)。

A. 货币资金　　B. 长期借款　　C. 预付账款　　D. 预收账款

12. 以下项目中，属于资产负债表中流动负债项目的是(　　)。

A. 长期借款　　B. 递延税款贷项　　C. 应付股利　　D. 应付债券

13. 利润表中，只需根据有关科目的借方发生额填列的项目是(　　)。

A. 主营业务成本　　B. 主营业务收入

C. 主营业务利润　　D. 其他业务利润

14. 引起现金流量净额变动的项目是(　　)。

A. 将现金存入银行　　B. 用银行存款购买 1 个月到期的债券

C. 用固定资产抵偿债务　　D. 用银行存款清偿 20 万元的债务

15. 下列项目中，符合现金流量表中现金概念的是(　　)。

A．企业销售商品收到为期 1 个月的商业汇票
B．企业存在银行两年的定期存款
C．不能随时用于支付的存款
D．从购入日开始计算 3 个月内到期的国债

16．支付的在建工程人员的工资属于(　　)活动产生的现金流量。
A．筹资活动　　B．经营活动　　C．汇率变动　　D．投资活动

17．某企业 2014 年度共发生财务费用 20 000 元，其中：19 000 元为短期借款利息，1 000 元为票据贴现息。则现金流量表补充资料中的“财务费用”项目应填列的金额为(　　)元。
A．19 000　　B．20 000　　C．–19 000　　D．–20 000

18．某企业 2014 年实际支付工资 120 000 元，各种奖金 12 000 元，其中经营人员工资 72 000 元，奖金 8 000 元；在建工程人员工资 48 000 元，奖金 4 000 元。则该企业 2014 年现金流量表中“支付给职工以及为职工支付的现金”项目的金额为(　　)元。
A．132 000　　B．80 000　　C．120 000　　D．72 000

二、多项选择题

1．下列各项业务，不会引起现金流量变动的有(　　)。
A．到期未能收回的应收票据转为应收账款
B．出售固定资产取得价款
C．赊购商品
D．用银行存款偿还短期借款
E．计提固定资产折旧

2．资产负债表中的应付账款项目应根据(　　)填列。
A．应付账款所属明细账贷方余额合计　　B．预付账款所属明细账贷方余额合计
C．应付账款总账余额　　D．应付账款所属明细账借方余额合计
E．预付账款所属明细账借方余额合计

3．按照现行会计制度的规定，在资产负债表中应作为“存货”项目列示的有(　　)。
A．生产成本　　B．在途物资　　C．工程物资
D．分期收款发出商品　　E．材料成本差异

4．资产负债表中的“应收账款”项目应根据(　　)填列。
A．应收账款所属明细账借方余额合计
B．预收账款所属明细账借方余额合计
C．按应收账款余额百分比法计提的坏账准备科目的贷方余额
D．应收账款总账科目借方余额
E．预收账款所属明细账贷方余额合计

5．资产负债表中的“存货”项目包括(　　)。
A．存货跌价准备　　B．委托代销商品　　C．受托代销商品
D．代销商品款　　E．发出商品

6．甲公司当期发生的交易或事项中，会引起现金流量表中筹资活动产生的现金流量发生增减变动的有(　　)。
A．支付短期借款利息

B．向投资者分派现金股利 300 万元

C．收到投资企业分来的现金股利 500 万元

D．发行股票时由证券商支付的股票印刷费用

E．购买专利权发生的现金支出

7．下列资产减值准备相关科目余额，哪些不在资产负债表上单独列示(　　)。

A．坏账准备　　B．无形资产减值准备

C．存货跌价准备　　D．固定资产减值准备

E．短期投资跌价准备

8．下列资产负债表项目中，根据总账余额直接填列的有(　　)。

A．短期借款　　B．实收资本　　C．短期投资

D．应收账款　　E．资本公积

9．下列交易和事项中，不影响当期经营活动产生的现金流量的有(　　)

A．用产成品偿还短期借款　　B．支付管理人员工资

C．收到被投资单位利润　　D．支付各项税费

E．销售商品收到现金

10．下列应在会计报表附注中反映的内容有(　　)。

A．不符合基本会计假设的说明　　B．有事项的说明

C．资产负债表日后事项的说明　　D．重大会计政策和会计估计的说明

E．关联方关系及其交易的说明

11．现金流量表中的“支付给职工以及为职工支付的现金”项目包括(　　)。

A．支付给退休人员的退休金　　B．支付的在建工程人员的工资

C．支付的生产工人的工资　　D．支付的行政管理人员的工资

E．支付的车间管理人员的工资

12．下列会计科目中，属于填列现金流量表中“销售商品、提供劳务收到的现金”项目时应予考虑的有(　　)。

A．主营业务收入　　B．应交税金——应交增值税(销项税额)

C．应收账款　　D．应付账款　　E．预收账款

三、综合题

1．甲公司为增值税一般纳税企业，销售的产品为应纳增值税产品，增值税率为 17%，产品销售价格中不含增值税额。适用的所得税率为 33%，所得税采用应付税款法核算。产品销售成本按经济业务逐笔结转。甲公司 2016 年发生如下经济业务。

(1) 向乙公司销售 A 产品一批，销售价格 10 0000 元，产品成本 70 000 元。产品已经发出，并开出增值税专用发票，已向银行办妥托收手续。

(2) 委托丙公司销售 A 产品一批，协议价格 50 000 元，产品成本 30 000 元。甲公司收到丙公司开来的代销清单，丙公司已将代销的该批 A 产品全部售出。

(3) 采用分期收款销售方式向丁公司销售 B 产品一批，售价 80 000 元，产品成本 45 000 元。合同约定丁公司分 4 年等额付款。当年收到第一笔款项，已存入银行。

(4) 收到乙公司 A 产品退货 30 件。该退货系甲公司 2015 年售出，售出时每件售价 200 元，单位成本 175 元，该货款当时已如数收存银行。甲公司用银行存款支付退货款项，退回的 A

产品验收入库，并按规定开出红字增值税专用发票(该项退货不属于资产负债表日后事项)。

(5) 计提长期债券投资利息 2 000 元，该债券为到期一次还本付息的企业债券。

(6) 计提已完工工程项目的长期借款利息 3 000 元；用银行存款支付发生的管理费用 5 000 元，营业费用 2 000 元。

(7) 销售产品应交的城市维护建设税 1 400 元，应交的教育费附加 600 元。

(8) 计算应交所得税。

要求：

① 编制甲公司有关经济业务的会计分录(除“应交税金”科目外，其余科目可不写明细科目)。

② 编制甲公司 2016 年度的利润表。

表 12-6　甲公司 2016 年度的利润表

编制单位：甲公司　　　　2016 年度　　　　单位：元

项　目	本年累计数
一、主营业务收入	
减：主营业务成本	
主营业务税金及附加	
二、主营业务利润	
减：营业费用	
管理费用	
财务费用	
三、营业利润	
加：投资收益	
四、利润总额	
减：所得税	
五、净利润	

2. 某企业 2015 年有关资料如下：

(1) 2015 年 12 月 31 日资产负债表部分项目如下：

表 12-7　某企业 2015 年 12 月 31 日资产负债表部分项目　　单位：元

项　目	年初数	期末数
应收账款	30 000	20 000
应收票据	10 500	18 000
预收账款	15 000	8 000
应付账款	10 000	9 500
预付账款	9 000	8 000
存货	40 000	30 000

(2) 2016 年度主营业务收入为 500 000 元，主营业务成本为 300 000 元。

(3) 其他有关资料如下：

增值税销项税额为 85 170 元，进项税额为 40 000 元；增值税销项税额中含有工程项目领用本企业产品产生的增值税 170 元(该产品成本为 800 元，计税价 1 000 元)，另外，存货本期减少额中含有一项存货盘亏损失 2 000 元；存货本年增加额中，与购买商品无关的项目有：发生制造费用 8 000 元，分配生产工人工资 10 000 元；应收票据减少额中含有一项票据贴现业务，其贴现息为 1 000 元。除上述业务外，均为正常购销业务。

要求：

① 计算销售商品、提供劳务收到的现金(含收到的增值税销项税额)。

② 计算购买商品、接受劳务支付的现金(含支付的增值税进项税额)。

3. 甲股份有限公司为工业企业，该公司 2016 年有关资料如下：

(1) 资产、负债类部分账户年初、年末余额和本年发生额如下：

表 12-8　甲股份有限公司 2016 年有关资料　　单位：万元

账户名称	年初余额		本年发生额		年末余额	
	借方	贷方	借方	贷方	借方	贷方
短期投资	100		500	400	200	
应收票据	300			300		
应收账款(总)	500		3 000	2 800	700	
—甲公司	600		2 500	2 200	900	
—乙公司		100	500	600		200
坏账准备		6		3		9
应收股利			10	10		
原材料	300		2 000	2 200	100	
制造费用			800	800		
生产成本	100		4 000	3 800	300	
库存商品	200		3 800	3 500	500	
固定资产	5 000		400	1 000	4 400	
累计折旧		2 000	800	200		1 400
在建工程	1 000		300		1 300	
短期借款			200	250		50
长期借款		1 000				1 000
应付账款(总)		300	1 300	1 200		200
—丙公司		500	1 200	1 000		300
—丁公司	200		100	200	100	
应付工资			1 053	1 053		
应付福利费		30	107	147		70
应交税金(总)		50	1 300	1 310		60
—应交增值税			850	850		
—未交增值税		30	180	200		50
—应交其他税金		20	270	260		10
其他应交款		5	19.3	15.3		1

(2) 损益类部分账户本年发生额如下：

表 12-9 甲股份有限公司损益类部分账户本年发生额 单位：万元

账户名称	借方发生额	贷方发生额
主营业务收入		5 000
主营业务成本	3 500	
主营业务税金及附加	51	
营业费用	300	
管理费用	500	
财务费用	25	
投资收益		30
营业外支出	20	
所得税	198	

(3) 其他有关资料如下：

① 短期投资的取得及出售均以现金结算，且短期投资均不属于现金等价物。

② “制造费用”及“生产成本”科目借方发生额含工资及福利费 1 000 万元、折旧费 180 万元，不含其他摊入的费用。

③ “固定资产”科目借方发生额为现金购入的固定资产 400 万元：“在建工程”科目借方发生额含用现金支付的资本化利息费用 30 万元，以及用现金支付的出包工程款 270 万元。

④ 应付工资与应付福利费均为生产经营人员的工资及福利费。

⑤ “应交税金——应交增值税”科目借方发生额含增值税进项税额 340 万元、已交税金 310 万元、转出未交增值税 200 万元，贷方发生额为销售商品发生的销项税额 850 万元；“应交税金——未交增值税”科目借方发生额为交纳的增值税 180 万元；“其他应交款”科目借方发生额为交纳的教育费附加。

⑥ “营业费用”及“管理费用”科目借方发生额含工资及福利费 200 万元、离退休人员费 80 万元、计提坏账准备 3 万元、折旧费 20 万元、房产税和印花税 30 万元以及用现金支付的其他费用 467 万元。

⑦ “财务费用”科目借方发生额含票据贴现利息 5 万元以及用现金支付的其他利息。

⑧ “投资收益”科目贷方发生额含出售股票获得的投资收益 20 万元以及收到的现金股利。

⑨ “营业外支出”科目借方发生额为出售固定资产发生的净损失 20 万元(出售固定资产的原价 1 000 万元、累计折旧 800 万元，支付的清理费用 30 万元，收到的价款 210 万元)。

⑩ 假定该公司本期未发生其他交易或事项。

要求：

① 填列该公司资产负债表所列示项目的年初数和年末数。

表 12-10　资产负债表(部分项目)

编制单位：甲股份有限公司　　　2016 年 12 月 31 日　　　单位：万元

资产	年初数	年末数	负债和所有者权益	年初数	年末数
应收账款			应付账款		
预付账款			预收账款		
存货					

② 填列该公司现金流量表所列示项目的金额。

表 12-11　现金流量表(部分项目)

编制单位：甲股份有限公司　　　2016 年 12 月 31 日　　　单位：万元

项　目	计算过程	金额
销售商品、提供劳务收到的现金		
购买商品、接受劳务支付的现金		
支付给职工以及为职工支付的现金		
支付的其他与经营活动有关的现金		
收回投资所收到的现金		
取得投资收益所收到的现金		
处置固定资产所收到的现金净额		
构建固定资产所支付的现金		
投资所支付的现金		
取得借款所收到的现金		
偿还债务所支付的现金		
偿还利息所支付的现金		

参考文献

[1] 财政部会计司. 企业会计准则讲解2010[M]. 北京：人民出版社，2010
[2] 财政部会计资格评价中心. 初级会计实务[M]. 北京：中国财政经济出版社，2013
[3] 财政部会计资格评价中心. 中级会计实务[M]. 北京：经济科学出版社，2013
[4] 中国注册会计师协会. 会计[M]. 北京：中国财政经济出版社，2013